新知
文库

130

XINZHI

Churchill's Bomb:
A Hidden History
of Science,
War and Politics

Churchill's Bomb: A Hidden History of Science, War and Politics
by Graham Farmelo
Copyright © 2013 by Graham Farmelo
This edition arranged with Faber and Faber Ltd.
through Big Apple Agency, Inc., Labuan, Malaysia.

丘吉尔的
原子弹

一部科学、战争与政治的秘史

［英］格雷厄姆·法米罗 著

刘晓 译

生活·讀書·新知 三联书店

Simplified Chinese Copyright © 2020 by SDX Joint Publishing Company.
All Rights Reserved.
本作品简体中文版权由生活·读书·新知三联书店所有。
未经许可，不得翻印。

图书在版编目（CIP）数据

丘吉尔的原子弹：一部科学、战争与政治的秘史／（英）格雷厄姆·法米罗著；刘晓译.—北京：生活·读书·新知三联书店，2020.6
（新知文库）
ISBN 978−7−108−06917−7

Ⅰ.①丘…　Ⅱ.①格…②刘…　Ⅲ.①丘吉尔（Churchill, Winston Leonard Spencer 1874—1965）−人物研究　Ⅳ.①K835.617=5

中国版本图书馆 CIP 数据核字（2020）第 134732 号

责任编辑	徐国强
装帧设计	陆智昌　康　健
责任校对	张国荣
责任印制	徐　方
出版发行	生活·讀書·新知 三联书店
	（北京市东城区美术馆东街 22 号　100010）
网　　址	www.sdxjpc.com
图　　字	01-2018-7527
经　　销	新华书店
印　　刷	三河市天润建兴印务有限公司
版　　次	2020 年 6 月北京第 1 版
	2020 年 6 月北京第 1 次印刷
开　　本	635 毫米 × 965 毫米　1/16　印张 30.25
字　　数	375 千字　图 30 幅
印　　数	0,001 − 7,000 册
定　　价	59.00 元

（印装查询：01064002715；邮购查询：01084010542）

H. G. 威尔斯，1914 年，是年完成《获得解放的世界》

1900 年的丘吉尔，是年首次当选下议院议员

财政大臣丘吉尔离开唐宁街 11 号，1925 年 4 月 28 日

卡文迪什实验室全体科研人员合影,剑桥,1932 年 6 月
卢瑟福前排居中就座,左侧依次为 J. J. 汤姆孙、R. 拉登堡(R. Ladenburg)、詹姆斯·查德威克、彼得·卡皮查、J. A. 拉特克利夫(J. A. Ratcliffe);右侧依次为 C. T. R. 威尔逊、E. W. 阿斯顿(E. W. Aston)、C. D. 埃利斯(C. D. Ellis)、帕特里克·布莱克特、约翰·考克饶夫。汤姆孙身后两人,左为奥利芬特,右为欧内斯特·沃尔顿。

查特韦尔,丘吉尔的乡间邸宅,英格兰肯特

丘吉尔和爱因斯坦在查特韦尔，1933 年 7 月

利奥·齐拉，1934 年

亨利·蒂泽德，约 1939 年

鲁道夫和珍妮亚·派尔斯夫妇,以及两个最小的孩子

马克·奥利芬特,"二战"初期

詹姆斯·查德威克

奥托·弗里希

弗雷德里克·林德曼,查威尔勋爵,约 1952 年

约翰·安德森爵士,约 1940 年

华莱士·埃克斯,约 1942 年

克莱芒蒂娜·丘吉尔,伦敦海军部大厦,1940 年

魁北克城堡，1943年8月。前排左起：加拿大总理麦肯齐·金、美国总统富兰克林·罗斯福、英国首相温斯顿·丘吉尔

左起：万尼瓦尔·布什、詹姆斯·科南特、莱斯利·格罗夫斯将军和富兰克林·马提亚斯（Franklin Matthias）上校，在华盛顿州汉福德的钚生产工厂，1944年

尼尔斯·玻尔，"丹麦伟人"，1944年

丘吉尔、杜鲁门和斯大林在波茨坦会议上，1945年7月

原子弹爆炸后的广岛，1945年8月

布莱克特，核异端分子，约 1940 年

派尔斯一家,1949 年

克劳斯·福克斯,1950 年 3 月

威廉姆·彭尼,参加达利奇(Dulwich)的高尔夫课程,约 1952 年

英国首枚原子弹,1953 年 11 月交付皇家空军　　克里斯托弗·辛顿爵士,约 1953 年

约翰·考克饶夫爵士与家人在哈维尔住宅,约 1948 年

约瑟夫·拉尼埃(Joseph Laniel)、艾森豪威尔、丘吉尔

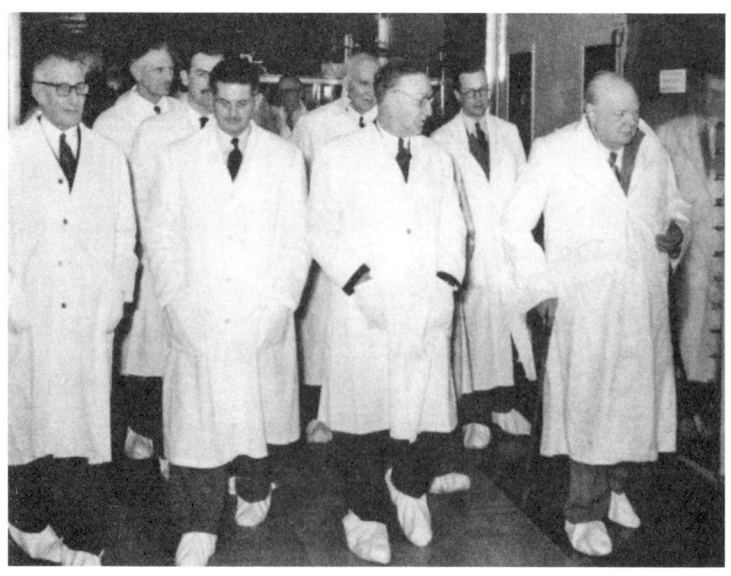

丘吉尔首相(前排右一)访问哈维尔,1954年12月30日,约翰·考克饶夫(前排右二)陪同,其身后为林德曼

新知文库

出版说明

在今天三联书店的前身——生活书店、读书出版社和新知书店的出版史上，介绍新知识和新观念的图书曾占有很大比重。熟悉三联的读者也都会记得，20世纪80年代后期，我们曾以"新知文库"的名义，出版过一批译介西方现代人文社会科学知识的图书。今年是生活·读书·新知三联书店恢复独立建制20周年，我们再次推出"新知文库"，正是为了接续这一传统。

近半个世纪以来，无论在自然科学方面，还是在人文社会科学方面，知识都在以前所未有的速度更新。涉及自然环境、社会文化等领域的新发现、新探索和新成果层出不穷，并以同样前所未有的深度和广度影响人类的社会和生活。了解这种知识成果的内容，思考其与我们生活的关系，固然是明了社会变迁趋势的必需，但更为重要的，乃是通过知识演进的背景和过程，领悟和体会隐藏其中的理性精神和科学规律。

"新知文库"拟选编一些介绍人文社会科学和自然科学新知识及其如何被发现和传播的图书，陆续出版。希望读者能在愉悦的阅读中获取新知，开阔视野，启迪思维，激发好奇心和想象力。

生活·讀書·新知 三联书店
2006年3月

在此后的五十年里，人类在掌握和应用自然力量方面取得的进步，将比过去一百余万年还要巨大。想到这里令人不寒而栗。我们必须首先扪心自问的是："我们能适应它吗？我们能承担得起所有这些崇高的责任吗？我们能承受住这种巨大的压力吗？"

——温斯顿·丘吉尔，1937 年 11 月 14 日 [1]

科学家总体上是一群非常温顺的人。除了他们各自特殊的工作外，他们只做那些交给他们的事情，心甘情愿地不露锋芒，不出风头。

——马克·奥利芬特，1940 年 4 月 20 日 [2]

魔鬼："人类在生活的技艺方面乏善可陈，但在制造死亡的技艺方面却胜过大自然本身……他将心灵寄托于他的武器。你们引以为荣的奇妙生命之力其实是死亡之力：人类用他的破坏性来衡量自己的力量。"

——乔治·萧伯纳，《人与超人》，1903 年

目 录

序曲

1 丘吉尔,核物理学家以及原子弹 1955.2   3

第一部 走向核时代

2 威尔斯释出"原子弹" 1894—1925   13
3 丘吉尔瞥见核未来 1924—1932   25
4 卢瑟福怀疑核应用 1932   43
5 教授建言"选错行的科学家" 1933.3—1934.12   55
6 齐拉的核顿悟 1933.9—1935.2   65
7 丘吉尔担忧战争以及核能即将被掌控 1934.2—1938.10   73
8 玻尔认为原子弹不可思议 1938.11—1939.9   85

第二部 第二次世界大战

9 丘吉尔:战争能用的核武器来不及造 1939.8—1939.12   97
10 查德威克疑心核弹的可行性 1939.9—1940.2   105
11 罗斯福收到核警告 1939.10—1940.7   111

12	弗里希和派尔斯发现制造原子弹方法 1940.3—1940.6	119
13	丘吉尔还有更紧迫的问题 1940.5—1940.6	127
14	小汤姆孙领导莫德委员会讨论原子弹方针 1940.6—1940.9	137
15	丘吉尔在最佳时刻向美国求助 1940.8—1941.8	147
16	查德威克认为英国应自造原子弹 1941.7—1941.8	155
17	林德曼支持原子弹英国造 1941.8—1941.10	163
18	奥利芬特奔走美国 1941.8—1942.1	171
19	丘吉尔与罗斯福谈论原子弹 1941.11—1942.7	177
20	埃克斯试图合并 1942.1—1943.1	185
21	布什瞄准美国的垄断 1942.10—1943.7	197
22	丘吉尔与罗斯福的核交易 1943.1—1943.9	205
23	玻尔发起政治行动 1943.9—1944.5	215
24	斗牛犬遭遇丹麦伟人 1944.4—1944.9	231
25	查德威克目击首次核爆 1944.2—1945.7	241
26	丘吉尔同意投放原子弹 1945.7.1—1945.8.5	255

第三部 作为反对党领袖的丘吉尔

27	核异端分子布莱克特 1945.8—1949.1	269
28	冷战头子丘吉尔 1945.8—1949.8	287
29	派尔斯与"世纪间谍" 1950.2—1950.3	301
30	丘吉尔软化其原子弹言论 1950.2—1951年春	309
31	彭尼造出英国原子弹 1945.8—1951.10	319

第四部 丘吉尔再任首相

32	英国第一位拥核首相丘吉尔 1951.10—1952.12	329
33	辛顿领导核电项目 1953	339

34 核传教士丘吉尔 1953.3—1954.2	345
35 考克饶夫成为首相心腹 1954.3—1954.12	353
36 丘吉尔的核绝唱 1954.4—1955.4	363

结语

| 37 丘吉尔的核科学家 1954— | 375 |
| 38 丘吉尔和林德曼教授 1955.4.6— | 385 |

致谢	395
档案及参考文献	399
注释	413

序　曲

1 丘吉尔，核物理学家以及原子弹　1955.2

> 在［核］科学这一奇妙的领域，我无意装作一名专家或懂得什么技术知识。但由于和［弗雷德里克·林德曼］有着常年的友谊，我试着跟踪甚至预测了一些事件的演变。
>
> ——温斯顿·丘吉尔在众议院的演讲，1955 年 3 月[1]

他的告别演讲必然会包含核武器这个主题。1955 年 2 月，年逾 80 岁的丘吉尔恋恋不舍地辞去首相职务时，他决心要在众议院最后做一场隆重的演讲。他钟情的氢弹为他提供了绝佳主题——和氢弹比起来，同时代的所有其他事情都显得微不足道。正如几个月前他对医生讲过："我对［氢弹］的担忧，比对所有其他问题的担忧加起来都要多。"[2]

丘吉尔认为，氢弹是自七八百年前蒙古人开始西征以来，西方文明所遭遇的最大威胁。[3] 这种威胁已经成为他的一块心病，驱使他发起最后的重要外交倡议：邀请苏联和美国领导人会谈，以缓和冷战的紧张局势，从而降低诉诸氢弹的风险。[4] 这番奔走肯定会在演讲中提及，但他的主要任务还是要论证，英国必须拥有这种令他恐惧不已的武器，来形成对苏联的威慑。几乎可以肯定这一论证会在众议院旗开得胜——他面临的主要挑战是，在这个世界似乎要奔向一场核浩劫的关头，给他的国家带来一丝希望。

他投入自己的演讲中，历数核武器的来龙去脉和他在其中的作用，千方百计追溯到他在20世纪二三十年代写的文章，文中提到过潜在的核能量会改变世界。《五十年后》（"Fifty Years Hence"）是其中的一篇佳作，这篇4000字的文章初次发表于1931年末，推测了科学对未来生活可能造成的影响。在文中，他提醒人们注意未来可能出现的核武器，以及这个发明将带来的挑战。他甚至瞥见了氢弹的破坏力，这种武器将在二十一年后被首次引爆：

> 极为权威的人士告诉我，未来人类一定会发现重要性远远超过任何已知能源的新型能源。核能的威力是我们今天使用的分子能所无法比拟的……如果一磅水中的氢原子能够被设法聚合在一起形成氦，所释放的能量足够驱动一台上千马力的机器运转一整年……科学家们对这种近乎无穷能量之源的存在均不持异议。[5]

丘吉尔这篇文章的基础是弗雷德里克·林德曼（Frederick Lindemann）的一篇草稿。林德曼是一位言语尖刻的牛津大学物理学教授，堪称丘吉尔的"科学大宰相"。在丘吉尔看来，林德曼是"国内顶尖的科学家和最强大脑之一"，但学术界许多重要人士并不认同这一观点。[6] 他们大多认为，丘吉尔口中的这位"教授"还算是一名杰出的科学家，天赋是能够把复杂的论述概括得既简单又准确，但他不是一个深刻的或有想象力的思想家，当然也算不上核科学方面的专家。

教授为他所仰慕的朋友提供的服务之一，是通报基础科学的最新研究进展，以滋养其求知若渴的头脑。1926年春，当物理学家们谈论新近发现的具有革命性的物质量子理论时，林德曼送给时任财政大臣的丘吉尔一本书,讲如何运用基本的量子观点来理解原子结构。丘吉尔深深地被这本书吸引了,以至于几小时都无法专注地编制预算。

几年之后,林德曼使丘吉尔同步了解到剑桥大学的欧内斯特·卢瑟福(Ernest Rutherford)及其同事在核物理方面取得的突破性进展,包括原子核的首次人工嬗变。此后不久,丘吉尔就对科学家的成就感到惊异,并在主持了一场林德曼关于核物理面向非专业人士的谈话之后声称:"这就是科学进程中的伟大研究。"[7]教授确保让丘吉尔领先于其他所有政治领袖(无论在世或去世)了解到核技术的机遇和威胁,而获得的回报则是,丘吉尔让他成为曾服务于政府的最具政治影响力的科学家之一。

1955年2月下旬丘吉尔所准备的演讲,是他为了在英国战后历史上留下光辉名望而做的最后努力,在演讲中他将自己定位为大英帝国最近两任女王统治期之间承上启下的人物。[8]在维多利亚女王统治的最后岁月,丘吉尔就阅读过印行甚广的有关放射性发现的读物,科学家们后来明白,这一发现与核能的释放有关。而今,在伊丽莎白时代的初年,他正授权制造一种能够释放这种能量的武器。直到一年前读到《曼彻斯特卫报》(*Manchester Guardian*)上的一篇头版文章《毁灭与氢弹》,他才首次全面认识到氢弹的破坏力。正如他几个月后告诉艾森豪威尔总统的,他当时差点连眼珠子都蹦出来了。[9]

议会的同事们现在正期待着他以一场伟大演讲来圆满结束第二个首相任期。尽管所有人都知道丘吉尔对氢弹的痴迷,但很少有人意识到他全面介入了发展核武器的进程。白厅(Whitehall,英国政府的所在地)有几个人熟悉他这段经历的细节,知道按丘吉尔自己的标准来看,核发展事务在他的政治生涯中算不上特别出彩的部分。他几乎总是被动应对而非引导事件的发展,在顾问选择上暴露出判断力不足，直到木已成舟，也没有展现出他所吹嘘的见识和想象力。

在深陷世界大战乱局的时刻，还要不得不考虑核武器的可能性，这对他来说无疑是场灾难。1940年5月，丘吉尔第一次担任首相的两个月前，白厅接到来自伯明翰的消息，两位"敌国侨民"（这是政府对他们的分类）已经发现了制造原子弹的可行方法。接下来的近两年里，丘吉尔在核方面的顾问渠道过于狭窄，认识也过于肤浅。最糟糕的是，他排挤了亨利·蒂泽德（Henry Tizard），而蒂泽德在运用科学解决军事问题方面是英国首屈一指的专家，这一做法让许多领军科学家大失所望。计算机先驱、前雷达工程师莫里斯·威尔克斯爵士（Sir Maurice Wilkes）回忆道："科学家们给首相推荐了最能体现他们共识的人，然而他却选择了另一个自行其是的人。"[10] 几乎整个战争期间，丘吉尔只和林德曼以及他们的同事约翰·安德森爵士（Sir John Anderson）讨论过这种新式"爆炸物"——原子弹造出之前他通常这样称呼——而对绝大多数内阁成员保密。他没有再展现出惯常的稳健作风，也不再有以往对开创性新武器（如"一战"中的坦克）的热情。[11]

1941年8月，当丘吉尔签署了制造原子弹的计划时，他并没有领会这种武器的变革性实质：一架飞机便可载运它，在数秒内抹掉一座城市。英国的核科学家，当时在该领域远远领先于美国同行，曾给了丘吉尔极具价值的筹码来应对罗斯福，而罗斯福也写信建议英美开始平等合作共同制造原子弹。丘吉尔实际上白白浪费了这一筹码。他几周都没有回应罗斯福总统的慷慨允诺，甚至还对原子弹合作摆出一副漫不经心的样子。到美国卷入战争之时，规模庞大的"曼哈顿计划"紧锣密鼓地开展起来，该项目毫不留情地追求美国自身利益，把丘吉尔晾到一旁。直到1943年初春，他才好像首次认识到核计划的战略意义，但已比罗斯福晚了十八个月。丘吉尔及其核心顾问这一次的缺乏远见，导致的后果之一便是英国科学家在这项计划的领导中只能担任次要角色，他们对如何应用自己原创的那些想法也没有足够的决策权。

1944年5月，丘吉尔在唐宁街10号会见了丹麦理论物理学家尼尔斯·玻尔（Niels Bohr），这次会见非常尴尬地显露出他对原子弹缺乏洞见。众所公认，玻尔是世界上成就最为卓著的核科学家，虽然不善言辞，但拥有超常的智慧。当玻尔含含糊糊地说出他的建议——美国和英国应该与盟国苏联共享核武器的秘密时，丘吉尔不屑一顾，一点也没有表示出对林德曼的那种尊重和专注。罗斯福也没有时间听取这位丹麦人的想法。假如这些领导人深入思考一下玻尔的观点，避免战后极度恶化的军备竞赛就并非完全不可能。

在丘吉尔与美国行政机构达成的所有战时协议中，他特别自豪的是1943年夏在魁北克与罗斯福会晤时谈到了原子弹并达成协议。这一协议使得被排斥了近一年的英国科学家，得以参与到"曼哈顿计划"中，还做出庄严承诺，只有在美国和英国一致同意的情况下才能对其他国家使用原子弹。但问题在于，这不是一个条约，而只是一个私下约定，丘吉尔和罗斯福都瞒着众人，只有少数幕僚知道。领袖们本来把原子弹看作私密的事情，但是到了战后这一方案不出预料地事与愿违，给英国造成严重后果。艾德礼发现，杜鲁门及其行政团队不愿履行《魁北克协议》：1946年，美国政府通过了一项蛮横自私的法案，禁止了与任何国家在核问题上的合作。[12] 艾德礼最终决定断尾求生，成立了一个核科学家团队，利用从"曼哈顿计划"中带回的技能和零碎情报，在几乎没有美国帮助的情况下，用数年时间来制造英国自己的原子弹。丘吉尔如此另眼相看的英美两国关系，实际上却情薄如纸，这种情况也属罕见。

丘吉尔知道，苏联不可避免地会在战后很快拥有原子弹。由于害怕苏联的军事冒险主义和它在东欧控制的政权，丘吉尔提出了一个惊人的论点，即如果双方不能如他所愿地建立友善关系，美国应筹划一场对苏联先发制人的核攻击。[13] 杜鲁门总统对此无动于衷，丘吉尔也在 1949 年 8 月苏联首次核试验之后改弦更张。尼尔斯·玻尔预言的军备竞赛如今正在上演，世界似乎沦落到相互确保毁灭的时代。

从 1951 年 10 月起，展望即将到来的核战争，逐渐成为丘吉尔第二个首相任期的重大主题。在当政的最后两年，他将大部分时间用于尽力避免这种灾难性冲突，坚信自己能够将苏联和美国带到会议桌前，通过交谈找到更为理性的方法，与他经常描述为"骇人武器"的氢弹共存下去。[14] 面对铺天盖地的冷嘲热讽，他挺过了一场自己吹嘘为"会干掉大多数人"的中风，他用 20 世纪 40 年代所展现的全部韧劲和勇气来从事这一可能有些异想天开的事业。[15] 直到一切清晰地表明，无论是美国还是苏联都不会合作，想成为现代救世主的梦想泡了汤，他才最终偃旗息鼓。在这个当时来说希望渺茫的事业上，他的一筹莫展是其政治生涯的悲剧之一，尽管这个过程也给他带来过声望，有助于消除一点战争贩子的恶名。这是一个政治家过于超前于时代而遭遇的挫折——他过早地尝试促成缓和议题，而该议题为后世的多位领导人增添了声誉，特别是罗纳德·里根（Ronald Reagan）和米哈伊尔·戈尔巴乔夫（Mikhail Gorbachev）。

丘吉尔第二个任期中令人好奇的一件事是，他起初对发展核电显得兴味索然，尽管数十年前他就在广为流传的文章中预见并讨论过核能。像往常一样，他信赖美国人的善意——希望自己的国家能够借助他们的技术，但在已经跻身英国核工业教父地位的林德曼劝说下改变了心意。到那时为止，他与林德曼之外的几位高级科学家，甚至和几名主要核物理学家都能相处融洽。在开始准备关于氢弹的告别演说的四个月前，他已经与约翰·考克饶夫爵士（Sir John Cockcroft，首次实现人工核裂变的两人之一）详谈过三次。两次关于核政策的讨论都是在觥筹交错的漫长午宴中进行的,首相心情都不错。

到 1955 年 2 月下旬,丘吉尔用几个上午的时间端坐在床上,身着丝质便袍,来打磨他的演讲稿。他仍然仪表堂堂,尽管身材略矮,但有着粉色赛璐珞一样平滑光鲜的皮肤,看上去像一个特大号的公仔。[16] 他通常拿着一支雪茄,一连几小时向秘书简·波特尔(Jane Portal, 后来为威廉姆斯夫人)面授机宜,秘书拿着钢笔和笔记本,恭恭敬敬地坐在远处。[17] 她至今仍记得:"他处心积虑地在兴奋状态时面对公众,证明自己仍然对工作游刃有余,处理着对这个世界最大的威胁。"他毫不怀疑自己比任何其他国际领袖都更有资格来处理这一危机。

在演说开头部分,他有意地引用了《五十年后》中的一大段话,以强调他曾经多么领先于这个时代——早了几乎二十五年——就认识到科学家将很快能够利用自然界蕴藏巨大的核能。这肯定会打动听众。该文还有一个颇具远见的部分他没有引用,即新科学将对未来的民主提出要求,这点可能听起来不那么受欢迎。在 1931 年,他写道,面对这些如此重大的挑战,目前这代领导人可能难以胜任:

> 领导那些伟大国家的,不再是其中最能干的人,也不再是最通晓国家近期事务的人,甚至不是信念始终如一的人。民主政府按着阻力最小的原则随波逐流,行事目光短浅,用小恩小惠收买人心,用陈腐的花言巧语铺平道路。

这段有些苛刻的话,也许同样会让他自己有所反省,扪心自问两个明显的问题:既然有那么早的先见之明,他是否合理地应对了核挑战?以及,他是否卓有成效地与那些制造原子弹的科学家一起共事呢?

第一部

走向核时代

2 威尔斯释出"原子弹" 1894—1925

> 威尔斯是个预言家。他的《时间机器》是本绝妙的书……是我要带到棺材里的书之一。
>
> ——温斯顿·丘吉尔,1947年12月7日[1]

几乎可以确定,温斯顿·丘吉尔是从他的朋友兼诤言者威尔斯(H. G. Wells, 1866—1946)那里最早听到"原子弹"(atomic bomb)一词——威尔斯给这种武器取了一个不甚准确却沿用下来的名字。这一术语最早出现于威尔斯的小说《获得解放的世界》(The World Set Free),该书出版于1914年1月,第一次世界大战爆发的几个月前。此书出版不久丘吉尔可能就购买了,因为他对威尔斯的作品特别感兴趣。大约二十年后他写道,自己曾经狼吞虎咽地读完了《时间机器》(The Time Machine),不禁拍案叫好,自此凡是威尔斯写的书都要读上两遍。[2] "藏书室的一个长书架上放满了威尔斯著作的全部版本,"丘吉尔写道,并吹嘘,"如果有关于这些内容的测验的话,自己一定可以通过。"

但到后来,丘吉尔和威尔斯都不记得他们的初次会面。那可能是在1900年夏天的某次游园会或绅士俱乐部的聚会上,他们经常参加这类活动，结交同时代最具天赋和影响力的人。他们俩都是社交圈的名人，刚刚崭露头角，用各自不同的方式享受着每时每刻的社交活动。丘吉尔出身于英国财力最雄厚的政治家族之一，当时是一名25岁的后辈，受过军事教育，作为现役人员战斗在古巴、印度、苏丹和南非。在仍然没完没了的南非布尔战争中，丘吉尔曾经担任过现代称之为"随军记者"的角色。刚一回国，他就因成功越狱并被敌方以25英镑悬赏人头，而成为国际上传颂的英雄。作为一名活跃的知名作家，他的作品显露出威尔斯的影响——在丘吉尔略带生涩的第一本小说《萨夫罗拉》(*Savrola*)中，他把宇宙的结局描述为"如同烟花燃尽，一片寒冷和死寂"，与威尔斯《时间机器》中的段落相呼应。[3]决心从政后，丘吉尔很早就告诉过他的母亲，自己"除了没有名分，是一个彻头彻尾的自由党"，但他强烈反对赋予爱尔兰自治权的自由党政策，因此竞选时他选择了保守党一方。[4]

威尔斯比丘吉尔大八岁，属新潮小说家的先锋人物。他出身于奋斗中的店铺老板家庭，是一个改宗的社会主义者，学生时代曾打着大红的领带招摇过市，以强调其政治归属，尽管现在他的行头变得更为谨慎，甚至衣冠楚楚。到1900年，他已在写作方面获得了几次商业成功，包括科学小说《莫罗博士岛》(*The Island of Dr. Moreau*)和《隐形人》(*The Invisible Man*)，这些作品表明威尔斯是一位充满活力、富有远见的思想家，正是迈向新世纪的英国所需的人才。抛弃了托马斯·卡莱尔(Thomas Carlyle)痛心疾首的所谓当前时代为了机器和物欲而牺牲了精神生活的论断，威尔斯展望了一个新时代——那时科学家和工程师将扫清精神上多愁善感的破衣败絮，而代之以新发明和创新生产方法构筑的坚实基础框架。

威尔斯曾经是一名颇具天赋的理科学生，尽管两次才通过考试，但获得了动物学和地质学荣誉双学位。[5]而他主要的科学天赋——识别出新理论会如何影响社会的能力——则从他的作品中表现出来,甚至让那些思想最保守的顶尖科学家也印象深刻。同时代最优秀的作家也赏识他,包括亨利·詹姆斯(Henry James),他对威尔斯说过:"对我来说,你是你们这一代中最值得关注的'文学家'。"[6]奥斯卡·王尔德(Oscar Wilde)曾把他誉为"科学小说界的儒勒·凡尔纳(Jules Verne)"[7]。尽管这些文学巨匠知道威尔斯算不上一位伟大的开山作家,但他们承认他是这个新时代的世俗宗师,那些赞颂科学和唯物论的文章,尽管常常有些陈腐,但涌动着引人注目的乐观主义,这一特点似乎深深打动了丘吉尔。

1901年11月,维多利亚女王驾崩十个月后,威尔斯出版了他的第一部非小说作品《预测》(Anticipations),对未来的技术、西方经济、教育和战争进行了漫谈式的深入思考。这本书点缀着激动人心的预言,气魄引人入胜,但也不是毫无瑕疵——有一些段落过于武断,读起来就像是即兴演说的口述记录。《预测》面市不到一周,丘吉尔就从出版商那里收到一本。就在六个月前,他刚若有所思地谈到过未来战争,评价道,在现代冲突中,"科学和文明的资源将清除掉一切能缓解冲突激化的因素",以至于全面爆发的欧洲冲突对胜利者的破坏性几乎和失败者相当。[8]丘吉尔从书中找到了充足的论据来丰富他的军事思想,特别是威尔斯指出,运用计谋发动的战争已经远远过时了,战争"已经被拖入精密科学的领域"[9]。威尔斯认为,政府是时候不再指望那些自满于老套作战方法的颟顸老将,领着一群醉醺醺的士兵还能赢得战争了。不如说,战争将由技术专家操控,由来自空中的情报提供支持。他预言了飞机的发明("极有可能在1950年前"),并预见到制空权在战争中的关键作用,设想未来空战中,远在地面上的平民:"任何人、任何地方,都在持久地仰望,充满了失落和不安。"

然而他不太相信潜水艇具有战略价值。"我必须承认,尽管我在想象中鼓励新奇事物，但还是无法想象各类潜水艇能有什么用，它们只会让船员窒息并葬身大海。"像这类预言并没有在后来的岁月中让他感到困扰——他宁可因说得具体而犯错，也不愿正确却模棱两可。

丘吉尔用几天时间读完了这本新书，并给威尔斯写了封八页长信。[10] "我读过您的所有作品。"丘吉尔开篇写道，然后才开始对威尔斯关于政府的技术专家治国论进行切中肯綮的批评，以显示自己并非又是一个威尔斯鄙视的不懂科学的笨蛋。丘吉尔从根本上反驳的其中一点，是威尔斯似乎假定新技术的出现会伴随着人类本性的相应提升。"用动物的本性就能说明，"丘吉尔坚称，"你可以教会一条狗各种花招，却无法立即提升狗的品种。"

书中暗示，政治家不应成为装腔作势的通才，临时抱佛脚地学习，而应该经过技术培训后再走向工作岗位，丘吉尔对这种说法深恶痛绝。他在回信中概括了余生将践行的观点，在此后的几十年中和他共事的政治家和科学家也能体会到：

> 专业知识是有限的知识；而普通人的无知却是无限的，他们只知道伤痛带来的教训比任何专家的极力指导都更可靠。你为什么要假定除了医生、工程师等以外的所有人，都是游手好闲的、糟糕的？……难道治理本身不既是一门艺术又是一门科学吗？为了管理众人，向头脑简单的民众解释困难的事情，调停利益冲突，权衡有争议的专业论据，处理纷乱的现场紧急事务，难道这些事情本身不值得为之终生思考和奋斗吗？因此我要说，把我们从各种专家（特别是军事专家）的统治下解救出来吧。

最后一句切中了威尔斯的要害。[11] 他立刻回信，称自己赞同这个观点，进而表示他应该说，"未来占主导地位的人群"应受到良好的教育，并不必然要接受技术方面的培训。然而，威尔斯并不认为自己高估了人类能够达到的进步速度，并告诉丘吉尔误会的原因在哪里："您所从属的阶级在百年来几乎没有发生过内部变动。我确实不相信你们这些住在乡村大别墅的人能认识到事物的发展节奏。"

此后不久，威尔斯接受了丘吉尔共进晚宴的邀请，颇为谦逊地进行了答复："在我看来，您是位特别有趣而且相当亲切的人物。"他又说自己预见到人性在未来的岁月中不得不面对巨大的挑战，尽管他想当然地认为丘吉尔"有点过于老派倾向"，可能应付不了这些挑战。[12] 直到第二年，他们才得以安排这次聚会，最终敲定1902年3月6日晚上8点在下议院的大厅碰面。[13] 接着他们出门投身到伦敦的迷雾中，四轮马车行驶在臭烘烘的城市街道上，偶尔才能见到新潮的汽车。

他们这一对看起来有些奇特。威尔斯身高仅仅5英尺（约为1.52米），弱不禁风，双眼炯炯有神，胡须浓密。谁也不会想到，文笔辛辣的散文作者嗓音如此沙哑刺耳，滑稽地反衬着丘吉尔含混略带口吃的迷人男中音，二人似乎有些不搭调。[14] 丘吉尔身高6英尺（约为1.83米），已经微微驼背，一头红发，发际线开始后退。两人都雄心勃勃，尤其是丘吉尔，自己志在首相之位已是路人皆知。[15]

这场交谈没有留下什么记录，但可以肯定这两个人都试探过彼此的地缘政治见解，丘吉尔引以为傲的大英帝国，却让威尔斯视若敝屣。他们也发现两人都怀有不安分的自信，迫不及待地追逐名望，以及宽广的心胸，这些让他们自然而然地以友相待，尽管某些政治观点上有对立。他们之间就这样播下了第一颗不可思议的友谊种子。1906年秋，威尔斯再次写信给丘吉尔，送去一本自己的新书《现代乌托邦》(*A Modern Utopia*)。该书探讨了人类社会主要依靠合理应用新的科学与技术解决了物质问题之后，如何以一党制国家的形式良好地运行。

新作品不合丘吉尔的口味。他回信表示感谢，巧妙地指出此书的主要不足是缺少一个好故事："我总在想着吃肉……却不得不喝汤。"[16] 尽管它有一些缺陷，《现代乌托邦》一书似乎确实鼓舞了丘吉尔去思考技术发展会将社会引向何处——这一话题成为他最热衷的主题之一。那时，他在威斯敏斯特被公认为信仰坚定的政治家，不惧怕向党魁提出挑战。两年前，对贸易保护主义的支持升温，让他戏剧性地解甲倒戈，投身支持自由贸易的自由党。1908年，他娶了激进的自由党人克莱芒蒂娜·霍齐尔（Clementine Hozier），迷人、有魅力、忠诚的她，予丈夫以坚定的支持，即使她的政治直觉与丈夫不一致。[17] 在她的支持下，他成为一名深受欢迎的激进主义领袖，率先提出关于工业界的失业保险、最低工资评估等议案，而成功获取工人的支持。

威尔斯对这位朋友的天赋印象深刻，因而在1908年4月的递补选举中支持了他，并在一篇带有争议的报纸文章《为什么社会主义者应该投票给丘吉尔先生》中道出了原因。[18] 丘吉尔很快重返下议院，平步青云，23岁就成为内阁大臣，担任贸易委员会主席，两年后，他又升任为近一个世纪以来最年轻的内政大臣（Home Secretary）。

在这一时期，威尔斯好像对科幻小说失去兴趣，而喜欢上了社会话题的小说。或许是听取了朋友约瑟夫·康拉德（Joseph Conrad）的提醒，意识到那是在挥霍自己的才华，威尔斯才回归科学，在小说《获得解放的世界》中把"原子弹"介绍给广大读者。[19] 1913年初，当他开始写作这本书的时候，威尔斯在文学圈中自封女性主义的登徒子。流连床笫之间的有两位夫人以及数十位女性朋友，她们就像一群缪斯女神，是他保持创作源泉的灵丹妙药。停留在瑞士山区期间，他写成了写作这段故事，别墅的位置得天独厚，由孀居的伊丽莎白·冯·阿尼姆（Elizabeth von Arnim），他的娇小新欢情妇，用自己的畅销小说和戏剧收入建造。[20] 威尔斯后来回忆道，即使按他的标准，他们的关系也仅是建立在强烈的肉欲吸引上。

《获得解放的世界》构想了人们掌握放射性释出能量的后果。这一过程是法国物理学家亨利·贝克勒尔（Henri Becquerel）在十七年前发现的，成为19世纪最后一起轰动全球的科学事件。在很长时间里，报纸、杂志和小说的读者们都被科学家尚未解开的秘密所吸引，而这些秘密最终将带给人类可怕的结局。[21] 有些作者喜好源远流长的末日之战风格，放射性为他们提供了丰富的素材，威尔斯对它的青睐不过是时间问题。一本名为《镭的解说》（*The Interpretation of Radium*）的书勾起了他的兴趣，它是英国化学家和放射性先驱弗雷德里克·索迪（Frederick Soddy）在1909年写成的，内容基于他在格拉斯哥大学的通俗公众讲座。这本书正好为威尔斯提供了自己喜欢糅合到小说中的原始素材——有望变革人类生活方式的激动人心的新科学。

索迪指出，一种新的化学元素镭，不同寻常地"像阿拉丁神灯那样释放出热和光"[22]。如果能以某种方式掌握这种能量，那么"我们今天所处的境地，正如原始人第一次发现能量从火中释放出来"[23]。他预见到只要掌握这种能量，人类社会将得到诸多好处——他们"可以改造荒芜的大陆，融化两极的冰冻，让整个世界变成宜人的伊甸园"。问题是镭和其他一些放射性元素极难对付——不论用什么方法改变它们的形态，它们都以固定的速率释放能量。无论怎么处理它们——加热、粉碎或拉伸——它们的衰变都完全是相同的速率，而过低的速率导致这种能量不适用于驱动涡轮或其他用途。然而，索迪也推测，如果能驾驭这种能量，将会带给我们巨大的好处。他在书中第四页提到一个推论，这句话引起了威尔斯的兴趣：放射能的释放，"其功效可以用作爆炸物，威力将是普通炸药难以比拟的"[24]。

威尔斯在 1913 年初春读到索迪的描述，那时他刚同伊丽莎白·阿尼姆前往瑞士。他的想象力正在喷发，并让朋友提供更多关于放射性的信息[25]，5 月前后他开始创作一部小说，暂时题为《原子解放世界》(The Atom Frees the World)。他似乎不知道自己并非完全意义上首位写下利用放射能量制造武器这一想法的作家：五年以前，法国作家阿纳托尔·法郎士（Anatole France）已出版了讽刺小说《企鹅岛》(Penguin Island)，描绘了恐怖分子利用一种能够"生成镭"的气体来制造炸弹。[26] 然而，威尔斯的幻想更为形象，更有力量，最终也更有影响力。

威尔斯和冯·阿尼姆上午写作，接着下午到山中远足，常常在日影斑驳的松针堆上颠鸾倒凤。[27] 他也会在屋顶斜坡上给她读上一段书中内容，有一次冒犯了她娇弱的敏感内心，她用戴着毛皮手套的拳头捶打他，抱怨他实际上"喜欢的是击毁这个世界"。[28]

像往常一样，威尔斯又在书中向后人大送利好，做出准确到难以置信的预言，这次是关于核物理的未来。他想象科学家们在 1933 年发现如何使一些化学元素具有放射性，从而释放巨大的能量。[29] 二十年后，会有一种特殊的机器，让感生放射性进入工业生产领域，使得可用能源的成本可以忽略不计，人们不再为石油和天然气这类昂贵的化石燃料而费心。由于经济紊乱，无能的政府使用"原子弹"发动战争。尽管体积很小——一口棺材便能放进三颗原子弹[30]——但它们的威力足够将芝加哥这么大的城市粉碎为一片放射性瓦砾。地球岩层之上，一扫而光，这种力量使得威尔斯说出他最新构想的乌托邦：人们最终认识到战争是徒劳的，国家和民族成为陈腐观念，传统的政治终结了，人们进入悠闲的新时代，整个世界变成一个只说英语的国家。政府举措之一是严密管制放射性物质，从而不让炸弹制造者染指它们。

尽管不是他最好的作品之一，但这本小说还算畅销，也没有损害他的文学地位。许多评论赞美他依然高远的想象力，尽管没有提到角色不够鲜明，情节拖沓散架。在最为称颂这本书的书评中，《纽约时报》的目光超出《获得解放的世界》的范围，窥见一百年后，即使不是文学家，历史学家也会研究这本杰作的原因："它描绘了控制和运用放射性的发展过程，根本上是以预言的变革为基础……"[31] 威尔斯并不能完全当得起这一赞誉。在此后的三十年中，他几乎没有再阐发过原子能将关乎战争与和平的观点。当他1921年为这本书撰写新的介绍时，也几乎没提及支撑这本书的核科学。[32]

《获得解放的世界》刚刚面世的岁月，威尔斯得到的称赞与其说是来自科学洞见，不如说是由于他预言了后来被称为第一次世界大战的战争爆发。冲突开始几天后，他的美国出版商就登出广告，吹嘘"现在发生的欧洲冲突"早已被"世界上最伟大的幻想家"所"预言和勾画"[33]。很快，西方世界陷入了持续数年的最为惨烈的乱局。威尔斯则作为旁观者，见证了他的朋友丘吉尔，一位拥有非凡力量和才智的演说家，声誉日隆，主持着海军部，如饥似渴地学习战争之道。

丘吉尔完全有资格在战争期间扮演领导角色——在桑德赫斯特（Sandhurst）的皇家军事学院（Royal Military College），他受过防御工事以及其他军事战术方面的训练，然而从来没人教过他有关炸弹的事情，他后来写道，因为"知道这些武器早就该被淘汰了"[34]。接着他在军中服役，到战场上拼杀，对地缘政治学和军事战略显得了如指掌。阿斯奎斯（H. Asquith）政府时期，他参与设立了军情五处（MI5）和军情六处（MI6），再三强调运用最新技术来装备军队的重要性。[35] 他鼓动官方与莱特兄弟（Wright brothers）在1909年2月取得联系，以探索他们的发明——飞机的潜在军事用途。就在四个月前，威尔斯出版了《空中的战争》（*The War in the Air*），丘吉尔读起来"又惊又喜"。[36]

按劳合·乔治（Lloyd George）首相的说法，丘吉尔在内阁中比任何人都要推崇威尔斯设想的"陆上装甲舰"，即后来的坦克。[37] 丘吉尔邀请威尔斯观摩坦克原型的实际操作，促使这种车辆被确立为军队的制式装备。通过坦克，威尔斯令丘吉尔获得了巨大声誉，而丘吉尔后来也予以回报，出庭做证证言坦克完全来自他朋友的想法。[38] 尽管陪审团接受这个说法，但事实上其他多位发明家也独立地孕育了这种观念。

在战时最高决策层，丘吉尔的判断力有些飘忽不定。战事爆发不足九个月，由于达达尼尔海峡的灾难性战役，联军折损数千人，丘吉尔被迫辞去海军大臣一职。他变得垂头丧气，情绪低落，妻子甚至认为他会抑郁而死，但他还是振作起来，为西线的军队义务做报告，并把绘画发展为新的爱好，后来成为他最喜欢的消遣。两年之内，他重返政府，担任军需大臣，为军队供应越来越多的枪炮、弹药和坦克。他于1917年中期重新任职时，正值伦敦首次遭到哥达飞机的轰炸，当时威尔斯挑衅地站在阳台上，见证着空中轰炸城市的开端，这一幕他和其他人早已预见到了。[39] 长期以来，他一直批评政府对科学家和新发明（特别是飞行器）的战时部署。[40]

威尔斯和丘吉尔的公开决裂轰动一时，最初起因于他们对苏联的看法。威尔斯欢迎1917年的布尔什维克革命，支持列宁所展望的一个有组织、无神论的社会，这个社会将拥抱科学和技术。一贯强烈反对共产主义的丘吉尔是英国政府中对布尔什维克政权最口无遮拦的批评者。它是一个"毒瘤"，丘吉尔说，"在羸弱患者身上畸形生长，膨胀肆虐"，必须被根除。[41] 1919年1月，丘吉尔被任命为陆军大臣后，就紧紧盯住苏维埃的威胁，希望盟国能够"向布尔什维克宣战"，并"派去几支大军"。[42] 他的言论，以及派到俄国数量有限的英国远征军，让他在二十多年后尝到苦果——丘吉尔不得不跟苏联领导人合作，但他们记得当年的污蔑，知道他曾企图在这个政权立足国际之前将其扼杀。

威尔斯对布尔什维克则持有截然不同的看法。尽管和许多英国社会主义者相比，他对新生苏维埃政府更为挑剔，但也准备谅解它的一些不足，将其看作出于长远发展的考虑而造成的不幸后果。威尔斯维护列宁政权，认为它是俄国唯一可能的政府，甚至为内战中杀人如麻的恐怖开脱。[43] 1920年秋，他前往多个俄国城市旅行，写下一系列文章描述他的见闻，号召其他国家帮助苏维埃创建"一种新的社会秩序"。[44] 丘吉尔咬牙切齿，攻击他过于天真，对"邪恶狂徒"大发慈悲。威尔斯的答复没有那么强硬，却也颇有机敏之处：

> ［丘吉尔］十分天真地认为他属于一个独具天赋并拥有特权的阶层，对他们来说，普通人的生命和事务都可以牺牲，成为他们进身之阶梯。[45]

丘吉尔就是世界和平的威胁，威尔斯气哼哼地说："他应该退出公共事务，专心去画画。"[46] 这两个人，都有着钛一样皮肤的职业作家，很快就将这场口角抛在脑后，没有心怀芥蒂。他们此后的关系仍然友好，间或意见相左，但从无恶意——即使1923年1月，威尔斯出版了他的政治讽刺小说《装神的人们》(*Men Like Gods*)，其中将鲁珀特·卡茨基尔（Rupert Catskill）的角色塑造为丘吉尔的略加变形版本，一位醉心帝国梦的战争贩子，尽管"本质上还是一个开化的人"[47]。

1922年11月，丘吉尔失去了他在下议院的席位。离开议会期间，他慢慢地回归保守党，重操作家这个第二职业，在那段时间里主要赖其谋生。他已经出版了《世界危机》(*The World Crisis*，即《第一次世界大战回忆录》)的第一卷，对第一次世界大战进行内幕解说。前首相巴尔福勋爵（Lord Balfour）将其描述为"一部披着世界历史外衣的光辉自传"[48]。

在此期间，丘吉尔还撰写了数十篇文章，大多被视为应景之作。然而，他对其中一篇特别自豪，该文聚焦于"战争的未来可能性，以及对人类种族的可怕影响"[49]。初次尝试做出威尔斯式的预言，他首先便提到了旧日朋友所构想的"原子弹"。

3 丘吉尔瞥见核未来 1924—1932

> 人类与其被自己创造的设备及其力量所主宰，还不如叫停物质进步和科学发现。
>
> ——温斯顿·丘吉尔，1931 年 11 月 [1]

丘吉尔对战争远期未来做出的首次预测，是在弗雷德里克·林德曼教授的协助下完成的，林德曼那时已经成为丘吉尔思考科学问题时的主要咨询对象。1921 年 8 月，在威斯敏斯特公爵（他们共同的朋友）安排的特别晚宴上，两人初次见面。[2] 林德曼很渴望和丘吉尔成为朋友，但是他们的关系迟迟没有进展，部分原因也许是，尽管两人同属贵族，却秉性迥异。

林德曼的血统比较复杂。他的父亲阿道夫（Adolf）是德国人，1870 年前后就已移民到英国，后来成为一名富有的商业主管。在位于德文郡的家族豪宅的花园里，修建有一座天文台和实验室，阿道夫醉心于天文学爱好，小弗雷德里克经常陪伴在他身边，一学就会。[3] 林德曼的母亲奥尔加（Olga）和丘吉尔的母亲一样，也是美国人。她是在德国旅行时生下了林德曼，对此教授总是愤恨不已——他把自己视为纯粹的英国人，虽然姓氏如此，但他坚决否认拥有任何犹太血统。[4]

林德曼是一个单身汉，滴酒不沾的素食主义者，政治见解比丘吉尔还要更偏向保守党，而且完全没有丘吉尔的宽宏大量。林德曼比丘吉尔小十二岁，充满斗志，尤其是针对社会主义者、犹太人，以及那些在他看来重视艺术甚于科学的同事。他也不太喜欢那些和自己肤色不一样的人，甚至觉得长得丑的人也讨厌。

在和丘吉尔相识九个月后，林德曼给父亲写了一封八卦满篇的信，满怀兴奋地告诉父亲他刚刚收到克莱门蒂娜·丘吉尔（Clementine Churchill，丘吉尔夫人，昵称为克莱米）邀请他吃午饭的电报。在信中还对威尔斯评头论足，他说最近在布莱尼姆宫（Blenheim Palace）偏巧碰到威尔斯，这位作家"论头脑纯属二流"，应该让某些蠢材挫挫他的傲气。[5] 教授还写道，威尔斯跳起舞来滑稽又糟糕。这是一封典型林德曼风格的信——在他整洁的笔迹下，充斥着对上层社会八卦消息的迷恋，许多贵族、夫人、公爵、公爵夫人等涉及其中，他倾心于攀龙附凤，渴望获得他们认可。而威尔斯，一个社会主义者，在林德曼看来自然是不可信任的——他完全将其视为闯进自己圈子的不速之客，并为此发泄情绪。而且他可能已经注意到，威尔斯对于他来说是丘吉尔了解科学事务上的竞争者。

林德曼花了大约五年的时间才赢得丘吉尔的友谊，但从此坚如磐石。教授证明自己像哈巴狗一样忠诚，是餐桌上的魅力伙伴，也是丘吉尔夫人克莱米在网球场上的好队友（他是一名有着国际水准的网球手，曾有一次打入温布尔登男子双打的第二轮）。[6] 最重要的是，丘吉尔折服于林德曼分析和解决技术问题的能力，他能够用非专业术语总结各种复杂话题，在概括方面很有天赋。

林德曼在科学上的资历毋庸置疑：牛津大学1919年聘任他为物理学教授，不久后当选为英国皇家学会（相当于英国的科学院）会员。在物理学界，他似乎认识所有值得结识的人，包括当时几乎一夜之间闻名全球的爱因斯坦。

丘吉尔已经习惯于从政治中立的公务员和为政府工作的科学家那里获得源源不断的技术建议。他想要一个顺从的科学家做他的私人和机要顾问，在有需要的时候，单独为他提供帮助，以胜过其他政客。1924年初春，丘吉尔答应就未来的战事写点东西，虽然自己有"很多点子"，但还是提出与林德曼会面来探讨这个话题，而且似乎并未咨询过威尔斯。林德曼很快做出答复，丘吉尔读到过耸人听闻的有关新"死亡射线"的报道，林德曼正好对此持怀疑态度，并送去一本《代达罗斯》(*Daedalus*)，这是由马克思主义遗传学家霍尔丹（J. B. S. Haldane）数月前发表的关于未来生物学的意气风发之作。[7]

定稿的文章《人类行将集体自杀？》("Shall We All Commit Suicide?")虽然缺少了点丘吉尔惯常的风趣，但在很多方面体现了他典型的行文特点——简明易读、胸有成竹、信息丰富，但不标榜为独创的知识成就。[8] 在文中的一段，他指出德国在第一次世界大战中突然投降，只不过意味着世界这一次从"近在咫尺的毁灭力量"之下勉强逃脱。他尤其担心的是"极为邪恶"的毒气使用不断升级，却没有提到五年前，他曾经赞成对布尔什维克使用毒气，并在一份关于美索不达米亚战争的战略说明中，宣称自己"强烈支持对不开化的部落使用毒气"。[9] 这实施起来很容易，1915年3月，英国政府就在威尔特郡的波顿唐（Porton Down）设立实验室，并配备用于研发和制造生物武器的设施。化学战争方面，他写道："一本可怕的书才写完第一章。"他进而展望着生物武器，包括"残杀马、牛的炭疽，毒害包括军队在内整个区域生物的瘟疫"。

《人类行将集体自杀？》一文临近结尾时，丘吉尔隐晦地提到了威尔斯在《获得解放的世界》中预见的那种武器——"一个比橘子还要小的炸弹"拥有"一种神秘的威力……能集中1000吨炸药的力量，一举便能将整个镇区炸毁"。他还预见到了我们现在称为无人机的运载工具，传统炸弹可以更有效地投放："炸弹难道不能……装在通过无线电或其他射线自动导航的飞行器中，无须人类驾驶员吗？"

在他有关新武器的沉思中，有一点将为大家所熟知，那就是丘吉尔担心政治家没有能力掌控科学家即将交给他们处置的那些可怕的武器。此外，这些武器也很可能落入坏人之手："一个低劣、堕落、不道德的种族能够轻易征服一个更有德行的对手，只因为他们掌握了某种新式致命工具或恐怖手段，并无情地使用这些手段。"十五年后这些辞藻华丽的段落再读起来颇显先见之明，那时希特勒掌控下的德国在核武器研发方面，似乎能大败它的敌国。

丘吉尔认为，人类要避免这种"可能是同归于尽的厄运"，最大的希望是要支持国际联盟（League of Nations）。就此已基本达成共识——通过国际努力来禁止首先使用化学和生物武器，该项倡议使得英国、美国、德国和其他一些国家在1925年6月签署了《日内瓦公约》。四年后该文件被收录在《国际联盟条约汇编》中。

丘吉尔在此期间撰写的所有文章中，《人类行将集体自杀？》引起的反响最大。[10] 这篇文章最早出现在1924年9月24日英国《纳什的帕尔商城杂志》（Nash's Pall Mall Magazine）上，两个月后在北美获得了同样的成功。德高望重的哈佛大学前校长查尔斯·艾略特（Charles W. Eliot）热情赞扬了这篇作品："应该让这些言论……马上在美国家喻户晓。"丘吉尔看到上述称赞时，刚刚过完五十大寿，政治生涯再次回到正轨。离开议会近两年之后，他赢得了伦敦东北部埃平（Epping）的安全席位，并被首相斯坦利·鲍德温（Stanley Baldwin）任命为财政大臣。丘吉尔的履职风格有些"喧闹"，他用演说技能主宰了下议院——时而平静下来陷入鸦雀无声的沉思，时而又被引发哄堂大笑。然而，在他的第一个财政预算案中，由于接受了下属官员们的建议，把英国货币重新调回"金本位制"，其汇率使得英国的出口灾难性地丧失了竞争力，后来被他称作"此生犯过的最大错误"。在议会中的那些政敌——以保守党为主——看来，这是他判断力靠不住的又一证据。在财政部从未真正心情舒畅的丘吉尔十分容易分心，比如1926年春，林德曼就发现丘吉尔甚至将注意力转向了原子物理学。

仅在儿时经历过科学教育的丘吉尔，成年之后居然还怀有对科学的兴趣，堪称一个奇迹。不像林德曼曾接受过家庭教师和导师的一流教育，丘吉尔早年的校园生活有些悲惨。从小被打发到阿斯科特（Ascot）一所纪律严明的学校里，很少能见到父母，这令他愤懑不已——他更喜欢待在家里，摆弄收藏的1500多个玩具士兵，其中多数都属于拿破仑军团。[11] 转学到另一所位于布莱顿（Brighton）的学校后，因为那里的体制更为友善，他的表现有所改善，尽管似乎是班上最顽皮的男孩之一。他很讨厌死记硬背的学习，特别是拉丁语，其他一些科目也无法引起他的兴趣。但他已成为一名早慧的阅读者。

对于小丘吉尔来说，数学是一场考验。在数学的"爱丽丝仙境"探险的他，扎实地演算平方根和欧几里得命题，但并不相信这些知识在现实世界中有多少用处。13岁进入哈罗公学后，他一直在这个科目上挣扎，尽管他的一位老师梅奥先生（Mr. Mayo）能够让他信服，数学"并不是令人绝望的毫无意义的泥潭，好玩的符号背后有其自身的意义和规则"[12]。丘吉尔更心仪的是文科，特别是文学。他通过背诵19世纪散文家兼历史学家托马斯·麦考莱（Thomas Macaulay）的一首1200行的诗歌而在学校获奖，麦考莱的思想深深影响了丘吉尔。麦考莱是英帝国主义的鼓吹者，曾激昂地宣称，英国殖民落后国家，将"文明"的价值观施加于"野蛮"的文化——尤其像印度——是天经地义的。[13]

丘吉尔的父亲发现他不是很情愿去上大学，便成功鼓励他走上军事之路。15岁的时候，年轻的温斯顿开始准备桑德赫斯特军校（英国皇家陆军军官学校）的入学考试，这对他来说是个挑战。因为要求掌握的诸多科目中有一门便是数学，他被迫埋头阴暗的房间，在散发硫味的昏黄灯光下，再度去征服一条名为"微分学"的恶龙。在第三次考试终于顺利通过后，他松了口气，自此与数学别过。"我非常高兴竟有不少人天生具有数学的才能和喜好，"他后来回忆，"真是自作自受！"

丘吉尔后来写道，自1894年12月"从桑德赫斯特军校毕业，进入社会"之后，他就始终马不停蹄：在人生"永不剧终的影片"中，自视为一名演员。[14] 他有一些智力上的追求而非体力上的——次年8月底，20岁的他在阿尔德肖特（Aldershot）当骑兵中尉时，立志阅读爱德华·吉本（Edward Gibbon）的《罗马帝国衰亡史》(*The History of the Decline and Fall of the Roman Empire*)，并很快把吉本奉为自己的偶像之一。[15] 一年后，在印度南部的班加罗尔，每当令人困倦的炎热下午，躺在行军床上的丘吉尔就会阅读吉本的著作，仆人们则无微不至地在旁侍奉。他后来回忆道，直到1896年冬天，才突然产生"对学问的渴求"。[16] 六个月的阅读盛宴，让他获得了类似于本来希望在大学中接受的通识教育。他一边提升马球技能，一边将学术兴趣集中在数十种富有挑战性的书籍上，"如饥似渴地狼吞虎咽"。[17] 1897年3月底，他写信给母亲，列出了已经纳入囊中的书籍，包括柏拉图的《理想国》译本，麦考莱的12卷书和吉本的4000页书。[18] 麦考莱和吉本后来对丘吉尔的文学风格形成了最重大的影响，他们的观点、节奏和特有习惯，几乎在丘吉尔的成熟著作和演讲中处处都有所体现。

在班加罗尔期间，丘吉尔还读了至少两本科学书籍，达尔文的《物种起源》和更为浅显的《现代科学与现代思想》(*Modern*

Science and Modern Thought），这是政治家兼铁路主管塞缪尔·莱恩（Samuel Laing）的一本畅销入门读物。[19] 莱恩的文笔通俗但内容充实，使丘吉尔得以强化他在学校中学过的科学知识，而免受深奥数学的折磨。作者的介绍主要集中在生命科学领域，但也包括了对物质世界的基本内容——以太、物质与能量的解释，其中有些篇章颂扬了科学家在探测原子大小和质量方面取得的进步。该书的第二部分，不遗余力地"展示从神学的沉船中能救出多少宗教"，这也增强了丘吉尔对宗教信仰的冷静。在给母亲的一封信中，他展望未来时代，当"造物的伟大规律被人理解"，当"科学与理性的冷酷光芒将通过大教堂的窗户闪耀"，到那时"我们可以毋须宗教这种曾经亲切地抚育人类发展的玩具"。[20]

虽然这些阅读丰富了他的知识，但他并不允许科学的方法侵扰到他的个人生活。他后来写道：

> 因此，我在人生早期阶段就采取了这样一套体系：信仰那些我愿意相信的，但同时让理性无拘无束地前进在所有那些它能够驰骋的道路上。[21]

几乎每个人都知道，丘吉尔本质上是政治家和作家，而不是一名学者，当然更不是科学家。然而，林德曼却声称将他视为"选错了行的科学家"：

> 科学家的所有品质在他身上都有所体现。他愿意面对现实，即使它们与心仪的假说相矛盾；承认理论要符合事实，而不是事实去符合理论；对各类现象感兴趣并愿意去探索；最重要的是他从根本上坚信，世界不仅仅是由杂乱无章的事件构成，而且具有某种更高层面的统一……[22]

有件事古怪得匪夷所思：相较于做出分析，丘吉尔更擅长扮演一名雄辩家。然而，林德曼的评论是有眼光的。丘吉尔兼具想象力，以及所有杰出科学家的特质——怀疑精神。不过后者只有在他认为合适的时候才表现出来。即使是他党派性最强烈的演讲，也能让人感觉到他很清楚自己是在针对具体事件提出观点，这些观点很可能因其他事实而不得不做出修正。"我常常不得不自食其言，"他有一次说，"但我必须承认这种自食其言是审慎而有益的。"[23] 丘吉尔一贯地展示出关于新科学技术对人类的影响，他力求比正统思想领先一步，特别是在战争时期。

林德曼还培养了丘吉尔对好奇驱动型科学的兴趣，1926年春林德曼送给他一本关于原子量子理论的新书，发现特别合他的口味。这本不知其名的书，抓住了丘吉尔的想象力，让他从几周后就要提交的财政预算案中分了心。[24] 4月的第一个周日，丘吉尔和家人住在查特韦尔（Chartwell）的乡间别墅，用将近一个早上的时间思考那本书。他在一楼宽敞的书房中工作，书房刚刚翻新，都铎式的入口处安装了铸造门框。房间四壁挂着许多画作，书籍成行，正中一张红木大桌，桌上摆着纳尔逊海军上将和拿破仑的半身瓷像。[25]

查特韦尔高居肯特的北部丘陵，距离威斯敏斯特只有半小时车程，但有着森林一般的宁静。别墅位于一片占地略超80英亩、树木繁茂的地带，这座错落有致的红砖房设有5间接待室、19间卧室和更衣室，还有1间可以瞭望维耳德（Weald）原野美妙风光的餐厅。[26] 丘吉尔不在伦敦时，就和妻子克莱芒蒂娜还有4个孩子住在这里，由大约18名仆人照料着，包括1名管家、1名男仆、1名司机、1名厨师和几名园丁。他休息时便在画室里绘画，到室外砌砖墙，指导园艺设计，或者规划建造新的水景。然而，在这个不合时令的温暖清晨，查特韦尔的大地正含苞待放之时，原子科学却早先一步迎来了春天。

为了确认他是否正确掌握了那本书的精髓，丘吉尔向助理口授了一篇概述，派人将打印稿呈递给林德曼进行检查。林德曼教授毋须做太多的批注，因为丘吉尔的提炼足够准确，堪比荣获奖学金的学生。在概述中，他描绘了典型原子中的电子快速绕动，其中一些能够发生量子跃迁，从一个容许轨道跳到另一个容许轨道，这一构想是丹麦物理学家尼尔斯·玻尔十年前提出来的。丘吉尔在这篇概述中首次书面谈及原子的"核"，其存在性是由玻尔的导师，实验物理学家欧内斯特·卢瑟福在 1911 年推断出来的。丘吉尔读到，原子的内核，体积极小而密度极高，典型状态下体积只占原子的十亿分之一，但质量几乎占原子的全部。正是储存在那里的能量以放射性的形式释放出来，而至少在威尔斯的想象中，这种能量可能会被用来制造武器。

丘吉尔的笔记中写道，大多数已知化学元素的原子是完全稳定的，永远结合致密。但也有一些化学元素，如铀和镭，经过放射性衰变，它们的核就会嬗变为其他各种各样的核，并发射出一些更小的粒子，同时释放出原子标准下的巨大能量。笔记的结尾，当谈到核裂变问题时，他发挥想象力，运用地缘政治打了一个比方："［放射性过程］包含着以改变结构为代价的能量释放。这让人联想到帝国解体为独立国家，而这些国家又进一步瓦解成乡村社区。"

"有许多问题我都想向您请教，"丘吉尔在一封给林德曼的附信中这样写道，然后提出了一个非常令他困扰的问题，"音乐和数学之间的关系，是否也像数学和物理之间的关系那样经过了考察？如果是的话，音乐和物理之间除了声波之外还应有其他关联。"[27] 他已经领悟到，理论物理学的重大进展有时会带来美学上的响应，正如爱因斯坦对玻尔原子理论的评价，他说该理论例证了"思想领域中最高的音乐神韵"[28]。

丘吉尔阅读原子理论的那篇概述是他科学好奇心的最佳证词。

虽然诋毁他的人可以合理地抱怨他的冲动和以自我为中心，但他的思想活力不容否认。只有林德曼等少数人知道这种活力延伸到了科学领域。

1929 年 5 月的大选之后，丘吉尔的命运急转直下——选民抛弃了保守党，拉姆齐·麦克唐纳（Ramsay MacDonald）再次成为英国首相，而他对丘吉尔不甚赏识。自此丘吉尔离开了唐宁街 11 号，淡出内阁办公室十余年之久。

他曾在议会呼风唤雨二十七年，在下议院的舞台上担任过十几个领导角色，但现在只能跑跑龙套。聊以欣慰的是，他现在有更多的时间可以放在获利丰厚的新闻业上。他最被广泛转载的文章中，有一篇对萧伯纳（George Bernard Shaw）予以赞颂。在丘吉尔看来，萧伯纳是"英语世界尚存作家中最伟大的文豪"，但也是"世界上最伟大的思想小丑"。[29] 丘吉尔还不失时机地抨击共产党执政的苏联——萧伯纳的"精神家园"。

在与斯坦利·鲍德温因经济政策闹翻后，他于 1929 年夏天暂别政治，开启了为期三个月的北美讲学之旅。丘吉尔通常比较信赖美国——那是母亲的出生之地，每年的 7 月 4 日她都要在两个儿子面前展开星条旗挥舞。[30] 丘吉尔长期对美国文化感兴趣：12 岁他在伦敦观看了心仪英雄布法罗·比尔（Buffalo Bill）的表演，十三年后，他被引荐到马克·吐温的纽约见面会。[31]

丘吉尔的妻子曾笑着评论说："温斯顿是整个的英国人再加半个美国人。"[32] 然而，在 20 世纪 20 年代，他和许多下议院的同事一样，有时对美国的外交政策感到沮丧。作为 1924 年的新任财政大臣，他拒绝了美国要求的在德国战争赔偿中的份额，依据是美国没有签署《凡尔赛条约》[33]。更严重的一次是，柯立芝（John Calvin Coolidge）总统的政府冒失地寻求与英国同等的海军力量，丘吉尔对此怒火中烧，正如他 1927 年 7 月在内阁的发言：

毫无疑问，出于爱好和平的信念，完全应该进一步探讨不可思议的与美国的战争。所有人都知道那不可能发生……我们绝不愿意将自己置于美国权力之下。如果未来某一天，在印度、埃及、加拿大的政策事务上，美国能够有资格对我们指手画脚时，很难讲他们会做出什么事来。[34]

1929年的初夏，尽管认为美国人是"抱有太多希望和幻想的脆弱种族"[35]，他仍然期待和他们打成一片。旅美期间，他充分利用了美国提供的赚钱机会，但也经历了大崩盘的最低点，只要他沿着华尔街走过就能知道自己将遭受重大损失。按今天的价格计算，大约损失了50万英镑。[36]

1929年末他回到英国，此时英国也陷入了经济萧条，他发现自己被排除在保守党的核心圈子之外。甚至有传言说他可能退出议会。然而议会讨论的方案要给予印度若干地区以自治领的地位，这激怒了他的帝国主义敏感神经。"我肯定不会从政界引退，"他说道，"而我们保留对印度的领导权问题着实有待商榷。"[37]

在下议院茶点间，批评者们嘀咕说，丘吉尔在议会上根本听不进别人的意见。[38]他意识到在这里浪费太多时间毫无意义，到威斯敏斯特之外发展自己的事业会更好一些。1927年成为"无线发烧友"之后，兼具权威性和诙谐的演讲使他成为电台广受欢迎的主播。一位制片人称他为"完美的广播员"，尽管他总是抱怨铁板一块的英国广播公司（BBC）正在封杀他。[39]在这些"艰难"的年月[40]，他依然生活得有声有色，在萨沃伊酒店（Savoy Hotel）大吃大喝，饮用最上等的香槟，查特韦尔也入流地运转着。从各方面看这都是一个幸福之家，尽管他也有不开心的地方，比如不得不应付自以为是的儿子伦道夫（Randolph）的荒唐行为，妻子也经常不在家中。当他长时间独自工作或与同事相处时，妻子便经常单独去度假。

1929年之后的十年中,丘吉尔的大部分时间都消耗在文学活动上。他写了一本引人入胜的回忆录《我的早年生活》(*My Early Life*),这是一套关于先祖第一任马尔堡公爵(Duke of Marlborough)的多卷本传记,还开始写作卷帙浩繁的《英语民族史》(*A History of the English-Speaking Peoples*)。另一本赚钱的书是《当代伟人》(*Great Contemporaries*),这是他前些年撰写的关于"我们这个时代的伟大人物"的散文集,包括萧伯纳、希特勒和富兰克林·罗斯福等。[41] 除了这些100万字左右的书,他还以各种各样的主题向杂志和报纸撰写了数百篇文章,不少都在鼓吹他的民族主义信条——"我全都是为了旧英格兰的长治久安,年复一年,世纪延绵,造福代代子孙,规避减损。"[42] 编辑们对电话那头丘吉尔的叫嚷声已经习惯了,要么是提出新系列文章的建议,要么是狮子大开口的稿酬要求。[43] 克莱米知道他完成这些任务主要是为了维持奢侈的生活方式——她抱怨说,给报纸写的多数文章,对他来说都是大材小用。

在政治上失宠前不久,他出版了倒数第二卷,讲述第一次世界大战的著作《世界危机:浩劫余波》(*The World Crisis: The Aftermath*)①,其中包含了一些对人类未来冲突的忧思。在开篇章节,他设想着未来如果"科学家已经制造出可以摧毁整个城市及其居民的武器,而武器的使用不受前线后方的限制",将会发生什么。[44] 他还设想战胜国的领袖们将尽快会晤,并决定"要让新式科学武器成为武装世界秩序的新手段"。要在国际联盟的支持下,成立一个"国际空军",其飞行员致力于维护和平,担当天空中的现代骑士。化学战的难题则通过"禁止任何国家使用化学武器的全面法令"来解决。

---

① 该卷原为第四卷,后增加一卷东线战场,该卷变为第五卷。——译者注(本书所有页下注均为译者注,下文不另说明)

十六年后，当第二次世界大战的胜利者不得不对最具破坏性的下一代武器——原子弹——做出考量时，上述观点一一得到回应。丘吉尔首次明确思考这些问题是在1931年底发表的《五十年后》一文中。那是国际上动荡不安的一年，世界银行体系几乎分崩离析，日本占据了中国东北地区，打响了旷日持久的远东战事。1月，《河滨杂志》(Strand Magazine)的组稿编辑里夫斯·肖(Reeves Shaw)写信给丘吉尔，建议他撰写一系列文章，包括"对五十年后……英国、美国、印度在内的世界局势进行预测"[45]。丘吉尔当即接受了提议，但是把重点转向了"科学，道德和政治"[46]。他选中的这个话题，正好也是他最好的朋友，言辞机敏的伯肯黑德伯爵(Earl of Birkenhead)近期刚刚写作完成《公元2030年的世界》(The World in 2030 AD)一书的部分内容。几乎可以说丘吉尔一定读过这本书，而且他和伯爵在萨沃伊酒店两周一次的另类俱乐部(The Other Club，二人在二十年前共同创办)晚宴上就此讨论过。[47]如果这是真的，那么丘吉尔就会读到，当核能取代化石燃料、降低电力价格之后所带来的变化。他还会看到，伯肯黑德的开篇章节以关于核武器来临的警告作结："当你在阅读这些话的时候，可能就正有一些冷漠的研究者打算引爆原子炸弹点燃全世界，世界在炽热气体的耀眼旋涡中化为乌有。"[48]

为了帮助丘吉尔写作《五十年后》一文，林德曼提供给他一份十一页的草稿。[49]教授的点子涵盖了从移动电话到新生物技术的雏形，他期待着未来，"我们可以不必再荒唐地［仅仅］为了吃鸡脯或鸡翅而养一整只鸡"。最重要的是，"远比任何我们已知能源更为重要的新能源将会被发现"，它使人类能够对环境进行前所未有的掌控——他所指的正是核能。草稿毋须花太多时间修改，因为它只需要一篇诱人的导言、一个令人满意的总结和一些编辑上的修饰，让全篇焕发出丘吉尔式的光彩。[50]

丘吉尔在文中参考的文艺作品包括捷克作家卡雷尔·恰佩克（Karel Čapek）的《罗森的全能机器人》（*Rossum's Universal Robots*），这一舞台剧近期在伦敦进行了首次公演。卡雷尔曾将他哥哥发明的"robot"一词推广到全世界。丘吉尔还提到奥拉夫·斯塔普顿（Olaf Stapledon）最新的科幻小说《最后和最初的人》（*Last and First Men*），小说探讨了未来20亿年人类的发展。但丘吉尔对这本书无动于衷。更打动他的是1835年阿尔弗雷德·丁尼生（Alfred Tennyson）所作的预言诗《洛克斯利大厅》（"Locksley Hall"），诗中充满具有忧郁气质的智慧。[51] 丘吉尔引用了其中六个骈句，并称赞其预言的准确性，比如预言了人类能征服天空来从事商业和发动战争："天空之上，魔帆飘扬，商船远航。"

《河滨杂志》在其扩版的12月刊上发表了《五十年后》一文，带有圣诞气氛的封面上，丘吉尔和伍德豪斯（P. G. Wodehouse）等最杰出撰稿人的名字被凸显出来。[52]《五十年后》这篇文章恰当地搭配了末日色彩的插画，涵盖了林德曼的所有观点，强调了核能的重要性，认为它远远超越了目前使用的所有能源，前景可观：

> 科学家们毫不怀疑这种巨大能源的存在。现在只是缺少点燃篝火的火柴罢了……

科学家们正在寻找这根火柴，丘吉尔写道，如果他们找到了，人类经验不足的双手就将握有这种"惊人而可怕的威力……爆炸力、能量、材料和机器……其规模可以消灭整个国家"。他认为，除非人类能够在道德和精神上取得进步，不然拥有这样的威力会使人们的生活陷入危险。现在，"闲不下来的科学家们已经手握钥匙去摸索迄今为止一直是人类禁区的那些房间"，他警告说，"如果仁慈、怜悯、和平与爱心没有同步增长，科学本身可能会毁灭掉所有能让人生变得壮丽和坚韧的事物"。对成千上万品尝着雪利酒和肉馅饼的读者来说，沉思《五十年后》着实算不上最令人欢欣的圣诞佳肴。要是他们知道英国一名科学家在此后11周内就会发现丘吉尔提到的那种能够释放"巨大能量之源"的粒子，让原子弹制造成为可能，他们的感觉恐怕会更糟。

随后的那个夏天，丘吉尔将他最好的几篇文章汇编成《思想和探索》(*Thoughts and Adventures*)，包括《人类行将集体自杀？》《五十年后》等。[53] 在序言中，他专门提及这两篇文章，并强调希望自己的"两大噩梦"读起来不仅仅是"一知半解的卡珊德拉（Cassandra）[①] 做出的有趣猜测"。他写下这些文章是"怀着无比诚挚的心情去忠告，如果文明无法自我控制，将会出现怎样的后果"。

到1932年，林德曼已经成为查特韦尔出入最频繁的客人之一，甚至他的造访本身就是一件大事。从豪华轿车中走出的林德曼，被身着制服的司机和男仆前呼后拥着，这让他看起来不像科学家，而更像是一个银行投资家，即使在酷热的夏天，他也身穿天鹅绒领的麦尔登呢大衣，头戴圆顶礼帽。[54] 丘吉尔的厨师不得不做些特殊的菜式来招待这位教授，因为他的素餐习惯将菜肴限定在极为狭窄的范围内，食材包括蛋清（不能有蛋黄）、去皮的西红柿、糯性马铃薯，以及最优质的新鲜蛋黄酱等。似乎无人介意因为迎合他的口味而带来的不便。克莱芒蒂娜特别喜欢他，孩子们也把他当作自己爱戴的叔叔，而林德曼总是记得他们的生日，每次离别前还会在他们手中塞张钞票。

离开舞台中心，不受同事待见的丘吉尔，通过和林德曼以及

---

① 卡珊德拉，古希腊神话故事里能够预见未来的女子，警告人们会发生一些不吉之事，却无人相信。

其他一些助手——特别是首席业务顾问布兰登·布拉肯（Brendan Bracken）——的交谈，获益匪浅。布拉肯出生在爱尔兰的保守党下院议员兼出版商之家，一技之长是能将丘吉尔吹捧得心花怒放。布拉肯、林德曼和丘吉尔都认为他们生活在危险的时代——所有迹象表明，20世纪30年代将是动荡危险的。上次世界大战遗留的问题让欧洲成为侵略性独裁和冲突的滋生之地。

在查特韦尔的几十次聚餐，丘吉尔和同事们忧虑着岌岌可危的英国经济、极权主义在欧洲的兴起、德国的重整军备，此外还担心着斯坦利·鲍德温所坚信的人们无法防御的敌军空袭："炸弹将无孔不入。"[55]然而政治绝不是丘吉尔唯一的兴趣。他花费大量时间写作，阅读像托尔斯泰的《安娜·卡列尼娜》这样的小说来拓宽视野，虽然他"并不太对这群敏感而又庸人自扰的俄国蠢材感兴趣"[56]。

查特韦尔的聚会总是盛事。[57]丘吉尔一家——活泼，热情，时而喧闹——围坐在餐厅硕大的橡树桌旁，等候几乎总是迟到的一家之主。宽敞的窗户令房间温暖明朗，维耳德原野的美景尽收眼底，极为疲惫的精神也能为之振作。丘吉尔——肩膀宽阔，体重达210磅，是个明显超重的胖子——坐到餐桌首席位置，像一个封建领主，即使一言不发也能气压全场。在他发表完餐桌讲话之后，他会用桌上乔治王时代银烛台的烛火重新点燃雪茄。主菜可能是牛肉配约克郡布丁，还少不了一两杯葡萄酒，这只是丘吉尔日常饮酒的一小部分。他有控制饮酒的非凡能力，尽管有不少相反的报道，但事实上他从未喝醉过，醉酒是他从小就深恶痛绝的。[58]

后来，丘吉尔的女儿莎拉（Sarah）回忆过1932年初的一次特别午餐，那时林德曼《量子理论的物理意义》（*The Physical Significance of the Quantum Theory*）刚刚出版。[59]仆人们倒上咖啡和餐后饮料。林德曼很可能喝了点白兰地，这是在丘吉尔的长期劝说下，偶尔放弃严格戒酒的结果。[60]丘吉尔觉得是时候让林德曼展示一下他在概括和简化方面的天赋了，便将自己的金表放在桌上，要求林德曼在五分钟之内使用单音节词汇概述量子理论。莎拉回忆说："没有丝毫迟疑，他口若悬河地解释了这一理论，让我们听得入神。当他讲完，我们都情不自禁地鼓起掌来。"

这样的表演令丘吉尔印象深刻。但他似乎还不知道，在学者眼中他的科学顾问曲解了理论物理最新、最基本的思想，而且与同行越来越疏远，其中便包括原子核领域公认的元老。

4 卢瑟福怀疑核应用 1932

> 在最近的一本书中，H. G. 威尔斯用一种有趣的方式讨论道，如果人们能够利用[核能]这一能源宝库，未来将会出现怎样的图景……但这种可能性……在目前看来根本不可能。
>
> ——欧内斯特·卢瑟福爵士，华盛顿特区，1914 年 4 月 21 日 [1]

卢瑟福在剑桥大学是与林德曼在牛津大学相对应的人物，堪称原子核领域的克里斯托弗·哥伦布（Christopher Columbus）。正是他发现了原子核，并做出进一步的探究，阐明了原子核的奇特性质，揭示出原子核蕴含着相当巨大的能量。暂不论他作为一名科学家无比杰出，在白厅他也是一位造诣颇深的行家，是英国政府在军用科学方面的首席顾问。但是当制造核能炸弹成为可能的时候，他却去世了，而林德曼则凭借与丘吉尔的亲密关系，成为这种新武器早期研发阶段最有影响力的英国科学家。许多林德曼的同行将这件事看作一场悲剧——卢瑟福认为林德曼是一位"不称职的科学家"，辜负了人们期望的物理学家。而卡文迪什实验室的其他人则把这位教授斥为"科学票友"[2]。

最能体现林德曼对现代基础物理学掌握不足的形象事例发生在

1932年。这年初，林德曼出版了《量子理论的物理意义》，物理学家花费数百年时间，关于物质在最小尺度上的特性，创造出最具革命性的理论，但林德曼对此提出了异于正统的看法。实际上，他试图阐明那些世界上顶尖的量子物理学家搞错了新理论，而他才是正确的。1月初这本书就送到了卡文迪什实验室卢瑟福的办公桌上，里面夹着便条："我相信您也赞成将观点建立在观察之上，而无法接受那些毫无根据的前景预测……但后者正甚嚣尘上。"[3]卢瑟福吸引林德曼的地方在于，他反感抽象理论，坚信迄今发现自然秘密的最好方法是要设计出恰当的实验。[4]

卢瑟福似乎没有回复这张便条，但几乎可以确定他和剑桥的量子理论学家讨论过这本书。其中一位是他的女婿拉尔夫·福勒（Ralph Fowler），福勒很恼火林德曼竟敢在一知半解的话题上大放厥词，并轻蔑地表示："让林德曼去写一本量子理论的书非常荒唐。"[5]福勒以前的一名学生保罗·狄拉克（Paul Dirac）也赞同他的观点，狄拉克是新理论的共同发现者，在别人看来基础物理中的数学力量神神秘秘的，但对他来说是一种信仰。[6]一次林德曼的讲座结束后，有听众对其错误百出和完全缺乏原创性的内容表示失望时，狄拉克不甚赞同，并少有地插话说："也不尽然，只有林德曼才能犯那样的错误。"[7]

随后几个月，林德曼教授的书——特别是他关于量子理论中的空间与时间，以及基础物理中数学角色的混乱想法，让他失去了许多最有才干的理论家的尊敬。[8]当时正值卡文迪什实验室的卢瑟福及其研究人员大放异彩的时期，这对林德曼而言是很痛苦的。

到1932年，科学事业为卢瑟福佩戴了无数花环。时年60岁的他新获爵位，并担任皇家学会的会长，拥有诺贝尔奖得主的头衔，在国际上被誉为"击碎原子的炮兵部队总司令"（《纽约时报》如此描述）[9]。人们很难从他的举止和外貌上看出他的身份。个高壮实、大腹便便的他，小胡子从唇角垂下，下唇时常叼着一根香烟或雪茄。[10] 他说起话来算不上文雅——当设备运转不灵时动不动就会破口大骂——对艺术、文学名著和浪费心力的古典音乐也没有兴趣，而更喜欢军乐队的弦乐四重奏。如果晚饭后三一学院公共休息室的谈话变得过于夸夸其谈，人们知道他就会用那刺耳但浑厚、带着清晰新西兰口音的嗓子喊一声"谁看马克斯兄弟"①，便起身去看电影。[11]

卢瑟福证明了自己是科研生产线上拥有无与伦比嗅觉的伟大实验者之后，他基本停止了实验台上的工作。在加拿大蒙特利尔的麦克吉尔大学（McGill University），他在 30 岁前后的几年中，完成了大部分放射性方面的开创工作，主要的合作者是弗雷德里克·索迪。他们论证了放射性过程——起初是完全神秘的——通常伴随着化学元素的嬗变。到 1904 年，通过这些实验他了解到，"从少量的物质里面能够获得巨大的能量"[12]，为爱因斯坦一年后发表的质能方程 $E=mc^2$ 做了铺垫，c 指的是真空下的光速。这个简洁的方程意味着，即使是轻如一便士硬币的物质也蕴含着非常巨大的能量，它的能量从原理上讲足以支持一座小城市运转几小时，或在几秒内将其彻底摧毁。

转到曼彻斯特大学（University of Manchester）之后，卢瑟福发现了原子核，然而第一次世界大战打断了他的核物理学家生涯。他将研究重点从原子核转向了潜水艇，在使用声波定位敌方水下舰艇上贡献了源源不断的精力。尽管他不遗余力地从事水下探测等方面军事项目的工作，但和那些令人厌恶的武器研发划清了界限——马克斯·玻恩（Max Born）1933 年建议他与化学家弗里茨·哈伯（Fritz Haber）会面，哈伯在战时研发和部署化学武器方面颇有建

---

① 马克斯兄弟（Marx Brothers）为美国喜剧团体。

树,但是,玻恩后来回忆说,卢瑟福"严词拒绝了"。[13]

卢瑟福是世界大战期间杰出的白厅顾问,服务于多个政府委员会,包括新设的科学与工业研究部(Department of Scientific and Industrial Research),旨在鼓励面向大学研究的私人和公共投资。1917 年 4 月美国参战后不久,他作为英法委员会的联合负责人前往美国,向美国人介绍协约国在战争中运用科学的所有经验。返回英国后,他和一名军方同僚立即向政府汇报,尽管他们认为所提供的建议会立竿见影,"不仅是对美国,而且对广义的协约国事业都价值重大",但整件事还是显得"有点儿一厢情愿"[14]。分享英国机密完全符合他的心愿——毕竟这种分享带来了联合,贯彻了他在科学中实践的国际主义——而在下一次世界大战中,他手下的研究人员和助手们也确实是这样做的,在研制原子弹这件事情上更是如此。

"一战"结束不到一年,卢瑟福转到剑桥,主持卡文迪什实验室,并带来科学和工业研究部的许多人脉,后来他们成为卢瑟福最慷慨的一部分资助者。正如他在曼彻斯特那样,卢瑟福变革了他的实验室,像一名仁慈的独裁者那样进行管理,将教学和研究主要集中于"基础物理学"方面,而不是其他物理领域,比如他贬斥为"集邮"的晶体学。[15] 卢瑟福的伟大之处很大程度上还在于他的领导技巧。他到来不久即招募了几名年轻研究者,其中有好几个都是想忘却这场战争的外国人,卢瑟福打算把他们培养成工程师而非物理学家。[16] 对他口中的这些"男孩们"来说,卢瑟福就是楷模——尽管有时显得专横不讲理,但是如果他们展露出步入正轨的苗头,卢瑟福就会旁敲侧击地给予指导,而如果他们想在前景不容乐观的项目上冒些风险,卢瑟福也会欣然给予鼓励。

当卢瑟福成为卡文迪什实验室的主任时,他还是林德曼的赞赏者,为他获得牛津教席撰写了介绍信,林德曼将此视为非常关键的帮助。[17] 林德曼告诉他:"我极为渴望与剑桥及物理界各派展开亲密协作。"几年来，两人通过信件表达友谊、思想共鸣，尽管他们的品性和风格截然不同。林德曼似乎更喜欢出入豪门而不是自己的实验室，他的目光总是指向富豪或拥有炫目头衔的人，二者兼备则更好。人群中流传着一个笑话："为什么说林德曼像一艘近海轮船？""因为他在点对点（贵族对贵族）①地跑。"[18] 卢瑟福坚定地专注于基础物理学，成功争取到产业界伙伴的支持，而林德曼则广泛开展不同的研究课题，与产业界建立了获利丰厚的合作。

和林德曼一样，卢瑟福也是一名保守党人，但更为接近中间路线，对不同政治取向的同事也非常宽容。[19] 卡文迪什有几名研究员，特别是帕特里克·布莱克特（Patrick Blackett）和彼得·卡皮查（Peter Kapitza，忠实的苏联公民，1934 年返回苏联），会在晚上和周末进行左翼政治辩论，但卢瑟福对此毫不介意，表示只要他们不把政治观点带进实验室就可以了。[20] 卢瑟福在剑桥大学坚定地拥护着卡文迪什实验室，但要比林德曼在牛津更受同事们的欢迎。在牛津，林德曼的名字成为独裁主义和好斗的权力扩张者的代名词。卢瑟福的朋友，卡文迪什实验室前任主任汤姆孙（J. J. Thomson）听到有关林德曼管理风格的报告时，怒斥道："他大概认为他能用普鲁士独裁者的手腕来运行实验室。"[21]

在白厅，卢瑟福强烈主张政府有义务支持好奇驱动型的研究，即使它尚未显露出商业和军事用途的前景，这种观点常常令一些政客恼怒，他们希望政府资助的科研能有立竿见影的效果。[22] 然而正如他在华盛顿特区的一次讲座上所指出的，在基础研究中，核能就属于无法在短期内体现实用价值的研究项目，而那时《获得解放的世界》刚出版几周。四个月后，在他短期访问新西兰期间，一名记者询问"原子弹"有没有可能在短期之内制造出来，卢瑟福的口气

---

① peer to peer 指点对点，同时 peer 也有贵族的意思，即混迹于贵族之间。

更加轻蔑:"威尔斯先生的想法只能被看作对未来的幻想。"因为到目前为止,"没有任何蛛丝马迹"表明放射性能量的释放可以快到能用于制造炸弹的程度。[23]

到1932年初,卢瑟福作为一名多产科学家的生涯显露出一些衰退的迹象。他的双手颤抖不已,不能再做实验,几年来的实验室成果按他的标准来看也变得较为单薄。[24]卢瑟福与副手詹姆斯·查德威克(James Chadwick)每天11点会面,而其中一次改变了所有这一切,那次会面就发生在林德曼关于量子理论的书送到卡文迪什实验室的几天后。当天上午,卢瑟福从吉米(Jimmy,查德威克的昵称)口中听说,证明中子的存在已经成为可能。这激起了卢瑟福的兴趣,十二年前他就预言了这种亚核粒子存在的可能性,只是还未被观察到。当时除了查德威克,几乎没有人把这一想法当回事。[25]

查德威克把这场本来暂告一段落的游戏又提高了一个层级:他在实验台上用α粒子轰击铍原子核,接着对结果进行了仔细阐释,最终对中子做出定论。事实终于弄清楚了,一个典型的原子核并非单由质子(带有与轨道电子大小相同但极性相反的正电荷)组成,而且还要包含查德威克发现的电荷中性的中子。这是一个振奋人心的发现,因为新粒子有望成为研究原子核的有用探针:一束中子不会因原子核而转向,能够深入原子核内部,尽管目前人们还不知道这种介入能带来什么。基础科学即将再次焕然一新。

对大多数人来说,该发现没什么值得激动的——这种新粒子大小不足人类可见事物的十亿分之一,也没有明显的用途。2月27日《曼彻斯特卫报》发布了这一发现的独家新闻,通讯记者是詹姆斯·克劳瑟(James Crowther),卢瑟福的义务新闻发言人。报道让公众确信,找到新粒子的实用价值"必将为时不远"[26]。随后全世界的报纸都报道了这个消息,对科学家强调为重大发现的成果顶礼膜拜。只有《泰晤士报》(The Times)提了一个醒,评论道,即使中子的存在得到确证,对"一般人们"来说,这个结果和其他的核物理实验一样,都"没有什么用处"。²⁷殊不知此后不到十三年,世界就看到了蘑菇云,证明了中子绝非无关紧要——它就是触发原子核爆炸的粒子。

查德威克的发现再次激发了公众对核科学的兴致,连同卢瑟福的公众形象也水涨船高。《旁观者》(The Spectator)杂志1930年开展过一次英国最强大脑的民意测验,名单上七位科学家中卢瑟福排名垫底,且远低于威尔斯、丘吉尔,以及大赢家——身兼剧作家和评论家的萧伯纳。²⁸而1932年后,人们认为卢瑟福的榜上名次会上升很多,而且中子的发现不过是其事业第二春的开端。

1932年4月28日周三,下午晚些时候,林德曼动身前往一个特别的会议,在那里他将会陷入深深的职业自卑感之中。在皮卡迪利(Piccadilly)大街皇家学会总部举行的英国原子物理学家的聚会上,卢瑟福邀请他上台担任发言嘉宾。此次会议旨在回顾原子核方面的最新发现,对于卡文迪什实验室而言就是炫耀成就的摆功会,然而林德曼和其他多数出席者还不知道卢瑟福正打算再次制造吸引眼球的独家新闻。

会议一开始,卢瑟福就气势如虹,在报告中精辟地概述了核物理学的发展。听众们可能以为他会引出查德威克这位风云人物,但令人吃惊的是卢瑟福将提前备好的讲稿扔到一边,宣布他的两位"男孩"又将他的另一个实验向前推进了一步。1917年,他在战时工作之余,成为首个成功的炼金术士,通过使用放射源发射的氦原子核轰击氮原子核,将氮原子核嬗变为氧原子核。通俗来讲就是,他已经实现了原子分裂——又花费了一年多的时间来验证这一惊人的发现。²⁹卢瑟福兴高采烈地报告说,他的两名年轻同事,英国人约翰·考克饶夫和爱尔兰人欧内斯特·沃尔顿(Ernest Walton),已经用人工方法劈开了原子。

考克饶夫和沃尔顿使用特制粒子加速器发射出来一条质子束，用质子束轰击锂原子核，将其转变为两个氦原子核。两位默默无闻的青年物理学家为粒子物理学开辟了一条高效的现代技术，即通过尽可能集聚的能量，轰击亚原子粒子，从而探索到物质的核心深处。[30] 作为额外收获，考克饶夫和沃尔顿的结果首次直接证实了爱因斯坦的方程 $E=mc^2$，方程也合理解释了实验过程中产生的能量。几天后，他们在卡文迪什实验室向爱因斯坦本人演示了这一实验。随后爱因斯坦记录下了参观经过和他当时的"惊讶与赞赏"[31]。

卢瑟福无法对这一发现做详细的说明，直到三天后英国科学的标志刊物《自然》将其发表出来，面纱才完全揭开。但他的发言，以及大手一挥邀请考克饶夫和沃尔顿起立的激动人心的时刻，赚足了全场的欢呼。林德曼知道，这一最新发现再次让自己主持的牛津大学物理系在剑桥大学物理系面前相形见绌，他刚来牛津大学物理系时，那里还相当落后，甚至连正常供电都无法保证。[32] 核物理并非他擅长的专业领域，卢瑟福邀请他来讲话或许有些残忍了，而林德曼接受这一邀请可能也是昏了头，他的发言显得无足轻重。[33]

两天后，卢瑟福重返皮卡迪利大街，在皇家艺术学院（Royal Academy of Arts）的年度宴会上做餐后演说，出席者有皇室人员、外国使节和多名部长，以及数百名显要人物，包括上了年纪的作曲家爱德华·埃尔加（Edward Elgar）。[34] 正在为《自然》杂志当天发表了考克饶夫和沃尔顿的论文而欣喜的卢瑟福，坐在靠近温斯顿·丘吉尔的主桌上。两人相处甚欢似乎是理所当然的事[35]：他们都对独立思考的高端成功人士相见恨晚，他们也都是直言不讳的大英帝国支持者，在宴会桌上都会流露出福斯塔夫（Falstaff，莎士比亚戏剧中人物）那样的神态。[36] 丘吉尔给卢瑟福留下了"很深的印象"，他曾告诉卢瑟福："希特勒就是个玩火自焚者。"[37] 然而，他们之间的这种熟稔没有继续深入，两个自我奔放的人结成友谊并不太容易。

前面的几位发言者——包括国王的儿子乔治（George）王子——都为英国千疮百孔的经济而焦虑不安，提出一些诸如艺术界如何发挥作用的无力建议。接下来就要靠丘吉尔点亮晚会了。在对学院和议会的对比做了巧妙的评判式演讲后，他很快让整个宴会厅笑声阵阵。混杂着惯用的吹嘘和自贬，他讲到自己与当前托利党领袖的不同时，把自己比作艺术教师，由于和学院的组织委员会闹翻，结果"展览季被封杀"。[38]

在与会人员为"科学"干杯之后，卢瑟福按其一贯的脾气做出回应，对理论物理学的新式"形而上学"思维进行了鲜为人知的猛烈抨击，并大胆做出听众更易接受的推断：我强烈主张，科学发现的过程可以被看作一种艺术形式。[39] 尽管他发言时夹带暴躁情绪，但看到次日早晨的《观察家》（Observer）引用了这句话时应该还是会很高兴。虽然向媒体封锁了消息，考克饶夫和沃尔顿的成就还是被平民主义的《雷诺兹画报》（Reynolds' Illustrated News）爆出，刊登在头版头条上，言辞夸张，漏洞百出。[40] 第二天一大早，一群新闻记者和摄影记者就簇拥在卡文迪什实验室门外翘首以待。卢瑟福拒绝了他们的访谈和入内参观，但最终同意和他的弟子们到实验室外简单摆几个姿势，造就了这张经典照片：面露疲态但心情激动的年轻物理学家们围绕在卢瑟福身旁，他本人则打扮齐整，头戴小礼帽，身着宽松的三件套，骄傲得像新晋的祖父。

英国各主要报纸都报道了这个发现，但多数报纸还不能确定这预示着什么——《每日镜报》（Daily Mirror）评论道："只要它不爆炸，就让［原子］被劈开吧。"[41] 大部分文章都正确报道了考克饶夫和沃尔顿劈开原子核时获得了比输入更多的能量。然而几乎所有报道都忽略或掩饰的关键一点是，每千万次袭击才能有一个质子击中目标，这就意味着比释出能量多得多的能量都浪费了。[42]"我肯定已经不厌其烦地解释过很多次了，原子核是能量的无底洞，而不是能量的源泉！"卢瑟福吼道。[43]他把多数推测文章归了档，甚至在他的裤兜里塞了几篇，他告诉记者里奇·考尔德（Ritchie Calder），这些文章全都是在"胡说八道"。[44]

其实早在考克饶夫和沃尔顿的实验发表之前，伦敦的戏剧舞台上就有一些推测在上演。在伦敦西区的环球剧院（Globe Theatre），叽叽喳喳的音乐剧《欧战之翼》（*Wings Over Europe*），演绎了英国政府如何和那些声称掌握核武器使用权的科学家周旋。该剧于4月27日上演，正是皇家学会召开核物理学会议的前一天。《欧战之翼》的作者是美国作家罗伯特·尼克尔斯（Robert Nichols）和英国战争诗人莫里斯·布朗（Maurice Browne），大约三年前剧目在百老汇（Broadway）首次公演初获成功，随后在美国进行巡回演出。[45]剧中聚焦一位极为活跃的年轻科学家，他发现了释放核能的方法，试图向议会推荐这一新能源政策。当壮志未酬时，这位科学家试图威胁敲诈，但最终被陆军大臣击中心脏。剧终时，政客们收到来自"世界科学家联合会"的消息，宣称他们也掌握了那位科学家的秘密，除非各国领袖能够答应妥善地利用这一新能源，否则原子弹就会炸遍全世界。伦敦的评论家大多对此嗤之以鼻，但也有几位指出了剧作家的先见之明。德斯蒙德·麦卡锡（Desmond MacCarthy）甚至讲道，人类社会正处在转折点上：

> ［我们皆知］人类的命运，已经从政客的手中落到科学家手中，科学家不知道自己在干什么，却将承担后果的责任转交给他人，而这些人的统筹能力和知识储备都不足以应对科学开创的形势。[46]

记者们试图将考克饶夫和沃尔顿的发现与《欧战之翼》中提出

的道德问题联系起来，特别是麦卡锡的观点，这让卢瑟福和他的同事们感到这场争论变了味，便拒绝参与进去。

几个月后，恐慌死灰复燃，讽刺小说《公众人物》(*Public Faces*)出版，讲述的是未来的英国政府使用新研制的"原子弹"。小说人物之一就是丘吉尔。该书作者哈罗德·尼克尔森（Harold Nicolson）是一名外交人员和奥斯瓦德·莫斯利（Oswald Mosley）的新党成员，他动笔于《欧战之翼》在伦敦开演前。尼克尔森的故事发生在1939年6月的一个周末，那是丘吉尔和莫斯利领导的那个灾难性的冒险主义政府被赶下台大约18个月后。风雨飘摇的英国新政府获悉了制造原子弹的可能性，它们和墨水瓶一般大，使用中东某个殖民地特有的金属制成。当法国、德国、苏联和美国都反对垄断，惶恐的官员们担心丘吉尔和"他的同伙"也得知原子弹然后来批评他们胆怯。在闹剧般的高潮，宛如《奇爱博士》(*Dr. Strangelove*)的预演，内阁听说一颗核弹被意外地投放到了卡罗莱纳（Carolinas）以东3英里的地方，数千美国人遇难。英国政府很快同意销毁并停止制造原子弹。

伴随着批评，《公众人物》在英国和美国轰动一时，很快销售数万册。尼克尔森让"原子弹"的可能性引起公众的关注，它现在还没有成为公众谈论的话题，只是因为卢瑟福和其他专家拒斥原子弹可能性的论调。

每年圣诞前夕的卡文迪什年度晚宴上，卢瑟福和他的"男孩们"都要放松一次——1932年他们更有特别的理由庆祝一番。三一学院的丰盛晚餐——里脊肉、烧鹅、肉馅饼配白兰地，最后是给还有胃口的人提供的海鲜点心，在——享用完这些后，卢瑟福和往常一样站起来吹嘘"这个实验室"[47]。他和"男孩们"经历过一些惨淡时光，但这一年大概是卡文迪什实验室最了不起的一年。在上等葡萄酒和烈酒的醉意中，他竭力抑制自己，把到嘴边的又一条引人瞩目的发现咽了下去。出于礼节的要求，他需要在发表前守口如瓶。[48]

现在，卢瑟福是这个国家最令人尊敬的科学家。用爱因斯坦的话来说，他是"有史以来最伟大的实验物理学家之一，与法拉第同等层次"[49]。卢瑟福除了具备那些科学家的长处之外，他培养"男孩们"成才的能力同样令人印象深刻，这些人大多将他视为英雄，极力在某些方面模仿他。很快，他们中的许多人就将在大规模开发原子能中扮演领导角色，但那是卢瑟福眼中短期内无法实现的事。

尽管这位新西兰人也有缺陷，但他与所有的同事和朋友们都相处得不错。只有一个例外，那就是在以后的几年里，他越来越厌恶林德曼了。[50]

5 教授建言"选错行的科学家" 1933.3—1934.12

> [林德曼]是一个真正可恶的家伙……我觉得他是唯一让我不顾一切想干掉的人。
>
> ——以赛亚·伯林（Isaiah Berlin），1936年[1]

> 从他特立独行、难以捉摸的行事方式来看，老教授是个堂堂正正的人。
>
> ——詹姆斯·塔克（James Tuck），1961年[2]

1933年3月15日周三的傍晚，温斯顿·丘吉尔正在准备从议会中脱身几小时，主持一场关于核物理的座谈。为了支持慈善事业，这场活动在穆尔贝利酒店（Mulberry House）举行，酒店大楼位于威斯敏斯特，林德曼将在那里做有关"近期科学发现"的演讲。福北-洛柏臣夫人（Lady Forbes-Robertson）、拉腾丹勋爵（Lord Ratendone）、富孀斯韦思林夫人（Lady Swaythling）以及英国最出名的法西斯主义者之妻辛西娅·莫斯利夫人（Lady Cynthia Mosley）等，众多名门望族购票出席，把这当作日程表上的重要事务。5点半，多数客人都已经在品尝着会前鸡尾酒，准备就座。

每到这样的场合，丘吉尔便会精心打扮一番——刮干净胡子，换上洁净的衬衫，喷上薰衣草味香水。³衣冠楚楚似乎能让他心情愉悦，仿佛他的名字占满各大报纸，登载他关于英国空军防务状态的那场广受赞许的演讲。几周之前发生了一件令他备受鼓舞的事——富兰克林·罗斯福（Franklin Roosevelt）入主白宫，雷厉风行地推行新政（New Deal），这让丘吉尔耳目一新。

穆尔贝利酒店的主人是梅尔切特勋爵（Lord Melchett），一位正值三十五六岁的"一战"老兵。他不仅是一位激情超过才华的作家和诗人，还是帝国化学工业公司（Imperial Chemical Industries）的总裁和股东。他最近从父亲那里继承的财富，反映在他刚刚装修过的奢华宅邸中，伦敦社会都为之称道：希腊大理石和花瓶，石灰华墙面上刻着古代传说中的不朽形象，青铜门配着抛光大理石的门框。⁴梅尔切特熟识林德曼，任命他为待遇丰厚的帝国化学工业公司研究委员会的成员，这是一个午宴俱乐部，会集了公司里的一些科学家和高级学者。⁵

林德曼在这种场合如鱼得水。⁶贵族中很少会出现这种来自科学界的精英人物，特别是像林德曼这样乐于陪伴他们，发自内心地遵从他们习惯的人。众所周知，他对社会新闻津津乐道，不动声色地讨众人欢心，一声干咳后便会讲出妙语连珠的笑话。

当丘吉尔介绍此次座谈会时，无疑要对林德曼教授的演说技巧赞扬一番。不过林德曼在演讲方面实在才能有限。他软弱无力的声音只能让前几排听清，后面的听众只能干瞪眼睛不知所云。⁷然而，那天晚上的他看上去精神焕发。上来便用两分钟的时间为丘吉尔做了热情洋溢的献词，比如这样一段他挖空心思想到的溢美词句：

> ［丘吉尔］具有卓越的综合性思维，他能让每一点新知识都与先前的知识联结起来：一些新实验会被头脑平庸的人弃若敝

屣，而丘吉尔则会坚持把它们捡拾出来，将其融入知识的悬梁结构，飞架在无知的深渊上空。[8]

谈到核物理时，林德曼强调自己将避免"神秘的问题"。他总是会在长篇演说中批评几句别人的马虎思考，因此毫不奇怪他很快将目标锁定在考克饶夫和沃尔顿实验的报道上："报纸极不准确地将其描述为'劈开原子'。"（他是对的，那两人劈开的是原子核，不是原子）意识到多数听众几乎不知道原子是什么，他回到基础知识，讲起当时人们所认为的原子构成模型——带电的电子和质子，以及查德威克发现的电中性的中子，林德曼戏称它为"太监"。中子的发现为核物理带来新的动力，甚至林德曼也动了心，想要在他本已五花八门的物理系也增加这一科目。[9] 像其他大多数科学家对非专业人士的演说一样，他也着意平息一些恐慌，例如劈开原子的实验会引发某种全球性大火。

随后他转向科学前沿话题，向大家展示了宇宙射线像雨点一样洒落地球的奇妙照片，这张照片由卢瑟福的两名"男孩"拍摄，他们是英国人布莱克特和意大利同事"毕普"奥恰里尼（"Beppo" Occhialini）[10]。卡文迪什实验室帽子戏法的最后一次重大发现，可能让林德曼感到痛苦——由两位实验人员设计建造的设备所具有的独创性和影响力，让林德曼艳羡不已。当带电宇宙射线穿过探测器时，该设备可以自动摄影，从而相对容易地探测到当时还极难探测到的反物质，这令竞争者相形见绌。对林德曼来说更糟糕的是，他曾经见过布莱克特这位公开的社会主义者，当时就对其有些厌恶。[11]

当林德曼下台回到座位上，丘吉尔起立发言并表示感谢。听众很快被逗得大笑，虽然他关于劈开原子和玻尔原子模型的笑话异乎寻常地乏味。然而，他让人理解了关键的一点：尽管新发现看上去比较复杂，但大体上代表了科学思想和发现的前进，没有加剧思想的堆砌，而是使之得到简化。

媒体代表中有一位来自《每日电讯》的记者，令他印象深刻的是丘吉尔在其"新角色"中展示的技能，即把深奥的科学总结为最简明易懂的话语。次日清晨，《每日电讯》刊登了题为"劈开原子"的主题文章，副标题是"丘吉尔先生助力科学"，主要内容就是其深入浅出的概括。[12] 丘吉尔的评论打动了记者：多么美妙啊，新的粒子可以被操控，"就像动物园里的动物一样"。研究者们的发现"随时都将惊现于世，几乎肯定会变革人类的生活"，文章以此结尾，显然呼应了丘吉尔的结论。

与利用原子能有关的革命是制造炸弹。尽管林德曼对那些核武器即将产生的闲言碎语不屑一顾，但在随后的几年里他会看到这种想法并非完全不切实际。随着德国和其他一些欧洲国家变得更加高压和法西斯主义，他协助为流亡科学家提供避难地，这些人后来发挥了关键作用，让公众提前知道核武器会很快造出来，而且掌握在包括希特勒在内的性情多变的领导人手中。

在穆尔贝利酒店，林德曼的听众见证了他最吸引人的品质：对朋友忠贞不渝。他还展示出另一项容易被人低估的技能：将一大堆科学观念、统计和观点转化为简明的概括。然而，一旦谈话超出了科学的范围——当天晚上也确实发生了这样的情况——听众就会见识到他在科学之外的许多话题上有多么庸俗。在丘吉尔的好友维奥利特·邦汉·卡特（Violet Bonham Carter）看来，"他在自己领域之外，有许多盲点"。卡特后来回忆起林德曼对一幅伦勃朗（Rembrandt）又或者是委拉斯开兹（Velázquez）的肖像画嗤之以鼻，评价说这种画就是浪费钱财——用相机照出来的效果要比这好得多。[13] 在另一个场合，林德曼指责一个朋友崇拜某位大诗人，林德曼说，那名诗人，不过是"会写几首像样诗句的樵夫"而已。[14]

1919年，33岁的林德曼教授来到牛津，他知道校方希望自己为死气沉沉的克拉伦登实验室（Clarendon Laboratory）注入新的活力，能够与卡文迪什实验室并驾齐驱。[15] 校方似乎找到了实现目标的理想人选，因为林德曼已经证明自己是一流的研究者，为当时的领军科学家们所推崇。在战前的柏林，他混迹于爱因斯坦的学术圈，极为活跃。他是一位令人尊敬的实验者和理论家，从超低温下物质的性质到天体物理学，在广泛的领域中都有所建树。他还是位不凡的发明家，获得过多项专利。[16] 战争刚一爆发，他就回到英国，在申请加入作战委员会失败后，就投身于法恩伯勒（Farnborough）皇家飞机制造厂（Royal Aircraft Factory），这是英国最大的航空研究中心。在那里，他计算出了防止飞行器旋尾降落的几条原理，并通过受控的示范飞行，大胆地证明了自己的想法是正确的，这令他名声大噪。[17]

林德曼抓住了牛津大学伸来的橄榄枝，复兴了物理系，争取到了新的人员、设备和大楼等资源。[18] 然而，在诸事突飞猛进的同时，他也给自己招致了更多仇敌，有些是由于他攻击大学偏重文科，有些是由于他的尖刻讽刺，有些是两者兼有。他刚奠定的领军科学家的地位开始失去活力，一再表现出对爱因斯坦相对论的革命性意义缺乏充分的理解。[19] 在此不久前，公共休息室（Common Rooms）中便传出窃窃私语，说他并不像自己吹嘘的那样是一个纯粹的科学家，行政方面的负担限制了他作为物理学家的发展。[20]

知道自己永远无法与爱因斯坦和卢瑟福这样的科学家相媲美，林德曼放弃了在物理学前沿上的追求。一次他和爱因斯坦的一位朋友保罗·埃伦费斯特（Paul Ehrenfest），共同访问费边主义经济学家比阿特丽斯和西德尼·韦伯（Beatrice and Sidney Webb）夫妇，晚会上林德曼被问及为什么不再做研究了。他直言相告："我能理解和批评一切，却没有亲自创造的动力。"在心底，他知道自己之于卢瑟福，就像萨列里（Salieri）之于莫扎特（Mozart）。[21] 尽管他与朋友们谈话时装出谦虚的样子，但大家知道他自比伟人，只承认爱因斯坦和丘吉尔等屈指可数的人在他之上。[22] 虽然他永远不会成为一名伟大的物理学家，但如果精打细算的话，他可以运用作为科学家的知识混进保守党最高层，在这些圈子里施展一技之长。于是，他选择花费更多的时间和精力，成为丘吉尔最殷勤的阁臣，这一选择以牺牲一部分尊严为代价，但显然物超所值。

林德曼在穆尔贝利酒店做报告的那天，他从《泰晤士报》上读到希特勒对德国的掌控几近完成。[23] 通过一系列狂热的演讲，希特勒反复不断地利用大众对《凡尔赛条约》强加给德国的条款的憎恨，煽动反犹主义走向狂暴，而今这些行为还获得了全部国家资源的支持。褐衫队的暴徒们在德国横冲直撞，恐吓、打击，有时甚至杀害犹太人和共产党员。[24]《泰晤士报》的报道开头讲道："在过去的一周，纳粹的压路机已经碾过德国所有的十七个联邦州，所经之地留下统一的褐色。"

在英国，希特勒还没有被当成一个国际威胁。虽然最初丘吉尔也倾向于接受外交部的观点，即德国领导人要么是一个没有恶意的疯子，要么是一个试图恢复国家士气的英勇的退役下士。[25] 然而，穆尔贝利酒店的报告结束后不到一个月，丘吉尔就在下院讲道，鉴于愤愤不平的德国很快获得与邻国同等的军事实力，"我们应该预见到下一次欧洲全面战争已经离我们不远了"，但这些话没有得到响应。[26] 他还担心英国对印度的治理问题，这个话题也很难为他赢得充足的群众基础，以引起国家支持。[27] 不合时代旋律的他，很容易放慢在议会的脚步。一位评论家认为丘吉尔的演讲水平正在下滑，如今成为议会中一位沉闷可怜的发言者，"就像伟大的浪漫派演员试图扮演沉重的悲剧人物"。[28]

林德曼在德国物理学界有许多犹太朋友和同事，他知道他们正遭受骚扰、殴打甚至更严重的迫害,许多优秀的犹太科学家可能很快就要丢失工作。大坝即将崩溃：1933 年 1 月,德国住有 52.5 万犹太人,大约半数马上就要移民。[29] 林德曼对犹太人态度有些矛盾：他经常无端地有些反犹,但惊骇于纳粹及其对待犹太科学家的方式[30]。然而当德国同事流离失所时,他是首位出手相助的英国高级科学家。他明白,如果他能从中招募一些佼佼者,他的物理系学术水平和地位就会急剧上升,于是他从老朋友哈里·麦高恩（Harry McGowan）那里寻求资金支持,麦高恩是帝国化学工业公司中有决定权的主席,尽管公司财政有些不充裕,还是欣然同意。

1933 年 4 月 14 日,当犹太难民抵达伦敦的报道发表时,林德曼正乘坐着劳斯莱斯前往德国,有时会在车后部的床上打个盹。[31] 那个复活节,他花费数日会见犹太科学家,为他们中的一些人提供前往英国的机会,担任他在实验室中设立的一些临时职务。[32] 结果一批顶尖人才进入了牛津大学的物理系——林德曼抓住了这个行善的机会,并且表现出色。

林德曼结束柏林之旅的六周后,英国学术界开始成立一个组织,旨在帮助日益增多的来自德国大学和其他学术机构的难民。最初的推动者是威廉·贝弗里奇（William Beveridge）,伦敦政经学院的校长,他刚刚看清楚德国学术界中受迫害犹太人的恐慌。没过几周,英国报纸就刊登了一封信,宣布成立学术援助委员会（Academic Assistance Council）,卢瑟福担任主席。这封信由 41 位学者和著名公众人物签名,包括霍尔丹,诗人兼古典学者豪斯曼（A. E. Housman）,生理学家希尔（A. V. Hill）和经济学家约翰·梅纳德·凯恩斯（John Maynard Keynes）。[33] 林德曼不在其中。而在幕后,委员会希望难民危机能尽快解决,因此它给予的第一批拨款为期仅为一年,而且附加条件是受益人不能申请长期学术职位,因为长期学术职位要留给英国申请者。[34] 即便这样,也没能防止一些传单在剑桥大学散发，敦促大学生应该只听英国老师的课，而不是"政治上有偏见的外人"。[35]

到 7 月底，捐款者捐赠了差不多 1 万英镑到委员会的账上，但林德曼通过他的个人倡议，特别是从帝国化学工业公司的朋友那里吸引了更多的资金。[36] 委员会似乎已经把林德曼的工作看成对自己工作的补充，但他通过支付双倍于委员会的补助，吸引最好的学者到牛津大学，这种做法必然会造成分裂。林德曼手法娴熟：他维护牛津大学的利益，同时又为委员会大范围的工作提供足够的支持，以转移自私的指控。比起卢瑟福的机灵，林德曼的这点伎俩可以一眼望穿。

爱因斯坦就是林德曼帮助过的科学家之一。1933 年 5 月初，林德曼收到来自爱因斯坦的一封信，询问在基督教会学院（Christ Church，牛津大学）是否能有"一个小房间"可以让他短期访问一下。[37] 他是在"极为惬意的流亡"期间写这封信的，他与妻子住在比利时海岸临近奥斯坦德（Ostend）的一幢别墅里，一天二十四小时有两名警卫保护。"我将再也看不到这片生我的土地"，他做出了正确的预言。几天后，他又写了一封信，认同了林德曼和丘吉尔怀疑希特勒要做点什么的观点："据可靠消息，[纳粹]正在迫不及待汇集战争物资，特别是飞机。如果他们再有一到两年的时间，世界将在德国手中再经历一场大劫难。"[38]

在前面两个夏天，爱因斯坦曾访问过英国，林德曼是共同东道主之一，爱因斯坦曾计划故地重游，再去美国出任普林斯顿高等研究院的长期职位。在启航前往美国前，爱因斯坦临时通知访问英国，来到下院，会见了几名包括丘吉尔在内的政治人物。这两个人——都正以各自的方式被放逐——在查特韦尔 7 月末的一个闷热的周六下午共进午餐，林德曼陪同。[39] 丘吉尔没有扎领带，顶着斯泰森式的毡帽，而爱因斯坦穿着白色亚麻西装，仿佛经常和衣而卧。会见结束的几小时后，爱因斯坦给妻子写信，称丘吉尔"是一位非常明智的人……我清楚地感到这些人将采取防预措施，并坚决迅速地行动起来"[40]。或许爱因斯坦误解了东道主的影响力，因为丘吉尔还没有为其国家发声的职位。

林德曼是爱因斯坦访英期间的东道主之一，他安排爱因斯坦在基督教会学院停留了几周，远离记者们的喧嚣。林德曼教授不喜欢大肆宣扬，也不愿理会人道主义者的诉求[41]，因此他不去参加学术援助委员会或其他组织举办的那些旨在援助难民的晚会。爱因斯坦是备受关注的明星。10月3日，他与卢瑟福在皇家阿尔伯特音乐厅（Royal Albert Hall）的舞台上，面见上万公众。卢瑟福如同看到救星般欢迎爱因斯坦，伸出双臂以示友谊，邀请他向公众发言。这次晚会给委员会拮据的账户增添了一笔收入，它被限定用于援助每周抵达的数十名陷于困境的学术难民。到战争爆发为止，大约2000名学者在委员会注册过，他们多数都获得了资助。[42]

阿尔伯特音乐厅活动结束四天后，爱因斯坦启航前往美国，再也没有回到欧洲。[43] 两个月后，1933年圣诞节的前一周，爱因斯坦写信给林德曼，赞扬他为"流亡科学家所做的非凡工作"[44]。

这位普林斯顿的圣人很少在新家乡之外抛头露面，却接受了12月底到匹兹堡的集会上演讲的邀请，谈一谈方程$E=mc^2$。[45] 演讲之前一名访谈者问他，人们是否有可能像数十篇流行文章和书中猜测的那样，掌控原子核中的能量。爱因斯坦首先指出他不是科学预言家，接着做出了近乎预言的判断："我感到绝对确信，几乎确信，那是不可能的……那就像在乡村的夜空中用枪打鸟一样，尽管那里确有几只鸟。"《纽约时报》（New York Times）引用他的观点让其读者相信，即使再发生一场可怕的战争，任何一方实际上都没有机会能够使用威尔斯曾经设想的那种炸弹。然而在伦敦，一位科学家正在告诉每一个听众，爱因斯坦是错的——原子武器具有确切的可行性。

6　齐拉的核顿悟　1933.9—1935.2

> 甚至早在1925年,齐拉就已经觉得自己是个重要人物;于是他推断,所有科学家都会从跟他的交情中获益。
>
> ——尤金·维格纳[1]

要是告诉利奥·齐拉某些事情不能做,简直就是鼓励他去做这些事。他最喜欢的事情莫过于证明教条的错误,用自己的大胆和机智去震撼那些不如他的人。[2] 通过这种方式,他率先勾勒出一种方法,可能用于操控核能,也可能用于制造炸弹——他警告说这种武器可能很快就会掌握在暴君手中。在20世纪30年代中期,他执着于引起政界和科学界的最高层对这种危险的注意——他是世界主义的鼓吹者,尽管还在为吸引追随者而奋斗。

齐拉的长处之一是有着极为良好的社会关系,众多朋友和合作者中就包括爱因斯坦。1920年底他们在柏林相遇,当时齐拉是一名22岁的研究生,由于发际线过早后退而总是需要梳子。[3] 他刚刚从祖国匈牙利的政治动荡和反犹主义中逃离出来抵达柏林,急于在物理学领域扬名立万。这个年轻人来到这座城市的大学不出几个月,就拜见了世界上最著名的科学家,请求他为自己和一些同伴进行个别辅导。爱因斯坦答应了。这就是典型的爱因斯坦的慷慨和齐拉的直率——这个匈牙利小伙子总是在展示自信,就像展示羽毛一样。

齐拉在柏林的朋友中,有亲密同胞——理论物理学家尤金·维格纳(Eugene Wigner),以及数学家约翰·冯·诺依曼(John von Neumann)。这几个犹太伙伴是在同一个学区接受的教育,他们注定要成为各自领域的世界领袖,并在美国制造核武器的过程中扮演重要角色。三人中,齐拉并非最聪明的,却在自我推销方面一枝独秀,满脑子天马行空的想法,准备灌输给任何一位他认为值得关注的人。

20世纪20年代是齐拉作为一名科学家的黄金岁月。他证明了自己是名副其实的物理学家,与这个学科的顶级圈子过从甚密,声名鹊起。虽然他的过分自信有时近乎无礼,但人们却无法忽视他。齐拉比许多同事更为敏锐地看到,德国恶性的通货膨胀、不断上升的失业率以及《凡尔赛条约》引发的沸腾民怨,正在恶化为一种军国主义和仇外心理的危险混合物。不过,当他研究威尔斯的《阳谋》(The Open Conspiracy)时,他仍赞赏书中对20世纪20年代末世界所面临问题的表述,他相信民主在德国可能会延续一到两代。但希特勒很快让他丢掉了幻想,到1933年上半年,对他及其犹太同伴来说,生活已经变得难以忍受了。1933年3月中旬,戈培尔强行取缔对犹太学者的聘用成为最后一根稻草——大学只能以一定比例雇用犹太人,这个比例与他们在人口中的比例相当,约为百分之一。3月30日下午,在林德曼乘车进入柏林的两周前,齐拉打包好两个手提箱,离开了自己的住所。他到火车站搭乘前往维也纳的火车,准备开启他作为核子巡讲大使的生涯。

1933年初秋,当他穿越一条伦敦的大街时,他意外地构想出控制核能的方法。那时,他住在大英博物馆附近富丽堂皇的皇家酒店。正面的红色砖墙——连同枕梁和滴水兽——俯瞰着罗素广场的小公园[4]，酒店配有穿着制服的门卫、土耳其浴室以及一支每天下午进行演奏的弦乐队。齐拉的积蓄一部分来自专利收益，这笔钱使他能够在那里至少生活上几周。这种舒适的住宿条件远远超出了多数新来难民的平均水准，他们中的大部分几乎是赤贫的，被迫忍受陌生文化、外国语言以及数年远离故土的可能性。尽管骄傲的齐拉并不多愁善感，但他和那些人一样都有乡愁。

在附近的伦敦政治经济学院，齐拉拥有一张书桌，他在那里为学术援助委员会工作。至少在他的脑海里，在离开德国后不久他就设想过这份工作，当时他正在维也纳和威廉·贝弗里奇交谈，贝弗里奇读过纳粹关于聘用犹太人的禁令，久久难以置信。[5]齐拉不是委员会中最容易相处的同事——他永远不会成为英国当权者们欢迎的人物，那些官员更习惯谄媚顺从，而非他那标志性的无所畏惧的直率。齐拉对所有人一视同仁，就像机关枪射出的子弹那样冲他们直言不讳。[6]

齐拉密切关注国际政治，每天早晨在酒店大堂里阅读《泰晤士报》，然后回到自己的房间，在浴缸里泡上几小时。他特别关注来自德国的报道。这些报道描绘了一幅由希特勒造成的暴力种族主义和暴行日益肆虐的画面。对许多英国人来说，希特勒本来是一个富有喜剧色彩、几乎是卓别林式的人物，而人们很快就会发现他的真实面目。[7]齐拉知道，在德国的许多人特别是犹太人的生活，要远比大多英国人所了解的糟糕。

齐拉打算改变他在9月11日周一的例行安排，前往莱斯特参加英国科学促进会（British Association for the Advancement of Science）年会上的"原子粉碎日"活动，卢瑟福和他的几个"男孩"将在那里做报告。但那天早上齐拉起床时发现自己感冒了，于是他决定躺在床上静养。第二天，他读到了《泰晤士报》上关于会议的报道，长篇报告中卢瑟福的一句引人注目的评论凸显出来："任何试图从原子的嬗变中寻找能源的人，都是在痴人说梦。"[8] 这几句话成为《纽约时报》的头版新闻[9]，并在英国新闻界中激荡多日，其中一些报道给人的印象是，卢瑟福已经宣称寻求核能将会徒劳无功。[10] 齐拉立刻燃起了斗志。也许不久后，卢瑟福会落入后辈们的大象陷阱中挣扎，而所有其他科学家则冒冒失失地对科学的未来指手画脚？

接下来的几天，齐拉漫步在伦敦街头时一直思考着卢瑟福的言论。穿过酒店前那条繁忙的大街，他停下来等信号灯，就在绿灯亮起的一刻，他顿悟了：

> 我突然想到，要是我们找到一种能被中子分裂的元素，这个元素每吸收一个中子就会发射出两个中子，那么该元素一旦聚集起足够大质量，就能够维持原子核的链式反应。[11]

齐拉设想了一种失控的能量释放：一个中子产生两个，两个再产生四个，接着又生成八个，以此类推，在每个阶段都释放出越来越多的能量。如果这样的事情真的能够发生，那么人们就有可能以工业规模获取这种能量以及制造核弹。齐拉很快意识到，一年前就已经有人向他介绍过这种可能性了，那时他在读威尔斯的《获得解放的世界》。齐拉后来写道，"这本书给我留下了非常深刻的印象"，尽管他"只是把它当作虚构作品"。[12] 现在，他看到了链式反应的可能性，有望把威尔斯在阿尔卑斯山上的奇思妙想变成现实。如果希特勒手下的科学家们率先在核技术方面起跑，那将是灾难性的。

齐拉现在着了魔，尽管他资源有限，但仍承担起拯救世界的使命。[13] 那个冬天，他感到经济拮据，几次搬家以节省住宿费用，有一次他还租了一间曾经的女仆房。[14] 在得出"使用化学元素铍最容易建立核链式反应"这个结论后,齐拉开始努力游说其他科学家支持这个想法。齐拉知道,挑战卡文迪什实验室如果准备不足可能会弄巧成拙,于是他先和卢瑟福以前的一些同事进行交谈,包括帕特里克·布莱克特和小汤姆孙(G. P. Thomson),二人都在伦敦忙着自己的事。[15] 但他们对齐拉的结论都没有兴趣,通用电器公司的创始人雨果·赫斯特爵士(Sir Hugo Hirst)对此也无兴致,尽管齐拉曾送过他一本《获得解放的世界》,试图激起他的兴趣。

到了初春时节,齐拉就已经详细地阐述了他的链式反应思想,并决定突破常规步骤,为它申请专利。3月12日,他提交了长达十二页的申请书,然后全力以赴,试图正式拜会卢瑟福,卢瑟福答应在6月的第一个周一与他进行简短会面。[16] 那时,卢瑟福的光辉岁月已经结束了——最激动人心的核科学研究正在其他地方进行,特别是巴黎和罗马,那里的物理学家们已经证明,用其他核粒子(包括中子)轰击完全稳定的原子核,可以迫使原子核变得具有放射性。[17] 原子核的表现非常怪异,但与即将被揭示出的现象相比,简直不值一提。

快到中午时,齐拉来到卢瑟福的办公室。房间里堆满了文件,到处都是闲置设备,还有一台高科技设备置于办公桌上——一部电话,当时整栋大楼里只有两部。[18] 根据查德威克很久以后的回忆,链式反应的想法对卢瑟福来说并不新鲜。[19] 尽管如此,齐拉依然坚持解释这一想法,以为会和卢瑟福一拍即合。解释过程中出现的一些错误,被这位世界上最有成就的核物理学家当场指出。[20] 最后一根稻草是齐拉提到的,他已经为自己在这个话题上的思考申请了专利,公然无视科学的传统,即基础科学中没有哪个思想会专属于某个人,更何况从中谋利。[21] 齐拉后来回忆会谈是这样结束的:"我被赶出了卢瑟福的办公室。"[22]

舔舐着伤口,齐拉断定他别无选择,只有捺着性子委曲求全。

他写给卢瑟福一封近乎讨好的信。当写信不起作用的时候[23]，齐拉又试图修补与伟人的关系，请求他把专利视为整个物理学家共同体的财产，但这种想法不可能说服卢瑟福。后来，齐拉将链式反应专利签署转让给英国海军部，但这是在战争办公室（War Office）拒绝他之后，据说他们认为"没有理由为这种说明书保密"[24]。卢瑟福对他仍然只有冷漠。

齐拉把那个夏天和秋天都花在游说企业资助上，还有就是在圣巴塞洛缪医院（St Bartholomew's Hospital）进行核研究。[25] 在那里，他和同事托马斯·查尔默斯（Thomas Chalmers）发明了一种巧妙的方法，通过用中子轰击某些化学元素使其具有放射性和医学上的用途。这个成果今天仍在使用，广受同行们的赞赏，大大有助于他成为一名令人尊敬的核物理学家。然而，当他发现自己关于释放核能的想法很难取得进展时，物理学家小汤姆孙却告诉学术援助委员会，说这个匈牙利的讨人厌者可能会有所突破：

> 原子蜕变在未来具有商业价值的可能性绝非妄言，而齐拉博士提出的实验似乎是很有可能实现它的方式之一。[26]

然而，小汤姆孙的帝国学院实验室无法为齐拉提供职位，在这件事情上，齐拉所接触到的其他大学的院系也都不约而同地拒绝了他。齐拉似乎遭到了排斥，尤其是被卢瑟福圈内的物理学家所排斥。[27] 因此，接触到牛津大学的克拉伦登实验室对他来说意义重大。这个实验室是一个特别欢迎流亡者的避风港，地位正在不断提高，如今立志与卡文迪什实验室一争高下。到1934年底，林德曼振兴这里的计划开始腾飞。[28]

尽管经济形势严峻，赞助金额仍源源而来。于是林德曼开始制订新的扩充计划，来为他的物理学家添置急需的新设施。教授利用从帝国化学工业公司获得的大部分资金，招募了一批极有实力的流亡科学家。这些科学家从事低温研究，即物质在超低温下的性质。这个群体中最重要的科学家是林德曼在柏林时期的另一位朋友弗朗西斯·西蒙（Fransis Simon）。这位来自第三帝国的流亡者是一名世界级的科学家，因为生性温和平易近人而广受欢迎。[29] 他的妻子曾发誓永远不会再回到德国，即使这意味着她的余生都要在英国擦洗地板。[30]

西蒙住的小屋离克拉伦登实验室只有几步之遥，对刚来到英国的流亡者们来说是一个温馨的临时驻足之处。这家人总是在餐桌边多摆一两个座位，并为客人们准备过夜的床铺。齐拉 1935 年 1 月抵达牛津，非常明智地敲开了西蒙家的门，声称自己想在大学工作。西蒙在附近给他找了一个简朴的住处，并为他安排了和林德曼见面的机会，让他争取一个职位。但是林德曼教授能够提供给他的只有一张桌子。

大多数在英国流亡的物理学家都面临着同样的困境。当局待之以礼，让他们能够谋生，但明确表示他们只是访客，应该到别处寻求永久的庇护所。在已知的 67 名抵达英国的物理学家中，只有 3 名在战前获得了永久性的学术职务，同时几乎一半（32 名）科学家再次移民，大部分去往美国。[31] 齐拉也是选择这条路的人之一，1935 年 2 月启航前往纽约。他曾短暂地改变过心意，初夏时回到伦敦给林德曼写了一封谄媚的信，再次请求帮助。[32] 这一次，他成功了：林德曼教授为齐拉提供了一个研究员职位，能让他回到英国并拥有一份优渥的薪水。秉持他一贯的无所顾忌的态度，齐拉接受了职位，却又根据自己的需要随时前往美国，就像核理论领域的一名巡回演出者，只有小部分时间留在牛津大学。齐拉严重滥用了林德曼的耐心和慷慨，却毫无悔意。[33]

随着林德曼教授的实验室蒸蒸日上，将牛津大学建成一个领先的研究中心的任务也几乎就要完成了。于是他把注意力转向了一个更大的领域——国家政治。在为齐拉争取资金支持的同时,林德曼开始了竞选牛津大学下一届保守党议员的运动,但他的致命点是不受同事们待见,从而落选。[34] 林德曼教授还希望参与制定英国军事研究的方向。他和丘吉尔都认为当前的研究进行得极不充分,以至于国家安全面临严重危机。

林德曼可能是从齐拉口中第一次听说制造核弹的可能性。[35] 这个匈牙利人缺乏实质内容的警告并没有引起林德曼教授的注意,他更关心迫在眉睫的国防事务。齐拉和任何一个在牛津物理系待过的人都知道,林德曼的注意力已经转向了伦敦。教授将和白厅的丘吉尔站在一起,进行他们的首次重大政治斗争。

7 丘吉尔担忧战争以及核能即将被掌控 1934.2—1938.10

> 科学的火焰,每年都会愈烧愈旺,它熔掉了人们曾经最钟爱的传统,而这一进程将愈演愈烈。
>
> ——丘吉尔在下议院的发言,1934年3月21日[1]

丘吉尔认为,飞机的出现,这种"受诅咒的、地狱般的发明",革命性地改变了英国的地位。[2] 仅仅二十年前,英国知道它能够通过强大的海军来保卫它的岛屿,但时过境迁,"这件事比其他任何事都让我念念不忘"。他挥之不去的烦恼是,德国空军若发动一次毁灭性袭击,其规模要比"一战"严重上几百倍,这让英国尤其是白厅的军事专家们害怕一场威尔斯式闪电战的发生。对丘吉尔来说,伦敦是"世界上最大的目标"。正如他1934年7月对议会所说:这座城市就像一只"被捆绑起来吸引捕猎者的肥牛"。[3] 萧伯纳认同这一点,但对其含义做了不同的解读——他在广播中提出,应对伦敦空袭的最佳反应是投降。因为当英国人报复性轰炸敌方的首都时,他们也会投降。[4] 在萧伯纳梦想的世界里,空中轰炸机是"和平天使"。

1934年11月,在一次极受欢迎的下院演讲中,丘吉尔预测了伦敦遭受这样的轰炸后会发生什么——至少"有3万或4万人被杀害或致残",同时还有约"三四百万人"被疏散出城市。他说,政府应该刻不容缓地大幅增加对英国空军的支出。他补充道,忽视防空科学研究将是一个重大失误。

> 无论对这个国家,还是对世界上所有热爱和平、致力和平的国家,乃至世界文明而言,最重要的事莫过于——让美好古老的地球掌握某些消灭空中强盗的手段或方法。[5]

丘吉尔鼓动政府投资军事防御,抱怨政府的自大和无能。在当时英国的主要政治人物中,丘吉尔是除了奥斯丁·张伯伦(Austen Chamberlain)以外比谁都关注德国威胁的人。奥斯丁·张伯伦是丘吉尔的朋友,他更倾向于和解(现在他常常被人们遗忘,也许主要是因为他在1937年就去世了,后来的事件证明他是正确的)。然而,正是丘吉尔在为支持军事科学振臂高呼,下院中有许多人认为他危言耸听,而且随着他逐渐淡出印度事务,人们觉得他不过又在寻找哗众取宠的话题罢了。

丘吉尔的演讲和著作似乎能反映出他对科学家的工作抱有敬畏之情。当谈到心目中这些"最高权威"时,他把自己习惯性的浪漫主义展现得淋漓尽致:正如他在《五十年后》中写的那样,把科学家看作超人族群,"以不断增长的、无法估量的速度收集知识和权力"。三年后,他在下院发表了同样的言论:"'科学和发明正在席卷他们面前的一切',对科学家的支持至关重要,因为他们的成果可以应用到军事上的各个分支。"他对那种出于好奇心、不关注实际利益的纯粹科学相对缺乏兴趣。他没有时间关注抽象的事物,无论它们是爱因斯坦的科学还是毕加索的艺术。[6] 对他来说现代科学最大的成就不是相对论或量子理论,而是莱特兄弟的飞机,尽管它不仅给人类带来了飞行的能力,也带来了邪恶的新式战争。[7]然而,他还是准备打赌,认为科学家们能找到一种应对这种空中威胁的方法——每当军事难题摆在他们面前时,他们就像仙女教母一样将难题化解:

> 我的经验某种程度上还是值得考虑的,那就是在这些事务上,一旦军方和政府清楚地说明了自己的所需,科学总是能够给他们提供想要的东西。[8]

林德曼如同丘吉尔身边的冷面保镖,在他的协助下,丘吉尔将推进防空科学视为得意之作。1935年初,丘吉尔被邀请加入政府防空研究委员会(Air Defence Research Committee),这是一个很有用的平台,在那里他可以不断谴责政府的懒惰,尽管他宣誓对其计划完全保密。

议会里的每一个人都知道,林德曼教授把丘吉尔视为应该领导这个国家的人,而丘吉尔则把他作为值得听取军事科学建议的唯一来源。几年来,两人同仇敌忾,与一些高级政府官员和几位领军学者(包括英国最优秀的核科学家之一)进行了一场恶毒的政治斗争。四年后,当许多参战者开始考虑发展核弹时,恩怨仍余音未了。

当德国空军的迅速扩张成为不可否认的事实之后,拉姆齐·麦克唐纳政府终于做出了回应。在1934年最后几周提出的一份新方案中,英国空军部成立一个委员会,以考虑可能有助于英伦三岛防御空袭的新技术。委员会的成员都来自著名的科学机构,且都受到卢瑟福的高度赞赏:物理学家帕特里克·布莱克特,诺贝尔奖得主、生理学家和防空枪械专家希尔,以及空军部负责科学研究的主任哈里·温珀里斯(Harry Wimperis)。委员会主席是帝国理工学院院长亨利·蒂泽德,人们通常把他看作英国领军的科研管理者。林德曼听说自己被排除在委员会之外时，便怒气冲冲地给丘吉尔写了一张便条，抱怨说虽然蒂泽德"是个好人"，但希尔和布莱克特从来没有"做过任何与飞机有关的事情"。此外，布莱克特自称是"一名共产主义者"。[9] 丘吉尔感到愤怒、失望，他不打算袖手旁观，无所作为。[10]

林德曼和蒂泽德之间的冲突由来已久，他们两人都想成为建言军方的学院派科学家的头头。而且，两人之间素有嫌隙。三十年前，身在柏林的他们还都是年轻的研究人员，一度是亲密的同事。但在一场友谊拳击赛中，林德曼稳居下风以后，他们的友谊明显冷淡了。后来，尽管林德曼证明了自己是更优秀的学术型科学家，但蒂泽德的行政生涯却开始起飞，这让林德曼教授感到嫉妒和愤恨。林德曼有一次没能被任命为某个委员会成员，事后他认为蒂泽德有责任，并怀恨在心。当运用科学应对军方提出的挑战时，林德曼无暇采取蒂泽德的社群主义方法，它涉及科学家和使用武器的作战部队之间煞费苦心培养出来的合作。林德曼的专制作风与其自信心浑然一体，和蒂泽德脸上常有的焦虑形成了鲜明对比。[11]

蒂泽德委员会的首次会议于1月底召开，先声夺人。碰巧，就在仅仅几天前，空军部收到了罗伯特·沃森-瓦特（Robert Watson-Watt）的一份技术提案，该项技术后来被称为"雷达"。[12] 然而，委员会很快就受到了来自丘吉尔的强烈压力，他同意林德曼的说法，委员会的职权范围是"完全不够的"，缺乏地位、权力和资源。到了6月，经过丘吉尔的一番暗箱操作，林德曼被塞入委员会后，委员会中产生了敌对情绪。在一份长达八页的备忘录中，林德曼历数了他想要政府科学家尽快落实的一些想法。他对雷达不甚关注，当时他最热衷于发展空中布雷，这是一种拴有电线的爆炸装置，部署在敌人轰炸机的飞行线路上。他明智地声称，雷达之外的其他选项也不可忽略，因为敌人可能会使用防雷达的保护层，而且雷达在晚

上可能用处不大。¹³

当委员会的其他成员驳回了他的想法，认为不切实际或者老掉牙时，他怒不可遏。他向丘吉尔抱怨他们行事拖沓、缺乏想象力，丘吉尔完全支持林德曼教授的判断，却很难理解其背后的科学原理。接着丘吉尔要求委员会秘书阿尔伯特·罗维（Albert Rowe）向他解释无线电和声音之间的区别。罗维写了一份"关于该话题的入门级简介"——按他后来的回忆，丘吉尔还是说"看不懂"。¹⁴

林德曼教授加入委员会不到一个月，委员会的气氛便剑拔弩张了。在一次交锋激烈的会议后，布莱克特和希尔认为与林德曼一起工作不会有什么建设性进展，于是递交了辞呈。¹⁵ 空军部的官员们解散了委员会，但几个月后又重新组建，依然是原来的成员，只是排除了林德曼，他的位置被替换为更加学究气的爱德华·阿普尔顿（Edward Appleton），另一位卓有成就的物理学家。丘吉尔于是向空军大臣抱怨，蒂泽德委员会过去一年的进展就仿佛是在看慢动作电影。¹⁶ 然而对方无动于衷。至此，丘吉尔让林德曼教授挤入防空研究顶层科学家圈子的努力偃旗息鼓了。

直到1936年3月13日周五，丘吉尔蓄势待发，缓和了对保守党政府的公开批评，以冀保住一个内阁席位。但这是徒劳的。3月13日那一天，新首相斯坦利·鲍德温新设国防大臣席位，但这个职位没有给丘吉尔，而是派给了善于息事宁人的首席检察官托马斯·英斯基普爵士（Sir Thomas Inskip）。丘吉尔现在终于明确地知道，只要是由他的保守党同僚掌控的政府就不会有他的一席之地，因为他们认为他太自恋、太刚愎自用、过于吹嘘，对自己的党派也不够效忠。

林德曼把鲍德温的做法描述为"自卡利古拉① 任命自己的马为

---

① 卡利古拉（Caligula, 12—41），古罗马皇帝。

执政官以来，人们所能做的最玩世不恭的事情"[17]。仍在为防空方面少得可怜的进展而七窍生烟的林德曼教授，决定尝试加入丘吉尔所在的下院，秋天时再次冲击牛津大学选区的议员。林德曼在他最后这一次公职竞选中，再度受到羞辱——得票数垫底。[18]

竞选活动期间，正值爱德华国王（King Edward）及其美国情人辛普森夫人（Mrs Wallis Simpson）之间的关系引发了退位危机。鲍德温以令人肃然起敬的手腕处理了"国王的事务"，简化为让国王陛下在王位和娶一个离过婚的女士之间做出选择。作为国王的朋友，丘吉尔认为这样做无甚必要，并在下院发表了一场演讲来阐明观点，却因为难以令人信服而嘘声一片。这次失败再次强化了他不可靠、对党内同仁不忠、缺乏判断力的名声。[19]他的议会生涯已跌至谷底。

然而，他的作家生涯却空前繁荣起来，这使得他过上了如同封地贵族般的安逸生活。1935—1936年间，他的收入达到了约1.6万英镑的顶峰，这是议员薪水的三十多倍。[20]许多利润丰厚的出版合同都是由他的匈牙利文学经纪人埃默里·里夫斯（Emery Reves）签署的，里夫斯是国际财团的专家，他在1933年4月被纳粹突击队员赶出了柏林的办公室[21]，离开德国定居巴黎。在努力紧跟他步伐的研究人员和秘书们的帮助下，丘吉尔焚膏继晷，写下一系列流行的文章和书籍，努力完成他所设定的每日字数目标。他的散文写得非常好，以至于赢得了鲁德亚德·吉卜林（Rudyard Kipling）的赞扬，后者在给丘吉尔的信中称"手艺人写给手艺人"。[22]

1937年5月，乏味的张伯伦接替了鲍德温，丘吉尔回到内阁的所有希望都破灭了，张伯伦对丘吉尔式的激烈言辞厌恶更甚。但这份失望只对丘吉尔造成了短暂干扰。那一年，除了写了数十万字的马尔伯勒（Marlborough）的传记以外，他还草就了64篇报纸文章，其中约一半是为他的朋友比弗布鲁克勋爵（Lord Beaverbrook）

所持有的伦敦《标准晚报》(Evening Standard)而写。另一个丘吉尔最喜欢的阵地是《世界新闻报》(News of the World),这是一份周日发行的报纸,吹嘘自己拥有"世界上最大的发行量",[23]靠的是为1600万读者提供煽情和丑闻组成的开心果。1937年10月,他发表的一篇文章赢得了报纸的主要经营者埃姆斯利·卡尔爵士(Sir Emsley Carr)的"衷心祝贺"。文章的结论聚焦于报纸专栏很少涉及的学科——核物理学。卡尔认为,这篇文章是"迄今为止我们广大读者最感兴趣的话题之一",[24]仿佛没有意识到也可能是根本不关心丘吉尔故伎重演,翻新旧货——这篇文章和六年前发表的《五十年后》的前半部分基本一致。埃姆斯利爵士使丘吉尔的英国读者增加了百倍,影响深入平民百姓,还付给他400英镑作为他重复利用这篇最得意之作的优待。

10月31日,《世界新闻报》刊登了"透过科学之眼展望未来",头版做了醒目的标示。这篇文章占据了报纸第十二页的大部分版面,附有作者的照片,摆出讨人喜欢的姿势,目光向下,平静祥和地沉思着。[25]文中关于释放核能的可能性有一段石破天惊的话,字体被加粗:"新型焰火蓄势待发,但是那种特殊的火柴却还未找到。"但这次丘吉尔没有像1931年时那样,进一步道出结果可能会是一场爆炸。[26]

这篇文章正逢其时,卢瑟福勋爵的葬礼刚刚过去不久。他死于一场拙劣的手术,年仅66岁,离他打算退休还有四年。[27]政府令他极尽哀荣,作为第一个出生在"海外领地"却能下葬于威斯敏斯特教堂的科学家,他的灵柩紧邻着牛顿和达尔文。[28]数以千计的吊唁者中,蒂泽德和林德曼或许都已经想过此事对各自事业的影响——林德曼失去了他最具影响力的抨击者,而蒂泽德则失去了他最强大的支持者。葬礼似乎促使林德曼教授反思核科学的未来及其对战争可能造成的影响。当天,林德曼为丘吉尔起草了另一篇关于该主题的科普文章，丘吉尔没有立即使用，而是将其存档。

"展望"文章刊登一周后，《世界新闻报》又专题刊登了《五十年后》的下半部分。[29] 这一次，丘吉尔的语气带着不祥，因为他担心科学家会有意无意地释放出怪物，尤其是通过对原子核的零敲碎打。这一小撮核科学家会是玛丽·雪莱（Mary Shelley）笔下弗兰肯斯坦[①]的翻版吗？这篇文章不怀好意的标题"生活在科学家操控的世界"，反映了人们更深层次的担忧，正如威尔斯所设想的，如果科学家和工程师们很快在政府中起到主导作用，国家会如何改变。丘吉尔认为，非选举产生的科学家在政府中的发言权不应比诸如银行家或牙医等人更多。他再次强调了核科学在未来进入日常生活后所带来的影响。在文章第二段粗体印刷的部分，他重申了自己六年前首次提出的观点，即核能不仅可以通过原子核的分裂，而且可以通过原子核的聚合来释放：

如果有人能让九曲湖[②]中的氢原子结合形成氦，那么它们产生的热量足以改变英国一年的整体气候。

他指的实际上是核聚变。尽管这样，十五年后氢弹首次引爆，核聚变的威力依然令他惊叹不已。

在接下来一周的《世界新闻报》上，他的文章聚焦于科学将如何改变战争实践。这个话题他可能与威尔斯充分讨论过，威尔斯在8月中旬的一个周末曾到查特韦尔做客，这让克莱米异常欢欣。[30] 在公开场合，两个人还是像小猫一样打架，但彼此的感情依然存在。

[①] 弗兰肯斯坦（Frankenstein），玛丽·雪莱1818年发表的小说人物，也译作《科学怪人》，一位名为弗兰肯斯坦的科学家制造了一个怪物，最终毁灭了自己。
[②] 九曲湖（Serpentine），位于伦敦。

威尔斯度过了一段"完美时光",沉浸于"温斯顿的赞许"所带来的喜悦中。[31] 几个月前,威尔斯一时兴起,把他的新小说《受生之星》(Star Begotten)献给了丘吉尔,后者的回应极为优雅:"这让我由衷开心地感觉到,35年前我对几部精彩大作的景仰,应该能够长存于我们此后个人友谊的港湾中。"[32] 丘吉尔的报纸文章展望道:"战争中的个人因素消失了。"决定战争结果的,不再是超凡的将军和英勇的士兵,而是在桌边喝着咖啡不曾露面的机器操纵者。他设想的某场未来战争:"一些戴眼镜的'要员'只要按下一个按钮,就能毁灭如同伦敦、巴黎、东京或旧金山这样规模的城市。"[33] 一个令人鼓舞的结果,他写道:"对人类来说战争的念头会变得无比可憎。军方领导人将不再是具有浪漫情怀和声望的人物……化学家们完全有可能抢走这一功业……"这纯粹是威尔斯式的,虽然他的政治生涯已经终结了。

1938年3月11日,纳粹军队一枪不发就开进并占领了奥地利。三天后,丘吉尔站在士气低落的下院,警告说欧洲"面临着一个正在逐步展开的侵略计划"。这是一次伟大的演讲,因为没有自我标榜而变得掷地有声。[34]

在公开讲话中,丘吉尔时而激昂,时而谨慎。他反复强调希特勒所带来的威胁,但主张英国应该冷眼旁观西班牙的法西斯叛乱和日本对中国的侵略。然而,他仍不懈地迎合与美国的友谊。他在美国进行的广播讲话和发表的文章中,赞扬了英美友谊的"雄伟大厦",和往常一样避而不谈它们内部的争吵。[35] 在英国国内,他的言论是明确而有远见的:"我们切不可过于苛刻地要求美国……我们要知道美国最终会对英国不离不弃。"[36]

除了他那大幅后退的发际线和圆鼓鼓的腹部,丘吉尔看起来不像一个六十过五的男人。他仍然像以前那样活泼,过去十年的失意,在他青春依旧的脸上意外地没有刻下什么印迹。[37] 他的上半身某种程度上表现了他的决心：嘴上叼着一支粗雪茄，宽阔的肩膀略微前倾，高耸的额头——这些都让他看起来像一只准备冲出的公牛。

1938年6月，他再次暴跳如雷，谴责防空研究在他看来甚为缓慢的进展，施加更大压力，要把林德曼塞进蒂泽德领导的防空研究委员会。[38] 委员会的官员们进行了辩驳，拒绝了他的每一项指控和断言——并带着一丝威胁地说——他自己在"一战"前执行新技术想法的履历远非完美。按蒂泽德的说法，丘吉尔对U型潜艇带来的威胁未能做好充分的准备，暴露出"他完全缺乏真正的科学想象力和远见"[39]。丘吉尔的回应更多是沮丧而非咄咄逼人，也许部分原因是他不希望这样的指控流传开来。那个夏天，事态不尽如人意地陷入僵局，但面对丘吉尔的猛烈抨击，抵抗最终是徒劳的。到了11月，蒂泽德勉强答应林德曼加入进来，条件是希尔也要成为委员会的一员。

蒂泽德和林德曼之间意气之争的结果是两败俱伤。甚至一些怀有同情的同事都轻声抱怨说，蒂泽德对林德曼极少尊重，满腹怀疑。[40] 而在白厅，林德曼如今已被公认为难以相处的同事。正如后来杰出的政府科学家弗雷德里克·布伦德雷特（Frederick Brundrett）对这场拙劣争吵的评论："就这两个极端聪明的成熟人士而言，他们对彼此的态度实在是异常幼稚。"[41]

1938年9月底，当希特勒准备入侵捷克斯洛伐克时，英国与德国的战争几乎一触即发。丘吉尔希望张伯伦首相警告希特勒，如果他的士兵敢这样踏入捷克，那么英国就要和德国开战了。[42] 这个观点不得人心。为了一个弱小遥远异国的民众自由，是否值得重演"一战"的杀戮？此次战争似乎会以空袭拉开序幕，从而造成英国城市中数十万人的死亡。[43] 哈罗德·麦克米伦（Harold Macmillan）后来恰当地领会了这种恐惧感："1938年我们谈及空战，正如今天人们谈论核战。"[44]

9月下旬，张伯伦与希特勒以及其他领导人在慕尼黑谈判结束，他挥舞着"我们时代的和平"协议回国时，受到热烈欢迎。在林德曼最喜欢的科学杂志《自然》上，一篇热情洋溢的社论称赞道，首相帮助谈成了"完美的解决方案"，强烈呼吁授予他诺贝尔和平奖（林德曼教授对此表现出的嗤之以鼻倒是值得一听）。[45]当丘吉尔在下院反对了这项协议后[46]，他选区的保守党威胁说要把他赶出议会，不过他很快就将这一威胁扼杀在摇篮里。

与公众和议会中的多数同事不同，丘吉尔知道英国正在发展雷达防御系统，而且关键的是，他知道这些雷达还无法完全投入使用。他也比多数同事更能意识到，战时可能会突然爆出其他技术。1938年10月下旬，在为《世界新闻报》撰写的另一篇文章中，他又重提了这个话题，文章的基础是一年前卢瑟福葬礼时林德曼写的一份草稿。[47]

这篇《发明家们还持有什么秘密？》刊登在10月23日这一期上[48]，其中对生物学的关注比物理学还多："在这个领域，发明和发现的影响可能是最为可怕的。"丘吉尔写道。在优生学方面，他哀叹避孕药的发明，抱怨说在"野蛮人超量繁殖"的世界中，避孕药损害了"文明人"的生存机会。他预言了即将到来的基因工程时代，惊奇如果"人类的这种改装变成官僚们的玩物"，会发生些什么。丘吉尔对林德曼的草稿几乎一字不改。唯一与原文显著不同的是，丘吉尔从林德曼的文章中摘录了一段并把它放在篇首，作为文章的导语。他选择的那一段话是关于核科学的。

"科学家几乎每天都在告诉我们，"丘吉尔在文章开头说，"他们对人工建构或者敲碎原子核有了很多发现。"在有关原子核及其内部蕴藏能量的六个小段之后，他得出结论：

> 这些可用能源体量巨大，我们最终很有可能找到利用它们的

手段。如果做到了这一点，那么人类对自然控制的进步，将比学会生火的旧石器时代以来任何一次进步都要大。

同样，他没有进一步暗示核能的释放可能导致一种新型的武器，这么做也许是为了避免别人指责他危言耸听。比起以往他那些关于未来科学在军事上应用的文章，这篇文章一反常态地谨慎起来，甚至有些悲观。他怀疑人类是否能够妥善运用科学家的最新发明，并补充说，我们无法断定"它们会通往乌托邦还是导致人类的灭绝"。

结论则是彻头彻尾的悲观论调——新装置"可能不仅意味着我们已知文明的毁灭，而且意味着人类主宰这个星球的终结"。这篇文章可能在数十万读者心中产生特别的共鸣，他们都读过或者听说过普里斯特利（J. B. Priestley）轻松愉快的冒险小说《世界末日的人》(*The Doomsday Men*)[49]，它描绘了一次不太可能发生的夏日袭击，最终导致物理学家在南加州的沙漠引爆了核弹。这种奇谈在美国也很流行，《纽约时报》的评论员总结道："我们不妨好好盯住那些原子物理学家。如果这些人发了疯，弄不好会出事。"[50]

在数百万英国人阅读了丘吉尔关于核能未来的可能性设想八周之后，一次实验令人们更加相信，核能可以很快大规模地释放出来，甚至制造武器。这项实验几乎让所有科学家目瞪口呆，甚至包括世界上最有成就的核理论家，后来丘吉尔将此人视为他所见过的物理学家中可能最讨厌的一位。

8 玻尔认为原子弹不可思议
1938.11—1939.9

> [玻尔]发表自己的意见时,就像一个永远在摸索的人,而从来不像一个认为自己真理在握的人。
>
> ——阿尔伯特·爱因斯坦[1]

自卢瑟福去世之后,没有一个人能够比他唯一的理论家学生——尼尔斯·玻尔对原子核的属性有更确切的直觉。但即便是他也大吃一惊,因为实验科学家们发现铀核被中子击中后可能分裂成两半,同时伴随其他一些高能粒子射出。就像一块花岗岩石碑可以被一个扔向它的卵石所击中裂开。大家和玻尔一样——没有人能够明确预见到这个很快就会引起全世界关注的发现。不足为奇的是,玻尔作为首批科学家开展裂变过程的研究。

玻尔最早跟卢瑟福学习核科学,二人情同父子。[2] 他们在"一战"前不久相遇,这位26岁的丹麦人赢得了嘉士伯基金会(Carlsberg Foundation)的奖学金,到曼彻斯特大学就读。在那里,玻尔主要运用数学,发展出典型原子中电子沿量子化轨道的绕核运动思想,这一深刻见解让科学家们理解了先前看似不相关的系列实验数据。卢瑟福认为玻尔的工作是"人类思想最伟大的胜利之一"[3]。

1921年，在获得诺贝尔物理学奖的前一年，玻尔成为新建的哥本哈根理论物理研究所的所长，这里容纳了约20名科学家。在投入运行几年内，它成为新生量子理论的产房，而玻尔则是最专注的产科医生。初次见他，并没有特别与众不同的感觉，尽管外表令人印象深刻：大脑袋，一双大手，浓密的眉毛和须臾不离的烟斗。他以独特的长者风范管理着研究所，在走廊里东奔西跑，一次上两个台阶，花费数小时在午餐室和年轻同事交流最新引起他关注的矛盾观点。成为所长之后，他写的原创性科学论文相对不多，尽管如此，同事们仍很钦佩他——甚至于膜拜——因为他的思想深度和宽宏的品格。

然而，没有人把交流技巧算作玻尔的强项之一。他的文笔晦涩又冗长，就像他的演讲一样让人一头雾水，听众时常弄不明白他用的是哪种语言。玻尔喜欢聊天，不仅仅聊物理，也讨论那些令他着迷的各类话题，包括立体主义、经济学、遗传学，以及美国西部片。[4]当他抓住一些他认为重要的事项，便会礼貌地追问下去，像一只猂犬一样勇往直前。

20世纪30年代早期，研究所开始变得黯淡。光辉的日子已经过去，谈话越来越多地转移到国际政治方面。原来晚餐时间轻松随意的玩笑，也开始变得紧张生硬。德国的国家主义者，像玻尔的年轻朋友维尔纳·海森伯（Werner Heisenberg），不得不回应在餐桌上流传的关于纳粹反犹主义的传言。与其他所有领导人相比，玻尔及其同事们所珍视的科学的国际主义理念，对希特勒而言一文不值。从19世纪中期，柏林就称得上世界科学的中心，但是到1938年末，这个城市的杰出科学家已经寥寥无几，并且他们大多充满恐惧，情绪低落，感到孤立于国际共同体的同行。就在一年前，《自然》期刊被德国教育部封杀。[5]希特勒吹嘘说第三帝国将长存千年，但他对德国科学文化——直到那时仍是世界有史以来最强大和多产的——遭到的破坏无动于衷。[6] 就是在这种局面下,震惊世界的核裂变被发现了。

到1938年11月,德国陷入歇斯底里的反犹情绪中。在以水晶之夜(Kristallnacht)闻名的国家屠杀中,犹太人及其经营事业、宗教场所遭到蓄谋的攻击,成千上万的犹太人被押往集中营。在柏林,纳粹标志铺天盖地,袭击演变为观赏性的活动,很多中产阶级母亲抱着婴儿就在街角围观这种"乐子"。[7]

12月19日,周一,这个城市笼罩在北冰洋寒流中。当午夜临近,人满为患的啤酒馆里回响着圣诞的祝福,奥托·哈恩(Otto Hahn)独自在威廉皇帝学会化学研究所(Kaiser Wilhelm Institute for Chemistry)的实验桌前,思考着一个很快会震惊全世界科学家的发现。在等候同事弗里茨·施特拉斯曼(Fritz Strassmann)回来期间,哈恩给之前的一位亲密同事,奥地利籍犹太物理学家丽泽·迈特纳(Lise Meitner)写信,对结果进行了描述,这位同事五个月前还在这里工作,但现在流亡瑞典。两周后,迈特纳和侄子奥托·弗里希(Otto Frisch,纳粹德国难民,在哥本哈根玻尔研究所工作)到瑞典海滨度假,她详细地谈到哈恩信中描述的新结果。他们是最早认识到哈恩和施特拉斯曼已经观察到弗里希称之为"核裂变"的人。根据爱因斯坦的质能方程 $E=mc^2$,这种由每个原子核分裂释放出来的能量连蚊子的运动轨迹都改变不了,但在原子层次上这是一种非常大的能量。哈恩和施特拉斯曼的每个中子,能量虽没有可见光的光子能量大,但当其中一个中子劈开一个铀核,就会释放出10亿倍的能量。按照这种水平的能量投入产出比,一个原子核就有可能——与卢瑟福的意见相反——成为能量之源,而不仅仅是一个储能器。

新年伊始,弗里希返回哥本哈根,迫不及待地和玻尔分享他的新闻。玻尔难以置信地拍着额头:"哦,我们过去真傻!"他说:

"哦，但是这很棒。"几天之内，弗里希检验了他和姑妈构思的解释，并为其找到了实验证据。一项简单的桌面实验结果表明，这个过程释放的能量真的如同他们计算显示的一样庞大。所有迹象汇总表明——尽管在未来几周，对许多科学家来说——这个解释仍似乎过于牵强，且令人难以置信。

在和弗里希讨论新的核反应过程后几天，玻尔乘船去往美国。那里的《时代》周刊刚刚将希特勒评选为年度人物。普林斯顿距离纽约有一小时的火车车程，玻尔打算在这里的高等研究院工作几个月，此处同事们希望他能够和爱因斯坦一起合作，研究量子理论解释上的挑战。[8] 但是这些计划都落空了，因为现在玻尔最优先考虑的是理解裂变过程，他和其他人通过早年开创的方法，把原子核设想成液滴。凭借头脑和个人魅力，他很快就会成为这场裂变大戏中的领导角色，该戏的下一幕将在美国上演，欧洲在物理学上长达一个世纪的主导地位如今在美国面前已黯然失色。[9]

缺少心机的玻尔难以保守住秘密。在哥本哈根他曾保证，《自然》杂志发表之前他不会泄露弗里希－迈特纳的核裂变理论，但是他在前往纽约途中就和他的亲密同事利昂·罗森菲尔德（Léon Rosenfeld）详细讨论了这一理论。1月16日，罗森菲尔德刚到寒气逼人的普林斯顿几小时，就在一个科学家晚间聚会上分享了这个消息，让在场的人激动不已。[10] 第二天早上，这个消息就通过电话传播给他们的数百密友。[11] 当玻尔看到了一份印刷版的裂变论文之后，他答应十天之后在华盛顿特区和恩里科·费米（Enrico Fermi）的一场临时报告会上，谈一谈这个理论。而恩里科·费米一家刚刚逃离了法西斯意大利，从欧洲抵达这里。

关于裂变发现的这场首次公开宣告绝非完美——费米和玻尔在黑板上字迹潦草，宛如天书，费劲地用英语把概念解释清楚。之后，《纽约时报》记者威廉姆·劳伦斯（William Laurence）冲到他们面前,脱口问道:"这个意味着原子弹吗?"玻尔吃了一惊,望向天花板。费米也吓了一跳,看起来有些疑惑,停顿很长时间后承认,原子弹在 25 年甚至 50 年之后才会出现。[12] 听众里的物理学家兴奋地离开了演讲厅,将这些言论扩散出去。但是劳伦斯相信纳粹会首先造出原子弹这个"不出预料的结论",回家后仍惊魂未定。如果他知道,不出一周,一幅核弹原理图就将出现在美国主要理论科学家之一、罗伯特·奥本海默(Robert Oppenheimer)的黑板上,也许会稍感欣慰。[13]

玻尔自从 10 岁时听说 X 射线的发现,就基本再没见过哪个实验能引起这么大的兴奋。美国新闻界给予了足够的重视。报纸报道了那场首次宣告,不出一周,《纽约时报》指出玻尔的导师卢瑟福勋爵可能错误地摈弃了控制核能的想法。"传奇小说家有了正当的理由,"社论宣称,"回到威尔斯的乌托邦。"[14] 不过,在连篇累牍的关于美国经济遭受重创的报道中人们会很容易错过这个话题。罗斯福在两年前的大选中获得压倒性胜利再次当选,努力确保恢复国家繁荣,却正在失去人望。[15]

核裂变还成为广播的专题节目,电台邀请费米做了一次专访,宣传他是最新获得诺贝尔奖的物理学家,也是一位受欢迎的新移民。[16] 在哥伦比亚广播公司(CBS)的科普系列节目——《科学大冒险》中的"土拨鼠日"(Groundhog Day)那一集,节目主持人沃森·戴维斯(Watson Davies)在介绍中几乎抑制不住他的激动:"这个世界或许已经摸到了释放原子能的门槛。"费米拒绝随之起舞——他在最终戳破泡沫之前,小心翼翼地照顾着主办方的乐观想法。[17] 不可避免地,媒体很快指出原子弹不再像以前他们被告知的那样不切实际。在美国,这个想法首先在 1939 年 2 月 11 日的《科学通讯》(*Science News Letter*)周刊上的文章《原子弹投弹手》("Atomic Bombardiers")中出现。[18] 文中警告,"科学家担忧公众缺乏警觉"——他们宁愿忽略威尔斯、普里斯特利和《欧战之翼》作者的"胡思乱想"：这个世界不会被"炸成碎片"[19]。

第一个深入洞悉核裂变过程中发生了什么的新实验，不是出自费米及其同事，而是来自巴黎的实验室。弗雷德里克·约里奥－居里（Fréderic Joliot-Curie）和同事们演示了当一个铀核裂变时，总会释放出一些中子，就像一个可可豆被截然劈成两半，总会迸出一点碎屑。没有人比利奥·齐拉（Leó Szilárd）更充分地明白其中蕴含的意义。他最后定居在美国，并且在哥伦比亚大学游说到一个教职，来到更稳重、更专注和更实际的费米身边。[20] 齐拉后来说，当他听到约里奥－居里的结果时，他马上想到铀里面很有可能发生链式反应，裂变核中释放的中子可能继续分裂另外的核，释放出更多的中子，分裂更多的原子核，以此类推，就好像兔子的繁殖一样。接着巨大的核能就会被释放出来。齐拉后来回忆："威尔斯曾经预言的一切在我看来突然变成了现实。"[21]

费米开始着手实现一个核链式反应，齐拉的帮助常常令人厌烦，他宣称自己不做实验，并雇了一个年轻科学家来帮他完成工作。结果显示，如果铀核被慢中子轰击，链式反应则更容易发生，慢中子比裂变最初产生的中子要慢得多。费米和他的团队——就像研究这类反应的欧洲同事一样——找到了两种有望实现中子减速的方法：让它们与减速剂碰撞，例如重水或石墨，这些分子能够帮助减慢粒子速度。重水的供应在美国极为稀缺，所以费米集中关注另一个选项。但他不像指手画脚的齐拉那样坚定，对这些实验短期之内能否产生效用心存质疑。齐拉害怕纳粹德国可能已经具备了制造核武器的能力，开始鼓动核裂变研究者隐藏他们的成果（他后来宣称"我发明了保密"[22]）。他和两个同事恳求欧洲的物理学家，敦促他们对自己在裂变领域的工作实行自我审查，但是应者寥寥。就连费米也不打算在近期放弃数百年来第一时间发表结果的科学传统。

他回复齐拉："去你的！"[23]

2月初的一个上午，普林斯顿大学白雪皑皑，在穿过校园的五分钟行程中，玻尔灵机一动。[24]问题的关键在于，哈恩和施特拉斯曼设计的裂变实验，不是针对所有的铀原子核，而只是针对非常稀少的含有235个核素的原子核（标记为^{235}U），这是美国理论学家约翰·惠勒（John Wheeler）详细计算出来的结果。他们的铀靶中几乎所有（超过99%）的原子核都含有238个核素（^{238}U），根本不会发生裂变。尽管广受争议，但是如果这个推论无误，那么用普通纯铀制造的核弹中只有很少的原子核能够裂变并释放能量，这就让它变得像浸满水的爆竹。

这个冬天，玻尔和齐拉详细讨论了制造核链式反应的可能性。[25]两个饶舌男人之间的这场对话，双方都不善于倾听，都在使用外语，场面简直有些滑稽：冥思苦想的丹麦人权衡了几十种可能性，匈牙利人则只想搞懂一种。对这两个人来说，3月15日周三是个标志性的日子。那天早上传来坏消息：《纽约时报》在头版报道，纳粹德国和匈牙利的军队进入捷克斯洛伐克，"消灭"了当地政府。[26]希特勒宣称慕尼黑协定失效，一切安抚他的希望均宣告破产，因此现在根本毋须任何想象就会预见，法西斯的军队将控制欧洲大陆的每一座城市。

玻尔和齐拉听到这个报道后，很快便到爱因斯坦的办公室中碰面，在座的还有约翰·惠勒，以及理论物理学家尤金·维格纳，一名来自匈牙利的难民，而爱因斯坦自己未在城内。几小时中，他们谈论了核裂变会导致大规模破坏性炸弹出现的可能性。[27]玻尔和惠勒解释道，如果他们的理论是正确的，并且只有^{235}U核才能裂变，那么核武器只能是不可行的。"那就分离出来^{235}U，然后用它来制造核武器。"齐拉反驳道。玻尔告诉他，不用杞人忧天。想要分离出足够的^{235}U是一项庞大的工业任务，需要"整个国家的力量"。

玻尔让他确信，这样的结论，是"不可思议"的。[28]

当玻尔5月初乘船离开美国返回欧洲的时候，虽然舆论还是在由他和惠勒引导，但他们提出的观点并没有被广泛接受。玻尔坚持他的理论，确信核裂变炸弹是行不通的。他的立场在6月初又受到了抨击，奥托·哈恩的助手齐格弗里德·弗吕格（Siefried Flügge）在德国的《自然科学》（*Die Naturwissenschaften*）杂志上发表了论文《核能可以被用于实用目的吗？》。这是关于该话题的若干论文中的首篇。[29] 他写道："能量的释放会……采取一种极其剧烈的爆炸形式。"科学家们很快开始认真思考制造裂变炸弹的渺茫可能性，到那个月末，德国和意大利以外的几乎所有科学家都接受了一份心照不宣的协议，同意对核裂变方面的新研究进行自我审查，这在基础物理领域是史无前例的。[30]

6月下旬，玻尔在英国拜访一些物理学家时——包括在卡文迪什的朋友以及在帝国学院的小汤姆孙——几乎都要谈到核武器的可行性问题。[31] 其意义只要瞥一眼报纸便清楚了，报纸上充斥着关于欧洲政治紧张、战争或将来临的不安报道。[32] 书店开始售卖丘吉尔的新书《步步为营》（*Step by Step*），收录了他的多篇演讲，许多演讲警告了绥靖政策的危险，明确表达了英国需要尽快重新武装起来，加强空中防卫。现在看来这些得到了证实，丘吉尔获得了令人景仰的评价，《泰晤士报》评论说，以其重整军备的立场，他"明显有资格获得这场胜利"[33]。

在美国，专业人士之间对核武器可行性的关注与日俱增。7月出版的《科学美国人》发表了编者按，题为"无与伦比的希望还是可怕的威胁？"，深入思考了这个近来"困扰物理学家"的问题。[34] 在科学被用作破坏性目的之前，他们该放弃他们的裂变实验研究吗？那样做，"只能是把这些工作遗弃给战争制造者和征服者"。文章结尾指出，在人类事务的巨大框架下，物理学家仅仅是一个次要的角色。

> 物理学家无法控制自己的发现，他们向外界宣布了这些发现后，便无能为力了。如果人类想把它们操弄一番，而又深受其害，那么这是自作自受。过上几年，我们也许就会见分晓。

可想而知，齐拉把这个问题视为己任，正在考虑如何向白宫递送他的警告。他的警觉是正确的。第三帝国已经成为世界上第一个认真考虑控制核能的国家。在柏林，几名军方首领和一些民事科学家（包括奥托·哈恩）召开了秘密会议，考量裂变是否能为核弹制造开辟一条道路。[35] 玻尔对纳粹的动议毫不知情，即使他知道，他也会无动于衷，因为他仍然确信制造核武器需要很多年。正如他不久后在公开报告中讲道，"没有恐慌的理由"。[36]

到7月中旬，玻尔和家人前往丹麦海岸的齐斯维勒（Tisvilde），开始在他们的夏季别墅度假，而此时欧洲正岌岌可危。玻尔离开的这段时间，消息越来越令人担忧，最终传来希特勒和斯大林的互不侵犯条约，其中还划定了他们各自在东北欧的势力范围。战争已经箭在弦上。

玻尔9月1日返回哥本哈根，得知战争已经打响，德国军队越过边界进入了波兰。现在不列颠及整个英帝国卷入冲突，只是时间问题了。一天之后，在丹麦首都，《政治家报》（*Politiken*）报道称内维尔·张伯伦正在采取行动，邀请了一位政治家参与战时内阁，他就是温斯顿·丘吉尔，很多人觉得，他已经在野太久了。[37]

第二部

第二次世界大战

9 丘吉尔：战争能用的核武器来不及造 1939.8—1939.12

> 我希望林德曼的观点是正确的，即现在还不存在（核武器被研发出来的）燃眉之急，虽然毫无疑问，人类种族正走向一个临界点，到时就会有能力完全毁灭自己。
>
> ——温斯顿·丘吉尔，1939 年 8 月 13 日[1]

1939 年 9 月 1 日，《探索》(*Discovery*) 杂志社论的开场白就令人难以安心地读下去："某些物理学家认为，在几个月内，科学家就会制造出一种用于军事的比硝酸甘油猛烈百万倍的炸药。"[2] 当时的编辑斯诺（C. P. Snow）正在思考杂志上的一篇文章《来自物质的能量》，作者是科幻专家道格拉斯·迈耶（Douglas Mayer），讲述了新近的核裂变研究。斯诺以一个问题进行总结："每个国家都奉行包围政策，投放一束束的铀弹，我们会面临威尔斯式的混乱局面吗？"

斯诺警告说，"大部分科学武器的力量总是被夸大，但这一次怎么说都不为过"。美国、德国、法国和英国的实验室"从春天就开始马不停蹄地研究它"，他写道，并且罗斯福总统也很清楚这些新的进展。斯诺的结论有些不祥：

如果它不是今年在美国造出来,那么就可能明年在德国造出来。不存在任何伦理上的问题;只要这项发明不受物理定律的羁绊,就一定会在世界某个地方开展起来。无论如何,美国最好有六个月的领先……这样的发明将无法保密……一年之内,世界上每个大型实验室都会得出相同的结果。短期内,也许美国政府可能托管这种力量,但很快它就会被不太文明的国家掌握。[3]

这样的结论通常会在新闻界引发全面的恐慌,但实际上它没有造成丝毫影响——那时举国上下全神贯注于欧洲危机的演进。9月1日早晨,结束了在法国的工作休假,精神抖擞的丘吉尔正在摩拳擦掌。[4] 加入战备工作,他没有经过太长时间的等待——当天下午就被召到唐宁街10号,几小时后,内维尔·张伯伦在其正组建的战时内阁(以备随时会发生的敌对行动)中给他安排了一个位置。[5] 伦敦步入了战时节奏——沙袋堆放到街上,儿童被疏散,房屋和街道实行灯火管制,以防空袭,内政部预计十周内将会造成260万人的伤亡。[6] 接下来的周日上午11点,英国对德国宣战,张伯伦在有气无力的无线电广播中宣布了他的决定。那天下午的下院会议之后,张伯伦再次召见丘吉尔,这次任命他为海军大臣,就是他在第一次世界大战中担任过的职务。"这比我想象的要好得多。"丘吉尔在得到这个消息之后告诉克莱芒蒂娜。[7]

虽然希特勒正专注于击溃波兰,但他也很快对张伯伦还以颜色:几小时后就击沉了英国的"雅典娜号"蒸汽轮船(*SS Athenia*)。尽管还没有炸弹落到伦敦,也没有出现威尔斯预言的大灾难。[8] 但正如丘吉尔认定,这只是"凶险把戏"的开端,英国做好了迎接空袭,或者说入侵的准备。[9] 虽然战争的头几个月有些虎头蛇尾,但是英国海军准备进攻了。

英国蓄势待发。[10] 它拥有强大的军队,还是当时欧洲最大的经济体,海军在欧洲首屈一指,并且即将刷新德国的年度飞机制造纪录。它的自治领和殖民地,连同仅次于美国的全球贸易网络,也给予英国非常关键的支持。然而希特勒来势汹汹,拥有更为强大的自我信仰和训练有素的军事机器,其背后的工业基础将打破各项生产纪录作为家常便饭。没有人确切知道希特勒的武器库有哪些存货:也许他拥有细菌武器、滑翔炸弹、无人机甚至新型的自导鱼雷。其中任何一个都会令他的敌人陷于危险。紧张不安的英国新闻界聚焦于9月19日希特勒在但泽(Danzig,今格但斯克)所做的演讲中的一个语焉不详的短句,几家报纸把它误译为"一种无法防御的秘密武器"。[11] 白厅官员疑心这种"秘密武器"可能是核武器——而不是其他人设想的吃作物的蝗虫或者致命射线——并且向科学和工业研究部寻求建议。[12] 当丘吉尔听说这个故事之后,他很可能揣测这是希特勒在虚张声势,就像林德曼几周前预测的那样。

几个月来,林德曼教授对核武器即将出现的新闻报道一直冷眼旁观。在玻尔和费米1月份宣布发现裂变之后,他可能已经看到《观察者》中的一位八卦的专栏作家迫不及待地警告说:"除非我们吸取教训,否则极有可能,原子能量变成一种新型的战争只是时间问题。"[13] 这类言论很容易被忽视。不过几周后,4月30日的《星期日快报》(Sunday Express)上,《科学家做出惊人的发现》一文几乎占满了整版。[14] 这名来自"英格兰某个地方",笔名为莱昂(C. A. Lyon)的作者,向数百万读者不厌其烦甚至略带歇斯底里地解释裂变研究,结论提道:"战争中一个国家可以在一秒钟内将另一个国家从地球上清除。"作者坚称,这个故事"听上去带有威尔斯的味道,但绝对真实可信"。

在床上用早餐的林德曼看到报纸上这类添油加醋的报道,连松露炒蛋白都咽不下去了。[15] 他知道,数名政府官员正在仔细地权衡研制核武器的选择。蒂泽德已经获得了他的防空委员会的支持,此前他匆忙口授给委员会一封信，估算原子释放的能量用于军事的可能性为十万分之一。[16] 这一精确数字是伪造的，尽管他还小心翼翼地补充说，即使这样低的可能性也不应被忽略。

林德曼担心的是，有关原子弹的新闻报道可能会让公众相信纳粹拥有这种武器，并可能借此威胁英国政府。8月初，他决定将他的思考公之于众，给《每日电讯》(*Daily Telegraph*) 草拟了一封信。拐弯抹角地提到《星期日快报》的文章后，林德曼重点强调了关于核链式反应可能性的最新报道（他不准确地写道，科学家们已经观察到了这一现象）。[17] 在他看来，关键一点是要认识到："这个发现尽管在科学上意义重大，也许最终具有实用价值，但要达到投入大规模运行的结果尚需要几年，因此危险并不存在。"

林德曼预料到新闻界会像以前一样轻信。"第五纵队毫无疑问做过尝试，"他写道，"通过这种威胁诱使我们接受另一种投降。"[18] 他坚持认为，害怕纳粹拥有这样的武器是毫无根据的，并把自己留给学术对手的冷嘲热讽作为结尾："偷偷摸摸的暗示无疑会流出，恐怖的谣言也会被费尽心机地传播，但可以期待没有人会上他们的当。"8月中旬的一个周末，丘吉尔在查特韦尔庄园看过草稿，并将其私下转交给空军部，询问是否有人反对林德曼将信寄给《每日电讯》。[19] 尽管没有官员反对这封信——其中一个人认为林德曼的观点"符合这个国家最好的科学观点"——但这封信从来没被发表出来过。[20] 随着国家开战在即，有人明确断定说，即使只是提及"落到英国的炸弹中可能会有一颗核弹"这种想法，也将不利于国家的士气。

当丘吉尔回到内阁时，他只差三个月就65岁了，已经有资格领取退休金。在野近十一年之后，他极为激动地回到政府工作。位于白厅的海军大厦是一座18世纪的红砖建筑，丘吉尔入驻后便全身心投入工作，仿佛要将失去的时间弥补回来。[21] 早上7点坐到办公桌前,他开始了一天的工作:盘诘他的海军司令官,与公务员们纠缠,向速记员小组口授备忘录(称为"纪要"),打电话给同事,以及钻研五颜六色的海图和地图,它们常常蒙着黑布,以避免被未经授权的人员看到。[22]

为了保持清醒,他通常在下午晚些时候小睡一番。这给不堪其扰的部门带来令人惬意的安宁,但他醒来后宁静戛然而止,恢复了精神的他,又投入一阵忙乱,直到丰盛的晚宴时再有几小时轻松时刻,饮用一些香槟、葡萄酒和白兰地。对他来说一个工作日到次日凌晨才会结束,彼时他才能回到海军大厦顶部和夫人共住的双层套房中。

他回到办公室六天后,海军部公告板上发布了一则所有人都不惊讶的消息:

> 皇家学会会员林德曼教授将成为海军大臣在科学发展方面的私人顾问。这项任命将是暂时的、无偿的。自9月9日起生效。[23]

刚刚搬进新的克拉伦登实验室大楼办公不久,林德曼一听说英国开战,就离开牛津前往伦敦。[24] 他如今在作战室旁边有一个办公室,和他一起的是贴身男仆哈维(Harvey)——总是随叫随到,为他洗衣服,准备饭菜,充当司机载他赶往各种会议。[25]

正式上任两天后,林德曼收到了空军参谋长科学顾问蒂泽德的友好问候。[26] 两人之间的关系虽不像前几年那样充满敌意,也还是留有芥蒂。林德曼认为,自己的想法没有得到充分的执行,甚至最高优先级的雷达计划也处理得不好。两个月前一场观摩新型雷达技术演示的官员聚会上,只有他一个人无动于衷,并提出了一个批判性的报告。[27] 林德曼被正式宣布为海军部的科学顾问后,蒂泽德写信给他:"我相信你会同意我的意见,即任何遗留的前嫌都应该冰释……我们应该想起昔日的友谊,并尽可能多地合作。"[28]林德曼立即在他工作期间居住的伦敦卡尔顿酒店里回复,"前嫌注定要被掩埋,毕竟现在不缺壕沟",并补充道,他只想"为了共同的事业尽可能地合作",最后还热情地邀请蒂泽德吃午餐。[29]然而,蒂泽德再没收到下文。

任命林德曼让不少人气歪了鼻子。丘吉尔是在表明他并不完全相信海军部现有科学家的意见,他希望林德曼教授严格审查每一个统计数据、每一个观点、每一个建议。这削弱了丘吉尔同事们的自信。他们知道自己的建议永远不如一个傲慢外行人给出的评价重要。与林德曼装扮出的超凡脱俗的客观形象相反,他充满了形形色色的偏见,特别是对政府官员,在他看来就是一帮没出息的推卸责任的人——他在存档的一篇模拟祷文中如此概括这个观点:

> 我主保佑,今天我们可以不用做出任何决定,也不会遇到任何责任,但是我们所做的一切都井井有条,从而永远都在成立新的不知所云的部门。阿门。[30]

在许多方面,林德曼的技能弥补了丘吉尔的不足,但共同的弱点是,任何他们轻信的妙计和小玩意儿都没能在对付敌人时带来丁点的好处。丘吉尔提出的想法是他和林德曼一起构想的,包括突破壕沟的坦克等,但似乎没有一项被证实特别有效。海军上将们被丘吉尔折腾得筋疲力尽,对这些浪费时间的建议愤恨不已,并开始鄙视林德曼,因为他骄傲自大,对他们提交领导的意见进行干涉和事后审查。然而他们也知道林德曼拥有一项独特的能力,即让大老板平静下来。多数晚上,在结束海军部的夜间会议和又一轮的口授机宜后,林德曼就会在半夜时分到达丘吉尔的私人办公室。(有一次丘吉尔对打字员说:"准备好了吗?我今晚感觉收获不小。")[31]接着两人就会坐在壁炉旁的沙发上交谈，丘吉尔若有所思地抿着威士忌。

上任不到一个月，丘吉尔想出来一个好主意，他需要持续不断的高质量统计性建议，并需要一些人对其进行研究和整理。从海军部各个部门获得的信息不够可靠，也缺乏条理，而且，作为海军大臣，他需要对与其职责相关的事务了如指掌，换句话说，几乎所有与国内经济和其他军事力量有关的消息他都需要知道。运用这种帝国功臣的逻辑，不顾海军部高级职员的反对，他发布了通告，宣布成立"海军部长统计处"，由林德曼和为数不多的几名职员构成。当一名同事建议林德曼教授聘用更多的人时，他疑心重重地说："谁愿加入我们呢？"就再也不提这件事了。[32]像丘吉尔一样，他将个人的忠诚度视为首要标准。他招募了五六名聪明的助手，都来自牛津，在绝对忠诚方面出类拔萃，并敢于提出刁钻的问题。首批招募的人员中，一名是经济学家罗伊·哈罗德（Roy Harrod），曾与梅纳德·凯恩斯（Maynard Keynes）一起亲密工作过，还有一名是神通广大的物理学家詹姆斯·塔克（James Tuck），后来在首批原子弹的设计中做出了关键的贡献。

战时内阁中，丘吉尔是一名英勇而充满想象力的冒险家，就像在第一次世界大战之初那样，他坚信战局将会对英国有利。即使在那些忙碌的时期，他也偷闲休息，与朋友会面，继续写作他的《英语民族史》。很快，工作的压力迫使他搁置这一项目，直到战后重拾，但他始终没放弃享受与朋友共进晚餐的欢愉，特别是与另类俱乐部的成员。[33]英国参战八天后，他给威尔斯拍电报，邀请他参加俱乐部的一次会议，地点可能设在萨沃伊酒店的老地方。[34]

战争似乎让病中的威尔斯重获生机，他频频在报纸和杂志上以公开信的形式向政府提出建议和评论，这让诗人艾略特（T. S. Eliot）印象深刻，以至于为威尔斯突然回归巅峰而专门撰文，将其与丘吉尔的复出相提并论，称这两位似乎都"迟迟不愿意退出公共生活"。³⁵ 艾略特尤其欣赏他们的直率："是我们这个时代的发言者中屈指可数的。"威尔斯和丘吉尔在战时保持着信件和电报联系，但没有保留下他们在另类俱乐部中的谈话记录，在那里他们会有最坦诚的交流。威尔斯已经很久无意于做出技术预言，近二十年也没有再公开提及过"原子弹"。

丘吉尔在圣诞节抽出一点时间，与他的夫人和几个密友在海军部住处庆祝，包括林德曼和其他查特韦尔的常客。³⁶ 丘吉尔按捺不住，开始制订在挪威水域布雷的计划，以切断德国维持战争机器运转所需的铁矿石供应。战时内阁的大部分人都很犹豫，不愿挑衅德国或中立国家，但丘吉尔支持对挪威的进攻，小心翼翼地与首相搞好关系。张伯伦看上去病越来越重，幡然醒悟却束手无策，而丘吉尔显得越来越自信。

在战争最初几个月，丘吉尔及同事们留下了数以百计的文件、报告和记录，其中有一些对核武器的可能性进行了思考。政治家不得不应对的长远威胁达几十种，核武器作为其中之一并没有引起更多关注。然而，在政府支持的大型科学实验室之外，几名核物理学家逐渐开始认真思考这个想法。在评估这一危险的专家中，有一位刚刚获得了首个核物理方面的诺贝尔奖，因为他发现了点燃原子核篝火的火柴。

10 查德威克疑心核弹的可行性
1939.9—1940.2

[詹姆斯·查德威克]将他的责任,不管是对国家、大学或学院,都看得高于一切,所以他从来没有用他的中子做他真正想做的事情。比如说,把它应用到治疗癌症的医学方面。
　　　　　　　——艾琳·查德威克(Aileen Chadwick),1974年[1]

在为丘吉尔带来原子弹的英国科学家中,没有人比查德威克做得更多,虽然这两个人从未见过面。战争期间,随着原子武器成为现实,查德威克也从一名内向的实验家,转变成为首屈一指、影响最大的新生代物理学家兼外交家,并经受住了严峻的考验。他比任何人都清楚地知道,别人评判他,是看小马能否拉得动大车——他以前的导师卢瑟福勋爵本来是做这项工作的不二人选,如果勋爵还活着的话。

1936年,查德威克45岁生日的前几周,他离开了卡文迪什实验室,前往利物浦大学担任教授。短短数月,他便展示出自己不仅是出色的实验者,而且能够高效地领导自己的系,赢得新的资源,去除朽木,栽培新秀。他离开剑桥是为了避免同卢瑟福勋爵发生争执,多年来,勋爵一直拒绝年轻同事们的恳求,投资制造哪怕最为袖珍的新式粒子加速器，以探测原子核的深层内部结构[2]——"我不想在我的实验室里安装加速器。"[3]他对后辈们吼道，而且不允许再讨论。[4]当查德威克获得利物浦的教授职位，他欣然接受了这个自己主事的机会，更自由地与工业界人士合作，这是一座砂石遍地的城市，妻子艾琳就出身于当地的望族。查德威克夫妇和他们8岁的双胞胎女儿搬到富裕的艾格伯斯河谷（Aigburth Vale），在那里他们拥有一处大宅院，院子里有网球场。艾琳满足于主妇生活，但她丈夫的工作部门在布朗劳山（Brownlow Hill）上，旁边是一条通向莱姆街火车站的路，这条路要穿过几处英国最脏乱差的贫民窟。

来到利物浦不久，查德威克赢得了核物理领域的首个诺贝尔奖。这个奖由他专享，含金量自然更高，虽然这个奖还不足以让他接任卢瑟福的卡文迪什实验室主任。让他暗自失望的是，剑桥大学当局将这个职位安排给了不太杰出的威廉·劳伦斯·布拉格（William Lawrence Bragg）——有传言说查德威克是因为自己的不雅举止而在竞争中出局。[5]不久，卡文迪什实验室拓宽了研究兴趣，但已不再是世界核物理研究的中心。

查德威克很快认识到他所面临的任务：要振兴这个荒废了三十多年的系。[6]他后来回忆说，系的年度预算"还比不上有些人花在烟卷上的钱多"，有些实验室甚至没有交流电。[7]但没有什么能阻挡他：第一次世界大战期间，即便被羁押在管理宽松的德国鲁勒本（Ruhleben）战俘营，他仍想方设法做研究。在那里，他给狱友讲解核物理课程，甚至在营内建起一座初级的实验室，用牙膏中的放射性材料做一些有价值的实验。[8]他于1918年11月离开战俘营，由于消化系统严重受损，很快便返回曼彻斯特，卢瑟福让他有了第一次大转机，确保他能够获得一份奖学金。[9]查德威克的学术生涯自此风生水起，直到发现中子，使他得以从卢瑟福的身影下脱颖而出。

最初看来，他将平静地度过这场战争。英国参战六天后，《自然》杂志毫无争议地宣称："纯粹科学作为一项智力追求和学科，必须暂时搁置对它的兴趣。"[10]——核物理，以及其他好奇心驱动的研究，都将被置于次要地位，从而科技人才能够被重新分配到最有助于战争胜利的项目上去。1939年，随着新生入学，查德威克于10月初开始了新学期，但名单上的讲师只剩下了一半——另一半被派去研究雷达，这项技术似乎从未引起过他的兴趣。他要维持部门发展，将是一场艰苦的斗争。

查德威克没有料到会宣战，当事实证明他错了的时候，他一直低着头，泰然处之，私下里抱怨年轻同事失去了劲头，"终日彷徨，沉浸于想象而不继续开展工作"[11]。就在他的系处于焦躁不安的状态时，一封信来到他的办公桌上，第一次表明他的核专业知识对政府来说可能是有用的。这封短信来自先前在卡文迪什的同事爱德华·阿普尔顿，当时主持科学与工业研究部（Department of Scientific and Industrial Research），有关铀弹可能性的咨询应接不暇。评估这种类似核恐慌小说的事件，查德威克是理想的科学家，因为他一向以清醒的判断而著称。

当阿普尔顿第一次询问这种可能性是否值得担心时，查德威克直言不讳地说：

> 对此尚难以做出明确结论。在合适条件下，铀裂变过程形成爆炸的可能性无疑是存在的。有一点您一定会立刻想到，即如何制备一颗不会立即爆炸的铀弹。首次成功实现这个过程的人，难逃"搬起石头砸自己的脚"的命运。但我认为这种困难并非无法克服。[12]

他在结论中称，自己将"对其进行仔细研究，再奉上"。这就是查德威克的风格：问他一个问题，他会不负所望地立即做出一个合理而谨慎的回答,然后开始进行更深入的思考。

查德威克在利物浦大学物理系,有着与卢瑟福在卡文迪什实验室一样的权威,虽然魅力不及卢瑟福,但为人更加宽容。清瘦,深色皮肤,带着忧郁,查德威克走在路上就像一位雄心勃勃的银行经理,他举止干脆,穿戴整齐,光洁的额头上头发向两边梳去。自从离开德国战俘营,他的健康一度很糟糕。从他的通信中可见,若非一个疑病症患者的话,他给人的印象是在大多数时间里,要么不舒服,要么得了某种病或刚从某种病中康复。虽然人们公认他的科学成就和勤奋,但对年轻同事——他称之为"男孩们"——来说,他令人望而生畏。[13] 当一名学生敲他实验室的门时,他不会应答,这迫使拜访者从门缝里窥探,望见他坐在那里,用手托着脑袋。"你想干什么?"他会问,透过鼻梁上的眼镜盯着来人,一边站起来,一边把手放到后背,并抱怨他的腰疼("天哪,我的腰!")。而一旦他热身完毕,他就会彬彬有礼,乐于助人,给人灵感,但无改其忧郁。

查德威克与本地工业界的交往,保证了他的部门能获得充足经费,访客也接连不断,很多人来寻求他的建议。拜到门下的科学家中,最能干的是约瑟夫·罗特布拉特(Joseph Rotblat),一名30岁出头、目光明亮的波兰物理学家。他于1939年春到达利物浦,没有带妻子——穷困的他无法负担两人的生活——英语水平也有限,每次与人交谈之前都要鼓足勇气。沉浸在思乡和痛苦中,他的心情几周都没有好转,直到看到齐格弗里德·弗吕格关于建造爆炸性核装置可能性的论文。如果弗吕格了解到这些,很有可能说明至少他的一些同事已经开始真正实践这个想法了。经历了几周的绝望,罗特布拉特赞同了大多数同事的意见,即阻止德国人用它来对付我们的唯一方法,就是我们也拥有这种炸弹并且威胁报复他们。[14] 感到战争迫在眉睫,他返回华沙想把妻子接到英国，但她患上了阑尾炎，无法启程。他只得把妻子留下，打算以后再来接她。[15] 当他不久读到希特勒在波兰的暴行时，他后来写道："德国的实力已经显露，整个文明社会岌岌可危。"听不到妻子的消息，令他十分伤感。

在查德威克的建议下，罗特布拉特开始进行原子弹的研究工作。关于这种假定武器的可行性，查德威克在笔记本上做了多页的演算，五周后，他得出了一个有些令人失望的模糊结论，并告知阿普尔顿："我给不出这个问题的确切答案。"[16] 然而他允诺，将继续从实验角度进行研究，并委托给"非常能干且雷厉风行"的罗特布拉特，只不过这些是以他们能够搞到充足的氧化铀为前提。

阿普尔顿虽然对背后的核物理所知不多，但还是保持内阁消息畅通并让他们放心。[17] 帝国理工学院的小汤姆孙和卢瑟福的另一名"男孩"，伯明翰大学的马克·奥利芬特（Mark Oliphant）早已各自独立地开展了链式反应的研究。八个月之前，当小汤姆孙怯懦地向一位空军部官员索要一吨氧化铀时，感觉自己就像低俗惊悚小说中的人物，因为他无法直言相告这样做的目的。[18] 小汤姆孙新晋诺贝尔物理学奖获得者的身份或许不无裨益。他及时得到了矿石供应，成为首位获取政府资源开展原子核链式反应的英国科学家。阿普尔顿参观了空军部，充分了解了情况，此前空军部一名官员曾描述说，事情的进展"典型地反映了科学家的右手不知道左手在干什么"[19]。更让他们笑不出来的是，蒂泽德提出来一个主意——这是他和小汤姆孙各自独立构想出来的——政府应该给德国人设个圈套，发布一篇虚假的报告，声称英国已经制造出了原子弹，以此回应希特勒关于"秘密武器"的演讲。[20] 蒂泽德后来回忆说，当局"目瞪口呆"。

核武器的想法如今在白厅得到了认真对待。许多忙得不可开交的政府官员，现在也得啃起在他们看来晦涩难懂的科学，钻研地质化学，定位世界上最充足的铀供应地。结果表明，铀矿石相对来讲是廉价的（铀化物当时大概每磅2美元），开采地在刚果——由友好的比利时政府管理——以及英国盟国加拿大的大熊湖地区。[21] 坏消息是，最丰富的高品位铀矿石可能会在约阿希姆斯塔尔（Joachimsthal）被发现，它位于纳粹占领的捷克斯洛伐克，并在柏林被精炼。

查德威克聚焦于关键问题：如果能够实现链式反应，那么如何将其用于制造炸弹？他和利物浦的同事们，在教学和管理工作中挤出宝贵的研究时间，使用崭新的回旋加速器，探寻是否有可能实现核链式反应。[22] 然而这种实验和类似的实验都是零星开展的，并不属于某项有条理的计划。1月份，查德威克写信给他的前同事，如今从事雷达研究的约翰·考克饶夫："我们的实验室看上去一团乱麻，没有任何类型的有效工作取得什么进展，无论是关于和平还是战争的。"如果这种混乱再继续下去，查德威克焦躁地写道："我们将不可救药地落后于美国。"[23]

他的担心不无道理。尽管大萧条曾让美国的许多物理学家陷入资源短缺，但美国核物理水平还是随着数百名顶尖的流亡科学家的到来而得到大幅提升。他们不少人最先抵达英国，却又接着改投美国，英国当局就像安全岛上漫不经心的交通警察，只想着让车辆动起来，而与他们挥别。其中就包括奥地利难民维基·魏斯科普夫（Viki Weisskopf），他已是核科学家群体中涌现的领军人才。他后来讲，如果英国当局稍稍有意做出挽留，他是很高兴留下来的。"英国人对待难民目光短浅，"他在1966年说，"唉，煮熟的鸭子都飞了。"[24]

欧洲，量子理论和相对论的熔炉，正在失去物理学领域对美国的领先优势。美国物理学家远离战争的压力，再没有比这里更好的地方，能够将山河破碎的欧洲的科学思想重拾起来并开展下去。如果这种计划能够得到政府的支持，就没有什么能够阻止他们了。

查德威克和同事们所不知道的是，不仅美国的各大实验室有了研发核弹的想法，而且白宫也在考虑。

11 罗斯福收到核警告 1939.10—1940.7

> 提问:"为什么说富兰克林·罗斯福和哥伦布十分相似?"
> 回答:"像哥伦布一样,罗斯福不知道他要去哪里,也不知道他到了哪里,回来后更不知道去过哪里。"
> ——战前不久讲的一个笑话,丘吉尔在场面无表情[1]

战争爆发时,富兰克林·罗斯福即将结束第二个总统任期,经济形势还处于低迷状态,从当政者角度看,这个时期用他最喜欢的话说就是:前途未卜。过去七年来他将注意力都放在本土,但希特勒及其同伙让这一切化为泡影:到1939年10月初,总统"如履薄冰"[2],尽量说服多疑的国会议员废除1937年的《中立法案》(Neutrality Act),该法案试图让美国无法卷入国外的冲突中。罗斯福面临着两方的反对,一方是顽固的孤立主义者,希望自己的国家远离他们所认为的帝国主义权力争斗,另一方则认为,美国有责任阻止法西斯主义的扩散。[3]

英国宣战的那一天,罗斯福在广播中发表炉边谈话(非正式谈话),向听众再度保证,他们的国家"将保持中立国地位",不过他补充说,"即使是一个中立国,也不意味着停止思考,丢掉良心"。[4]

这个国家的主流观点是最好不要卷入：支持把美国军队派往欧洲去的选民，不过区区 5%。[5]

在 1939 年 10 月 11 日周三白宫的一场会议上，罗斯福第一次注意到核武器的可能性。几天前，即距他祝贺丘吉尔被任命为战时内阁成员的电报发出一个月之后，他首次通过电话与丘吉尔交谈。[6] 1933 年 10 月，丘吉尔把他的马尔堡公爵传记第一卷送给新当选总统的罗斯福，并在书上题道："衷心祝愿现代最伟大的改革运动成功"。[7] 此后两人一直没再联系。总统在贺电中强调，他喜欢直接的私人外交："我希望您和首相知道的是，只要你们愿意与我保持私人联系，我随时欢迎交流任何你们想让我了解的事情。"从此开启了丘吉尔和罗斯福的战时通信，电报和信件总计约达 2000 封。

10 月 11 日会议之前，国会山上曾发生过一次艰难的游说。从上午 11 时首场会晤，到晚饭前去白宫游泳池游泳之间，总统日程中塞满了十四项安排。即使是这样，他的秘书最后还是挤出时间，安排他与偶尔有些冒失的朋友亚历山大·萨克斯（Alexander Sachs）会面，萨克斯为此已经恳求了几周，以期让总统注意到核弹。[8] 萨克斯是雷曼兄弟公司（Lehman Brothers）的董事，也是现代核物理学科普文章的热心读者，1932 年以来曾担任总统的经济顾问。[9] 他尽管敏而好学，却常常不得要领，写出来的文章出了名地难懂，让人读不下去。在与罗斯福早前的一次会议中，萨克斯曾提及，造出核武器或许是可能的，但恩里科·费米像往常一样用怀疑的态度否定了这种想法。[10] 利奥·齐拉嗅出了萨克斯乐于担当通向白宫的信使，便极力运用来自阿尔伯特·爱因斯坦的支持性证据来压倒费米的这种谨慎。爱因斯坦曾于 1934 年 1 月造访白宫，与总统交谈他们共同感兴趣的帆船运动。[11] 在他的同胞，匈牙利难民爱德华·特勒和尤金·维格纳的协助下，齐拉于 8 月前往爱因斯坦在长岛的假期别墅拜访，向他解释建造核武器是可能的，并敦促他警示罗斯福。[12]核链式反应的想法让这位世界最著名的科学家恍然大悟，无须多费口舌，便答应向总统写信：1939年8月19日，他签署了由齐拉起草的一封信，警示罗斯福，基于铀核的链式反应，制造一种新式的"威力极大的炸弹"，是可能实现的。在结论中，他指出纳粹或许正在推进这一项目，现在已经获得了铀矿。

在那个秋天的下午，当萨克斯迈进椭圆形办公室，罗斯福总统用他惯常的热情进行问候："亚历克斯，最近怎么样？"[13]萨克斯怀抱的一摞文件里，有爱因斯坦的签名信、齐拉的一些东拉西扯的文章，以及他自己关于核能——"迄今难以设想的威力和范围的炸弹"而做的800字概括。萨克斯把这些话读给总统听，罗斯福直接抓住要点："你所希望避免的是纳粹对我们的轰炸。"萨克斯表示了认同，坐在大桌旁的罗斯福告诉助理："这需要采取行动。"几分钟内，政府的铀顾问委员会（Advisory Committee on Uranium）就酝酿而出。有人提议，经验丰富的莱曼·布里格斯（Lyman Briggs）是理想的主席人选，他是国家标准局（National Bureau of Standard，美国国家物理实验室）的负责人，以前是土壤学家，现在是一名能干的官员，却不是一位有远见的人物。10月21日委员会首次会议的出席者有军方人员，萨克斯和匈牙利科学家齐拉，特勒和维格纳，但没有爱因斯坦，因为他已经逐渐退出一线工作。[14]美国核弹计划就此上马。

罗斯福言行一致。如果一位值得信赖的同事向他提出了一个充分论证的想法，而且有专家意见的支持，他通常会赞同去做。然而，即使他对正在讨论的话题已有决断，也会极为狡猾——他会说一些官员和其他访客喜欢听的话，哪怕接下来不得不花一点时间用来变卦，或者用来抚慰受挫的自我意识。对他来说，一致性被高估为一种美德——重要的是，事情大体上要由他掌控，最好是精确掌控。在和蔼的表象之下，是一个令人战栗的坚强决心。他的继任者哈里·杜鲁门（Harry Truman）后来评论道，罗斯福是"我遇到过的最冷酷的人"[15]。

1910年，罗斯福在他28岁时开始从政。和丘吉尔一样，他出生于一个富有的家庭，并拥有诸多政治天赋，他在政坛的崛起几乎是板上钉钉的。他不仅聪明、迷人、精力充沛，还仪表堂堂——宽阔的肩膀、6.2英尺的身高、190磅的体重。前总统伍德罗·威尔逊（Woodrow Wilson）称他为"我所见过最帅的年轻巨人"[16]。罗斯福的政治生涯一帆风顺，没有大灾大难，直到39岁患上脊髓灰质炎，余生大部分时间不得不在轮椅上度过。他从未彻底放弃重新走路的希望，从一个房间爬向另一个房间，忍受着像孩子一样被带到各处，并用嘴咬着随身证件。在那个新闻媒体尚为恭顺的时代，摄影记者贴心地只照他的上半身——通常只拍摄他自信的露齿笑容——所以美国人很少知道他的残疾。

与丘吉尔不同，罗斯福对政治之外的事情几乎都不感兴趣，包括现代科技。在格罗顿的学校里，他已经学习了基础的科学，进入哈佛大学头两年学习了地质学和古生物学课程。然而，当他带着对抽象学问的丘吉尔式冷漠离开全日制教育时，却没有像丘吉尔那样，去关心如何将科学成果应用于军事。[17] 对于罗斯福来说，科学大体而言是政治之外的事情——他没有林德曼这样的朋友，也从未表现出很大的兴趣去找一位。让罗斯福从重要演讲的准备中抽身去温习原子物理是难以想象的——他宁可花上几小时清点他收藏的邮票来享受恬静的清晨时光。

罗斯福的高税收、政府扩张性干预的"新政"措施，为他树立了很多敌人，用他自己的话说，在这些敌人眼里，他就是一个"食人恶魔——与共产党沆瀣一气、给富人阶层造成毁灭性打击，而且破坏了古老传统"[18]。即使丘吉尔这位崇拜他胆魄和志气的人，也公开批评过他的一些事迹。丘吉尔在1937年底发表的一篇文章中，抱怨"华盛顿政府对私营企业发动了如此无情的战争"，这将"导致世界重陷萧条的低谷"。[19]

罗斯福在科学界不得人心，因为经费不足，一些领军人物长期恳请政府资助基础研究。[20] 尽管罗斯福很少给他们拨款，却总是不乏暖心的话语，1935年他曾向物理学家保证，"完全赞同"设立政府项目来给予他们支持。但他的心思不在好奇心驱动的科学上面，那对千疮百孔的经济来说没有直接的利益，物理学家提议的联邦政府资助也进展不大。

总统对科学改善社会方面的作用更感兴趣。正如他在1937年第二次就职演说中谈道，政府管理至关重要，"为了让科学成为对人类有用的仆人而不是无情的主宰，对科学服务进行道德制约是有必要的"[21]。到1938年底核裂变被发现时，美国物理学运行得非常健康，这主要是得益于像洛克菲勒基金会这样的私人资助者的慷慨捐助。回旋加速器发明者欧内斯特·劳伦斯（Ernest Lawrence）和理论物理学家罗伯特·奥本海默都在伯克利（Berkeley）开展着出色的研究项目，像他们两个这样拥有才干的物理学家群体，已随时准备好响应总统将要发出的号召，履行他们的职责。

莱曼·布里格斯的铀委员会成立会议两周后，第一份报告就送到了白宫。但问题在于这份文件过于晦涩，不可能有机会打动总统，当总统不出所料地读到狮子开口的建议——政府应该资助核链式反应的研究时，心估计都凉了。较有可能吸引他眼球的是这句话：如果这种反应是爆炸性的，它们"可能成为炸弹材料，其破坏力将大大超过任何已知的炸弹"。但即便他读到了这句话，也不会予以特别的关注。没有林德曼这样的科学界人士为他留意最新的技术论文，将它们转述为可读的字句并提炼出关键点，罗斯福只能做出淡然的反应。他仅仅要求一名助理确认文件抄送了陆军和海军，剩下就只有"存档备查"。²² 在接下来的几个月里，文件落满了灰尘。齐拉、费米和他们的纽约同事获得了资助并取得了进展，但没有从华盛顿听到任何消息。布里格斯的愚钝领导，已让调研核弹可能性的想法沉睡在国会山的荒草之中。

如果不是新到华盛顿充满活力的万尼瓦尔·布什（Vannevar Bush）带头重组，这个项目也许就要停在那里了。万尼瓦尔·布什被朋友和同事称作"老万"，新近被任命为卡内基研究院的院长。十八个月前他来到华盛顿，加入了几个颇具影响的委员会，他决心在国家的科学管理方面出人头地。出身于新英格兰海员家庭的他，成长为一名麻省理工学院（MIT）的电气工程教授，在那里，他的智力和技术天才令他脱颖而出，利润丰厚的专利带给他相当程度上的财务独立。被任命为麻省理工学院的副校长，仍没有满足他的抱负——他要在华盛顿环城公路之内成为首席的科学政策制定者，要在国家的历史上留下难以磨灭的印记。刚刚50岁出头的布什，有精力、能力和意志在首都大有作为：他果断、高效，说话斩钉截铁，充满自信。²³ 心烦意乱时，就不再轻言细语，而会咆哮一番。

身高接近6英尺、稍微有些驼背的布什，总是穿着得体，戴着金属丝框眼镜，并习惯性地抽着他在自家作坊里雕刻的烟斗。虽然看起来像一位没有胡子的山姆大叔，带着牛仔艺人威尔·罗杰斯（Will Rogers）的和蔼魅力，但布什拥有一名久经考验的政治操盘手所具备的务实和冷静。虽然他是一名注册的共和党员，对新政也进行了粗暴批评，但他很高兴与罗斯福打交道："我知道你在这个该死的镇上做不了任何事情，除非你到总统的旗下。"²⁴

布什意识到科学家们对瘫痪的铀委员会颇有不满——他知道，更为广泛的问题症结在于：当前没有形成机制，把美国的科学家与军事部门联系起来并确保建设性的合作。1940年6月的一个下午，他通过大胆上位的夺权实现了这一点。几周前，布什曾经诱使罗斯福的叔叔弗雷德里克·德拉诺（Frederic Delano）说服总统的朋友兼同事哈里·霍普金斯（Harry Hopkins），在白宫的日程里给他安排了一个梦寐以求的机会。[25] 在霍普金斯的陪同下，布什在椭圆形办公室进行了自我介绍并提出他的想法，即通过协调和监督军事装备和武器的科学研究，来动员美国的军事技术研发。布什戏剧性地抽出一页计划纲要文件并交给罗斯福，他立即指示霍普金斯在文件上签署"同意——罗斯福"（OK FDR）。这次会议持续了大约十分钟。

　　罗斯福的直觉是可靠的——他对布什的任命堪称妙笔。他批准了后来被称作国防研究委员会（National Defense Research Committee）的组织，这一组织不久将为美国学术界和军事人员在军用科学方面，提供新的动力和关注点。不言而喻，布什将担任委员会主席。他与霍普金斯合作，迅速任命了委员会成员，募集了几十位科学家，在自己的卡内基学院和国家科学院（National Academy of Sciences）里提供工作场所；那里很快就人满为患，而不得不向其他大楼安置工作人员。他成功的关键在于委托制：不是通过设立实验室或研究机构来开展委员会的工作，而是与美国各地的大学和工业组织签订了数千份合同，将项目移交出去。正如一名记者两年后的恰当描述，他建立了"这个国家前所未闻的科学组织"。[26]

　　起初，设想中的核武器只是勉强列入布什委员会的议题中去。一年前，当媒体正如火如荼地谈论这些炸弹和廉价能源的可能性时，布什嘲笑了记者们极为古怪的预测，并径自揭穿他们。[27] 以威尔斯的《星际大战》（*War of the Worlds*）为原本的奥逊·威尔斯（Orson Welles）的广播剧，曾让数以千计的美国人陷入恐慌，相信火星人已经在新泽西州登陆了。布什也害怕再度引起类似的恐慌。但他很快就认识到，新闻界的猜测没有害处，设想的这种炸弹"极为不可行"，也就意味着继续"点到即止"才是明智之举。

　　布什给予总统谨慎的建议，因为尚无人知道如何制造这样的炸弹，他这样做是明智的。齐拉及其同事们在某种程度上不过是"夸夸其谈"——他们所恐惧的事情，在通晓此事的任何人看来都不切实际。然而不久之后，根据两名被英国划入"敌国侨民"的科学家所构想出的绝妙而简明的思路，布什获悉制造这种炸弹是切实可行的。

12 弗里希和派尔斯发现制造原子弹方法
1940.3—1940.6

> 作为一种武器,超级炸弹将无坚不摧。没有任何一种材料或结构可以用来抵御这种爆炸的威力。
>
> ——奥托·弗里希和鲁道夫·派尔斯,1940 年 3 月[1]

也许这不是一个理想的时机。1940 年 3 月,当世界即将陷入这场史上最惨烈的全球冲突之时,两位犹太流亡物理学家——奥地利人奥托·弗里希和德国人鲁道夫·派尔斯(Rudolf Peierls)——证明了原子弹在理论上可以制造出来。

两位物理学家几天之内就写出了一份备忘录,为英国政府提供了原子弹制造的初步蓝图。这份文件让英国官员不得不担心纳粹可能也在研制这种武器,而令人头疼的事实是英国处境艰难,无法自己制造。它对英国和美国的影响十分巨大——弗里希-派尔斯文件被誉为"改变世界的备忘录"并非浪得虚名。[2] 但数十年来,许多核武器专家——科学家、政治家和军事战略家——并不知道这份启动原子弹研发的备忘录。部分原因是它在战后被遗失。二十年后,其主体部分的一份抄件在英国原子能管理局(Atomic Energy Authority)的保险库中被发现——根据传说,这份文件被塞进一个装玉米片的袋子里了。

弗里希和派尔斯都是 30 多岁，他们没有在剑桥或牛津这样的学术重镇工作，而是到了学术气氛相对较弱的西米德兰兹郡的首府——伯明翰。能让这两位走到一起的人，除了希特勒，就要数马克·奥利芬特（Mark Oliphant），他从 1937 年 10 月起便是伯明翰大学最具活力的教授，也是卢瑟福的"男孩"之一。正如卢瑟福在曼彻斯特和剑桥那样，奥利芬特来到这个新系后雷厉风行。他重组了学校课程和研究计划，做出大胆的任命，积极主动寻求研究资助，强调核研究有朝一日会有益于工业，并应用于医学。[3] 他说服汽车制造商兼慈善家纳菲尔德勋爵（Lord Nuffield）为他的系购买了"世界上最大的回旋加速器"，并很快让当地担心的居民打消疑虑，告诉他们这种新型的"原子破碎机"十分安全。[4] 奥利芬特通过向当地记者宣讲原子核研究，而在伯明翰家喻户晓。一名记者在结束对他关于加速器的访谈之后写道："这台机器的目的，并非要释放破坏性的能量，而是为了人道主义事业。"[5]

纳菲尔德勋爵还出资建造了雄伟的新楼，几码外是主楼延伸出来的单层红砖房，1940 年 3 月弗里希和派尔斯就在那里工作。办公室内新鲜的油漆味、木材的刨花和胶水味还没有散尽。弗里希当时 34 岁，1939 年夏天来到伯明翰，之前在哥本哈根的玻尔研究所工作了五年。因害怕纳粹占领丹麦，弗里希来到英国寻找可以申请的短期职位，从而接受了奥利芬特的邀请，在此驻留数月研究核裂变。[6] 他思乡情切，无心工作，大部分时间都在担忧他的大家庭的命运，包括丽泽·迈特纳，她在申请剑桥的职位被拒后，消沉地在瑞典生活。[7] 作为家庭独子，他感到特别有责任照顾他的父母，他的父亲曾被关进达豪集中营（Dachau，纳粹的首个集中营）几个月，后来他们迁居瑞典。[8] 到了秋天，他开始了漫长而乏味的游说，试图说服英国内政部允许他的父母来英国。[9]

到战争爆发之际，弗里希已在伯明翰安居乐业，因为返回欧洲大陆已经不可能了。在奥利芬特为他续签合同之后，弗里希开始接受劳工部的安排[10]，尽管他希望通过做实验，从事点教学和写一部核物理的书来熬过战争时期。英国生活的某些方面也令他烦躁不安——无休止地谈论天气，餐馆里煮羊肉的膻味，以及略微受到奥地利交通规则影响的公共交通系统等等。[11]一个内向且不关注政治的人，不太容易和别人建立亲密的友谊，他掌握英语不是通过交谈，而是通过进入剧院和参加朗诵奥尔德斯·赫胥黎（Aldous Huxley）小说的晚会。[12]对弗里希来说最重要的莫过于音乐而非语言——他有一次说道，如果在一个挤满人的嘈杂房间里有人轻轻地弹钢琴，他也能从喧哗中辨识出钢琴声。他是一位出色的钢琴家，曾多次在公开音乐会上演出。[13]

到1940年初，弗里希便对派尔斯有了充分了解。他是英国最年轻的应用数学教授，在欧洲流亡科学家中，像派尔斯这样在英国获得长期职位的人屈指可数。[14]奥利芬特甚至在就职伯明翰之前，就给派尔斯提供了职位，他们同一天开始工作。这是一个灵机一动的任命：这位年轻的德国人是公认多才多艺的物理学家，也是个受欢迎的同事，能很快与大家建立合作。让伯明翰成为全国理论物理研究的领导中心，需要的正是这样的人。他举止端庄，毫不浮夸，政治上态度温和，有强烈的责任感，处事公道。正如卢瑟福的评价："他会成为一位非常优秀的英国人。"[15]

1939年8月，派尔斯的首要任务，从构建他的量子物理学家事业，迅速转变为协助对抗纳粹。他给政府官员写信，表明要以科学家的身份服务国家的心意，指出他在1933年希特勒上台时就已经离开德国，并且在1938年已经正式申请加入英国国籍。[16]他也许会补充，自己可以毫不困难地融入这个迁居的国度，因为他跟妻子母语不同，所以他们相遇后很快决定讲一种都能听得懂的语言——英语。[17] 在两人的相处中，派尔斯冷静沉着，而出生于俄国的妻子珍妮亚（Genia）却热情洋溢，她也是一位物理学家，但放弃了研究。作为一位美艳大方的女主人，她亲自抚养两个幼子，并且十分好客，向他们传授各种各样的建议（不管他们爱不爱听）。弗里希每周至少一次离开自己冷清的学者公寓，走到派尔斯喧闹的乔治亚式家中做客，那里总是炖煮着家庭生活的浓汤。[18]

虽然伯明翰对战争的准备似乎没有伦敦那么充分，但是也做好了空袭的防御，吹嘘说建造了可容纳90万人的防空洞。[19] 和英国其他城市一样，市民每周的食物现今需要配给供应，日常工作要佩戴橡胶防毒面罩，而且不得不习惯严格的灯火管制。弗里希告诉朋友，他"渐渐地养成了猫的本能"。[20] 和其他"侨民"一样，他必须随身携带身份证，服从宵禁令，遵守旅行限制，禁止拥有自己的汽车等（派尔斯机智地绕过最后一条，他将汽车赠予一名英国友人，接着再借回来）。[21] 弗里希对这些限制表现得比较豁达，因为他知道跟家人比起来他的生活已经算是非常舒适了。[22] 1940年2月中旬，他不得不委婉地告诉父母，英国内政部拒绝了他们的避难请求。[23] 派尔斯则躲过了这种沮丧，他的父母一年前就已经到达英国，现正安全地前往美国。[24]

弗里希和派尔斯请求协助战时军用科学，但全部被英国当局回绝。派尔斯仅仅签约成为志愿消防员。他们知道多名同事正在研究雷达，包括约翰·蓝道尔（John Randall）和哈利·布特（Harry Boot），他们正研制空腔磁控管，这种装置能够在紧凑的设备中产生短波雷达波束，从而可以安装到飞机上。弗里希和派尔斯对这类项目最多只能望洋兴叹，因为他们被严格禁止了解有关情况，也不能进入开展相关研究的实验室。这两个人也因此有充足的闲暇，思考一种在安全部门看来与战备无关的学科——核物理。

他们曾各自独立地研究过核链式反应，知道物理学家们的一致共识是：制造核弹并不可行，因为它需要成吨的铀来生产足够的 ^{235}U，以启动并维持链式反应。但是，1940 年 3 月，大约是第二周的头几天，在纳菲尔德大厦的一次会谈中，他们意识到传统观点可能是错误的。正是弗里希提出了关键问题：如果有人能够拥有大量的纯 ^{235}U，将会发生什么？[25]

虽然齐拉在一年前就提出过这个问题，但是他和同事们对此悬而未决。弗里希和派尔斯则做好了解决这个问题的准备——弗里希贡献出理解事物运行方面的超常能力，而派尔斯则运用理论物理方面的渊博知识。[26] 在信封的背面，两人列出方程，很快进行了计算，有时他们要对一些未经测量的数值进行估算，如快中子与 ^{235}U 原子核结合的概率。估算结果让弗里希和派尔斯"目瞪口呆"，正如派尔斯后来回忆[27]：建立一个可持续的链式反应所需要的铀的临界质量不是几吨，而是 11 磅左右，约为一个橙子大小。他们发现，制造这样一个炸弹是可行的，准备两个各为一半临界质量的 ^{235}U 半球，将它们直接撞到一起——那时它们达到临界质量，链式反应就会从中扩散，使其达到太阳核心的温度，压力升至 100 亿个大气压，最终形成猛烈的爆炸，威力相当于 1000 吨炸药。

弗里希和派尔斯面面相觑。希特勒的科学家们是否已经在研制这种武器？这种风险已不容忽视，即使它需要花费大量资金来建造工业级工厂，生产足够的 ^{235}U 来制造炸弹。弗里希和派尔斯赞同："即使这种工厂的造价堪比战舰，它也是值得的。"由于不确定如何让英国政府注意到这件事，他们咨询了社会经验丰富的奥利芬特。奥利芬特建议他们写出一份简短的文件，由他提交给亨利·蒂泽德，此人知道叩开白厅大门的最佳方式。仅用几天时间，两位科学家就完善了这个猜想，还考虑了使用这种武器的后果。他们将自己的发现用准确无误的英文写成备忘录，全文由两部分组成，总体上带有林德曼式的清晰。尽管存在一些微小错误，但是这份文件堪称科学作品中的杰作。

这份备忘录的主体部分"论超级炸弹的构造",弗里希和派尔斯用简洁易懂的语言介绍了他们的思想,文中只使用了一个可以略过的方程,物理专业的高中生都能看懂。由于政府官员害怕看见一星半点的专业术语,备忘录的第二部分——"论放射性超级炸弹的性能"更加直白,可读性更强。作者在此处生动地描述了这类炸弹的破坏性,它的放射性尘埃能确保"爆炸几天后任何进入沾染区的人也都会丧命"。结论振聋发聩。文中先是适度谦虚地声称,他们"感到没有能力讨论这种武器的战略价值",接着列举了若干要点,其中一条夹带着坚定的政策建议,立足的假设是德国已经或很快会拥有这种炸弹:

> 最有效的回应是用相同的炸弹进行反威胁。因此对我们来说重要的是尽快开始并及早制造出这种武器,即使我们无意于将其作为攻击的手段。

弗里希和派尔斯总结道,整件事"十分紧急",而且"保守秘密至关重要"。他们在派尔斯的办公室完成写作,很担心走漏风声——一次谈话时,窗户上出现的一张脸让他们惊恐不已,尽管后来弄清楚那是一名无辜的正在给西红柿浇水的技术员。[28] 由于不愿意将这份文件托付给秘书,派尔斯在自己的打字机上输入了终稿,只保留了一份复件并妥善封存起来。到3月19日,头份文件就到了蒂泽德手里。[29] 如果这个备忘录交给林德曼,他可能会私下里找几位信得过的同事聊聊,然后做出自己的决断。但蒂泽德的风格是建立一个委员会,寻求集体的决议。该委员会第一次会议于4月10日在皇家学会总部举行(该处现为皇家美术院)。这天传来多个噩耗——纳粹开始占领丹麦和挪威。[30] 英国在挪威的行动,按劳合·乔治的说法,"匆忙上马,半途而废",首相颜面尽失,不久就遭到议院和新闻界的围攻。[31] 作为海军大臣,丘吉尔尽管支持这次行动,参与了计划的制订,却逃脱了最严厉的谴责。

蒂泽德组建了"铀弹分委员会",主任是他在帝国理工学院的同事小汤姆孙,忙里偷闲来召集会议。[32] 4月10日召开的第一次会议,级别不高,出席的人也不多。只有奥利芬特、约翰·考克饶夫和菲利普·莫恩(Philip Moon)参加。因为连一名秘书都没有,小汤姆孙不得不自己做会议记录。寒暄过后,他向大家介绍了一位温文尔雅的法国客人——雅克·阿利耶(Jacques Allier),他通晓法国当时领先于世界的链式反应研究。阿利耶是一名情报官员,知道德国人想要得到重水供应,这是一种可能的链式反应慢化剂,那时只有挪威的一家工厂生产。早在一个月前,他就策划了一场大胆的半夜突袭,将几乎是世上仅存的185千克重水从挪威的工厂运走。在沃姆伍德·斯克拉比斯监狱(Wormwood Scrubs)短期存放过一段时间后(由其图书管理员照看),他又协助将重水最终安置到英国温莎城堡的安全地点。[33]

这次会议促使小汤姆孙确信,使用纯 ^{235}U 制造原子弹的想法值得认真考虑。几天后,他就"奥利芬特的建议"写信给查德威克,评价道:"尽管初看有点荒唐,但是仔细想想就会感到并非毫无可能。"[34] 可这不是奥利芬特的建议,而是弗里希和派尔斯的,他们对被排除在会议之外十分恼火。因为有人认为他们参与讨论这个他们自己提出的设想,会带来太多的安全问题。[35] 他们的报告提交给白厅,但没有收到书面的确认,他们甚至连跟进他们工作的委员会负责人是谁都不知道。[36] 然而,当派尔斯知道主任是小汤姆孙后,很快给他去信,对委员会的做法表示愤慨。"我不能容许自己保持这种奢侈的缄默",派尔斯在信的开头略带英国绅士那种故作的礼貌,他现在已经是一位英国绅士了,几周前刚被授予英国国籍。[37] 小汤姆孙对此表示理解，设法让委员会接纳这两位伯明翰的科学家。[38]

这段时间，派尔斯的孩子们疏散走以后，弗里希搬进了派尔斯家中。[39]他们相处得十分融洽，在一起的时间超出了职业关系的所需——他们周末经常乘火车去伯明翰的乡间进行休养式的远足。派尔斯对其中一次远足记忆非常深刻。[40]当时正值暮春时节，他们探讨了许多话题：内维尔·张伯伦的首相地位摇摇欲坠；马克·奥利芬特判断英国不出两周就会遭到纳粹入侵，将全家搬到了澳大利亚；报纸爆料美国掌握了原子能计划引起新的恐慌。[41]最糟糕的是，英国政府运行的科学行政部门，被他们温和的朋友约翰·考克饶夫描述为"令人难以置信的无能"。[42]

弗里希和派尔斯本打算在乡村旅馆里过夜，也许是由于外国口音，他们被店主赶了出来。随后他们只好去当地酒吧喝酒，那里的广播正在播放一位政治家振聋发聩的声音，那段演讲扣人心弦，以至于结束前无人离开。这个声音不会错，正如作家赫伯特（A. P. Herber）曾经评论说"仿佛风琴声响彻教堂"，他号召大众"重整旗鼓，坚决抵抗到底"[43]。这个声音来自他们的新首相——温斯顿·丘吉尔。

最终，英国出现了一位富有权威和魄力的领导人，他以懂得新科学在军备上的价值而自豪。清晰迹象表明英国领导人具有原子核科学方面的远见，这在各国领导人中是第一位。

13　丘吉尔还有更紧迫的问题
　　 1940.5—1940.6

> 一夜之间真相大白……温斯顿·丘吉尔终究不是恶魔,而是天使加百列。自创世以来恐怕也没有比这更令人吃惊的变身了。
> 　　——约瑟夫·马拉柳(Joseph Mallalieu),政治家和作家,1950年[1]

1950年5月丘吉尔成为首相,此时战局对英国来说极为不利,他不得不把所有的精力都放在打败纳粹这个令人绝望的任务上。丘吉尔上任首相的第一个月时,有些科学家万分着急,认为希特勒很可能正在研发核武器,但只有很少的相关备忘录送达内阁办公室,可以想见,丘吉尔没有读过其中任何一条。不过他还是一如既往地支持最新科技应用于军备,尤其是那些有望快速高效取得优势的设备。

在科学领域,丘吉尔只有少数几位亲密顾问,而林德曼对他的影响更为突出。说到底,正是林德曼在这些问题上的建议格局狭隘,使得丘吉尔不合常态地对科学家设计的这一威力最大的炸弹无动于衷。

丘吉尔差点没能当上首相。5月10日周五早上8点,就在被任命为首相前几小时，他正在出席战时内阁与参谋长会议，可怕的消息传来，纳粹闪电战进攻了中立国荷兰、比利时和卢森堡公国，这几个国家已经溃不成军。下一个目标是法国——装甲师当天早上开始跨越边境。随着战火越烧越旺，张伯伦已经决定辞职，最得人心的继任者是哈利法克斯勋爵（Lord Halifax），他是被三大主要政治派别、国王，以及上院大多数议员拥戴的领导人。[2] 但在哈利法克斯拒绝出任首相之后，丘吉尔成为所有政治派别均可接受的唯一人选。

几小时后，早上 8 点的紧张内阁会议结束，用 C. P. 斯诺的话说，丘吉尔成为"最后一位统治——不是执政，而且是统治——这个国家的贵族"[3]。但这不是一个受保守党欢迎的任命。这一点在三天之后，丘吉尔作为新任首相第一次走进下议院就体现了出来。工党和自由党议员鼓掌欢迎，而他的保守党同事却冷眼以对。在美国白宫，丘吉尔的升迁也受到热烈欢迎，只有一点保留——罗斯福评价道："他是英格兰最佳的首相人选，尽管他有一半时间醉醺醺的。"[4] 总统几乎肯定知道自己是丘吉尔的文集《当代伟人》其中一篇的主人公，文中丘吉尔委婉地批评了他的几处"新政"措施，但结论认为"富兰克林·罗斯福肯定会是最伟大的总统之一"。[5]

丘吉尔收起自己的鲁莽性情，小心翼翼地组建了他的政府。他的施政团是个联合体，他进行了权宜安排：哈利法克斯勋爵任外交大臣，工党领导人克莱门特·艾德礼（Clement Attlee）任掌玺大臣。内维尔·张伯伦被安排了一个挽回面子的职位——枢密院议长，名义上负责科学。但毫无疑问，丘吉尔在林德曼的协助下，将在实际中制定该领域的政策。此外，丘吉尔还担任下院议长，以及新设的国防大臣等职。

丘吉尔任首相的第一个月，少数令人欣慰的消息之一，是布莱切利园（Bletchley Park）的数学家和科学家们成功破解了德国的恩尼格玛（Enigma）代码。后来，盟军至关重要的北大西洋海上航道的畅通几乎完全依靠这支团队的力量，去读取所在区域U型潜水艇指挥官的指令。[6] 丘吉尔喜出望外，他曾数十年来鼓吹军事情报的价值。[7] 他成立了内阁联合情报委员会，负责协调所有涌入白厅的情报，并取得了极好的效果。

然而，那个月他收到的消息大部分是极其可怕的——5月15日，也就是上任仅仅第五天，他第一次全面认识到面临危机的艰巨性。早上七点半，他被法国总理保罗·雷诺（Paul Reynaud）打来的电话吵醒，总理明显压力重重，宣称："我们已经败了，我们被打败了；我们已经输掉了这场战斗。"[8] 丘吉尔目瞪口呆，难以置信法国的防御力如此之低！接下来的几周，从法国传来的消息更是雪上加霜，希特勒的军队在重装坦克和骄横的纳粹空军支持下，向海岸发动猛攻。英国远征军30余万兵力，到5月下旬被德军包围在敦刻尔克，岌岌可危。

丘吉尔把不列颠战役带向新的作战阶段，非常及时地宣布政府进入紧急状态，发出大量斗志昂扬的备忘录，许多备忘录上附有"今天就办"的红色标签。[9] 更重要的是，他能够将长期磨炼的文学天赋转化为战争中的有力武器——作家身份的丘吉尔支持着政治家身份的丘吉尔。[10] "一战"时广播尚未在全国普及，而现在他可以通过相对新式的无线电技术，向不列颠乃至整个帝国的家家户户直接讲话。自担任首相到年底，丘吉尔一共进行了7次广播，大多数很简短，但每一次都鼓舞人心。[11] 议会的很多同事曾对他在议会之外花费的时间（阅读、写作、演讲）嗤之以鼻，但这些"旁门左道"如今获得了丰厚的回报。尽管他的语言很多时候显得过时和多愁善感，但在1940年它还是触动了听众的心弦。丘吉尔自己有时也心存疑虑，但毫不流露，而是明智地将自己的想法灌输给信念动摇甚至有些失败主义的同事,言辞隽永,心口如一。就连吉本和麦考莱都会为他感到骄傲!

鉴于丘吉尔长久以来的冒冒失失、缺乏判断,很多议员还是无法信服他能够为国家提供急需的稳固而坚定的领导。背地里,那些愤愤不平的同事和向他翻白眼的官员们小声嘀咕:虽然他可能是英国最受欢迎的政客,但只不过是个过渡性的首相而已。[12]

随着丘吉尔入主唐宁街,林德曼成为在英国政府核心工作过的最有影响力的科学家。丘吉尔与林德曼都获得了自己心仪多年的位置,而且都是未经选举就实现了登上高位的政治抱负。然而,与更为宽宏大量的丘吉尔不同,林德曼教授却无意与昔日的敌人会面,弥补裂痕。他的学生琼斯传话来,蒂泽德希望在战争期间两人能够友好地一起工作,林德曼冷冰冰地拒绝了:"如今我登上权位,许多老朋友又来寻找机会了。"[13]

丘吉尔最早给林德曼的指示之一是"详查并推动一些小发明",以及创建一个委员会"调查科学与技术的战争装备"。成立这样一个小组的想法对林德曼没有什么吸引力,他回复道,最好能授权他个人负责召集那些只要他认为合适的专家。[14]像往常一样,林德曼得遂所愿。丘吉尔鼓励他向所有大臣及官员探询任何方面的政策问题(除了军事战略),然而手握令箭的林德曼缺少策略,让自己不受待见。白厅内部只把他看作丘吉尔的耳目。[15]

林德曼教授坐在扶手椅里,膝上铺着吸墨垫,花上几小时为丘吉尔修改备忘录草稿,删掉所有不需要的单词和可有可无的定语。[16]统计部门高效忠诚的职员们为他提供了充足的新材料,他则源源不断地将事实、数据、图表和简明的评注呈送给丘吉尔。[17]本职工作之外,所有政府部门花费几周准备的各类报告,林德曼要凝练成半页打字纸给首相看。到战争结束,林德曼撰写了大约2000篇短文——战时平均每天一篇——所涉主题广泛,从海上运输、军队调动，到经济形势和食品供应，无所不包。[18] 在其中，主题为原子弹可能性的备忘录只有几十篇，许多对英国的核政策有至关重要的影响，并且间接地影响了美国的计划——重要性超出了任何人的估计。

林德曼特别关注5月7日《泰晤士报》上的一篇报道，暗示德国正在研制核武器。[19] 他的一位很有警觉性的同事注意到的这篇文章，是基于两天前《纽约时报》的封面报道，宣称有消息泄露出来，纳粹政府已命令德国该领域的科学家"停止所有其他实验，全身心投入此项工作"[20]。他似乎不打算根据报道中的结论采取任何特别的动议，而是密切关注铀弹分委员会的报告。作为对这类文件格外留意的读者，他应该仔细阅读过供应部关于英国大城市遭受铀弹轰炸后果的报告。但他并未过于关注，直觉告诉自己，核弹还不大可行。[21]

林德曼教授把注意力更多放在新武器上，即那些他认为很可能对战争起重大作用的新武器。这就是为什么林德曼鼓动丘吉尔，于1939年初在白金汉郡里斯伯勒王子城（Princes Risborough）成立了一个小型的政府部门MD1，在通常的民用服务系统之外运行，研发非常规的新式武器。[22] 丘吉尔到那里访问时表现得"就像一个去度假的小男孩"，总是随时保护技术人员免受白厅那些精打细算者的干预。当看到呈现在面前的精妙小玩意儿时，他难掩喜色，现场就会做出关于这些装置的一大堆指令。[23] 他的性情似乎不太适合制订长远的铀弹研发计划。

对丘吉尔来说，1940年5月下半月和上半月同样多灾多难。英法联军面临着来自纳粹的巨大压力，首相同意了英法士兵从敦刻尔克及邻近海滩大规模撤军：从5月26日到6月4日，约有33.5万名士兵乘坐由约900艘五花八门的小船组成的杂牌舰队撤退。[24] 英国政府在前途问题上出现分歧，哈利法克斯和其他一些人明显流露出失败论迹象。丘吉尔与此类观点划清界限：在一份呈递上来的关于参战各国举行会议谈判的建议草案上，丘吉尔用红墨水打上叉号，斥之为"馊主意"。[25]

丘吉尔曾跟儿子谈论过，他下定决心"把美国也拖入战争"。[26]这件事不容易办：尽管罗斯福对联军嘘寒问暖，却从未提供过多少实质性支持。5月19日晚上，丘吉尔向总统写信，请求他帮助英国，提供急需的战斗机。"这是给该死美国佬的电报。"首相告诉私人秘书乔克·科韦尔（Jock Colville）。[27]丘吉尔没有心情认同领军科学家希尔的话，希尔主张英国应该赠予美国技术信息，自信地期待这会鼓舞合作精神，就像他的好友卢瑟福在"一战"时所做的那样。[28]尽管林德曼看起来赞同希尔，[29]但丘吉尔断然拒绝了希尔的请求，他之前请求英国分享雷达机密也是同样的下场——英国似乎在军事科技的很多方面领先于美国，就如丘吉尔的一名助理所说，"除非我们能得到很明确的回报"，否则放弃机密对丘吉尔来说是毫无道理的。[30]随着压力与日俱增，丘吉尔几周后有过妥协，在一份只有一句话的备忘录中不情愿地写下了"我同意"，但很快就后悔了。[31]

丘吉尔眼睁睁看着法国的防御力量逐渐溃不成军。6月12日，丘吉尔与士气低落的法国领导人开会，他告诉他的陆军参谋长"巴哥"伊斯梅（"Pug" Ismay），看来英国要单独应战了。当伊斯梅评论说"我们将会赢得不列颠之战"时，丘吉尔瞟了他一眼说道，"你和我活不过三个月"[32]。两天之后，德国军队毫无阻碍地进驻了巴黎，丘吉尔听到驻守法国的英国军队正在撤退时只余暴怒。6月22日法国投降之后，很明显英国成为纳粹侵略路线的下一个目标。随着对遭受攻击的恐惧逐步升级，丘吉尔政府加强了拘禁政策，对那些被认为构成安全威胁的外国人不加审讯直接关押，其中包括许多犹太难民，这些"敌国侨民"被送到隔离营，或被驱逐到加拿大和澳大利亚。丘吉尔私下里也为这种政策的粗鲁做法感到遗憾,却并未叫停。[33]

自遭遇过拿破仑的威廉·皮特(William Pitt)首相以来,丘吉尔如今担负着最大的压力。心理紧张正在开始显现。6月底,妻子克莱米给他写来一封信——充满深情的谆谆告诫——他"近乎尖刻和专横的做派",会遭到同事和下属们的"普遍嫌弃"。[34]事实上职员们仍然尊敬和爱戴他,比如他的私人秘书约翰·马丁(John Martin)。有一天晚上马丁到丘吉尔的房间找他,目睹了他不安状态下的随性做法:"我发现他只穿着背心走来走去。我向他报告。他却生气地转身离开我,从床下拿起一个罐子在手中把玩,并弄出一些噪声。"[35]在一阵令人讨厌的冒犯之后,首相又会通过他无与伦比的魅力来平息怨恨,正如马丁所见,一夜特别紧张的工作结束后,丘吉尔把手放到他的肩上说:"你知道,我可能看上去非常暴躁,但我的暴躁只针对一个人——希特勒。"

尽管丘吉尔在国王面前展示出近乎卑躬屈膝的忠诚,但他自己在很多方面做得更像一个君主,他期望着庞大的全体员工队伍,人人都向他坚定不移地尽忠。他们不得不按他的节拍行事,随叫随到,经常延长到深夜,还要参加被同事们称为"午夜痴人秀"的各种会议。[36]他肩负的责任,既意味着超负荷的工作负担,也使得他有能力奢华地生活,如同和平时期那样大吃大喝。丘吉尔知道权力只是一件借来的袍子,但他要充分享受所有这些应得的权益。其中一项他认为应有的特权,是可以将自己的廷臣,比如林德曼,安置到政府的核心部门,即使他们占据的职位可能更适合别人。林德曼教授一直耿耿于怀,要清除宿敌蒂泽德的所有影响,而这不过是时间问题——主政六周后丘吉尔就给出了"致命一击"。

林德曼把蒂泽德从空军部召唤到唐宁街,讨论他们"职责重叠"的问题,蒂泽德很快意识到自己被排挤了。[37]6月21日,他遭受了令人难以忍受的羞辱。在内阁会议室一次气氛紧张的会议上，丘吉尔和几位同事，包括林德曼和泄了气的蒂泽德，正在讨论 R. V. 琼斯言之凿凿的观点，即德国在空中布置了无线电波束，使得纳粹轰炸机能够定位英国的目标。[38] 蒂泽德认为，这种想法是无稽之谈，但年轻的琼斯用自己的推理让首相和其他人眼花缭乱，最终赢得信服。[39] 在会议的结尾，丘吉尔宣称（很快就被证明是正确的）他们应该假定这种波束是存在的，并生气地拍着桌子谴责蒂泽德的部门："空军部给我的全都是文件、文件、文件！"后来，蒂泽德发现空军部的会议上林德曼已经取代他担任主席，便辞职了。[40] 英国失去了"在将科学应用于军事战术方面，这个国家已知的最杰出人才"，小汤姆孙如此评价道。小汤姆孙是少数能与蒂泽德和林德曼都友好相处的领军科学家之一。[41]

丘吉尔可能对这件事的后果完全一无所知。他正在经受人生中最悲惨的几周，眼看着纳粹把英国军队赶出大陆，并扼杀掉所有反抗。尽管英国学术界的主要科学家支持丘吉尔担任领袖，但是其中很多人对丘吉尔故意冷落他们的建议，以及如此对待蒂泽德颇有微词。丘吉尔与科学家的这种尴尬关系通常会不了了之，但当时是非常时期。多名物理学家开始相信，一种威力前所未有的、可能拥有重大战略价值的爆炸物，也许很快就能派上用场。

在这点上，当 1940 年核武器研制开始起步时，主持英国科学的丘吉尔及其同事终于有理由松一口气。十年后的一封私人信件中，林德曼的同事琼斯揭示了原因：

> ……我们极为缺少物理学家，而我们几乎所有的优秀人才都在研究雷达……与此同时，大批流亡英国的科学家对我们来说也是一个很棘手的问题，因为我们觉得不能信任他们参与当下的防卫研究，也找不到一种妥善的方式来利用他们的才智。然而，当

一个远期的希望出现，即铀弹可能会制造出来，我想很多人都欣慰地看到了同时消除两种尴尬局面的机会，那就是让这些流亡科学家参加铀弹的研制工作；这会让他们做一些有意义的事，同时也让整个国家在铀弹方面做一些有意义的事。[42]

随着堪称人类历史上最具破坏性的战争拉开序幕，人类也站在创造最具毁灭性武器的门槛上。科学家已不像丘吉尔九年前在《五十年后》一文中写的那样，还在摸索"迄今人类禁入"的核密室的钥匙。英国科学家如今确信他们已经将钥匙拿在了手中，而且马上就要大声疾呼引起他的注意。政治家身份的丘吉尔，是否有作家丘吉尔的远见卓识呢？

14　小汤姆孙领导莫德委员会讨论原子弹方针　1940.6—1940.9

> 鉴于德国人表现出的兴趣，大家一致同意，应该告知弗里希博士千万要避免任何可能的消息泄露。
>
> ——小汤姆孙，莫德委员会首次会议纪要，1940年4月10日[1]

在过去的两年里，核物理学家们被迫急转弯。之前他们和其他科学家群体一样，在好奇心驱动下做研究，公开地讨论研究成果，对科研发现的可能后果则不予考虑。但是现在他们不得不将这个新兴的学科转入地下，秘密地研制一种有望造成大规模破坏的武器。

铀弹分委员会的议程让委员们倍感压力，英国核科学界的领军人才大多是委员会成员，但他们都对政治一窍不通。他们的任务，是在这场反抗残暴狂徒的漫长战争伊始，针对是否要投入大量资源，用于一种可能造不出，也可能已经掌握在敌人手中的武器，给出建议。

负责整理这些建议的物理教授是小汤姆孙，从某些方面看他并非委员会主任的理想人选。他不是拥有国际地位的核科学家，而且正如他的同事约翰·考克饶夫所认为，他也不能与同代最优秀的两位实验物理学家——布莱克特与查德威克——相提并论。[2] 不仅如此，小汤姆孙在管理方面也缺乏天赋，他离开卡文迪什所造成的人事混乱，考克饶夫花了几个月的时间才处理完，并抱怨道："小汤姆孙太不圆滑了。"[3] 然而，小汤姆孙在处理与林德曼的关系问题上，却圆滑无比，林德曼赞成他的政治主张，并且认为他构不成威胁。如果林德曼不信任小汤姆孙，委员会的结论就会很难被丘吉尔认真对待。

小汤姆孙也有许多其他优点。他思想开放，深受同龄人尊重，善于说服大家对分歧进行讨论，并且能清晰公正地概括要点，迅速对争论双方复杂的论据做出判决。口无遮拦的幽默与敏锐的精细交替出现，他的好斗有时会令同事大吃一惊，尽管他很少越过无礼的界限。他对事物的兴趣比对人的兴趣要大，宁愿去修补船模也不愿去朗诵诗歌或听音乐，多数时候他认为那不过是空气分子的有序震动而已。[4] 对于他来说，唯一值得倾听的音乐是吉尔伯特和沙利文（Gilbert and Sullivan）合作的歌剧。

小汤姆孙在主持帝国理工学院物理系之余，每周只能空出一两天的时间，分配到委员会上的时间总是不足。他的主席身份没有行政权力，所以他不得不凭借个人信誉，以及尚未检验的游说能力在白厅周旋。他的挑战在于协调多个实验室的核研究工作——其中最重要的是伯明翰、布里斯托尔、剑桥、利物浦和牛津，以及与核科学家们建设性地共事，这些核物理学家仅有微薄的技术支持，而且日程中塞满了讲座和大学的会议。[5] 然而对小汤姆孙来说最为棘手的是，该领域最好的物理学家中有几名是（或曾经是）"敌国侨民"，从而成为当局怀疑的对象，这常常给他们的旅行带来困难。小汤姆孙对官方警告不屑一顾，悄悄地将最高机密告诉弗里希和派尔斯[6]，派尔斯正全力进行链式反应计算，而且借用了一名秘书，大学也同意免除他的教学任务。在听到有人嘀咕他作为曾经的"敌国侨民"，不应有资格参加院系会议时，派尔斯也从中退出了。[7]

在小汤姆孙的委员会存在期间，核科学家群体对政府管理科学的不满情绪犹如远方的隐隐雷声。在阿西纳姆俱乐部和威斯敏斯特的布莱克特部门，科学家、公务员和后勤主管都在茶余饭后抱怨政府乱指挥他们的科学家。[8] 林德曼是抱怨者的众矢之的，他们可能因妒生恨，指责他赶走了蒂泽德，伙同丘吉尔轻率地寻求一些怪招数和小把戏，而没有专心于战略性谋划。

批评者中最突出的是希尔，他与林德曼在蒂泽德委员会中的争斗创伤还未愈合。54岁的他仍充满活力，身材挺拔，银色的卷发以及与发色相配的胡须都修剪得整整齐齐。作为英国科学界最有影响力、最受欢迎的人物之一，他是一个正派的人，一个天生的活动家，一个信仰上的怀疑论者。他会毫不犹豫地揭穿那些华而不实的人，因此极不喜欢、不信任林德曼，他认为林德曼是个有才华的解说员，但只是一个二流科学家，对丘吉尔的影响也完全是负面的。几个月前，希尔代表剑桥大学当选为议会议员，自我形容为一个独立的保守党（他是唯一一位拥有下院席位且获得过诺贝尔奖的科学家，这个纪录现在仍被保持着）。[9]

像已故的熟人卢瑟福一样，希尔希望英国科学家与美国同事合作，并且慷慨地分享他们的军事研究成果。1940年1月，希尔按此议程，着手计划对美国进行个人访问——这与1917年卢瑟福的议程有着同样的精神——希尔花了两个月的时间在美国东部和加拿大旅行，私下阐述他的想法。[10] 逗留期间，希尔曾与哥伦比亚大学的核物理学家交流过——显然包括费米而不是齐拉——他们的链式反应实验。希尔发给蒂泽德一份名为"铀235"的备忘录，宣称在英国做这种研究纯属浪费时间：

> 如果出现任何可能对战争有价值的东西，他们肯定会及时地

给我们一些提示。[我在美国遇到的物理学家]倾向于认为,他们应该加紧研究这个项目,而我们不应该把时间浪费在上面,它有巨大科学价值,但对当前的实际需要来说是徒劳之举。[11]

这个建议有些过时。尽管费米及其同事们在实现核链式反应方面进展迅速,但他们并不知道弗里希和派尔斯已经偶然发现了制造核武器的方法。[12]

小汤姆孙的委员会必须应对的问题之一是,要么与美国分享知识成果,要么尝试单干。这对于英国来说肯定是一个巨大的挑战,英国资源紧缺,也没有试验这种武器的合适地点。尽管林德曼敦促委员会谨慎从事,勿碰政治,即别进入他的领地,但是科学和政治很难做到泾渭分明。

随着入侵的威胁日益加剧,小汤姆孙担心家人的安全,并期望增加配给,改善孩子们的饮食。他和妻子凯瑟琳在卡尔顿俱乐部与议员拉布·巴特勒(Rab Butler)的一次偶然交谈中,惊慌地得知他们在萨里(Surrey)的家可能正好位于纳粹军队登陆的路线上。[13]经过数周的苦恼,小汤姆孙一家决定让三个孩子在凯瑟琳的陪同下前往美国。凯瑟琳则在孩子们迁入新家、进入学校后返回。6月下旬一个阳光明媚的夏日早晨,他们启程了,小汤姆孙开车带着他们穿过北唐斯(North Downs)前往吉尔福德(Guildford)火车站。一小时后,他沉默地坐在书桌旁,在度过了多年嘈杂和热闹的家庭生活之后,他可能产生了一些忧伤的念头,即在可预见的未来,他将独自一人生活。像小汤姆孙一家这样因战争分离的家庭在英国成千上万。

仅仅几周后,他获悉年迈的父亲去世了,约瑟夫·汤姆孙是20世纪最伟大的英国物理学家之一。然而那个夏天的工作很多,这使他从悲伤和孤独中解脱出来。由于他和同事们越来越确信制造核武器具有可行性,所以他们工作的保密性也加强了。现在是时候给他们的委员会起个不太吸引间谍眼球的名字了。小汤姆孙和同事一致赞同莫德(Maud)这个名字,它出自一封乱码电报中的一个不可理解的词,这封电报由丽泽·迈特纳发给考克饶夫的一名同事,向他确认尼尔斯·玻尔夫妇的安全。[14] 迈特纳曾要求将这个消息传递给莫德·雷·肯特(Maud Ray Kent),卡文迪什的物理学家们担心这个人名可能是个糟糕的变形词,意在掩饰发给同盟国的紧急信息,告知应日夜赶干,尽可能早地分离出 ^{235}U(MAKE UR DAY NT),因为德国已经拥有了它。[15] 真相其实非常乏味:这几个词指的只是玻尔孩子们的前家庭女教师莫德·雷(Maud Ray),她住在肯特。

由于当局拒绝小汤姆孙招募任何一个"敌国侨民"身份或者曾被划为敌国侨民的科学家,他的工作压力无法缓解。弗里希和派尔斯越来越对自身的境遇感到沮丧——他们一直在改进构思,却没有从小汤姆孙或空军部官员那里听到任何对他们工作的认可。7月底,派尔斯的耐心耗尽,到伦敦询问了小汤姆孙。[16] 不久,弗里希和派尔斯交给小汤姆孙一份关于"铀问题"的十页摘要,再次表明他们仍然比英国其他任何人更了解核武器的前景。[17] 几周之后,小汤姆孙意识到将两位先锋人物排除在协商范围之外非常荒谬,最终找到一个妥协的安排方法——设立"技术分委员会",即使以前的"侨民"加入也不构成安全威胁。

在卡文迪什实验室,法国流亡科学家汉斯·哈尔班(Hans Halban)和列夫·科瓦尔斯基(Lew Kowarski)对被排斥在莫德委员会的核心圈子之外,甚至比弗里希和派尔斯还不高兴。[18] 两名法国人试图用慢中子建立链式反应,目的是开发核能,而不是制造武器——从英国人的角度来看,这些实验处在不那么重要的优先级上。基于在法国所做的工作,他们带来了一摞纳粹入侵前不久在巴黎申请的专利。他们接着在伦敦提出了相应的申请。小汤姆孙和同事们认为,这些次优先的专利对制造原子弹的事业来说,是琐碎和浪费时间的干扰。小汤姆孙后来形容他们是"十足讨厌的人"。[19]但是在两位法国人眼中,这些主张是以完全合理的方式,保护他们战后的原子能商业权利。

哈尔班、科瓦尔斯基和其他从事莫德计划的外国物理学家,在政府加强拘禁行动后心情变得越来越灰暗。1940年7月下旬,英国的每个"侨民"——甚至那些已经成为英国公民多年的人——都收到了一封简略的信,指令他们向警局报告。[20]英国皇家学会敦促政府免除一些科学家的拘禁,奥托·弗里希便是成功的一例。[21]尽管小汤姆孙在力争外籍人员获准加入项目方面比较谨慎,但是希尔对政府的专横做法嗤之以鼻,他认为该政策让许多流亡者错失与可憎的纳粹政权做斗争的机会。[22]这次抗议只是他接二连三攻击政府科学事务政策的一部分,其高潮之作是他6月下旬的一份谴责意味浓厚的长篇备忘录——《论英国政府技术决策的制定》。[23]

希尔首先指出了罪魁祸首:"很不幸,林德曼教授……与科学界同事完全没有联系……他的判断往往是不健全的。"其中最严重的是,"事实上在那些智力和技术都不亚于他的人面前,他无法接受批评,也不能够坦诚而轻松地讨论问题"。希尔指责林德曼教授"欠考虑的冒险行为推迟了试验武器的生产",几乎可以肯定这是在暗指他所支持的MD1,它经常被外界人士贬称为"丘吉尔的玩具店"。[24]希尔后附两个附录。第一个是林德曼最古怪想法的清单,希尔逐条进行了干脆的驳斥。第二个是蒂泽德的控诉,并补充了教授过去不良行为的例子。然而希尔也承认,政府在科学管理上的无能并不全怪林德曼:"这一体制木已成舟,即便是在缺少或违背技术建议的情况下,政府也会突然做出极为重要的技术决策。"令人惊讶的是,希尔并没有质疑丘吉尔的权威,"他现在对国家如此重要",并承认林德曼教授的存在对丘吉尔来说可能是"不可或缺的"。然而希尔坚定地认为，除非首相运用的体制发生改变，"否则形势将变得非常危险"。

就在希尔撰写这篇激烈的抨击文章时，25位科学家在解剖学教授索利·朱克曼（Solly Zuckerman）的领导下编著了一部企鹅出版社特别推出的《战争中的科学》（Science in War），敦促在战争中"有效地利用科学思想、科学建议和科学人才"。这本书从构思、写作到出版用了不到一个月，虽然销售量不大，但正如《自然》杂志在社论中赞许地指出：这本书成功地让白厅注意到这种"尚未充分地协调或发动的巨大潜在力量"。[25]

然而，满腹怨言的科学家没能从丘吉尔那里得到任何回应，他的注意力都集中在指挥7月10日打响的不列颠之战上。利用在法国北部新获得的空军基地，德国人开始袭击英格兰西部和南威尔士。纳粹空军的战斗机和轰炸机与皇家空军的喷火战斗机和飓风战斗机进行了短暂而激烈的交锋。第一场完全在天空中展开的重大战役拉开了大幕，当月有258名平民在英国丧生。[26] 未来则要糟糕得多。

7月的最后一周，首相一个巧妙的政治动作缓和了希尔抗议活动的影响。[27] 丘吉尔约见了蒂泽德，并让他收拾好空军部的文件，带领使团，向美国人分享英国所有能用于战争的技术机密，这正是希尔等人的夙愿。蒂泽德拜访了唐宁街多次，他发现首相对这次任务是否明智仍犹豫不决，对分享英国的秘密，而天真地希望美国能对这种慷慨予以回报的想法感到不安。[28] 令人恼火的是，蒂泽德同意领导这项任务，但条件是允许他有自行裁决的权力，丘吉尔拒绝了他两次，最后才勉强答应。[29]

该计划需要蒂泽德有两名政府代表和两位雷达专家的陪同，两位雷达专家是"威尔士佬"鲍恩（"Taffy" Bowen）和约翰·考克饶夫，考克饶夫不得不从莫德委员会的工作中抽出时间。计划更关键的是要得到广泛的支持。在他启程前往美国的前两周，考克饶夫和鲍恩整理了英国所有最敏感机密的计划、蓝图、电路图和样本：喷气发动机计划、陀螺瞄准镜、潜艇探测装置，以及——英国荣誉出品——伯明翰发明的12个腔磁控管原型中的一个。该装置能产生10厘米微波，是老式设备功率的1万倍，堪称雷达技术的一次革命，美国人肯定垂涎已久。[30]该装置和其他材料都存放在一个黑色盒子里，这是考克饶夫在威斯敏斯特陆海军商店里购买的一种涂漆铁皮箱。[31]

尽管亨利爵士肯定会专注于推销英国的雷达技术，但蒂泽德代表团还是有机会播种下英美之间在核科学领域密切合作的想法。虽然亨利爵士知道弗里希和派尔斯的发现，但他认为这些在战争中用不上——对他来说，关键是要聚精会神于最有可能立竿见影的军事技术。[32]最有希望倡导原子弹制造的人是考克饶夫，前五次莫德会议他参加了四次。但正如他前往代表团途中，在"里士满公爵夫人号"（Duchess of Richmond）船上与一群水手所言，即便是他，也怀疑原子弹能否真的影响战争结果。当被邀请发表即兴演讲鼓舞军队士气时，他决定谈论放射性以及原子核中存储的能量。演讲中，他运用了卢瑟福以前提出的一个论据，那就是一杯水中的能量，足够将海上战舰提升到将其拦腰摔断的高度。[33]考克饶夫向听众们保证，这是"一个非常安全的讨论话题"，因为"在目前的战争中根本没有希望做到这一点"。

9月6日，蒂泽德和同事们在华盛顿特区的肖汉姆酒店（Shoreham Hotel）首次集合，他们准备献出自己国家最有价值的机密，不图任何回报，只求美国人的善意。早上收到的消息，德国空军正在大规模轰炸伦敦，造成数百名平民死亡，这是报复英国轰炸机最近针对柏林的攻击。《华盛顿邮报》刊登了三篇关于"不列颠之战"的专题文章，报道称纳粹轰炸机刚刚上演了对伦敦历时最长的空袭，持续了长达七个多小时。[34]一名德国飞行员用飞机尾部蒸汽在威斯敏斯特上空画了一个"卍"字符号，对着议会做出蔑视的手势。蒂泽德读完报道，担心会发生最糟糕的情况，并与考克饶夫打了5美元的赌，押英国将在一个月内遭到入侵。[35]

《华盛顿邮报》和大多数美国主要报纸报道了德国轰炸机离开后丘吉尔发表的演讲。他告诉希特勒，"我们承受得住"，并特地感谢美国最近的支持——实际上只是一个微薄的交易，罗斯福提供了几十艘老旧的驱逐舰，英国则为美国海空军提供基地作为回报。罗斯福总统现已开始了连任竞选，首相小心翼翼地不令他难堪。尽管他提及美国"尚未参战"，而不谈保持中立，但没有公开要求美国加入战争。关于这场演讲的报道，再次激起了民众对英国的同情，并让蒂泽德和同事们变得更受欢迎。英国物理学家拉尔夫·福勒（Ralph Fowler）正在华盛顿主持英国中央科学处，在他看来，信息的流通大体上是单向的。他向希尔透露，在伦敦如今面临轰炸的情况下，美国人还在吹嘘他们的军事技术，但"几乎一毛不拔"。[36]

蒂泽德和同事们的代表团在美国访问期间，莫德委员会的调研已临近尾声，并准备提出结论。小汤姆孙的重要职责之一，是为委员会的报告奠定基础，以确保它达成各方的共识。他们精心安排了一场游说，查德威克和派尔斯面见了林德曼——肯定是这篇报告的最有影响力的读者——向他解释为什么必须认真对待核弹问题。[37] 派尔斯向持怀疑态度的林德曼解释了情况，并敦促他将所有关于该计划的文件交给北美，以防英国被占领。林德曼教授的回应则仅限于难以捉摸的咕咕哝哝。[38]

莫德委员会成员在一个核心问题上产生了争议，即如果打算制造原子弹，英国是应该单独行动，还是尝试与美国合作。如果大家都赞同合作是未来最好的方式，那么蒂泽德代表团可能就要做一些铺垫工作，他们也总是自诩成功做到了这一点。尽管随着纳粹闪电战的打响，丘吉尔无暇顾及此事，但这种策略似乎令他难以置信。

15 丘吉尔在最佳时刻向美国求助 1940.8—1941.8

[丘吉尔]自己振作起来了。他也让我们都振作了起来。如果没有他,我们国家会发生些什么?想到这里就会犹如从噩梦中惊醒。

——H. G. 威尔斯,1940 年 11 月[1]

现在是全面战争时期。伦敦的天空是最先进空战技术的舞台,这在世界上前所未有,也是丘吉尔多年来一直推动的空军部研发计划的可怕高潮。他曾在英国海军部大楼天台上指出,这也是预言诗变成了现实。陪同的工作人员和两位美国客人,用乔克·科韦尔的话说,是丘吉尔邀请来"看热闹的"的。[2] 他引用了丁尼生《洛克斯利大厅》("Locksley Hall")中最喜欢的几句话,该诗写于一个世纪前:

天堂传来嘶吼,恐怖之雨滴落,
那是各国的飞行海军在天空深处搏斗。

但即使是丁尼生的想象力也无法预见到这么激烈的壮观场景:轰炸机的嗡嗡声、防空火力的干咳、探照灯柱的舞动、惊天动地的爆炸、建筑物燃烧的刺鼻气味,城中多处燃烧的大火如同画家透纳风格的彩色补丁。³ 当丘吉尔用他的双筒望远镜眺望天空时，他可能会想到威尔斯在《预测》中描写的空战："每个人，每个地方，都将永久地仰望。"⁴ 该书撰写于人类第一次飞行的三年前。

德国轰炸机对这座城市的轰炸越猛烈，丘吉尔的名望就越高。他就任首相不到一个月，《每日快报》的一幅漫画就把他描绘成一只斗牛犬，突出的下巴宣示了他的蔑视——这一贴切的形象很快传遍大街小巷。⁵ 随着他不断地展示出自己指挥若定，能让国家振作起来，那些对他的保留态度也慢慢地消散了——无论是在内阁、下议院还是在东伦敦被炸毁的社区内，他都像明星演员一样掌控大局。

他在议会下院发表过几篇最精彩的演说，都是根据实际需要而做的。在这些最佳演说中，有一篇是 1940 年 8 月 20 日发表的对英国飞行员的颂扬："在人类战争史上，从来没有过这么多人要对这么少的人如此感恩不尽。"这是重复利用了他四十一年前首次说过的句子。⁶ 白天的时候，雷达可以帮助捉襟见肘的皇家空军中队定位来袭的飞机，但到了夜晚，这项新技术就成了摆设。纳粹空军很快知道了这一点，于是大多在晚上发动空袭，同时也大大降低了轰炸的准确性。⁷ 然而，随着技术日趋成熟，到 1944 年，雷达已经完全可以阻止第二次闪电战的发生。⁸

9 月中旬，希特勒中止了夺取伦敦制空权的行动，而所谓的"不列颠之战"以平局告终。⁹ 但德国空军仍在继续轰炸包括伦敦在内的二十个城市，如伯明翰、布里斯托尔、考文垂、格拉斯哥、利物浦、普利茅斯和南安普顿等。人们曾经担心德国的炸弹中添加了放射性物质，不过这种猜测被证明是无稽之谈。截至秋季，德国对英国的空袭平均每月造成 4000 平民死亡，但这个可怕的数字仍然与内政部专家的预计相差甚远。在残酷的战争政治测算中，英国完全可以坦然承受这种规模的损失——德国空军并没有瘫痪英国的战争能力。¹⁰

丘吉尔的领导才能赢得了许多先前怀疑过他的人的赞赏。威尔斯宣称自己完全被首相征服了:"我承认我对他从没有像现在这样,不顾一切地想去支持他。"[11] 像多数伦敦人一样,威尔斯尽力不去关注轰炸。("为什么我要被那些躲在机器中的卑野小人所烦扰呢?"[12])他拒绝从雷金特公园附近宽敞的家中搬出来,在那里他偶尔给丘吉尔写信提建议,之后不久,为了能被人尊称为科学家,他开始了最后的努力,凭借"人格的错觉"研究,1943年获得了伦敦大学的博士学位。[13]

不列颠之战打响将近一年来,丘吉尔似乎从未考虑过核武器的问题——他没有时间花费在这些看起来次要的事情上,这些事情已经妥善地委托给他所信任的科学顾问监督管理。然而,他在这一时期发起的几项动议,对后来建造核武器的计划成形,被证实是至关重要的,尤其是他努力把美国拉入战争这件事。还有一件意义较小但仍然重要的事情是,他与学术界许多科学家之间关系紧张,这些科学家和他一样,也想确保美国的参与,但在科学领域,他们希望换一种运行方式。

病入膏肓的内维尔·张伯伦和希尔要求政府扩大科学咨询的广度和深度,在他们的压力下,丘吉尔同意设立科学顾问委员会。该委员会主任是汉基勋爵(Lord Hankey),丘吉尔的同代人,也是英国最受尊敬的资深公务员,有一双精明的灰色眼睛,高高隆起的额头,举止如同一位临近退休的乡村律师。他常常被称为"知晓无数秘密的白厅人"。[14] 然而,在威斯敏斯特,大家都知道他与丘吉尔相处不多,并且反对林德曼对他发号施令。尽管如此,丘吉尔还是决定任命汉基成为英国核武器计划的主要制订者之一。

汉基知道,首相不会忍受一帮科学家以下犯上。丘吉尔在写给张伯伦的一张简短备忘录中明确地暗示了这一点:"按我的理解,我们需要获得来自外部的额外支持,而不是对内部人士的冒犯。"[15]

他差不多察觉到了一个推翻或者稀释林德曼教授影响力的阴谋，而他很机智地给那些不满的学术界科学家一个官方认可的委员会作为讲坛，虽然这个委员会更多在于名誉而非权力。委员会主要由希尔这些皇家学会的成员以及卢瑟福的继任者威廉·布拉格等组成，他们于 10 月 10 日首次召集会议，并被《泰晤士报》称赞为有望做出伟大工作的"科学重镇"。[16] 然而在幕后，事实证明这些科学家很难影响到首相。

过了几天，丘吉尔收到一份关于蒂泽德代表团的报告，他们在与美国官员的讨论中，几乎没有提到铀弹可行性的问题。[17] 蒂泽德在报告里竭力主张政府利用这次成功的访问，再次加倍促进与美国科学家的合作，他们愿意帮助英国。[18] 而丘吉尔对此无动于衷——他认为没有必要帮助美国发展军事技术。战时内阁在讨论向美国透露机密信息时，焦点并不是蒂泽德报告中的核心建议，而是一句题外话："总而言之，比起我们告诉美国的事情，美国告诉我们的事情要少得多。"[19] 外交大臣评论说，如果美国当局认为英国对他们缺乏信心，那将是"灾难性的"，丘吉尔接着总结道，英国大使洛西安勋爵（Lord Lothian）应该对罗斯福总统更直率一些："我们应该说，我们确实信任他们，不过他们也应认识到，我们是在为自己的生命而战"，因此，"有某些信息我们不可能泄露"。

这些话在美国似乎不受欢迎。蒂泽德代表团已经获得绝对成功——林德曼的兄弟查尔斯（Charles）在华盛顿的英国大使馆工作，他看到，美国科学家"格外赞赏"并且公认，英国在新军事技术的发展方面"至少领先了两年"。[20] 因此，当罗斯福听说英国不得不向美国保留一些技术机密时，大概感觉到了丘吉尔对科学合作的态度忽冷忽热。按丘吉尔的观点，美国对英国全面战争的支持是令人失望的——敷衍了事且吝啬无比。自从 11 月罗斯福再次当选以来，白宫方面的不作为令丘吉尔"相当寒心"。[21]

就在这年底,风潮似乎开始转向。12月30日,通过无线电网络,丘吉尔听到罗斯福最新的炉边谈话的广播报道,他承诺美国将成为"民主国家的兵工厂",并且明确表示对英国的支持。[22] 次年,首相仍千方百计地将罗斯福和美国拉入战争,每一位造访的美国人,只要有丁点影响国会山的可能,丘吉尔都会大献殷勤。首位客人,罗斯福的顾问兼密友哈里·霍普金斯,就受到了特殊的欢迎——当他1月3日宣布进行访问后,唐宁街10号就发表了评论,称这是"仅次于罗斯福先生亲自到来的重要事件"。[23]

霍普金斯以前是一名社会工作者,后来成为罗斯福新政的主要实施者,他身材瘦弱,步履蹒跚,虚弱外表下难掩其坚强的意志和对白宫的巨大影响力。他在伦敦驻留了一个月——是其计划的两倍——住在伦敦上流社会梅菲尔区(Mayfair)的克拉里奇酒店。他被簇拥着参加一场又一场豪华晚宴,甚至面见了国王,国王也听说罗斯福准备"鞭打希特勒"。[24] 霍普金斯成为深受欢迎的人物,尤其是丘吉尔,不但对其盛情款待,大加恭维,还赞颂总统的伟大,强调对美国的支持寄予厚望。参加了一场丘吉尔以号令形式召集的午夜狂饮聚会之后,霍普金斯凌晨2点才回到自己的房间,精疲力竭地坐在炉边,嘟囔着"天哪!这个家伙!"。[25]

在确认了英国的需要以及丘吉尔是总统唯一应该并肩作战的人之后,霍普金斯写信给罗斯福,提出支援英国的建议,这些建议如此强烈而具体,简直就像出自丘吉尔之手。虽然丘吉尔确信霍普金斯是真诚的,但他是否能完成使命仍然有待观察。丘吉尔焦急地等待着,看国会山上的立法委员们是否会通过罗斯福的《租借法案》(Lend-Lease Bill),该法案旨在向英国和其他盟国提供物资和补给,结束美国假装的中立。

霍普金斯离开克拉里奇酒店几天后,罗斯福的下一个代表——哈佛大学校长詹姆斯·科南特(James Conant)——入住进来。[26]

他最近在美国国防研究委员会被任命为万尼瓦尔·布什的副手。这一次，总统的诉求比较狭窄，也不合丘吉尔的喜好：鼓励"国防领域最新科学进展的信息交流"。这个瘦高的、穿着粗花呢西装的科南特是一位顶尖的化学家，此人肩部略微倾斜，因为他在试管上花了太多的时间。虽然他喜欢微笑就如交警喜欢皱眉一般，但就像一名记者指出的，科南特对待生活非常认真，对棘手的问题直言不讳，哪怕其观点肯定会令自己不受欢迎。[27] 众所周知，他甚至还活跃在国家大事的舞台上，这主要体现在1940年5月的一次国家无线电广播，他坦率地敦促美国立即支援英国，以防止纳粹主义传播到美国。[28]

为期六周的访问中，科南特与丘吉尔会面三次，但似乎很少谈及如何加强英美科学家合作的细节。首相的胃口更大，《租借法案》能否在第一次会议上通过令他惴惴不安，二人和克莱芒蒂娜·丘吉尔、弗雷德里克·林德曼一起在唐宁街10号地下室的防空餐厅里吃午饭时，首相不停地追问科南特。[29] 十天后，《租借法案》通过了，丘吉尔又恢复了他最愉快和蔼的样子。在首相别墅开办的周日晚宴聚会上，他拿关于美国内战的一些趣味段子同科南特及几位美国客人打趣（"一个能赢得战争的人永远无法带来和平"）。[30] 首相擅长这样的聚会，宝禄爵香槟一杯接一杯，谈话内容在敏感的外交问题和个人闲聊之间转换自如。一场盛大的、超出定量的晚宴之后，通常要播放几盘沙哑的留声唱片和一部轻松的电影，比如丘吉尔的最爱，为奥利弗和费雯·丽（Olivier-Leigh）量身打造的电影《汉密尔顿夫人》(*That Hamilton Woman*) 或动画片《唐老鸭》。[31]

五周后，当科南特拜访唐宁街准备辞行时，正值一场危机——德国人刚刚入侵并控制了南斯拉夫。将科南特请进了内阁会议室，丘吉尔简单地说道："我们在这里，一肩承担。"痛苦地停顿了一下后，他补充说："还会发生些什么呢？"这两个简短的句子，就像丘吉尔的伟大演讲一样铿锵有力。伦敦遭到的破坏让科南特深有感触，当他回到美国，更加公开地支持英国的事业，并再一次发表全国性的广播，敦促他的同胞们，是时候"投入战斗"了。[32]

1941年夏初，每条战线的战局都很糟糕。但在英国，丘吉尔仍然完全占据主导，无意下放责任或会见任何他认为不重要的访客。但有一次例外，可能是为了安抚对他不满的学术界科学家，他出席了一个简短的仪式——在内阁会议室被授予皇家学会会员称号，从而成为英国科学精英中的一员。一个月前，根据学会章程，那些公认对科学做出过特殊贡献，或选作会员对学会明显有利的人，可以获得任命，这样在希尔、蒂泽德和霍尔丹的支持下，丘吉尔成功当选。[33]尽管险些接近犬儒主义，但这是一种很老派的现实政治。

皇家学会没有拍摄到首相在特许状上签字的照片，所以我们可能无法看到见证者希尔和蒂泽德脸上的表情。希尔仍领导着一场运动，来反对他所看到的政府对科学家的不当使用[34]；蒂泽德几个月前提交了代表团访美报告，但没有收到丘吉尔的任何答复。

首相让会员们等了四十分钟。[35]此时他的私人秘书乔克·科韦尔与他们聊天，可能提及了国王生日的授勋名单已经把林德曼封为贵族的消息。教授趁机改掉了自己的姓，因为他的姓带有德裔和犹太出身的印迹，他改称查威尔勋爵（Lord Cherwell，发音同"Char-well"），以牛津的一条流经基督教会学院草地的小河命名。据科韦尔所知，这是一次不受欢迎的封赏。私下里，许多科学家不顾传统礼仪，继续使用"林德曼"来称呼教授（本书也继续沿用这一名字）。[36]与此同时，蒂泽德则拒绝了丘吉尔有些微不足道的好意：一块初等的大英帝国勋章。他还忍不住评论说："查威尔不过是一条又小又浑的溪流罢了。"[37]

十天后，6月22日的早上，丘吉尔在首相别墅刚刚醒来就收到一条新闻，这是他几周以来一直期待的。希特勒出卖了斯大林，发动148个师的德国军队（约320万人）进攻苏联。最初几周在辽阔的东方战场上，纳粹似乎能够一路直冲莫斯科。

丘吉尔在当晚的广播中宣布，尽管他用了25年时间反对共产主义，但任何与希特勒作战的国家都会得到英国的帮助。所以他说"我们会向俄国和俄国人民提供任何力所能及的帮助"。大多数英国军方高层都预计德军会在几个月内粉碎斯大林的军队，但好消息是，英国及其帝国不再孤军奋战。虽然希特勒似乎已把注意力从英国转移到别处，但丘吉尔却力求万全：集结英国国防力量，"从9月1日起万众一心应对入侵"。[38]

关于华盛顿动向的报告也让丘吉尔欢欣鼓舞，消息来自先前的妥协派——新任的英国驻华盛顿大使哈利法克斯勋爵：罗斯福私下里不再犹豫，美国势必会投入战争。[39]哈里·霍普金斯7月再一次访问伦敦，满载火腿、奶酪和雪茄等物资，情绪也更为乐观。不久丘吉尔收到了他期盼已久的消息：总统已经同意与他会面[40]。经商定，他们将在纽芬兰的普拉森舍湾（Placentia Bay）会晤，因此首相必须穿越U型潜艇肆虐的大西洋。

8月1日首相启程，激动之情溢于言表。[41]不顾罗斯福各自只需带两名随从的建议，丘吉尔带了大批随行人员，活像中世纪的君主——官员、服务员、记者多达几十人，还有几名大臣，当然少不了林德曼，他将初次体验最高层次的国际外交。在过去的几周里，教授一直密切关注莫德委员会，其最终报告也即将到达丘吉尔的办公桌。

丘吉尔在《人类行将集体自杀？》一文中首次提到核弹的可能性，已经是十七年前的事了。当时是1925年，他努力保持着一贯的乐观主义，人类第一次具备了毁灭自己的能力，他敦促领袖们能"停下来，思考一下他们的新责任"。[42]而如今，他即将成为第一位决定是否继续建造世界上前所未见最具破坏性的爆炸物的政府首脑。他将根据詹姆斯·查德威克主笔撰写的报告做出自己的判断。查德威克通过发现"点燃核篝火的火柴"，已经帮助丘吉尔实现了他在《五十年后》一文中提出的愿景。

16 查德威克认为英国应自造原子弹
1941.7—1941.8

> ……我们加入这个计划时怀有更多怀疑而非信心……随着我们不断前进，我们变得越来越确信……在适当条件下，这种非常强大的战争武器可以被制造出来。
>
> ——莫德报告，詹姆斯·查德威克定稿，1941年7月

在1974年去世前几年，查德威克告诉一位采访者，1941年春天的情景仍历历在目："我当时意识到，原子弹不仅是可能的——而且是不可避免的。"[1] 他同样知道，世界各地的科学家迟早会发现这一点，原子弹将被制造出来，并且"一些国家将开始诉诸行动"。在访谈中，查德威克说，必须保守住这个秘密的压力，导致他开始服用安眠药。他补充说："我从来没有停过药。"

几乎和其他所有莫德科学家一样，查德威克生活的城市也遭到了纳粹空军的轰炸。5月初，德国轰炸机连续七个晚上空袭利物浦，造成近3000人死亡和严重的破坏，特别是码头设施。虽然最猛烈的攻击似乎将要（或者说已经）结束了，但几周后查德威克的女儿们还是被疏散到加拿大，留下父母在空荡荡的黑灯瞎火的家中，每天晚上等待着更多炸弹和空投水雷的降临。每当空袭警报拉响，查

德威克夫妇就钻进地窖，那里虽然潮湿但设施齐全，是私人的防空避难所。查德威克的房子从来没有被击中过，但他所在的部门就没有那么幸运了——窗户频繁被震碎，他只好安装上硬纸板的百叶窗。[2] 然而，查德威克知道，比起使用一颗核武器造成的大屠杀，扔到城市的几百枚炸弹造成的损失微不足道。

大多数的莫德科学家都同意查德威克的观点，即核武器一定能制造出来，而不仅仅是一种设想。派尔斯已经担当起该计划的首席数学物理学家，和理论学家同事协作，检验他们的结论，并与实验人员密切配合。为了解决几十条棘手的计算，他不得不四处寻求帮助。高水平的英国理论学家供不应求，但他在几位尚未前往美国的外籍科学家中，找到了一位杰出的候选人——年轻的应用数学家克劳斯·福克斯（Klaus Fuchs），一名来自纳粹德国的难民，如今在爱丁堡大学颇有声望。[3] 调查人员发现，福克斯在德国读书的时候曾经是一名活跃的共产主义分子，虽然没有证据表明这个面色蜡黄、沉默寡言的人有任何安全风险，但军情五处仍表示担心。只有福克斯知道了这个计划要实现什么目标，他才可能为它出力，所以——正如派尔斯向举棋不定的军情五处点明的那样——或者拒绝他，或者还他清白。不出几天，他们同意给予福克斯安全许可，5月底，他就到纳菲尔德大楼里工作了，并且和派尔斯一家共同生活，他们很快把福克斯当作家庭的一员。[4]

虽然有一定的说服力，但派尔斯从几十个裂变实验中得到的计算和数据尚不能证明铀弹可以成功。不去真正地制造一个，就没有人能确信足够多的中子会从裂变铀核里足够快地射出，并释放足够的能量，以产生爆炸。含有 ^{235}U 原子核的铀原子是非常稀有的，目前研究者所能获得的 ^{235}U 的量极少，还不足以用最精密的秤称量。

林德曼的牛津同事弗朗西斯·西蒙认为，使用气体扩散技术是

分离 ^{235}U 的最好方法。迫使六氟化铀气体通过精细的薄膜，使得 ^{235}U 从比它稍重的 ^{238}U 中分离出来。要生产大量的这种裂变铀来制造武器，需要一个庞大而复杂的工业级工厂，根据西蒙先前的计算，这个工厂将占地约40英亩，耗资约500万英镑（以今天的价格约为2亿），这项花费约为英国每周全部战争开支的十分之一。[5] 虽然在财政上并非不可实现，却提出了一个巨大的挑战。

为落实这些估算，西蒙与茂伟公司（Metropolitan-Vickers）、英国化学工业公司密切合作，前者是英国最大的电气工程公司，后者则成立了秘密的战时委员会，为政府协调公司的生产。[6] 梅尔切特勋爵在这个委员会中很有影响力，并且定期出席莫德委员会的会议，自战争开始以来，一直与林德曼过从甚密。他们俩经常在萨沃伊酒店的晚宴上无话不谈，从英国的农业政策到"丘吉尔玩具店"的最新发明。[7] 小汤姆孙让梅尔切特及其实业家同事们觉得在委员会中轻松自在，就像那些专业的核物理学家那样。这并非易事，因为一些物理学家和实业领袖一起工作时会感到别扭。奥利芬特曾公开抱怨："这个国家已经让实业家们搞得失望透顶——这些实业家过去是，某种意义上现在仍然是，这个国家的管理者。"[8]

在委员会讨论期间，梅尔切特和他在帝国化学工业公司的朋友看到一个有利可图的商业机会——如果他们资助哈尔班和科瓦尔斯基的实验，等到战争结束后，核电将可能在商业上切实可行，这个投资就会带来丰厚的回报。梅尔切特很快就提出全盘接管莫德计划的这个部分。随后，他同意维持投资，即使已经证实该项目有必要转到北美进行——但长远看来这项投资显然是物有所值的。[9] 而是否与美国人就核武器研究开展密切合作的问题，几周来变得越来越具有争议性。奥利芬特和考克饶夫迫不及待地想开始协作，小汤姆孙也表示支持，有一次他令人反感地带着纡尊降贵的意味评论道，这样可以节约时间，"还能带给美国人和加拿大人一些经验"[10]。而查德威克则像往常一样谨慎,在4月的莫德会议上,他发表意见说:"是否转向美国的问题,现在还没到做决定的时候。"[11]

一些莫德科学家出席了几场为詹姆斯·科南特举行的晚宴和招待会。英国主人为期八周的款待,有时沦为不甚得体的讨好。3月下旬,科南特应邀来到布莱克特在威斯敏斯特的公寓,在那里,他们和考克饶夫,以及皇家空军高级指挥官菲利普·朱伯尔·拉菲尔泰(Philip Joubert de la Ferté)四人共进晚餐。[12] 几名英国人询问科南特与首相会面的情况,但他们并未吐露对政府胡乱指挥学术界科学家的失望。

林德曼是唯一向科南特刺探核武器制造可行性的英国科学家。林德曼将科南特带到一个绅士俱乐部参加晚宴,并公开谈论核链式反应,这让科南特颇为惊讶,因为在美国人看来这个话题是不便讨论的高度机密,即使私下里也不妥。科南特泛泛回应,称这项工作可能证实有用,但只是遥遥无期,林德曼则不顾保密,向他透露了弗里希和派尔斯的工作。这是科南特第一次听到科学家严肃表示核武器可能被实际制造出来,尽管他回国时仍不知道莫德委员会的结论。[13]

1941年春末,小汤姆孙开始撰写报告,并安排委员会7月2日对其进行讨论。查德威克担心他们的这些发现汇总得太过匆忙,而草案初稿证实了他的担心。会议召开前几天,他给委员会秘书发了一封措辞强硬的信,列举了七项对其内容的批评,并绅士地委婉暗示他认为该稿尚不充分。[14] 在英国皇家学会总部召开的这次会议,是莫德委员会的最后一次会议。除布莱克特之外,所有的主要成员都出席了:英国本土科学家,还有不再被视为严重安全风险的外籍同事。林德曼坐在牛津同事詹姆斯·塔克和梅尔切特勋爵旁边,梅尔切特带了两名帝国化学工业公司的科学家。出席者还有美国物理学家查尔斯·劳里森（Charles Lauritsen），他代表美国国防资源委员会（National Defense Resource Committee）驻伦敦的办事处，这是科南特最近访问时成立的。[15]

莫德委员会赞成修订草案，查德威克是负责这项工作的最佳人选。查德威克是这些人中出类拔萃的核物理学家，同时也能写出强劲而准确的文章，能够胜任总结大家共识的工作。锦上添花的是，他与首相心腹林德曼交好，对他尊敬有加，反过来林德曼也钦佩查德威克思维敏捷、作风直截了当，更不用说他的保守派政治立场。在接近会议尾声时，林德曼教授提议最终报告应坚守物理学领域，不要受政治和经济的影响，专注于核武器的可行性，而不是尚不急切的核电问题——查德威克欣然接受了这些建议。

查德威克像往常一样呕心沥血，全力投入这项任务，将所有研究整合成为一份可读性很强的权威文件。在同事乔·罗特布拉特（Jo Rotblat）和伯明翰的弗里希的偶尔协助下，查德威克主要在利物浦大学物理系的办公室写报告，并经常咨询大学实验室、帝国化学工业公司和茂伟公司的科学家同事。对他来说，在家工作并不容易，因为和这座城市的其他所有建筑一样，他家在日落之后便会灯火管制，迫使他要借助烛光来读书写作。有的时候，他会休息一下，用他在家庭作坊制造的留声机来听最喜欢的音乐录音——包括威尔第（Verdi）的歌剧和马勒（Mahler）的民谣。

根据委员会的指示，查德威克决定准备两份报告——一篇《铀在原子弹上的应用》，一篇简短得多的《铀作为一种能源的应用》[16]。每份报告开头都有一部分文字，向普通读者介绍他和同事希望读者了解的实际情况，篇末是技术附录，来说明成本和其他细节。7月中旬，他为了努力赶上最后期限，每天写稿二十小时。[17]当他终于放下笔，完成了后来被称为《莫德报告》的写作时，已经筋疲力尽，心情低落——他想要的只是一个安静的周末，全家度假以休养身心,除了"雅钓"外便无所事事。[18]

这份报告的结论认为,铀弹是可行的,"有可能在战争中起到决定性作用"。报告敦促政府将这个项目作为"最高优先"事项,加强与美国科学家新近建立起来的合作。[19] 报告认为,制造原子弹的努力不太可能徒劳无功,因为没有任何国家"愿意冒这样的风险——因没有这种决定性威力的武器而受制于人",除非实现了不太可能的世界性裁军。查德威克写道,原子弹只需两年半的时间就可以造出来,这一数字来自茂伟公司和帝国化学工业公司的建议,他们在工业规划方面的意见比其他任何人都更具权威性。

7月29日,该报告提交政府的科学顾问委员会,开始了一段曲折的进程,该机构负责对报告进行评估。查德威克整合的报告,既具有弗里希-派尔斯备忘录的清晰和直接,又更加具有可读性。从如此多贡献者的意见中凝练出一份如此有力的报告,是一项了不起的成就。然而,即使是查德威克也无法解决莫德同事之间最令人苦恼的分歧:英国是否应该努力尝试在本土制造这种武器。他无法选择,只好回避。可想而知,关于这一悬而未决的问题,白厅的争论正如火如荼地进行着。

蒂泽德表示,战争期间试图在英国制造原子弹是"荒谬的",并主张英国应该与美国合作。[20] 布莱克特同意这个观点。在呈交空军部一封表达异议的信中,他写道,这种武器不太可能"在此次战争中派上用场",而报告的作者们错误地认为,1943年底以前第一颗原子弹就能造出来。布莱克特认为,他的同事们没有留出充足的时间余量,有些延误肯定会拖慢如此庞大且新颖的工程。[21] 他建议,全规模的工厂不应在英国建造——至于是否在北美建造,只有在英国科学家向美国同事咨询该项目的可行性之后,才能最终决定。

布莱克特的信件在官员间流传的这一周中,查尔斯·达尔文(Charles Darwin)一石激起千层浪。这位达尔文是伟大的博物学家达尔文的孙子，理论物理学家，时任驻华盛顿的英国中央科学处主任。在一封写给汉基的五页手写便条上（每页都标明"机密"），他指出现在正是英国和美国做出决定的时候——或者认真开始研制原子弹，或者断定这种武器破坏性太大而不予考虑。[22] 他曾与布什和科南特谈话，他们提议，两国不应仅仅局限于原子弹科学研究方面的协作，而应把它作为"两国政府的联合项目"。达尔文建议英国派一个物理学家代表团——包括查德威克、小汤姆孙和西蒙——来尝试与他们的美国同事达成一份联合政策。

汉基没有理会达尔文和其他任何人的催促。[23] 他开始计划一个详细的审查方案，交叉询问所有相关的科学家，从而探查莫德报告的每一个细节，检验它所提建议的可靠性。汉基委员会的工作无法得到小汤姆孙的建议，因为他在获悉妻子病重后，于8月中旬放下一切工作匆匆赶往纽约。在离开之前，他让查德威克接管该计划的运行，并评论说，看来有可能在英国设立原子弹工厂，小汤姆孙认为这一前景完全不切实际，"令人叹息"[24]。权力移交查德威克是重要一步，因为他是为数不多赞同林德曼和梅尔切特的莫德科学家之一，认为应该在本土制造原子弹。现在，他已不再是局外角色，林德曼和查德威克的观点极有可能大行其道。

与林德曼的观点相比，委员会建议的作用是有限的，林德曼也不会等待委员会费时数周的听证。汉基可能猜到了这一点。如果是这样，他很英明。

17　林德曼支持原子弹英国造
1941.8—1941.10

美国的物理学家和工程师能胜任这个计划的研制，[但]依赖他们似乎并不可取。总体上看，美国人属于"开局落后者"。
　　　　　　　　——弗雷德里克·林德曼，1941年9月17日[1]

1941年8月27日，汉基正式收到莫德报告，林德曼决定省掉繁文缛节，直接向首相提出意见。[2]在写给丘吉尔的第一个关于制造核武器可取性的备忘录中，教授开头提到他们关于"超级炸弹"的谈话，但有一点也许令人惊讶，那就是没有提醒丘吉尔，他们已经就这项技术合作撰写过好几篇文章，指出这种武器可能已在酝酿。林德曼写道，现在重要的消息是，"几乎可以肯定，这是可以做到的"。他建议政府应该再支持六个月的研究，以便做出最终决定。丘吉尔忧心与美国人分享技术机密，林德曼则与丘吉尔一唱一和，宣称自己强烈支持"在英国或最差在加拿大"制造原子弹。林德曼写道："不管我有多少信任和依赖邻居，我也非常厌恶完全看人脸色行事。"英国"不应该逼迫美国人承担这项工作"，只须"继续交换情报"就行。

林德曼怀疑原子弹可以像专家们所宣称的那样，在两年内制造出来。他报告说，专家给出了十拿九稳的成功率，但是他打赌不会超过三分之二，或成败参半。但他坚信，该计划应该进行下去："如果任由德国人先于我们研发成功，并因此在战争中击败我们，或在战败后扭转局势，那将是不可原谅的。"

丘吉尔阅读林德曼的信件时，情绪正低落。[3] 月初他与罗斯福的会谈很顺利，总统重申了他对英国的支持，尽管也挑明了他无暇顾及首相所热衷的永久保全英帝国。首相返回了伦敦，除了"大西洋宪章"（这是一个激动人心的战后愿景，后来成为联合国的基础）之外，没有带回任何实质性东西。白厅的官员抱怨说，这项协议就是一篇美化了的新闻稿。[4] 更糟糕的是，总统回国后，又像以前一样，对英国及其盟友的承诺闪烁其词：在记者招待会上，当被问及美国是否更加偏向参战时，他说否，但不许转述。[5]

8月28日，大概就在这天丘吉尔收到了林德曼亲手交付的关于核武器的信件，他发电报给哈里·霍普金斯说，有关总统评论的报道在内阁引发了"一波消沉"，他们担心俄罗斯人在几个月内被"打倒"，再次让不列颠及其帝国孤立无援。末尾丘吉尔可怜兮兮地问霍普金斯："你能让我看到任何希望吗？"[6] 林德曼的信件似乎令首相振作了起来，他的科学家像往常一样，又传来研制出可怕新装备的消息。当读到原子弹极有可能造出来时，他在边缘写下"很棒"。[7]

不出所料，丘吉尔赞成首席科学顾问的建议，几天后，他成为首位批准研发核武器的国家领袖。他给参谋长们写了一个简短的备忘录，开头的几句话被他后来描述为"为了一个遥远和推测性的计划，动员国家全力以赴"：

> 虽然我个人对现有炸弹非常满意，但我认为我们不能在改进的道路上止步不前，因此我认为应该根据［林德曼的］提议采取行动，负责此事的内阁大臣应该是约翰·安德森爵士。[8]

一周后，在丘吉尔主持的一次会议上，参谋长们热情支持这一计划，声称政府应该立即行动，不惜人力、物力和财力来推动它。[9]此外，参谋长们赞同"研发应该放在本国而不是在国外进行"，同时也表示最终试验可以在一座无人居住的孤岛上进行。[10]

林德曼对监督核计划没有兴趣——相较于实际行使或运用权力和影响力，他总是更喜欢提建议，这样可以免受执行部门各种乏味要求的牵制。从林德曼友人对他的评论中可以看出，他心里面并没有完全确信原子弹能造出来，也从来不会和操作失败的风险扯上关系。[11]由于找不到合适的管理人才，林德曼被搭配和冷漠的安德森一起工作，安德森在管理方面拥有丰富的经验。

不到两年前，安德森曾"非常确信"铀弹不可行，但在过去几个月他改变了看法。[12]作为一位年近六十、训练有素的科学家，约翰爵士已经掌管着政府科学研究的剩余部分，完全有资格监督核武器的研制。在莱比锡大学读书期间，他就撰写过一篇关于铀化学的博士论文，后来走上从政之路，气质与汉基类似——可靠，勤奋，没有丝毫的个人魅力。有些人钦佩他的庄重，也有一些人认为他执拗、摆架子，但所有人都认可，他是一个无人匹敌的管理者、一个令人生畏的谈判者。帝国化学工业公司的高管们曾付出代价才认识到这一点，当时他们试图从政府那里获得补贴，但因为技高一筹的安德森而未能遂愿——官员们对此事印象深刻，1938年还把他称作"编外主管"。[13]

丘吉尔最为赞赏安德森的行政能力，将内政方面所有费心力的事务都委派给了他。安德森毫无怨言地接受了大量的工作，像外科医生那样聚精会神，每个工作日从早上10点15分工作到下午6点15分，中间用一个半小时吃午饭，并且从不把工作带回家。[14]由于在公众和所有政党中都没有追随者，因而他对任何同事都不构成威胁。

被任命为英国原子弹计划的监督员后不久，他撰写了第一篇吃透科学精神、深思熟虑的关于原子弹的文章，直接认识到原子弹对战后的影响"非常重要"。[15] 他提议设立一个小型的顾问委员会，将林德曼、汉基和阿普尔顿纳入进来，但没有专门的核物理学家。[16] 尽管安德森可能被指责没有听从最好的科学建议，但是没有人可以责难他，因为他顺应了大多数人的意见——他同意布莱克特的看法，《莫德报告》严重低估了研制核武器所需的时间，而且他明确反对首相和林德曼的观点：原子弹的生产"不应在这里，而是在美国"。

直到担任战时首相的末期，丘吉尔都将英国核计划看作类似于私人苑囿。白厅内部，只有他、林德曼和安德森才确切知道事情进展，内阁几乎对英国在这种最具革命性的战争武器研制方面的地位一无所知。这种做事方式，很大程度上是丘吉尔自己造成的，他作为武器研发新领域的战略家，承担了巨大压力。成败很大程度上取决于他的顾问的素质，他们会影响丘吉尔的决策，而这些决策对未来几十年英国的核政策至关重要。

毋庸置疑林德曼的勤恳和对战争事务的担当。即使纳粹空军也不能扰乱他僧侣式的生活节奏和对工作的投入——他鄙视公共防空洞，而更喜欢舒服地留在威斯敏斯特公寓中，哪怕炸弹落到街道附近。有一次在经历了整夜的狂轰滥炸后，贴身男仆跑到他旁边，发现他正躺在床上读伍德豪斯（P. G. Wodehouse）的小说。听到敲门声，林德曼抬头问道："发生什么事了，哈维？"[17]

大部分工作日，教授都在他的房间里度过，首相的房间位于战时内阁的乔治大街（Great George Street）总部，两地只有几步之遥。周末，他返回牛津，司机用崭新的帕卡德牌豪华轿车将他送到克拉伦登实验室的前门，在那里弗朗西斯·西蒙向他报告一些关于莫德计划的内行看法。林德曼住在装修一新的基督教会学院的房间里，配有雅致的家具和一架贝奇施泰因钢琴。[18] 只有在这里，他才允许自己休息几小时，躺在浴缸里——水温刚好104华氏度，深度不超过政府允许最大值6英寸——阅读唐福德·耶茨（Dornford

Yates）的惊悚小说和往期的《男人读物》(Men Only)。

他的爱好之一是智力游戏——思考素数问题，从20世纪30年代初以来，这一直是他在闲暇时间追求的兴趣，那时他发表了关于该问题的第一篇论文，这类论文共有四篇，其中几篇后来还被专家引用。[19]9月中旬，他坐在基督教会学院的办公桌前，以一种写给《自然》杂志编辑的短篇信函形式，起草了第二篇投稿。几天后，他在汉基办公室举行的科学顾问委员会会议上，就莫德计划发表看法。还有另外五位科学家出席会议，其中包括皇家学会主席亨利·戴尔（Henry Dale），还有希尔，希尔仍在四处活动，以削弱林德曼在战备管理方面的影响。[20]

林德曼离开他白厅的老巢，让自己直面科学界同行的质疑，这是极不寻常的。他只是简短地发言，不泄露任何机密，对 ^{235}U 的裂变提出一些技术性的意见，这些对专家们来说都是常识。他说，德国人毫无疑问也对这个项目感兴趣，同时指出，德国人已经获得了一些重水供应。[21]最体现真实想法的是他简要说明了——在他看来有些羞怯地——要在英国研制原子弹，而不是把它交给慢腾腾地美国人。至于如何保护设在英国的工厂免受空中轰炸的问题，他表示："这应该是可能的……比如将其建在地下，或者应用隐藏和伪装手段。"

一周后的1941年9月24日，委员会完成了报告。[22]这是一份典型的汉基式文件——清晰全面，并小心地包容各种观点，尽管它坚定地拒绝了帝国化学工业公司接管核能研究的提议。汉基理直气壮地建议，该项目应由空军部移交给科学与工业研究部，这才是政府科研项目的本来位置。最重要的是，报告建议，为原子弹生产 ^{235}U 的气体扩散厂应建在加拿大，并由美国人充当顾问。[23]这样，英国和美国的计划既各自独立，又相互联系。

在丘吉尔与罗斯福会晤之后不久，汉基听到空军部有人兴高采烈地谈论，核武器可能会让"美国和我们一起来控制和维护世界"[24]。他对此表示怀疑。与美国打交道三十多年，让他怀疑美国居然会伙同英国承担这样的角色。[25]

10月12日周日，一封来自罗斯福的信送达丘吉尔的办公桌。这并不鲜见：自从他们在普拉森舍湾会晤以来，总统已经给他写了八封信，每次的内容都有关美国对盟国的支持。丘吉尔对这些信件字斟句酌——正如他几年后评论道："没有哪个情人能对他的情妇，曾像我对罗斯福总统那样，每一个想法都认真揣摩。"[26] 这次的来信值得特别关注——它是领袖间第一次在核武器问题上交换意见的信件：

> 亲爱的温斯顿，关于贵国莫德委员会和我国布什领导的组织所共同研究的问题，我们似乎有必要尽快通信或会谈，以便任何进一步的努力都可以协调甚至共同开展……[27]

总统认为这封信非常重要，他安排美国国家研究和国防委员会驻伦敦办事处主任弗雷德里克·霍夫德（Frederick Hovde），亲手将信交给首相。罗斯福在信的结尾提请丘吉尔直接联系霍夫德，以"进一步明确主题"，并回答关于美国在这一研究领域的问题。

当丘吉尔读到这封信时，他可能一时没弄明白这是关于核研究的，因为他可能不知道"莫德委员会"做出了什么成果——白厅有几十个这样的委员会，莫德也并非突出。很快，助手向他解释了信的内容——罗斯福正在向他提议，就研制原子弹开展密切合作，并且很可能是基于平等的伙伴关系。这对英国是巨大的潜在利益：他们能充分利用自己相对美国人的领先优势，以及美国庞大的科学和财政资源，远离纳粹空军研制这种武器。这是一次绝佳的外交机遇。

正如他对蒂泽德代表团所表现出的态度，丘吉尔不太情愿向美国提供技术机密，至少在美国更为慷慨地支持英国战备之前是这样的。那么尚不清晰的是，他是否会放下芥蒂，与这个他最为看重的伙伴关系的国家密切合作，心甘情愿地接受建议——如果英国核科学家们知道这件事，一定敦促他这样做。但有一件事是可以肯定的：这样一个慷慨的提议不会摆在桌面上太久。

当丘吉尔、林德曼和安德森正在考虑如何回应总统的信时，他们可能很好奇：是什么促使总统提出这样明显出乎意料的建议？他们不知道这在很大程度上是一位莫德科学家在美国活动的结果，他最为渴望让美国人参与进核弹制造一事来。

18 奥利芬特奔走美国 1941.8—1942.1

> 马克[·奥利芬特]正变得臭名昭著,因为他对每件事、每个人都口无遮拦,发表着不合适的言论……人们造出"奥利芬特式"这个词,来形容他的出言不逊。
>
> ——约翰·考克饶夫,1941 年 2 月[1]

马克·奥利芬特并不是莫德委员会的发起者,却最积极地为莫德报告大声疾呼。他的言语有力而直率,颇有其偶像卢瑟福的风采。奥利芬特在美国积极游说,回英国后仍到处奔走,敦促政府官员根据报告的结论,尽快并有效地采取行动。他的直言不讳有时会令同行和政府官员陷入尴尬,但也能让人们意识到,假如卢瑟福还活着,政治和基础科学的交流方式会大为不同。

1925 年,奥利芬特在家乡澳大利亚第一次见到卢瑟福讲学时,就深深被其"言语和人格"所折服。[2] 不到两年,他们就成为卡文迪什实验室的同事,相处愈发融洽——后来,甚至两家人会一同度假。奥利芬特是一位足智多谋、努力上进的实验者,正是他首次演示了原子核能够发生聚变,这一过程会释放出能量。尽管他不是剑桥物理学家中最有天赋的,却是团队不可或缺的成员,热情、易冲

动的性格使他成为团队中最有活力者。卢瑟福曾取笑道："他是一个鲁莽的年轻人，但会慢慢成长的。"³

抛开他的好斗，奥利芬特绝对是个令人愉快的伙伴。浓密的灰色卷发，金框的圆眼镜，整洁的西装三件套，他通常看起来像一位可爱的男老师。但是当他被一些白痴行为激怒，他就会愤愤然地喋喋不休，拉住别人或打电话，让人听他发泄完。奥利芬特早就计划1941年夏天访问美国，时在小汤姆孙离任莫德委员会主席前不久。虽然小汤姆孙知道奥利芬特口无遮拦，但仍让他在访问期间"暗中探询"，弄清美国科学家为何无视委员会的报告。⁴由于小汤姆孙没有明言有关莫德的任何事项都是不能透露的机密，因而奥利芬特相信自己已获授命，可以和他认为值得信任的人谈论这个计划。⁵

奥利芬特本来打算主要讨论雷达，但是看到美国在核武器方面的研究现状，便把推销莫德委员会的成果当成首要任务。在华盛顿闷热的8月初，他单枪匹马开始行动以改变现状。奥利芬特和查尔斯·达尔文拜访了由万尼瓦尔·布什组建的铀委员会主席莱曼·布里格斯，共同探讨实现核链式反应的可能性。他们发现布里格斯反应迟钝、语无伦次，十分令人苦恼。⁶笨手笨脚的布里格斯实际上掌握着大量机密——当莫德会议的备忘录从伦敦传来，他就将其锁入保险柜，而没有抄送给他的同事，他们仍对英国的创见一无所知。四十年后，奥利芬特仍然记得，他对布里格斯的失职感到"惊讶和苦恼"。⁷

奥利芬特将8月和9月的大部分时间，用来纠缠美国科学家和政府官员，努力说服他们在核武器制造方面打败纳粹的紧迫性。⁸他认为，要想实现首先造出原子弹的目标，对英国和美国来说最好的办法就是汇集双方资源，大干一番。起初，他的提议反响并不乐观。在华盛顿一次紧张的午餐中，科南特守口如瓶，不愿谈及国家机密。在纽约，布什不再露面，费米仍然不确信原子弹能否实现,尽管齐拉——正努力制造影响——仍千方百计地试图复活垂死的美国计划。奥利芬特在伯克利大获成功,他在那里遇见了老朋友欧内斯特·劳伦斯,这位回旋加速器的发明者两年前成为美国最年轻的诺贝尔奖获得者。他也是布里格斯那个无所作为的委员会中的一员。

正是在劳伦斯的陪伴下,奥利芬特第一次向罗伯特·奥本海默提到他一无所知的原子弹计划。看到劳伦斯被奥利芬特的轻率言辞搞得有些狼狈,奥本海默委婉地表示最好结束这次交谈,但奥利芬特一意孤行。"这可不行,"他说道,"我们需要你。"[9]

奥利芬特离开加州之前,交给劳伦斯一份《莫德报告》的精练摘要。劳伦斯相信奥利芬特的话,并迅速开始利用他的影响力进行游说。到10月3日,布什的副手詹姆斯·科南特已经从小汤姆孙那里收到正式的《莫德报告》。六天后,布什与总统在白宫会面,以此报告为基础首次谈论这个计划。布什概述了当前的安排,与英国"在技术问题上全面交换",罗斯福赞成延续这个方针,但同时也注意到,需要明晰的是如何对英美联合计划进行最有效的管理。[10] 他以最果断的方式,批准设立一个机密的"顶层政策小组"来指导这项动议,并要求布什起草一封信,"开启原子弹的顶层讨论"。[11] 布什很快拟好了写给丘吉尔的短信,提议英美两国合作开发《莫德报告》中的研究发现。在对布什的措辞进行了一些细节上的调整后,罗斯福火速将信送往丘吉尔。总统建议,原子弹计划"可以协作甚至联合开展"。[12]

这封信证实了奥利芬特在美国的成功。利奥·齐拉为了启动这项计划,已经做了数年无用功。后来他写道:"如果国会知道原子能计划的真实历史,我相信他们肯定会设立一种特别勋章,授予那些参与此事并做出特殊贡献的外国人,而第一枚就应该颁发给奥利芬特博士。"[13]

1941年10月下旬，核武器研究在美国已经起步，而在英国却陷入困境。莫德科学家等待政府批复报告已经三个月了，显然报告中的建议不合白厅的口味。在这个月的最后一个周一，奥利芬特（现已回英国）与其他几位莫德主要科学家，收到了来自科学与工业研究部爱德华·阿普尔顿的来信。信中消息是大家不愿意听到的。政府已经决定将莫德委员会的运行权移交给帝国化学工业公司的高管，阿普尔顿颇不得体地用信件的形式告知此事，许多收信人认为这是非常粗鲁的。莫德计划未来将由公司的研究主任华莱士·埃克斯（Wallace Akers）领导，帝国化学工业公司曾组织过一个团队试图接管核电计划，但未成功，埃克斯便是该团队成员之一。副手是迈克尔·佩兰（Michael Perrin），公司的一名高管。帝国化学工业公司的老板梅尔切特勋爵极为有效地游说了丘吉尔政府，政府给予的回馈超出预料。政府先前曾拒绝批准帝国化学工业公司组织莫德委员会的提议，但现在还是将委员会交到那些跃跃欲试的公司高管手里。[14]

莫德计划的大部分科学家都对该决定和阿普尔顿的无礼表示惊讶。更朝伤口上撒盐的是，他只通知了少数几位莫德物理学家，而其他人只能通过小道消息得知。[15]委员会的命运直到12月都没有被正式告知小汤姆孙。

奥利芬特很快辞职，并留给阿普尔顿一封措辞辛辣的信。[16]字里行间浸透着伤痛与愤怒。伤痛在于他没有获得新政策委员会的顶层任命；愤怒在于这项计划如今由"商业代表"管理，而他们"完全不了解整个计划的基础——核物理学"。他表示，美国也正在犯这种授权给无知者的错误，这就是为什么他们的计划"严重管理不善"。那天晚些时候，他在写给查德威克的信中更加直言不讳：任命新领导层是"可耻的事情"，而埃克斯显然会"照顾帝国化学工业公司的商业利益"。[17]只要埃克斯仍在帝国化学工业公司兼职，就很难相信他能对该公司持不偏不倚的态度。[18]

奥利芬特告诉查德威克，他不打算再为政府工作，从而能够在莫德物理学家同事中组织一场起义，唱一出"对台戏"。[19]之后，他们就能做自己的研究，而毋须考虑那些"对所涉问题一无所知又爱管闲事的人"。查德威克在卡文迪什实验室见识奥利芬特的做派已近十年，只得尽力让他平静下来。在来往信件中，查德威克附和这位意气用事的同事，认为此次向新管理层过渡的处理方式是独断且无礼的：

> 我最不满意的是［新安排的］执行方式，对莫德委员会竟丝毫不提。这种对待在我看来专制又无礼。[20]

但面对争议，查德威克还是选择站在了当局一边，他告诉对此难以置信的奥利芬特，"新安排是件极好的事"。查德威克补充说，尽管新的领导层将继续与美国合作，但目的是维持一个独立的英国计划——"我们在某些方面领先，而且我们还会继续保持领先"。稍稍宽慰的奥利芬特认为，查德威克低估了美国计划的规模。

新管理层的心胸狭隘令奥利芬特非常苦恼。当两名美国高级科学家与英国同事讨论此项核计划时，阿普尔顿告诉他们，只能讨论科学和技术问题，而且根据奥利芬特的说法，管理层还安排了"盖世太保（秘密警察）的代表"陪同，以确保大家遵守规定。[21]奥利芬特起初反对帝国化学工业公司的介入，但很快平和下来。1月初，他和埃克斯一起吃过午饭，针对该计划的杂乱无章和政治敏感性，埃克斯迅速着手应对。[22]在1942年1月一封写给查德威克的信中，奥利芬特承认埃克斯是"负责这项工作的不二人选"，但仍然担心埃克斯对帝国化学工业公司的忠诚将会削弱他对核计划的领导，核计划现在已经改称"管子合金"（Tube Alloys），一个无甚意义又听起来无害的名字。在他们的谈话中，虽然奥利芬特认为乐观看法是大约两年实现，但埃克斯曾坦言："在1944年之前，这件事还做不成。"[23] 对奥利芬特来说时间线太长了，他知道自己对此无能为力，叹息道，现在是时候从自封的围观者和批评者角色中后退一步："将来，我既不会批评也不会相助。"两个月后，他远渡重洋回到澳大利亚与家人团聚，并帮助自己的国家做些战备工作，但事实上他并没有离开英国太久。[24]

奥利芬特不知道美国人当时正在制订核计划——要远早于1946年交付一枚核武器。他也没有想到，由于他在美国的游说劝导，罗斯福在1941年10月向丘吉尔提出了英国科学家期盼的联合实施的核计划。但如果奥利芬特知道了丘吉尔的回应，几乎可以肯定他无法坦然接受。

19　丘吉尔与罗斯福谈论原子弹
1941.11—1942.7

> [温斯顿告诉我说,罗斯福]是位"迷人的乡绅",但是[总统]几乎完全缺乏政治手腕,所以温斯顿不得不扮演朝臣的角色,相机而动。而我对他在这件事上的耐心感到惊讶。
>
> ——安东尼·艾登,1943 年[1]

当丘吉尔觉得罗斯福的信很急迫时,他通常会在几天内予以回复。然而总统不得不等了近两个月,才收到丘吉尔关于平等合作制造核武器这一提议的答复。只是那时形势已经发生了变化,丘吉尔就这样错过了英国核科学家为他创造的重大机遇。

丘吉尔用一封敷衍的电报回应了罗斯福的提议,表示他已经按照总统的建议,委托安德森和林德曼与身在伦敦的美国科学家代表弗雷德里克·霍夫德探讨这个问题。[2] 丘吉尔写道,他们希望,"能够尽快交给霍夫德先生一份详细的说明,然后递交给美国"。电报中看不出热忱,也没有流露出丘吉尔或他的任何顾问领会了总统所提建议的重要性。

丘吉尔描述的与霍夫德的会面发生在 11 月 21 日,这距总统来信已经过去七周了。安德森的私人秘书也出席了会议,从他对此次讨论的蹩脚介绍中，可以清晰地感觉到林德曼和安德森都以为他们胜券在握。[3]他们读过并轻信了英国官方提供的一份简报，这份简报高估了本国专家解决核弹方面科学、技术和工业问题的能力。

听说布什和科南特都在"焦急地"寻求全面合作，总统希望"全速地"推进此事之后，安德森提出了附加条件：尽管我和同事对合作一事同样"焦急"，但美国人需要将保密性提升到与英国同等水平。英国政府需要看到并评估美国目前对该项目组织的说明，才会回应美国的要求。与此同时，安德森说他将建议首相写信给总统，给"一个我们愿意合作的全面保证"。

在罗斯福及其顾问看来，丘吉尔对建立核伙伴关系提议的半心半意的回复，是过去两年来他不情愿交换技术情报的延续。12月7日，罗斯福已经不再可能给予丘吉尔第二次机会了，这一天日本袭击了珍珠港——美国投入战争，大力开展原子弹研制，不再有兴趣给英国留位置，最多是在此过程中需要英国提供一些必要的帮助。丘吉尔拒绝了司机的搭车建议，结果错过了末班车，很快就不得不死皮赖脸地跟在后面追逐。

在首相别墅举办的一个安静的周日晚宴上，丘吉尔打开收音机，听到了珍珠港的消息。[4]几分钟后，丘吉尔与罗斯福通了电话，罗斯福确认他将于次日去国会宣战："我们现在同舟共济了。"希特勒和墨索里尼于12月11日向美国宣战——他们的命运就此注定——次日丘吉尔踏上了穿越大西洋的旅途。他的个人知名度足以让他受到热情的接待，尽管美国人对英国人的感情很复杂——这是丘吉尔从哈利法克斯大使所写的报道中知道的。[5]

丘吉尔获得了尊贵的礼遇，罗斯福亲自前往华盛顿的新机场迎接。总统对客人的欢迎很少如此隆重：他们夜以继日地谈论战略和战术，丘吉尔几十次和他及其顾问们共同用餐、畅饮餐前鸡尾酒，饮酒量大大超出了罗斯福平时的酒量限制。[6]在平安夜，两人站在一起观看白宫的圣诞树灯光点亮，两天后，丘吉尔做了一次精彩演讲，表达出他的友好和坚定，让人热泪盈眶，上下两院都为他欢呼。由于过多地激动——此后不久他遭遇了一次轻微的心脏病发作，这是冠状动脉出问题的首次信号，但他很快恢复了。在一封令人高兴的电报里，他告诉克莱门特·艾德礼，自己对总统的崇高敬意，以及他们之间相处得多么融洽："我们住在这里像一个大家庭，极为亲密，不拘礼节。"[7] 也许他是想到偶然有一次，总统进入了他的卧室，发现他光着身子走来走去口授备忘录。"你看，总统先生，"丘吉尔说，"我没有什么对您隐瞒的了。"[8]

总统和首相有很多的共同之处——他们都出身高贵，热爱生活，热衷权力，反感抽象和教条，拥有强烈的自信心。[9] 然而他们之间也有巨大差异。罗斯福是一位娴熟的政治家，他的目光乐观地投向未来，而丘吉尔则缅怀大英帝国昔日的全盛荣光，对前途充满担忧。罗斯福比较狡黠，长袖善舞，而丘吉尔更多靠个人魅力与决断来解决问题。两人相谈甚欢，虽然原因有所不同：罗斯福是一个放松又与人亲近的健谈者，而丘吉尔滔滔不绝的背后有时显得华而不实。他们的这种友谊，如果说有点一厢情愿的话，那就是丘吉尔的收获要比付出少得多。[10]

访问过加拿大后，丘吉尔给自己放了五天假，到美国佛罗里达州晒太阳，同时遥控着英国的战备，监视着东南亚的威胁警报。日本军队势如破竹，向新加坡要塞及其腹地进攻，在他看来，新加坡的存亡"至关重要"。[11] 重返华盛顿旋涡的前夕[12]，丘吉尔收到秘书约翰·马丁关于管子合金的一封简要说明，以防总统提及这个问题。[13] 马丁提醒丘吉尔，他还没有与弗雷德里克·霍夫德（递交罗斯福信件的人）会面，但已经委托安德森和林德曼拜访过他。他们向霍夫德明确了英国希望合作的意愿[14]，并酝酿了一份书面声明，虽然他们在首相离开伦敦前没有呈交上来。

丘吉尔和罗斯福似乎没有深入讨论原子弹计划——比起所有那些迫在眉睫的问题，包括《租借法案》、大西洋之战，以及日本的扩张等等，这件事看起来似乎可以从长计议。1月14日首相的访问结束时，总统特意准备的离别赠言打动了丘吉尔的心："请对我坚信到底。"[15] 他返回伦敦后，向国王汇报了自己的胜利——英国和美国，经过几个月的恋爱，"现在喜结良缘"。[16] 这是英美关系的一座里程碑，丘吉尔无比珍视并大加鼓吹的"特殊关系"已经建立——他们再未亲密到这种程度。

罗斯福及其顾问已经得知了丘吉尔关于原子弹的态度——但对他而言，已非特别重要。两国领袖分别五天后，罗斯福批准了制造这种武器的绝密提案，并建议布什将该文件藏在自己的保险箱里。总统没有告知多数白宫高级官员，也似乎没跟丘吉尔提这件事。然而罗斯福清楚地看到了原子弹的战略价值。六周后，他告诉布什，希望计划"不仅按部就班地推进，还要考虑到时间问题，这关系重大"[17]。相反，丘吉尔放任自己听信安德森和林德曼的引导，安德森踏实但缺少想象力，林德曼聪明却目空一切，两人都低估了美国的能力和决心。拥有科学思维的官员如汉基勋爵却备受冷落，尽管如此，他让丘吉尔及时获悉了相关建议。12月上旬汉基给丘吉尔写信，提醒他制订生产细菌武器的秘密计划，并建议英国可以利用掺有炭疽的饲料饼来毒杀德国牲畜（他没有建议将细菌战用于人类）。[18]汉基强调，指望纳粹承诺遵守1925年《日内瓦公约》是不明智的，因而英国应该秘密生产牲畜毒药"以备报复"。丘吉尔批准了这个计划，条件是将其列入最高机密。

对丘吉尔来说，1942年是战时首相任期中最难过的一年。日本军队的进逼以及其他坏消息，导致在1月下旬需要对他进行一次信任投票，结果以464∶1胜出，这场挑战虽没有让他低头，却也让他吃了些苦头。[19]更糟的是2月中旬，在新加坡殖民地，大约

8万英国、印度和澳大利亚的士兵屈辱投降。他后来回忆说，这是"最严重的灾难，英国史上最大规模的投降"[20]。他在首相生涯中第一次有了这样的念头：也许该找人接替自己担任领导人了——清心寡欲的斯塔福·克里普斯（Stafford Cripps），前驻苏联大使，也是物理学家布莱克特的朋友，被认为是可靠的替换人选。[21]

丘吉尔现在极为关注军队的素质，英军看起来没有德军那么指挥有方和雷厉风行，也没有苏联庞大武装力量的坚强不屈。在新闻界和议会的两面夹击下，面临压力的他开始调整团队，审视智囊们的作用，其中也包括林德曼。几周前，丘吉尔在议会表现出顽固不化：有位议员公开质疑他的首席科学顾问的品质，丘吉尔对私人秘书嘟囔道，"喜欢我，就要喜欢我的狗，如果不喜欢我的狗，你肯定也不会喜欢我"[22]。汉基长期以来不满他所认为的丘吉尔独裁领导，当面向丘吉尔指出林德曼教授的不良影响，结果1942年3月收到了用词格外冷酷的解雇信。[23]

三个月后，就在美国赢得中途岛海战（此战终结了日本在太平洋获得海上优势的任何可能）后几周，丘吉尔再次拜访了罗斯福。上个冬天，德国军队被拦截在莫斯科城下，东方前线正在严重地消耗纳粹的资源。盟军的运气开始好转。

总统与首相在白宫讨论，是计划年底在法国登陆，还是让盟军专心在北非与德国人作战。会晤结束后，两位领导人到罗斯福的家庭住宅共度了三十六小时。这座位于纽约州海德公园的精良宅邸，装潢散发着世家气息，可瞭望窗外哈得逊河谷的美景。海德公园就是总统的查特韦尔，是远离首都喧嚣的休养生息之地。

在这里，他们首次讨论到核武器。两人都知道盟国在该领域的工作进展并不顺利，美国科学家目前已经遥遥领先，尽管丘吉尔似乎并没有认识到美国领先了多少。他们在6月20日周六午餐后开始讨论，哈里·霍普金斯坐在总统身边，丘吉尔只身一人，可能因为他感觉并不需要一名顾问。[24] 会谈地点在主楼一层总统的书房，昏暗的小房间里摆着一张书桌，总统坐在那里，不被酷热所困扰。丘吉尔则有些发蔫儿。[25] 他们似乎达成了友好协议——三周后，罗斯福告诉万尼卡尔·布什，他与丘吉尔立场"完全一致"——但尚不清楚他们一致同意的内容是什么。[26] 几年后，丘吉尔撰写他的战时回忆录，提到他如何在此次会晤中敦促英国和美国"地位平等地一起工作"，并与总统达成了"协议的基础"。然而，这个说明中也没有包含细节，找不到任何相关的文字。[27] 很可能是罗斯福对丘吉尔讲了他爱听的话，但是正如副国务卿萨姆纳·韦尔斯（Sumner Welles）后来指出，总统"在与外国政治家谈话时，几乎总是不愿意口授任何备忘录"，丘吉尔成了这种做法的牺牲品。[28]

次日上午在总统的椭圆形办公室，丘吉尔遭受了战时最耻辱的打击之一：总统递给他一张粉红色的纸，上面写着始料未及的消息，利比亚的托布鲁克（Tobruk）小镇已经"投降，[我方] 2.5 万人被俘虏"[29]。就在几天前，丘吉尔还叮嘱驻军司令保住这个港口的至关重要性，指出"失败将是致命的"。[30] 罗斯福的回答正是伤痛的丘吉尔希望听到的："我们能帮上什么？"[31]

丘吉尔回国后，7月初又面临下议院发起的"对战时中枢指挥不信任"的投票，好在被跨党派议员压制住了。虽然丘吉尔漂亮地获胜，但抗议的气氛仍未消散。在辩论之前的几天，汉基不遗余力地试图诋毁中伤首相，虽然抗议不怎么令人信服，但他已经欣然接受了自己被解雇一事。在多切斯特酒店（Dorchester Hotel）举行的会议上，他历数那些控诉丘吉尔领导能力的老套长篇大论："刚愎自用，生性好赌；政府缺乏团队精神；试图在战争中夹带太多的个人魅力，实际上是给自己出难题。"他总结道，"丘吉尔必须离开"，并继续警告："如果你让他留下，我们就不会赢得战争，而是会锁定败局。"[32]

在那个糟糕的7月,"管子合金计划"是丘吉尔最不担心的几件事之一,直到他收到约翰·安德森爵士的一张"十万火急"的备忘录,才得知自以为与罗斯福达成的所谓协议几乎是废纸一张。[33] 告诉安德森这个坏消息的是"管子合金计划"的负责人华莱士·埃克斯,他现在正在为这个计划的生存而奋斗。

20 埃克斯试图合并 1942.1—1943.1

> 我们必须做出决定,这个计划是否要继续作为[政府科技部]的一项次要和业余的工作,还是我们要有所作为,和美国一较高下。
>
> ——华莱士·埃克斯,1942 年 12 月 21 日[1]

华莱士·埃克斯接手了莫德计划,将其命名为"管子合金"——一个他杜撰的名字,以免惹来不必要的好奇——他便有充分的理由相信自己要管理的将是英国战时最大的工程之一。然而,在接下来的一年中,他的愿景就灰飞烟灭了。[2]

在用一顿午饭的工夫就赢得了奥利芬特的信任之后,对埃克斯来说,获得参与计划的其他所有科学家的尊重,不过是时间问题。事实也确实如此。人们很少会反感这位思虑周密、文质彬彬的人。他善于倾听,不急于做出判断,也是一个有魅力的健谈者,喜欢分享自己的爱好,比如他刚在国家美术馆(National Gallery)里看到的委拉斯开兹的肖像画,或者是非常精美的《皇帝协奏曲》(即贝多芬《第五钢琴协奏曲》)新唱片。[3] 瘦长而开朗的脸上散发着亲和的气息,他能很快和新结识的人主动培养友情,并且经常在皇家泰晤士游艇俱乐部里那个能俯瞰九曲湖的饭店中招待他们晚宴,他住在那里的单人房间。在饭店的露台上,看着河岸边的天鹅拍打着翅膀,一两杯拉菲过后,即使最棘手的职业分歧也会缓和下来,哪怕只是暂时的。

不难理解为什么安德森和林德曼选择他来领导"管子合金计划"——从基督教会学院毕业三十多年后,他已经在帝国化学工业公司成功开拓出化工学家的职业生涯。在一次公司和政府的冲突中,埃克斯就已经凭借他的正直和组织能力让安德森印象深刻,并把他当作志趣相投的朋友。埃克斯有知识、精力和经验去实现《莫德报告》的目标,并能监管英国制造核弹所需的庞大工业项目。正如布莱克特所预见的那样,这项计划是基于一厢情愿的想法,所以埃克斯不得不妥善处理构想不当的政策,尽力将"管子合金计划"通过最有利的条款,与美国的计划融为一体。大家公认他在这方面做出了值得称赞的工作,激励着项目总部的小团队。总部位于老皇后街(Old Queen Street)暗巷里一栋 17 世纪的多层建筑中,到下议院和唐宁街都只有十分钟的路程。从他的办公室可以瞭望圣詹姆斯公园(St James's Park),美中不足的是近处有几堆沙袋和成卷的带刺铁丝。

对埃克斯来说,1942 年开局不错。他被邀请到美国,联络美国核计划的负责人,1 月他与弗朗西斯·西蒙抵达纽约,受到了热情的欢迎。不久法国科学家汉斯·哈尔班也前来会合。接着是鲁道夫·派尔斯,他一边执行公务,一边看望在多伦多的孩子们,乐在其中。英国团队花费数周时间,参观了科学研究和制定决策的几个主要中心——包括伯克利、芝加哥、华盛顿和弗吉尼亚——美国在这个项目上投入的巨大资源,以及美国同事的友好态度,令他们印象深刻。他们之间似乎没有什么秘密不能谈论。埃克斯到达美国几天之内,就意识到这是英国重新评估自己的计划同美国计划之间关系的时候了。他在给伦敦的报告里说:"有一件事是清楚的,那就是现在有大量的人在从事这项工作，因此他们为快速实现计划而投入的资源要远远多于我们。"[4]

英国的计划有一系列研究和发展方面的问题，此外还苦于缺少果断的领导人物。官员们无法决定，要推动"管子合金计划"开展，应该将工作指派给理论学家，还是委托化工厂生产 ^{235}U。与此同时，美国人不打算冒任何风险，投产多种方法分离 ^{235}U——他们制订了庞大的计划，至少建造了 4 座工厂，其中两座工厂所用的方法英国人闻所未闻。[5]

令埃克斯和同事们感到惊讶的是，美国人正在关注新发现的元素钚，它可用作制造原子弹的合适材料。它最常见的同位素 ^{239}Pu 与 ^{235}U 一样容易裂变，并且在某些方面更加合适，因为它只需较少的量即可产生核链式反应。[6] 虽然查德威克几个月之前就已经知道了这一点，但美国正在全方位推进：到 1941 年 3 月，一个由化学家格伦·西博格（Glenn Seaborg）领导的团队已经在伯克利大学制造出 ^{239}Pu 并且确认它是可裂变的。尽管英国在核武器理论方面仍然略微领先，但美国在实验方面已经走到前面，推动他们的是锲而不舍的使命感，即在原子弹研制方面打败希特勒。[7] 这种无畏精神曾一度激励莫德计划，而今已转移到了大西洋对岸。

虽然埃克斯是一个圆滑且勤奋的大使，但是他的出现仍不足以弥补"管子合金"团队中两名领导人物的缺席——约翰·安德森爵士和詹姆斯·查德威克，他们两人那年都没到过美国。拥有战时内阁成员权威的安德森，以及世界级核物理学家查德威克，本应该发挥重要作用，深入了解美国核事业。3 月，埃克斯回到英国后，他已确信没有其他选择，唯一出路是将"管子合金计划"与美国大工业融合，并将哈尔班的核电项目转移到北美。

6 月，安德森的政策委员会冷淡地回应了埃克斯的提议，林德曼坚持西蒙的分离厂应真正地建在英国本土。这个委员会的决议含糊其词，声称他们无法达成共识，除非就如何处理核专利问题与美国人达成协议。丘吉尔的两名顾问都忽视了美国的工业实力和组织能力。他们驳回了显然有理有据的合并方案，但就在这几天之后，更多的证据来到埃克斯的书桌上。他的助手佩兰刚刚抵达美国，就写信称他已经"非常强烈地"确信，用来制订英美两大计划协作蓝图的时间可能只剩不到一个月。[8] 美国人目前取得的进展令人震惊。

到仲夏时节，埃克斯终于赢得了安德森和林德曼的支持，他告诉他们如果拒绝合作，就会遭受让德国先制造出核弹的风险。[9] 林德曼依然反对将哈尔班的反应堆项目转移到加拿大，尽管他也有所让步，称他的反对主要是"感情用事"——出乎他一贯的风格——埃克斯立刻抓住了这一机会。他与教授单独谈话，说服他让步，从而扫清了障碍，使无奈的安德森不得不向丘吉尔推荐与美合作计划，这就是1942年7月30日呈交给首相的那份"十万火急"的备忘录。约翰爵士无比坦率地指出了英国的窘境：

> 我们必须……面对这个事实，即我国所做的领先工作，价值正在缩减，如果我们再不尽快利用它，我们就会落伍。我们现在还能在"合并"中真正有所贡献。但很快我们就将无足轻重。[10]

丘吉尔立刻就同意了，没有废话。[11] 不幸的是，他的批准太迟，留给埃克斯与美国讨价还价的余地已经不多了。正如埃克斯后来告诉佩兰的，两国合作的基础正在流失，美国人毫不掩饰地怀疑"老奸巨猾的英国人"可能会窃取"美国发明家的秘密和窍门"。[12] 从9月起，美国人开始了他们声势浩大的核武器制造计划，管理权交由军方。埃克斯只能无有为力地注视着美国计划的"远洋巨轮"破浪前行，而他唯一的选择就是尽其最大的努力将英国这艘小船拴在其后。

12月的第一天,当埃克斯参观恩里科·费米的核反应堆试验时,就被迫深刻认识到了这一点。实验室位于芝加哥,那里正在悄然等待大湖地区冬季的来临。[13]核物理学从来没有在这种匪夷所思的地方兴起过,没有供暖的临时实验室位于大学斯塔格球场西看台下面一间闲置的壁球室。向武装安保人员出示了证件后,埃克斯走进试验场地,这是一个昏暗、照明很差的空间,空气中弥漫着石墨粉尘,后来其中一位物理学家回忆:"我们呼吸着它,被它笼罩,它从我们的毛孔中渗出来。"费米的团队正在一砖一瓦地建造这个反应堆,木制的框架支撑着一个近似球形的结构,它是由约75万磅的超高纯石墨、约8万磅的二氧化铀和约1.2万磅铀构成的。其中唯一能活动的部分是一些控制棒。

埃克斯能很好地看清整个实验装置。站在以前的观众包厢内,他向一些物理学家自我介绍,他们正在用图形记录仪和仪表监控着反应堆的输出。费米以五星上将的权威指挥着操作,而其稳健的判断,曾让他赢得"教皇"的外号。他在试验期间不会闲聊,所以埃克斯只能从别人那里获得关于他的大部分信息。他看到这些科学家往反应堆中放入最后一些石墨块,并看到装置内的中子已经开始增殖——费米和同事们似乎再有几小时就能实现自持反应,这种受控的核反应齐拉九年前就已经预见到。如果实验成功,钚就会作为一种副产品从反应堆中产生,美国人便可以用它制造武器。

埃克斯没有在现场见证这项工程的高潮。那天他参观结束后,下午快到4点的时候,图形记录仪上的笔画出了中子流的一次指数级增加,直到费米命令将其中一个控制棒插入堆芯,瞬间减弱中子流的上升,该过程才结束。反应堆没有熔毁。他掏出计算尺,迅速进行了计算,结果令他喜笑颜开,随后宣布:"这次反应是可以自动持续的。"在一轮绅士的欢呼过后,尤金·维格纳与他握手并送上一瓶基安蒂红酒,团队其他人很快用纸杯分享了这瓶酒,人们静静地抿着，眼睛注视着他们的"教皇"。大家知道，为了能让美国争取充分的时间造出原子弹，从而令盟国可以先发制人打败希特勒，作为实际身份是一名敌国侨民的他，已经做出了比所有人都要大的贡献。当团队解散后，齐拉留在费米身边，握着他的手说："今天将作为人类历史上的黑暗一天载入史册。"

大约三周后，罗斯福秘密批准了资助"曼哈顿计划"——以其第一个总部的地点命名。由于第一任指挥官詹姆斯·马歇尔（James Marshall）上校的表现缺乏项目所需的紧迫感，罗斯福任命军人兼工程师莱斯利·格罗夫斯（Leslie Groves）指挥该工程。[14] 格罗夫斯毕业于西点军校和麻省理工学院，是一个执行能力很强的工程主管，拥有多次主持大型工程的经验，包括在华盛顿建造五角大楼——世界上最大的办公综合楼。这个直率的46岁男人仍保持着20岁出头的坚韧不拔，能够扫除或克服阻碍其前进道路的任何人或事，直到完成任务。他聪明、高效、果断，从许多方面看，都是这项任务的完美人选。在"曼哈顿计划"的芝加哥实验室，他第一次与科学家们见面——包括费米等三名诺贝尔奖获得者以及齐拉。他让科学家们好好地摆正位置，挑明自己对他们的花哨资历漠不关心，并对他们说，他做过的研究可以让自己拥有相当于两个博士学位。[15] 听者默不作声。

正式接手这个项目不到六周，他就任命罗伯特·奥本海默为科学主管。[16] 这是一个神来之笔。并没有明显迹象表明奥本海默就是该职位的合适人选：他貌似知识界的"花花公子"，虽然作为理论物理学家有一定的国际地位，但他没有工业或军事领域的管理经验。尽管他在物理学上有很高造诣，但奥本海默清楚地知道，只有不断地做出辉煌成果才能进入基础物理学的精英群体，38岁的他知道自己永远不可能达到这种高度。所以，当格罗夫斯提供给他这一另外的成名机会时，他果断抓住了，搁置了自己颇有前途的亚原子粒子和后来被称为"黑洞"天体的理论研究。

格罗夫斯的果断令人印象深刻,尽管他的决定似乎不总是基于逻辑和理性。在其偏见中就有明显的仇英心理,这是他 20 年前在伦敦停留时形成的。而这种反感没有多长时间就表现出来了。在他获得任命不久,布什和科南特就赞同了他的观点:"英国人的工作可能仅仅限于一些为数不多的科学家,而缺少来自英国政府或工业界的重大支持。"[17] 确信了狡猾的英国人试图从这个完全由美国人投资的项目中不劳而获后,他拒绝了埃克斯及其花言巧语的理由,并开始担心莫德计划的松弛安保,认为和法国人关于核专利问题的争论纯属浪费时间。[18] 让格罗夫斯生气的,还有丘吉尔政府竟然任命两名帝国化学工业公司的行政人员来负责英国计划——他怀疑埃克斯及其副手迈克尔·佩兰想刺探美国的新技术,在战后为其公司发展核电工业牟利——科南特指出,这"几乎就是垄断"。[19] 埃克斯通过纽约帝国化学工业公司办事处做工作,在报纸上刊登涉及该公司的反垄断新闻报道,但都没有打消将军对这家英国公司的疑虑。[20] 1943 年初格罗夫斯实际停止了信息交换后,英国当局也报复性地禁止英国科学家到美国出席会议,继而导致格罗夫斯施加更为苛刻的限制。[21] 到 1943 年春天,科学交流不设限的夙愿已经宣告破产。

由于不知道为什么来自美国同事的信息流变得枯竭,英国和加拿大的"管子合金"科学家感到迷茫和沮丧。[22] 他们知道罗斯福在十二个月之前就已经允诺达成一项"共同行动"的计划[23],几个月前他们还和美国同事像兄弟一般地协作,究竟是什么让这种协作突然停止了呢?埃克斯给不出任何解释。英国政府仍然支持自己的核计划,资助规模为每年 25 万英镑,资金仍会流入各个实验室。但是这个计划极度缺乏重点和领导人物。[24]

英国在北非取得了军事胜利,尤其是 11 月阿拉曼战役又锁定了胜局,举国士气大涨,然而"管子合金计划"成员的斗志却跌到了谷底。[25] 在利物浦,詹姆斯·查德威克对这个计划的未来"极为忧虑"；在伯明翰，鲁道夫·派尔斯曾一度劝导英国同事对美国人更加开放，少些居高临下的态度，也知道协作已经奄奄一息；定期参加华盛顿会议商讨英美两国项目合作的小汤姆孙，意识到他正遭到"排挤"。建立平等的英美两国核伙伴关系的梦想如今已经破灭了。

并非只有"管子合金计划"的科学家在千方百计地了解白厅发生了什么。希尔仍在谴责英国政府未能有效地利用武器研发顾问，自7月托布鲁克陷落后他一直在反复强调这个问题。在给《泰晤士报》的一封信中，他建议政府应该从罗斯福的书中取经，成立一个像万尼瓦尔·布什在华盛顿运作的那种委员会。[26] 希尔很惊讶，为什么丘吉尔在部署战时科学与技术方面如此缺乏决断。虽然希尔经常能见到丘吉尔在下议院的表演，但他如何与技术专家当面交涉仍然是个谜。一位供应部官员，坎贝尔·克拉克（Campbell Clark）的一封略带轻率的信，在一定程度上描绘了首相的形象，当然不是什么奉承之词：

> 无论何时何地，只要有观众，［丘吉尔］就会表露出舞台中央的演员本能——并且观众的组成最少只需要两个人……虽然他在一对一的私人谈话中从善如流，也听得进任何人的私下反驳，但第三者的存在就会令其分心……他立刻就会站到舞台中心。之后任何不同的观点都是对他权力的大不敬。[27]

按克拉克所说，当专家们给丘吉尔呈送意见时，如果超出了他的知识领域，他的虚荣心就会发作：

> 如果［专家］赞同，或者没有表达不赞同，［首相］就会很高兴。如果专家表达出不同意见——更糟糕的是，如果他进而为相反的观点提供理由的话，［首相］就会感觉自己很挫败，当着

其他人的面被羞辱。他没有因其领袖地位而得到应有的尊重。正是脆弱的虚荣心，妨碍了他的判断力。

所有的技术顾问都知道，他们免不了要受到林德曼的评头论足。他和其他一些人曾说服丘吉尔同意对德国城市进行地毯式轰炸，以打击敌人的士气并摧毁其工业实力。林德曼的死对头帕特里克·布莱克特坚决反对这一策略，他认为这样做既不道德，也徒劳无功。布莱克特主张，皇家空军应到关键的大西洋战场上，集中攻击德国的潜艇和港口。他是这场战争的先锋，作为一名造诣极高的"操作型研究人员"，与海军和空军的同事密切合作，综合运用简单数学、科学推理、实践智慧和创造思维，协助改进武器设计，提高它们的效能。[28] 这些技巧，经过他在卢瑟福实验室的磨砺，现在正用来帮助英国及其盟国，为他们在大西洋上的战斗提供利刃。

像希尔一样，布莱克特本质上是一名解决问题者，他倾向于在战时专注于少数希望较大的技术创新，而不是在远期目标上耗费资源。丘吉尔偏爱开发几十种新装备和武器，期望里面能有几种真正派上用场，希尔与布莱克特对此都不满意。正如希尔评价说，首相表现得像一个"想玩玩具的67岁老男孩"[29]，花费"数千万英镑去打水漂"。[30] 布莱克特怀疑核弹也是这些玩具之一，制造费用极其昂贵，却又难以帮助英国赢得战争的胜利。埃克斯和许多同事，尤其是查德威克、弗里希和派尔斯，都有充分的理由不同意：根据来自德国的情报，纳粹政权仍有能力造出核武器。如果这种事情发生，莫斯科就会被彻底摧毁，希特勒讨价还价的筹码也将飞速上涨。

为了安抚这些高级科学家，首相任命了一些全职的科学顾问去生产部（Ministry of Production）工作。如果希尔和同事们认为自己取得了进步，那他们将很快醒悟——几周后，丘吉尔为林德曼安排一个内阁席位——让他担任了财政部主计长。在白厅，这种提拔可以用下面的诗文来点评，其风格借鉴了威廉·吉尔伯特（William Gilbert）轻快流畅的音乐剧本《班战斯的海盗》（*The Pirates of Penzance*）：

> 我的秘书处负责审查专题备忘录，
> 细致入微地挑出谬误，整理头绪；
> 我深入研究战略问题，分析弹道学，
> 改革整个工业，或者编制统计数据；
> 我的敏锐万无一失，我的逻辑无比牢固，
> 我微不足道的提议，都是不容置疑的公理；
> 因此无论在植物、动物还是矿物方面，
> 最模范的财政部主计长，就是我自己。[31]

埃克斯知道讨好林德曼还是必要的。只有通过这种方法，才能维护首相的自信。然而对于"管子合金计划"，首相大多数时间不过充当旁观者而已。

1943年元旦，埃克斯步行到他在华盛顿的办公室——像往常一样没穿大衣——去最后润色一封写给格罗夫斯将军的五页的信，谋求"管子合金计划"与"曼哈顿计划"的合并。[32]埃克斯知道，他正在跟一个牌桌"老千"打弱牌，对手拿着所有王牌，而游戏剩下的时间不多了。埃克斯认为，美国外交策略的弦外之音，是他们"想要在这个领域建立垄断地位"，但他还是喜欢格罗夫斯，因为后者"尽管受人误导，还算是个诚实的人"。格罗夫斯的有些想法非常奇怪，显得他们较为愚蠢——他甚至提出将核理论学家雪藏起来，在监狱大门关闭前，可能允许查德威克和派尔斯前来最后讨论一次。

大约两周后的1月13日，一个寒风凛冽的早上，埃克斯听说

了美国的决定。詹姆斯·科南特已经写好了给英国－加拿大核反应堆项目行政长官的一封信——没有抄送给埃克斯——为他们的合作关系制定律法，这些条款对加拿大非常不利。[33] 这对英美的核合作来说不是一个好兆头。[34] 那天稍晚，致命一击传来：布什在房间里作为见证者，科南特向埃克斯宣读并交付了一页通知，陈述了美国在该计划上合作的原则。[35] 这个消息甚至比埃克斯所预料的还要糟糕。

该备忘录涵盖了计划的七个方面，包括重水的生产及其在链式反应中的使用；从 ^{238}U 中分离出 ^{235}U 的方法等。备忘录的前两行就定下了基调，关于所谓的电磁分离法，断然地宣称："不再为英国和加拿大提供更多的信息。"接下来通篇如此，残忍清晰地阐明了美国人如今强制实施的安排。它所传达的信息无比明确：英国研究者已在遭受排挤，除了美国人可能会用到他们知识的少数领域。为了避免有人质疑他们是否有权强制推行这种新安排，布什和科南特指出，他们是奉了"顶层人物之命"。[36]

埃克斯几个月的辛劳尽付流水。美国人的核计划曾因《莫德报告》而启动，并且受益于核专业知识的公开交换，但他们现在单方面撕毁了丘吉尔和罗斯福达成的合作政策。埃克斯担负着严峻的任务，他要让白厅的同事认清现实，向失望的"管子合金计划"的同事解释美国的大转向[37]，还要同万尼瓦尔·布什打交道，这位科学家的所作所为最深地辜负了埃克斯的信任。

21　布什瞄准美国的垄断　1942.10—1943.7

[丘吉尔]有着举世无双的自负……他认为自己在科学应用于武器方面，是当仁不让的专家。

——万尼瓦尔·布什，1972年[1]

万尼瓦尔·布什和副手詹姆斯·科南特已经与英国人周旋了几个月。两人对美国的核政策看法总是几乎一致，并让埃克斯放心，他们希望与英国人密切合作，但在背后却加紧行动，推翻罗斯福曾表面支持过的合作政策。随着美国计划的进展超越了英国，在写给日益焦虑的约翰·安德森爵士的一系列长篇、谦恭且恰如其分的信中，布什娴熟地拖延时间。其中有一封信特别体现出他的老练，虽然信中没有半句假话，但也灵巧地回避了安德森所关心的任何问题，科南特称赞布什，"堪称杰作的托词回复"。[2] 不久之后，布什和科南特就说服了总统放弃合作政策，不仅他们得以推脱责任，还让可怜的埃克斯相信，新的安排来自"最高层"。[3]

用约翰·考克饶夫一向颇有分寸的话说，布什如今是"美国科学家之王"。[4] 自从总统许可他成立国防研究委员会，他已经组建了资源极为充裕的高效体系，将大约20万科学家联系了起来，下至初级的实验技师，上至爱因斯坦，都在为美国军方的需要服务。在一间远离公众视野的木质装潢办公室里，他领导着这个组织。办公室位于华盛顿西北部 P 大街上的卡内基研究院。一些军方领导人对与非军事人员一起工作感到不安，不相信他们会保守秘密，但"老万"打消了他们的疑虑，在反对者中树立起威严。他邀请他们共进晚餐，吞云吐雾、觥筹交错之际，耐心地解释他的想法，并给出强烈暗示，表明他与总统的亲密关系。大部分异议者很快改弦更张，他们不愿冒险被骂得狗血淋头。

每个周一，布什都夜以继日地工作，推进日程安排，但他也懂得如何休息。有些周末，他离开居住的当地酒店，前往自己在新罕布什尔的农场，享受一两天的闲暇，喂喂火鸡，吹吹笛子，到海岸边划划船。[5] 即使驰骋于国会山上，注视着华盛顿局内人的一举一动，他也保持着农夫的质朴，身材结实，举止诙谐。珍珠港事件几周后，《矿工》(Collier) 杂志登出了一篇颂扬的文章，如实刻画了他的品性，并邀请读者去"见一见这个决定战争胜败的人"。[6] 布什也许会暗暗叫苦，因为他在文章中读到，作者曾询问过他的办公室人员最为机密的话题——使用 ^{235}U 制造核弹的进展，这种炸弹"会让柏林变成一个巨大的弹坑"。办公室人员妥善应对了这个问题，他们告诉作者"听到这种故事感到不寒而栗"，并坚称他们根本的兴趣在于将"^{235}U 用作一种能源"，这当然与事实相反。

一年多来，布什曾嘲笑早期的新闻报道将核裂变的发现同威尔斯式灾难来临的威胁联系起来。但他已开始认真对待核武器的可能性问题。他很快确信，美国应该率先独立制造出这种武器，并很快对英国的谈判者兴味索然。他们令人讨厌地鼓动平等合作，能提供的资源却很有限，并且毫不顾及美国纳税人的利益。布什也不能理解英国的体制，错综复杂的委员会就像一堆意大利面，没有切实做过什么有用的事儿。[7] 弗里希和派尔斯的原创性备忘录，查德威克大师手笔的《莫德报告》，安德森有理有节地呼吁平等待遇——都不能打动布什分毫。他心里盘算的，只有美国的远景未来和现实利益。

所有领导人物都赞同布什－科南特的意见。在这些高层支持者中就有战务部长亨利·史汀生（Henry Stimson），战争开始以来，他曾维护过英国的利益，但他坚定地认为，美国注定会领导世界。[8]而问题在于，决策层中最为重要的人物——罗斯福——最为靠不住，他转眼就会改变政策，能够同时持有多个观点。10月下旬，他谈及他与丘吉尔只是以"非常泛泛"的方式讨论过核计划——就与三个月前他描述的"完全达成一致"大相径庭。[9]罗斯福很快倾向于布什和科南特的观点，美国的核计划不再需要英国的帮助，现在是时候只交换纯粹的科学知识，而不共享几乎全部的工程和制造方面的信息。通过这种方式，美国能够将这种武器据为己有，用布什的话说，它也许"有能力维护世界和平"。[10]

在1942年10月下旬的一次会议上，史汀生告诉总统，美国在原子弹方面做了"全部工作的90%"，并建议美国应该只分享那些"我们可以帮忙"的信息。罗斯福同意了，但建议他们与丘吉尔协商。布什希望采取更为强硬的路线——限制与英国科学家的交流，只交换战时对他们有用的信息。而且，他认为应该"在原子弹设计……的研究和开发方面不做交流"。12月中旬，所有这些都毫无异议地获得了颇具影响力的军事政策委员会的批准，该委员会成员包括史汀生和副总统亨利·华莱士（Henry Wallace）。在原子弹研发的所有重要细节上，他们都赞同将英国排挤出去，即使他们知道终结这场合作，将导致计划推迟，甚至有可能意味着希特勒率先拥有这种武器。对布什、格罗夫斯和同事们来说，挑战在于要说服捉摸不定的总统放弃与丘吉尔曾经达成的合作协议，接着便可奉命行事。然而，罗斯福的同僚们不费吹灰之力，就说服他批准了数百万美元的投资，以人力所能及的速度为军方制造核武器。[11]

罗斯福可能会对大幅消减与英国的合作感到不安，但这种不安很快得到宽慰，史汀生呈交给他一份机密的英苏协议，协议有关新式和未来武器的交换，这就意味着英国可能会与斯大林分享美国的情报。这件事有些诡异——任何人，即便稍微接触过丘吉尔的人，也知道他会立即抛弃这样一份协议，只要他认为对英美关系有任何损害。稍后发给丘吉尔的电报中，总统没有提及政策的反转，也许是因为他自信可以当面向丘吉尔说清他的大转弯，几个月后，他们就要在温暖明媚的卡萨布兰卡会晤。在他们的讨论中，几乎没提到核计划方面的难题，罗斯福巧妙地打发了丘吉尔，向他保证哈里·霍普金斯将在会后把所有问题整理出来。然而在接下来的数月，霍普金斯保持着沉默，让日益焦虑的首相接连不断地发电报。1943年4月丘吉尔的电报写道："要是我们各自分开干，将是一个不明智的决定。"[12] 但按照布什的说法，霍普金斯是个铁石心肠。

如今"管子合金计划"丧失了大部分动力，英国人讨价还价的能力几乎降为零。将英国实际上从美国计划中排除的策略带给布什丰厚的回报，但他似乎不再受白宫的待见——他几乎没再从罗斯福那里听到什么。总统似乎不仅让其首席科学家排挤走了英国人，还让他背上这口黑锅。如果到了紧要关头，罗斯福就会宣称他不了解详情，然后在官员们的配合下，高高在上地重新协商。同时，布什也在心神不定，担忧总统是否认识到了核武器的战略价值。[13] 让布什和科南特仍耿耿于怀的是，他们是在与帝国化学工业公司的雇员探讨英国核政策，而不是和毫无私心的学术界科学家。1943年3月，科南特告诉布什，"如果参与谈判的是与你相仿的英国科学家，并且他们在英国拥有像我们在美国一样的决定政策的话语权"，那么英美合作制造原子武器的争论，"可能根本就不会发生"。[14]

布什担心罗斯福在下一次与丘吉尔会晤时政策又要变卦。从5月12日会谈开始，"老万"就在卡内基研究院的办公室内候命，等待着白宫的召见，但两周来也没听到什么动静。在会谈的最后一天午后，哈里·霍普金斯给他打电话：问他能否前来，尝试和林德曼达成一致意见。三人聚到一起，在霍普金斯的办公室谈了一个多小时，位于白宫二楼的办公室正好可以眺望华盛顿纪念碑和杰斐逊纪念堂。[15] 林德曼不再是布什所熟知的轻言细语的首相顾问，而是表示出苛责，要求弄清楚美国究竟为什么单方面终止了合作。在霍普金斯的注视下，布什开始为美国辩护。

林德曼予以坚决反驳。他讲道，英国想要参与制造原子弹，原因是希望战后拥有这种武器。[16] 关于原子能的商业考虑并不重要。如果从美国得不到如何制造核武器的技术信息，那么——按他的观点——英国将不得不转移部分战备力量来做这件事，尽管这最终需要丘吉尔拍板。在气氛剑拔弩张之时，霍普金斯说，他现在终于明白了分歧的要点。此情此景下，布什告诉霍普金斯，他认为最好是"静观其变"。

美国的政府官员都不愿告诉布什，就在他面对林德曼的攻击而为美国辩护的那一天，总统决定答应丘吉尔的恳求，重启与英国在核情报方面的全面交换。[17] 甚至一个月后（7月24日）罗斯福与布什共进午餐时，也没有提及这件事。布什告诉总统，按林德曼的说法，英国追求的首要目标是在战后拥有原子弹。罗斯福"大吃一惊"，嘟囔说林德曼"真是一个想法古怪的家伙"[18]。

布什离开了白宫，认为总统"无意在与英国的关系上更进一步"。然而，如果从过去几个月的经验来推测，罗斯福关于英美核交流的最新指示不像是信口乱说。布什只能按照他所知的总统最新指示办事。这就是他两周后要做的，启程前往伦敦开始他计划已久的访问，与英国专家商谈两国间能够共享的军事技术问题。不可避免地，布什将不得不在访问期间面对责难，并直接向首相解释美国的政策。

1943年7月15日傍晚，布什走进唐宁街参加战时内阁反潜分委员会的一次会议，期望能与布莱克特、林德曼等二十多位专家谈论几小时战略问题。然而，就在布什刚刚进入大楼时，他就被单独带进内阁会议室，和分委员会主席在一起的只有一位听众——温斯顿·丘吉尔。

布什本打算寒暄几句，但很快发觉自己就像烤肉叉上的烤鸡。[19] 首相刚刚从午睡中醒来，坐在巨大的内阁会议桌前，怒气冲冲。他足足用了一刻钟的时间冲着客人咆哮，对交换协议的失败大加训斥，其间不时地想点燃雪茄，把烧完的火柴向左侧的壁炉扔去。布什一言不发。但当丘吉尔提起科南特1月的那份备忘录，并表示其中明确说明了美国如今在核情报交流方面强加的苛刻限制，布什才开口质疑文件是否真的存在。当丘吉尔拿出一份副本，布什声称他从未见过，显然忘记了他几个月以前，曾目睹副手科南特将文件内容大声读给华莱士·埃克斯听。

布什继续他的冒犯言辞。他说，很显然英国在该计划中的主要兴趣是为战后核能项目打下基础。丘吉尔插嘴说他对那个一点都不在意。首相又一番长篇大论后，布什提醒他，美国原子弹计划现在由军方负责，所以他可以同亨利·史汀生讨论这个问题，史汀生正好在伦敦。布什恼怒地说："我完全不想在他缺席的情况下谈论这个话题。"他离开房间时瑟瑟发抖，但决心下次扳回一城。

两天后，在一次前往多佛的旅行中，丘吉尔把史汀生叫到一边。史汀生在日记中写道："他十分渴望我能干预原子弹事务，而对他有所帮助。"[20] 他们安排稍后不久在伦敦会面。史汀生对核方面的谈判细节知之甚少，更难以理解，因此参会时带上了同事哈维·邦迪（Harvey Bundy）和布什，邦迪为人谨慎，是一名熟悉"曼哈顿计划"的律师，而布什则是真正的专家。会前不到一小时，他们在克拉里奇酒店用午餐，邦迪提醒史汀生，如果丘吉尔找到门路，总统就会漫不经心地被说服，过度地使用他在战时拥有的宪法权力，补助战后的英国核工业。当他们走入唐宁街，史汀生告诉布什："老万，我希望你解决这事。"

丘吉尔也不打算心存侥幸。他让两名核领域的心腹林德曼和安德森陪同，但他们在会上很少说话，史汀生和邦迪也是。[21] 按布什后来的描述，这次交谈又是一场他和丘吉尔的斗争，丘吉尔再次强调他对战后核能项目没有兴趣。对此布什反驳道，为什么英国选择来自帝国化学工业公司的工程师做项目代表？丘吉尔看着林德曼和安德森，但他们也没有说话。

布什认为，丘吉尔最终偃旗息鼓，认识到除了妥协外别无选择。丘吉尔说："我将给你们一个提议。"接着陈述了一个四点方案。第一，原子弹的建造是一个联合项目，情报自由交换；第二，任何国家不能向对方使用这种武器；第三，任何一方不得在未获另一方许可的情况下向其他国家透露情报——这一举措将清除掉罗斯福与斯大林分享该项科学成果的任何可能，总统对斯大林的同情超出了丘吉尔认为明智的限度；最后，鉴于美国势必要为项目提供资金，丘吉尔同意，对英国任何可能在战后发展的核能项目（作为电能来源），总统拥有否决权。

会议接近尾声时，史汀生同意将这四点意见呈交总统。布什和同事们想要的大部分都得到了，最重要的是他们对科学交流的承诺如此模糊，很容易就可以加以限制。布什离开唐宁街，看到丘吉尔对会谈的结果不是非常满意，在短期内也不会给他好脸色。

几天后，布什仍留在伦敦，轻松的心情转换为焦虑。他读到一封来自总统的含糊不清的电报，写于第二次唐宁街会谈之前，通知他"评估"与英国的全面情报交换。接下来的一周在华盛顿，布什弄明白了，总统的电报译错了——罗斯福实际上命令他"续签"这个协议。但是一切都晚了：布什、丘吉尔会谈的结果已经出来，情报的交换不再延续。如果威尔斯在他的政治讽刺小说里想到这样的情节，一定会被指摘为荒唐可笑的编造。

现在是敲定一份合作协议的时候了。布什、安德森和几名同事受命起草一个文本，供领导人在即将举行的魁北克会晤中参考。尽管布什很乐观，但仍无法确定，总统真正期望的美国核合作政策应该是什么样子，以及如果被斗牛犬再度咬住脚跟，罗斯福会如何反应。然而，"老万"无须等太久——因为丘吉尔与罗斯福的会晤就被安排在几周之后。

22 丘吉尔与罗斯福的核交易
1943.1—1943.9

> 罗斯福是位多么有教养的家伙……精明、狡猾的老手——真是不世出的人物。但我仍然知道该支持谁……
> ——丘吉尔的女儿玛丽（Mary），1943年9月3日[1]

1943年4月初，丘吉尔终于全面领悟到英国核武器计划的重要性，这离莫德委员会的科学家向他确认原子弹的可行性已经两年了。他认识到英国极有可能面临被"曼哈顿计划"排挤出局的危险，最终开始正面解决这个问题——布置报告、召集会议、约谈顾问。此时此刻，英国在这个问题上的谈判地位已岌岌可危。

很可能是在1943年1月，当林德曼教授听说英国已经被排挤于美国的核计划之外，便怒气冲冲地给丘吉尔写信，从而让丘吉尔注意到这个问题的严重性。他写道，存在的风险是，"如果德国首先完成了这项工作，我们就会输掉战争"。假定盟军获胜，如果英国没能掌握原子弹的话，也要承担在冲突中遭受重大损失的风险，因为原子弹有望成为世界上威力最大的武器：

全世界的科学家都知道其原理和可能性。毫无疑问，除非用武力阻止，五年之内各个大国都会拥有这些武器。如果英国忽视这种强大武器而与此同时俄国正在发展它，英国能承担得起这样的后果吗？[2]

在这种情况下提到俄国肯定会让丘吉尔坐立难安。林德曼的信促使首相给霍普金斯发出一系列备忘录，霍普金斯一贯的逃避刺激了丘吉尔，让他更加坚定要在核合作问题上对美国进行约束。[3]4月上旬，他让林德曼起草了一份报告，林德曼用五页浅显的文章概述了该工程及其背后的物理学，指出"专家们认为有99%的成功率"，当然他觉得专家们的比率太过乐观，但起码也有90%。[4]丘吉尔说，现在他理解了"这件事情的来龙去脉"，命令情报人员刺探德国，是否有任何正在建造核弹用材工厂的迹象。八天后，他让安德森调研"我们自己全速"研制核武器的花费。[5]结论读来发人深省：在英国本土浪费那么多宝贵资源去制造这种武器是没有意义的——与美国人密切合作，效率要高得多，即使他们拒绝共享武器，我们也会在战后利用从事该项目的经验，在英国制造自己的原子弹。[6]

这就是为什么在1943年夏初，丘吉尔坚决要说服万尼瓦尔·布什和亨利·史汀生重启英美合作。尽管谈判进行得非常艰难，但丘吉尔认为从英国的角度来看谈判是成功的。然而安德森警告他仍然存在风险，即美国军方的将军们会制造麻烦。这些谈判结束不久，安德森询问丘吉尔："无论如何还是存在这样的风险：格罗夫斯将军只要告诉史汀生和布什，他们就像来过我们迷雾岛的美国人一样，上了虚伪狡诈英国人的当，被伟大的首相哄得团团转。"[7]就在收到这封信后几小时，丘吉尔读到来自罗斯福的一封友好但含糊的电报，罗斯福写道，他已经"对'管子合金'做了妥善的安排"，并建议丘吉尔派遣一名"首席人物"来敲定细节。[8]

丘吉尔已经好几个月没有从总统那里收到关于核计划的如此鼓舞人心的消息了。安德森想着趁热打铁，收拾行装准备访问华盛顿，与美方官员拟定一份协议，从而可以让丘吉尔在下一次魁北克领导人会晤时签署。[9] 丘吉尔实际上仅有的这两名核顾问——林德曼和安德森，都不特别善于和美国官员打交道。安德森擅长在谈判中妥协，可以委托他起草双方都能接受的条文，而蒂泽德的经验和外交技巧——令美国人如雷贯耳——却英雄无用武之地。亨利爵士也无缘参与这件敏感事务，因为丘吉尔派他前往澳大利亚执行三个月的任务。[10]

安德森8月5日抵达华盛顿，就收到了一封电报："祝你好运——温斯顿。"[11] 这位约翰爵士穿戴得像爱德华时代的管家，在国会山上古风翩然，当然他的稳重举止也让他颇受欢迎。[12] 他花了五天时间，与布什、科南特和其他官员一起修订协议草案，埃克斯则在身边，从英国科学家的视角就可行性提出建议。科南特确信，美国计划进展很顺利——他认为原子弹已是"囊中之物"——但他的老板万尼瓦尔·布什更为谨慎。尽管美国现在"花钱如流水"，但他仍担心这种武器能否及时造出来，在战争中派上用场。[13]

谈判进展得比安德森预想的还要顺利。格罗夫斯和其他军方人员没有制造任何麻烦，美方谈判代表只要求在协议草案中做细微的修改，只是科南特反对安德森建议的交换技术情报的安排。波澜不惊，大家同意成立一个联合政策委员会监督政策的执行，史汀生担任主席，成员由英国、加拿大和美国的官员组成。安德森相信美国人会重新开始，本着友好的精神进行合作，也知道丘吉尔会很高兴地支持他。然而，这一切安排都只是典型的官僚政治走过场而已。

丘吉尔和罗斯福在魁北克的日程当然主要是关于在法国北部开辟第二战场的争论。此时只能简要谈及核计划，在华盛顿达成的文本草稿，有望让领导人更容易地达成最终协议。如果一切按部就班,丘吉尔就能赢得他数月以来梦寐以求的奖赏:与美国在原子弹计划方面开展没有禁区的信息交换。

8月5日午夜刚过,踌躇满志的丘吉尔出发前往与总统的再一次会晤。他在伦敦西区的爱迪生路火车站站台踱来踱去,哼着威廉·吉尔伯特的歌谣,那是他儿时就会唱的:

> 我在这幸福的日子里离去,
> 扬帆海上,玛蒂尔达! [14]

次日,他抵达苏格兰的克莱德河(Clyde River),登上"玛丽皇后号",带着200名随员,其中也包括夫人和女儿玛丽。这次访问有望既是一场成果丰硕的公务之旅,也是一次惬意的家庭度假。

丘吉尔有充分的理由心情舒畅,因为目前战争局势好转。5月份,北非已经扫清了敌军,意大利的投降指日可待——随后的7月,法西斯大议会(Fascist Grand Council)罢黜了墨索里尼,苏联在遭受希特勒军队造成的重大人员伤亡后,现在也开始反攻。丘吉尔于1942年8月首次在莫斯科会见了斯大林,又惊又喜。斯大林并非仪表堂堂的人物——身高略过5英尺,皮肤上布满麻子,牙齿不好,左臂萎缩——但他有着令人印象深刻的直爽。在一场长达六小时的私人宴会上,餐桌最上面摆着烤乳猪,觥筹交错间,两人进行了开诚布公的交谈。丘吉尔在凌晨3点离席,那时的他心里面隐隐觉得自己能够和苏联的领导人打交道。[15] 两个月后,莫斯科盛传这样的故事:丘吉尔把斯大林描述为"那个怪物"。首相对此不予理会,称此不过是"愚蠢的谎言"。

苏联军队在斯大林格勒扭转了战局。到1943年2月,整个德国第六集团军已经被消灭或俘虏。苏联正着手发动库尔斯克战役,这将是有史以来的最大规模坦克战。尽管德国将输掉这场战役,但苏联的损失已经极为惨重，比其他所有盟国损失的总和还要大得多。令斯大林愤怒的是，英国和美国迟迟不能开辟欧洲第二战场，以减轻苏联军队的压力。罗斯福想安抚他，给他写信建议两人进行私人会谈。[16] 一名美国官员走漏了此事的风声，心神不宁的丘吉尔向总统提起这件事，总统大言不惭地否认曾做过任何安排。斯大林最终拒绝了会晤，但是罗斯福的虚与委蛇再一次让人注意到，跟他打交道用直来直去的办法是很困难的。丘吉尔如果受到了伤害，也会不动声色：他最喜欢成为罗斯福的闪亮同伴，会晤开始前还安排自己在海德公园住了一周。

魁北克的会议由加拿大总理威廉·麦肯齐·金（William Mackenzie King）做东道主，在建于17世纪的魁北克城堡召开，那里可以一览当地的防御工事，以及数百英尺下宽阔的圣劳伦斯河浩浩荡荡地流向大西洋。抵达几分钟后，丘吉尔就来到配备了移动地图的房间里工作，与白厅的官员交谈，向将军们发号施令。[17] 约翰·安德森爵士给他带来核合作的协议草案，但似乎他们没有讨论太久——丘吉尔和他的女儿很快退房，乘坐一天的火车，前往罗斯福在纽约州的家。轻松愉快的总统热情欢迎，丘吉尔在室外游泳池游泳，戴上宽边牛仔帽，和总统及客人在夏末的热浪中野餐，吃着汉堡、煮玉米、鱼羹、西瓜和热狗。[18] 黛西·萨科雷（Daisy Suckley）是罗斯福的表妹，丘吉尔的毕恭毕敬令她感动，因为他"崇拜总统，热爱他，仰望他，听从他，依赖他"[19]。

领导人的魁北克会谈开始于8月17日，持续了一周。丘吉尔劲头十足，每天进行到凌晨，这让罗斯福感到"简直快死了"。[20] 他们会谈的早期成果之一是达成协议，邀请斯大林到阿拉斯加与两人共同会面[21]——丘吉尔制止了罗斯福单独会见苏联领导人的想法。丘吉尔总是斤斤计较，担心被崛起中的超级大国边缘化。虽然阿拉斯加会议没能举行，但三个大国充分展示了良好意愿，为几个月后的德黑兰首次会晤奠定了基础。

魁北克会议的高潮，尤其对美国人而言，是丘吉尔原则上同意了次年盟军将在美国的指挥下登陆法国，尽管他还为自己保留了一些回旋余地。美国人和苏联人早已有怨言，认为丘吉尔迷恋于或者通过空袭城市来耗光德国，或者进攻他称之为欧洲"柔软下腹"的地方，而不愿展开正面进攻。[22] 丘吉尔担心这类行动将是一场大屠杀和战略上的灾难。

在一次私人会谈中，罗斯福最终给了丘吉尔他想要的东西——确认美国将重启原子弹合作。8月19日，会谈第二天，他们签署了一份文件，打印在四页魁北克城堡便笺上，大体按照安德森-布什草案的内容，丘吉尔在其中增补了一些修饰性的华丽辞藻，使其更加高调。[23] 协议开头是一个声明，即快速完成该计划"攸关我们的共同利益"，以防让希特勒率先拥有原子弹。当然领袖们从情报中获知其可能性不大。[24] 美国原子弹计划的着眼点，开始由在武器方面打败德国，转变为赢得战后世界的主导权。

协议中有一段近乎尴尬地明确写道，英国在伙伴关系中处于次要地位。但即使为了得到这样的角色，首相也准备做出一个相当重大的让步：

> 首相特别放弃了从工业和商业方面获益的权利，除非美国总统认为是公平和正当的，且与世界经济福利相协调。

丘吉尔将英国参与美国主持的计划，视为确保他的科学家能够充分学习以在战后制造核武器的唯一途径。为实现这一目标，他授予美国总统一项空前的否决权——有权否决英国发展核电，而核电是具有潜在利润和战略价值的重要工业。

两位领导人也给了他们自己一项否决权——有权否决另一方对

任何其他国家使用原子弹,这是放弃了国家的一项基本主权。要是美国的国会议员知道这个决定,他们几乎肯定会表示拒绝,丘吉尔政府也会发现,这样一项否决权难以实施。从长远来看,在其中一位或两位领导人下台后,很难想象他们的继任者会愿意受其约束。林德曼认识到这点会让丘吉尔暴跳如雷——首相坚持认为这份协议是英国在目前情况下能够获得的最佳结果。[25] 两年前当罗斯福首次提出联合开发原子弹时,如果丘吉尔的反应更迅速,听取更为明智的建议,英国本应在谈判中占据有利地位,达成更有利的协议。

丘吉尔对《魁北克协议》非常满意:这是首次让罗斯福——用白纸黑字——对合作政策做出承诺,并很快实现了英国科学家加入"曼哈顿计划"的目标。文件签署几小时后,鲁道夫·派尔斯、弗朗西斯·西蒙和马克·奥利芬特都抵达了美国,重启合作,查德威克也很快前来。[26] 这是第一批,英国后来共有二十多位科学家参与过原子弹的制造。

协议的一个严重缺点是它措辞的模糊性——安德森预先做出妥协,但是没有要求写明特殊情况,来让协议滴水不漏。结果,对于什么类型的情报可以共享并不清晰,文本中还有几处有弹性的漏洞,给了格罗夫斯及其同事可以利用的机会。

协议没有公开提及苏联,因为如果形成文字就过于露骨了:两位领导人希望原子弹对苏联保密。丘吉尔发现与斯大林打交道很困难,斯大林正变得越来越纠缠不休。魁北克会议的最后一天,他收到一封来自苏联领导人怒气冲冲的电报(关于盟军对意大利投降的回应),丘吉尔阴沉地评价"斯大林不是一个正常人",担忧接下来"麻烦不断"。[27] 然而丘吉尔知道,英国和美国必须与苏联打交道,并希望在战后继续保持良好关系,因为它注定会成为"战后世界最强的陆权大国"。[28] 正式访问加拿大回来,在前往波士顿的卧铺列车上,丘吉尔口授了第二天(9月6日周一)要在哈佛大学做的演讲，内容是关于如何加强英语民族的团结。他的演讲通过广播传向大西洋两岸，同时举行了詹姆斯·科南特授予他荣誉学位的仪式。正是科南特，几个月来一直排挤英国人参与美国制造原子弹的计划。

丘吉尔被授予了一个镶在红色摩洛哥羊皮革中的学位证书后，走向讲台，身穿牛津礼服的他，就像霍尔拜因（Holbein）画中的亨利八世。[29] 随着震耳欲聋的欢呼声在大厅回荡，丘吉尔戴上眼镜走上讲台，他的自信与这个大胆的主题非常相配——在不列颠、英帝国和美国之间建立永久联盟的必要性。他强调这些国家的共同价值观，以及"天赋的共同语言……无价的遗产"，接着开始鼓吹将来某一天，这些国家可能分享"共同的公民权"。到演讲高潮，他展望了战争的最后阶段，可能也想到了他和罗斯福在签订秘密的《魁北克协议》时损失的主权：

> 在这里，我想告诉大家，无论我们的世界安全体系采取何种形式，国家如何结盟或站队，为了实现大团结而让国家主权受到何种损害，如果没有英国和美国人民的共同努力，一切都不会顺利和长久。[30]

大厅中只有他一个人端坐，听众们全体起立，鼓掌欢呼。

这次访问是战争期间丘吉尔在北美停留最久的一次，访问结束后，丘吉尔于9月19日返回伦敦。林德曼对《魁北克协议》非常不满。几周后他写信给丘吉尔，认为协议没有"完全令人满意地表述合作"，并策略性地添上"似乎这是当前我们能够得到的最好结果"。[31] 随后的几个月，随着协议的缺陷变得明显，林德曼对它的评价更不乐观。此事成为他和首相分歧的开端，而首相则将其看作英美核政策的牢固基石。

尽管丘吉尔和罗斯福现在都明白，核武器将成为战后的重要资产，但他们似乎没有彻底想清楚研发它们的意义。他们及其顾问大概也没有思考过排除斯大林的后果，苏联为赢得战争付出了不成比例的代价，斯大林正为此怒火中烧，已经打算在战后通过领土补偿。丘吉尔好像没有充分领悟新武器可能会对地缘政治造成影响，这和他十多年前在《五十年后》一文中表现出的远见卓识形成强烈的对比。在那篇文章中，他曾担心民主政府为避免对这种新型军事力量提出原则性看法，而得过且过地不断妥协。如今，在战争的喧嚣中，通过一次令人尴尬的不可避免的让步，他和最亲近的盟友制定了一份狭隘且模糊的协议，去开发这种他曾经畏惧的新技术，而且要对他们的政府保密。无论丘吉尔，还是罗斯福，或是他们的任何幕僚，似乎都没有深入思考过，战后当其他国家也拥有这种武器时，将会发生些什么。

这种自满很快就会遭到挑战。丘吉尔和罗斯福签署《魁北克协议》七周后，一位流亡者抵达伦敦，促成了对核武器的意义进行新鲜而又有煽动性的政治考量。这位不速之客对制造核武器的计划一无所知，他甚至不是一位政治家，而是一位物理学家。

23　玻尔发起政治行动　1943.9—1944.5

> 玻尔就像一个惹人喜爱的特大号泰迪熊,而且总是身处烟雾缭绕中。
>
> ——查德威克的女儿乔安娜,2012年11月[1]

玻尔即将抵达伦敦的消息,让一向沉着冷静的约翰·安德森爵士非常激动,为此他还特意将钢笔中的黑色墨水换成紫色。安德森告诉同事们,玻尔能够"在各个方面和牛顿或卢瑟福相提并论"[2]。即便成就略逊一筹,玻尔也因兼具科学家和智者的身份而闻名,所以对"管子合金"来说,玻尔是不可多得的巨大财富。英国政府当前急需提升对"曼哈顿计划"的影响力,玻尔正好雪中送炭。不久,他就迫切地想要面见首相,决定提醒他,如果英美不改变想法,核武器便可能带来的威胁。然而,丘吉尔会不会听取他的意见,尚不明朗。

玻尔逃离丹麦的故事听起来有点像约翰·巴肯(John Buchan)的惊悚小说。[3] 哥本哈根的玻尔研究所在战争中苟全,当地的纳粹头目也相对仁慈,他一度能够基本正常地工作。1943年9月中旬,哥本哈根的形势急转直下:随着反德情绪加剧,关于纳粹要驱逐当地犹太人的流言开始传播。由于玻尔的母亲是犹太人,因此他本人也将受到影响。9月29日,在听闻要逮捕市内犹太人的密报之后,玻尔和妻子带着一点行李,趁夜幕降临之时偷偷离开了家,躲到海岸附近的一间小屋里,然后和其他逃亡者一起,乘船前往中立国瑞典的利姆港(Limhamn),他们趁着月光,以避开四下巡视的德国巡逻船。上岸后,玻尔和妻子一路安全地爬过沙滩。他的四个儿子也在几天后赶来会合。此后,尽管他向瑞典国王、外交部部长倾诉了丹麦犹太人的困境,但他还是认为自己去英国才更能发挥作用,他也把英国看作第二故乡。当林德曼再次邀请他飞往伦敦时[4],他离开了由瑞典当局照顾的家人,登上了一架撤除武装的蚊式轰炸机。他被塞进未增压的炸弹舱,因为这架飞机并没有乘客座位。平生第一次,玻尔的大脑袋给他造成了麻烦,让旅途极为不适——发给他的头盔上配备着耳机,但头盔对他来说太小了。结果就是他没有听到机长要求戴上氧气面罩的指令,而产生了高空反应,几乎全程都处在昏迷状态。

10月6日,玻尔在苏格兰着陆,接着又乘坐一架南飞航班,在克里登机场(Croydon Airport,位于伦敦附近)见到了老朋友詹姆斯和艾琳·查德威克,此时他还没有读到官方的系列文件。[5]玻尔抵达时,还对"管子合金"和"曼哈顿计划"一无所知。但是两年前他就猜到,核武器可能要成为现实,因为他收到过查德威克的秘密邀请,让他前往英国工作(那是一份丹麦反抗军打印的消息,来自英国安全部门悄悄交给他们的一把钥匙,在钥匙尾部有缩印文件)。查德威克护送玻尔来到伦敦,带他入住萨沃伊酒店,并在那里和约翰·安德森共进晚餐。在交谈中玻尔听说了盟国在原子弹方面的工作。令他震惊的是,这个他曾经认为规模太大难以实现,而自信地否定过的计划,如今正在全面展开。

白厅官员把玻尔称作"丹麦伟人",随后他很快就被任命为"管子合金"的特邀顾问。[6]他显然不是一个普通的科学家——身上散发着学识渊博知识分子的那种超脱的气质，但又极为脚踏实地。现在他的58岁生日已临近，稀疏的头发日渐斑白，但他仍然能够一步两阶上楼梯，展现年轻时作为一名足球运动员的最后风采，当年他是个出色的守门员。[7]

他的性格是一种独特的混合体，既善于交际、充满智慧，又常常可爱地散漫无条理。尽管他慷慨大方，却不是一个好的听众。在意见交流中，他总是长篇大论，自言自语，就像抓住了救命稻草，脸上绽放出阳光般的笑容，然后借根火柴，点燃他那根看上去总是需要续火的烟斗。玻尔是个健谈的人，但是有两个突出的问题——正如他所说，他决不会"说得比想得更清晰"，以及"如果我不能夸张，我就没办法说话"。[8]

他对工作事务的安排也是毫无章法，华莱士·埃克斯的秘书很快认识到了——有一次，在玻尔启程出席重要会议前，她给他准备了六份旅行指南，告诉他："如果您在每一个口袋里都放一份，在您需要的时候就一定能找到其中一个。"[9]一周后帮手到来，上大学的儿子奥格（Aage，后来成为核物理学家并荣获诺贝尔奖）前来与他相聚，不仅照顾他日常生活，还充当助理和文书。父子俩很快适应了伦敦的生活，尽管街上堆满沙袋和一卷卷的带刺铁丝网，还有空袭的警报，这些烦人的鸣叫是他们在被占领的丹麦也没遭遇过的。[10]安德森已为他们安排妥当，发放了供应证，给他们在老皇后街"管子合金"的办事处安排了一间办公室，并提供了圣詹姆斯法院附近的一处公寓。

玻尔和英国物理学家详细谈论了这种武器，但最让他感兴趣的是其政治意蕴，尤其是长期影响。在和林德曼、安德森长达数小时的讨论中，他将关于核计划的思考，与看待原子弹的方式衔接起来，这令同事们感到吃惊。

玻尔相信，如果原子弹能够制造出来，幻想能够对其依据的科学技术保密是愚蠢的：或早或晚——更可能是早——任何工业发达的国家都会命令本国科学家对此进行研究，然后转向武器的制造。因此可怕的军备竞赛将不可避免，各个大国为了战胜对方，都会制造威力更大的武器，整个世界将不得不遭受接连不断的核战争。玻尔相信，对于盟国（包括苏联）来说，最好是共享这些知识，并由此开启一个和谐信任的新时代。玻尔的愿景理想有余，细节不足，没有开始这些谈判的计划，没有应对恐怖分子（他们可能掌握这种武器）的办法，也没有指出拥有这种武器会对常规战争带来的影响。但是安德森——甚至似乎还有林德曼——在这里看到了一种关于最新军事科技的新思路发端，他们断定这种思路值得和首相进行讨论。

玻尔已经很长时间与大部分英国科学家朋友失去联系，当他抵达伦敦后，便迫切地想为战争做一些贡献。伦敦政府打算对他的活动保密，但是《纽约时报》在他抵达三天后就走漏了风声，另一篇断章取义的报道更为此事平添尴尬：玻尔带给伦敦一项新发明的计划，该计划对盟国的战备意义极大，涉及"原子爆炸"。[11]

"管子合金计划"总部的士气十分低落。丘吉尔和罗斯福签署了《魁北克协议》之后，一向充满活力的华莱士·埃克斯都"感到有些沮丧"[12]，为项目进展速度过慢而焦虑。他知道，合作重启这件事的决定权很大程度上握在美国人手里，一些迹象也不容乐观。[13]可能最让他感到高兴的是，在丘吉尔的压力下，他被迫退出在美国的职务，因为布什和格罗夫斯的反对，他们认为他和帝国化学工业公司的关系是无法补救的污点。[14]埃克斯的职位被勉为其难的詹姆斯·查德威克取代，查德威克是美国人最青睐的英国核科学家。

《魁北克协议》签署之后，"管子合金"办事处曾一度掀起乐观情绪，但现在渐渐消失，英国科学家发现与美国同事亲密合作并不容易。格罗夫斯可以与查德威克、奥利芬特毫无戒心地坦诚对话，但很明显将军只想征用少数对他们有用的科学家。他无意于像丘吉尔希望的那样敞开胸怀,同英国分享"曼哈顿计划"的情报。[15]协议的漏洞开始显现出来了,格罗夫斯对利用这些漏洞毫无愧疚感。[16]

玻尔给"管子合金计划"的新同事们带来了鼓舞人心的消息。两年前,1941年8月,他的朋友维尔纳·海森伯曾到哥本哈根与他会面,当时海森伯为纳粹一方工作,带来一份核装置的草图,玻尔相信德国人正在进行这方面的相关工作。虽然不确定该装置具体是什么,但根据"管子合金"项目副主任迈克尔·佩兰的说法,玻尔现在认为,"德国人曾得出过结论,核弹计划是行不通的"。[17]这和情报中的发现相一致,尽管可以设想,为希特勒效力的科学家仍在研制原子弹,并设法保守秘密。

当玻尔来到英格兰的"管子合金"研究中心时,他在白厅听到的那些全都幻灭了。英国科学家们给他讲了几小时,关于政府浪费了莫德委员会确立起来的领先地位,让他们在核武器制造中只扮演微不足道的角色,简直近乎羞辱的故事。在美国,布莱克特正在运用自己在英国科学家中的影响力,努力说服他们不要参与美国人的计划,现在又主张,试图利用核链式反应来制造原子弹会注定失败。[18]而在那些往积极方面想的科学家中,查德威克最为乐观。像往常一样,他认同丘吉尔的观点——很简单,战时的英国不可能制造出英国版的核武器,所以他认为自己和同事参与到"曼哈顿计划"中去是一种幸运,因为从中获得的知识将使他们能够在战后制造自己的武器。然而查德威克和同事们都没有被告知,该计划的原本目标——在原子弹方面打败希特勒——现在几乎已经名存实亡了。很快他们就会发现,自己其实是在为一个完全不同的、秘而不宣的政治目标而研发核武器。[19]这正是我们现在所说的"使命偏离"的经典案例。

让玻尔只局限于"管子合金"总部的工作是不明智的——他想进入整个计划的核心,让自己的意见更好地发挥作用。格罗夫斯希望他立刻前往美国，彻底成为美国的员工，当然没有获悉全部计划机密的权限。[20] 玻尔"不会允许自己对美国亦步亦趋"，他答应安德森，并补充说他想帮助确保原子弹计划中的英美联合是"真正的合作伙伴关系，包括全面地和相互地分享科学和技术知识"。这正是安德森想听到的话，他很快安排玻尔前往美国，和"曼哈顿计划"的领导人会面，并参观它的神经中枢，这处神秘地点被称作"Y 地"①[21]，此举将被证明是一种明智的策略。

11 月 29 日，玻尔乘船前往美国，政府则帮助制造障眼法，对媒体宣称他将参与制订"战后国际科学合作的计划"。一周后在纽约码头，英国安保人员将玻尔父子交给了一伙联邦调查局特工，在开车送他们去附近的酒店之前，向他们提供了官方文件和化名——尼古拉斯和吉姆·贝克（Nicholas and Jim Baker）。当特工们都以为访问的保密工作圆满完成之时，一名特工却看到两位造访者之一的手提箱上有一个标签，上面用大号黑体字印着"尼尔斯·玻尔"。[22] 接下来，有几名武装侦探轮流照看两位丹麦来客，整个美国之行都跟随在他们左右，晚上甚至就睡在他们的卧室门外。[23]

在华盛顿特区，玻尔造访了位于新美国陆军部大楼五楼的格罗夫斯办公室。在所有此类会面中，将军的举止就像典型的直截了当的总裁，明确表示了他将坚决完成议定的使命："生产一种炸弹形式的实用军事武器，利用一种或几种能够核裂变的物质，通过快中子的链式反应来释放能量。"[24] 武器的交付日期尚未商定，但将军强调了项目的极度紧迫性，以及绝对优先的保密性，是他且只有他，在负责此事。他对"Y 地"那些疯狂科学家实践的开放传统无动于衷，甚至有些无法接受向一位平民的总司令（指总统）汇报。几个月后，他对查德威克说，即便是总统也没有权力泄露军事机密。[25]

---

① 这里指洛斯阿拉莫斯国家实验室。

足以证明格罗夫斯水平的是,他没有因玻尔唠叨哲学而对他反感,而是泰然处之。他相信科学家们的一致推荐——无疑奥本海默极力地强调——玻尔将是"曼哈顿计划"的巨大资产,会受到"Y地"科研人员的欢迎。似乎不想被束缚,玻尔拒绝了格罗夫斯的提议,而选择继续为"管子合金计划"担任随心所欲的顾问。[26] 美国人认为,玻尔会欣然同意前往普林斯顿高等研究院落脚,那里是学术研究的圣殿,他可以和爱因斯坦以及其他学者一起工作,为原子弹项目做出贡献,也方便造访不远的华盛顿。[27] 想到有望聘任又一位如此杰出的成员,研究院主任弗兰克·艾德洛特(Frank Aydelotte)非常激动,安排洛克菲勒基金会为他资助一个临时职位,并在他圣诞节前四天到达普林斯顿时,当面向他提出诱人的薪资。但让艾德洛特失望的是,一夜之间,这场交易就泡了汤。

玻尔非常期待和老朋友爱因斯坦的会面。因为希特勒,他们彼此分别十年后,终于能安顿下来,在研究院的公共休息室喝茶谈话,窗外的草坪一直蔓延到远处的树林。几分钟前,艾德洛特刚刚向玻尔提供了一份职务,或许希望促成他和爱因斯坦的首次合作。但是事与愿违。在这间拥挤的公共休息室里,爱因斯坦问候了玻尔,但很快开始炮轰"曼哈顿计划",仿佛这计划并不是什么秘密,就像报纸的头版头条一样。爱因斯坦援引朋友齐拉的观点——美军正在给铀研究工作制造异常可怕的麻烦,玻尔的到来是件大好事,因为他将肯定"可以拨乱反正"。[28] 根据几周后埃克斯关于此次会面的记述,它给一片好心的玻尔造成毁灭性打击。他知道,一旦自己与这种关于原子弹的不慎重言论联系起来,当局就不会再让他从任何地方接近"曼哈顿计划"。玻尔现在知道,加入这个研究院是"完全不可能的"。

圣诞节过去两天后,玻尔和儿子前往位于神秘"Y地"的"曼哈顿计划"总部。[29] 他们乘火车到芝加哥,在那里和格罗夫斯及其科学顾问理查德·托尔曼（Richard Tolman）会合，托尔曼将陪同他们乘卧铺车。旅途中，将军花了数小时向玻尔反复强调，至关重要的是绝不透露一丝一毫的保密信息，也不要谈论假想的德国原子弹计划。此次旅行让这位可怜的将军感到煎熬，因为他不得不用最温和的态度来对待这位访客——随着辽阔荒凉的美国中西部景色掠过，玻尔漫不经心地望着车窗外，口中喋喋不休，仿佛嘴巴上了膛一般，而格罗夫斯只能侧身离他近一点，才能听清他到底在说什么。

新年前夜，他们的列车驶进了新墨西哥州沙漠中的一个孤零零的小镇。他们走出车厢步入刺骨的寒冷之中，一辆军车接上他们，开往圣达非一处不起眼的办事处，主管是被内部人士称为"原子夫人"的多萝西·麦基宾（Dorothy McKibbin）。他们在获得了安全通行证之后，踏上了整个旅途的最后一程。这是一段35英里的车程，汽车沿着一条单行线蜿蜒而上，不知不觉中爬上一处沙漠的山坡，空气变得越来越稀薄寒冷。尼尔斯·玻尔上一次访问普林斯顿是四年前，那个当时他认为"行不通"而未予理会的计划，现如今竟然就要亲眼看到了。[30]

在"Y地"，奥本海默和同事们像对待流亡归来的君主一般迎接玻尔。他是一位科学英雄，决心在整个战争期间坚守在自己的祖国，直到纳粹采取行动迫使他离开。如今他又回来和同事们一起工作，倾听他们对计划的困惑，鼓舞他们的精神。不到五分钟，他就与奥本海默攀谈起来，透露他在伦敦和华盛顿听到的英美计划。

到第二天晚上，玻尔就参观完了这个科学史上前所未有的实验室：四周峡谷环绕，只生长着山艾和矮松的荒野，到处布满了凸起的砂岩。就像约翰·福特（John Ford）的西部片中的场景，这种地方清晰地体现了整个北美大陆的广袤无垠。此地于九个月前投入使用，但是仍然像一个临时场所：混杂着临时的军事基地、仓促建成的供实验人员和理论家使用的工作场所，以及一个山区度假营[31]。

在两道带刺铁丝栅栏后面的"山上",大约有3500人工作,格罗夫斯在这里聚集了第一流的物理学家,密集程度举世未见。正常情况下,要想说服这些人一致服从行政指令,比蓄养一群袋鼠还难。但是在这里,奥本海默要求他们齐心协力,直到解决这个建造他们委婉地称之为"小玩意儿"的问题。

山上的技术设施非常齐全。科学家们想要的几乎所有物资,都能从大学、工业公司和军方订购并在几天内送达,只要这里的订单一到就会发货。有几位科学家后来说,他们已经忙到没有时间理发,于是通过订购一张理发用椅,来测试这个供货系统,结果很快就运来了。[32] 获得这种破天荒的充裕条件,要付出的代价是:前所未有的保密,失去部分个人自由,几乎所有的私人邮件都必须经过军事审查员的审查(审查本身也是秘密进行的)。尽管有这些不快,但是此处的科学氛围仍令物理学家们满意,这段时光对于他们中的很多人来说,都是职业生涯中的顶峰。这和奥本海默灵活有效的管理是分不开的,在这里他似乎无处不在——一位又高又瘦、扁平足的烟鬼,戴着那顶汗渍斑斑的套叠式平顶帽。

奥本海默向玻尔介绍,虽然洛斯阿拉莫斯附近的实验室是整个"曼哈顿计划"的神经中枢,但还有很多其他的场所。洛斯阿拉莫斯往东大约1250英里的田纳西州橡树岭,是一处庞大的综合设施,整个小镇几乎全部推倒重建,用于生产裂变材料,以钚和铀235为主。那里的人口数量也从3000最终上涨到7.5万人,这些人几乎全在小镇的某个工厂内工作(或者和它有关),这里最终消耗掉全美总发电量的七分之一。橡树岭四个正在建设的工厂中,包括一个气体扩散厂,这是英国人喜欢的类型:巨大的U形厂房,大约半英里长。数周之后,玻尔和儿子去那里进行了短暂访问,根据奥格后来的记录,他们看到"几乎令人难以置信的规模……仿佛瞥见了新时代"。他们在这里发现,项目的许多重担是由化学家和工程师肩负，他们尽全力生产出每一粒裂变材料，从而让"Y 地"的物理学家能够开展他们的实验。

几乎和橡树岭同样巨大和令人印象深刻的另一处综合设施，位于洛斯阿拉莫斯 1000 英里之外，华盛顿州西北部汉福德的哥伦比亚河畔。此处全部用来生产化学物质，包括武器级钚，保密等级也更高，除了查德威克，英国代表团中无人知晓此处，连玻尔也无法入内[33]。

如今化名尼古拉斯·贝克的玻尔告诉奥本海默，自从三十二年前卢瑟福发现原子核以来，没有什么比"曼哈顿计划"的庞大规模更令他震惊了。[34] 核科学曾是物理学家和化学家的领域，他们在几个实验室，有限的预算仅够支持桌面规模的实验。现在，核武器制造正在如火如荼地促进着核科学，成为美国第四大工业。爱德华·泰勒（Edward Teller）是一位很早就认为原子弹项目可行的物理学家，他一直想对玻尔说"我早就这样告诉过你了"，但是他还没来得及开口，玻尔先发制人："你看，我告诉过你，如果不把整个国家变成一个大工厂，这件事就办不成。你已经做到了。"[35]

玻尔对科学家们正在进行的技术工作充满兴致，也在这方面做出了贡献，但他更主要的身份是充当同事们的告解神父，他们称他为"尼克叔叔"。他们本来从事着好奇心驱动的纯科学，要转换为任务驱动的武器研发，对很多人来说困难重重，包括玻尔的老朋友奥托·弗里希——最先理解核裂变的科学家之一，备忘录的共同作者，三年前这份备忘录开启了对原子弹的研究。弗里希和以前的伯明翰同事欧内斯特·蒂特顿（Ernest Titterton）是英国团队中最先抵达这里的成员，比玻尔提前了十七天。其他成员很快赶来，包括詹姆斯·查德威克、鲁道夫·派尔斯、马克·奥利芬特——他是一个多嘴爱挑剔的人，这恐怕是他被允许在这里停留的时间只有一整天的原因，他只得到有限的安全许可（"禁止入内"）。[36] 与更为众多的美国同事一起，英国科学家瞄准一个挑战：根据弗里希和派尔斯的设想，在飞机投出该装置后，两大块裂变材料朝着彼此高速发射，从而达到临界质量。整个计划比几乎所有人预想的都要复杂和困难得多。对于一些科学家而言，挑战带来的刺激感掩盖了他们对这项工作潜在后果的恐惧——"小玩意儿"的终极目标是要在几秒钟之内让成千上万的人类灰飞烟灭。

奥本海默后来回忆时说："玻尔是洛斯阿拉莫斯了不起的人物，是他让这个经常看起来令人毛骨悚然的事业，变得充满希望。"[37] 玻尔向奥本海默提出的第一个关于原子弹的严肃问题是"它足够厉害吗？"，它的爆炸威力是否大到任何理智的领导人都不敢使用，以防敌人以牙还牙的报复？奥本海默很有可能回答他说：即使他们当前研制的裂变武器还没有"足够厉害"，但是他的同事爱德华·泰勒已经构想出达到这种威力的另一种核弹。泰勒想到的是热核武器，利用普通裂变原子弹产生的热，让轻核聚变释放能量。这种武器，即后来研制成功的氢弹，其威力远远超过奥本海默及其团队希望制造的炸弹。

玻尔的乐观态度源于他对原子弹进行的哲学思考。它基于他最喜欢的智力思想和工具——互补原理，作为一种看待量子物理学的方法，他最初在1927年提出，但后来又将其应用到科学以外的领域。他似乎从未发表过这一普遍原理的定义，但是它的内容相当明确——粗略来说，所有的智力挑战都应该通过至少一对互补的观点来看待，这两个互补观点中的任何一个都不能代表全部真理。举例来说，当我们在思考一个机构如何才能发展时，我们往往会主张，唯一重要的是发扬传统，或者反过来，唯一重要的是培育创新。玻尔相信，在这个或其他任何案例中，所有两个极端都不会完全正确，因此两者对于探索真理来说都是需要的。在他看来，真理只能立体地瞥见，而无法完美地聚焦于一点。

玻尔运用这种推理方式来审视核武器的潜在影响——它们既可以被视为对人类的严重威胁，也可以造福人类，这就是为什么他希望原子弹的威力越大越好。他同时希望盟国能对这一新的军事进展尽可能地采取开放态度。他认为，英美应该告知苏联"曼哈顿计划"的存在，从而建立更牢固的信任关系，因为这将有助于遏制战后冲突及核军备竞赛。[38]

玻尔在停留期间深深地影响了奥本海默如何看待他们正在研制的武器，以及这些武器会对战后全球政治发挥的作用。奥本海默与同事在和玻尔交谈之后，更加不相信希特勒能赶在盟国之前研制出原子弹。但是，这当然不意味着"Y地"研制原子弹的工作要停下来。奥本海默的助理大卫·霍金斯（David Hawkins）后来回忆说："不管德国的进展情况如何，我们都会致力于制造原子弹。"[39]玻尔知道，既然罗斯福和丘吉尔已经召集起科学家制造原子弹，那么只有他们二人能决定如何使用它。但是玻尔觉得两位领导人都没有深入考虑过他们即将支配的这种武器的意义。正因为此，他才视为己任，就像二十年前量子力学诞生时那样，试图再次参与主导新的核政策，尽管这个任务对他而言并不那么得心应手。

他甚至在抵达美国之前，就为干预新核政策做了准备。通过安德森，他获得了在华盛顿与英国大使哈利法克斯勋爵的会面机会，并安排与旧交费利克斯·弗兰克福特（Felix Frankfurter）见面，他如今是最高法院的法官，罗斯福的朋友。[40]1944年2月15日，两人在法院大楼进行第二次会面，弗兰克福特承认他知道原子弹计划，这让玻尔打开了话匣，开始描绘原子弹可能带来的外交机会，不过涉及军事机密问题他仍旧小心翼翼。弗兰克福特在他们分别时说："希望今天将成为值得纪念的一天。"暗示他会谨慎地向总统谈及此事。[41]

在伦敦，安德森冒险尝试，将玻尔的想法写进核战略并呈交给丘吉尔，但是没有提及这些意见的出处。[42]然而首相的答复非常简洁、坚决和不屑：在安德森建议和俄罗斯人"合作"的地方，丘吉尔将这个词圈出来，并在旁边的空白处写下"没门"。

尽管和这个丹麦伟人迅速地成为要好的朋友，安德森还是选择不告诉他首相断然回绝了他的建议一事，可能是考虑到如果玻尔知道这个回复的话，几乎一定会偃旗息鼓。于是玻尔继续雄心勃勃地推动他的事业，对自己要面对的强大阻碍毫不知情。华盛顿的初春时节，他首次将其想法写成长篇报告交给安德森，题为"关于在工业和战争中应用最新原子物理发现的计划而做的机密评论"。尽管这份文件还需要进行一番编辑加工，但通过玻尔的累赘陈述，仍不难看出他强烈鲜明的独创观点——认为"曼哈顿计划"是一次全球性机遇而非威胁。在报告最后一部分，玻尔强调了这一结论的长期影响：

> 这份倡议，旨在预防各国在这种可怕的武器方面进行恶性竞争。不仅无须贬低这一计划对当前军事目标的重要性，而且它应该服务于从源头根除各国间的不信任，未来几代人的命运将依赖各国的友好合作。

这份文件发往伦敦两周后，玻尔从弗兰克福特那里听到了好消息。弗兰克福特见过了罗斯福，罗斯福说原子弹"让他极为忧虑"，向他保证自己能接受玻尔的观点，并且"他将乐见丘吉尔对实现该目标提出的任何建议"。听了这番话，玻尔意识到，在重新审视核政策这件事上，自己需要充当罗斯福的密使，因此这位丹麦伟人在其白厅同事的支持下，迫切要求紧急会见丘吉尔。很快，玻尔收拾好行囊，准备离开樱花盛开、生活舒适的华盛顿，动身前往下一站——沉闷的饱受战争蹂躏的伦敦。

玻尔一到伦敦却发现唐宁街10号对他大门紧闭。4月下旬安德森再一次找过丘吉尔，听说罗斯福正在"认真地思考"国际军备控制的可能性，并表示"不会反对"与丘吉尔就此事进行讨论。[43]安德森甚至还起草了一份给总统的电报，结论中建议这件事"在我看来确实需要慎重考虑"。然而约翰爵士遭到回绝——"我认为这份电报完全没必要，"丘吉尔在答复中称。安德森没告诉玻尔这些事，而玻尔正不知所措，无法理解自己为什么见不到首相。这个丹麦伟人此时充满自信，认为自己的想法值得听取：他现在确定苏联也正在研制原子弹，所以试图对他们保密是毫无意义的。证据则来自他对彼得·卡皮查（Peter Kapitza）的一封热情来信进行的富有想象力的解读，卡皮查曾是卢瑟福最喜欢的"男孩"之一，现在为祖国苏联效力。[44]玻尔把这封信呈交给英国安全部门，并在他们的许可下，给了卡皮查一个无关痛痒的回信。玻尔并没有意识到，他和苏联科学家的这份纯真友谊，很快会给他带来麻烦。[45]

私下里，安德森为玻尔四处游说，为他争取机会进入唐宁街阐述想法，最后让丘吉尔的朋友、南非总理扬·史末资（Jan Smuts）写了一封推荐信。史末资将玻尔比作"莎士比亚或拿破仑——那种能改写世界历史的伟人"。[46]不出所料，丘吉尔想要结识的，正是这类人。

5月初，安德森的坚持终于见到成效，丘吉尔最终答应了和玻尔会面。很显然，除了玻尔，所有相关人员都认为这会是一场灾难性事件，安德森和林德曼正在尽最大努力去降低失败的风险。琼斯和玻尔共同商定论点的概要，玻尔一一牢记于心。[47]英国皇家学会会长亨利·戴尔爵士，也上阵给丘吉尔写信，称赞玻尔所述内容的重要性："我完全确信，在未来六个月之内，这是您的权力所能做出的对人类历史影响最大的决定。"[48]戴尔冗长的恳求信写了两页纸，却犯了一个严重的错误，把注意力转向了玻尔如何在华盛顿说服罗斯福——这种最高层的政治把戏肯定让丘吉尔气歪了鼻子。安德森叹息说，戴尔这封信"不是讨喜的事"，但是林德曼还是同意把信交给丘吉尔，并简要地提示了会面的目的。[49]

丘吉尔的秘书最终把会面时间定在了 5 月 16 日周二。兆头极为不祥。会面的前几天，亨利·戴尔爵士一想到首相与玻尔会面时玻尔那种"口齿不清的低语"和"平淡含糊的表达"，就感到头疼。[50] 然而玻尔对别人的悲观情绪无动于衷，没有表现出丝毫动摇。因为他钦佩丘吉尔的远见和胆识，而且秘密情报局负责人斯图尔特·门泽斯（Stewart Menzies）也鼓舞了他。门泽斯对他说，有这样一位愿意去理解拥有核武器的长远意义的首相，英国真是太幸运了。[51]

24　斗牛犬遭遇丹麦伟人　1944.4—1944.9

> 据说首相非常尊敬科学家并重用[他们]。我听到后非常高兴，因为首相的杰出思想要是和科学家的思想对立起来，后果将不堪设想。
>
> ——斯特拉伯基勋爵，1942年7月29日，英国上议院[1]

1944年春，丘吉尔对比弗布鲁克勋爵叹道："我已经尽力了。"[2] 如今回顾他人生这69年的点滴岁月，近五年高负荷的工作和持续的压力已对他造成了很大伤害。几个月前那场近乎致命的肺炎令他心力交瘁，开会时都会打哈欠，失去了往日的势头，而且和他的大臣、参谋长们发生激烈争执，其中一些人已经在考虑辞职。[3] 他的衰朽令人痛苦地反映到一些在议会的笨拙表现和有气无力的无线电广播中。[4] 4月下旬的一天，一系列令人厌烦的会议结束时，他的一位最高级官员觉得，丘吉尔已经累垮了，并怀疑他能否坚持下去。[5]

尽管现在打败希特勒已经胜券在握，丘吉尔仍然忧心战争如何收尾。1942年10月，他写过这样一段话："如果俄国野蛮地侵犯欧洲古老国家的文化和独立性，那将是一场不可估量的灾难。"[6] 但是罗斯福却不太担心苏联的意图，努力克服他们这种狭隘和怀疑的态度，将他们拉入一个稳定的战后共同体。在1943年底的德黑兰会议上，三方领导人的首次会面，这对于盟国而言是一个转折点——丘吉尔发现罗斯福用基本相同的方式对待他和斯大林，这让他很震惊。[7]苏联领导人在极尽所能地发挥自己新身份的作用，正如美国马歇尔将军观察到的："（斯大林）一直在和丘吉尔作对，罗斯福也会因丘吉尔的尴尬而感到开心。"但是无论如何，有一点能让丘吉尔欣慰：罗斯福从未表现出任何与苏联盟友分享核弹秘密的兴趣。

德黑兰会议上，丘吉尔终于勉强同意了在法国北部开辟第二战场。他别无选择，因为丘吉尔以各种借口误导美苏推迟行动的狡诈手段，已经让罗斯福和斯大林耐心尽失。[8]令人痛苦的事实是，英国已经无力和苏联、美国在会议桌上平起平坐了，苏联凭借的是其庞大的军队，以及斯大林承受伤亡的意志，而美国则拥有强大的武器实力。一个月之间，眼睁睁看着大英帝国的势力就这样衰弱下去，丘吉尔苦不堪言。不久之后，他就感染了肺炎，两次发作轻微的心脏病。医生甚至担忧他有生命危险。[9]

6月6日是预定的登陆日期，此前两周，丘吉尔压力巨大，工作量仍像战时那般繁重，他甚至还神经质地担心这次行动可能又是一次加利波利（Gallipoli）规模的大屠杀。[10]不过最让丘吉尔担忧的还是罗斯福，罗斯福似乎漠不关心战后苏联可能会控制欧洲的大片地区，总统曾说过："我根本不在乎什么波兰。""等谈到德国的时候再叫醒我。"[11]

丘吉尔和玻尔的会面就是在这个节骨眼上，这也是首相第一次会见"管子合金计划"的核科学家。会面的前一天，伦敦召开了诺曼底登陆方案的最后一次会议。

丘吉尔似乎已经忘了十八年前他在查特韦尔庄园首次了解到玻尔的科学理论，原子的行星模型让他激动不已，以至于从迫切的预算事宜中分心。除了林德曼以外,丘吉尔反感那些出现在政治圈子里的科学家,认为他们硬是找到法子挤进白厅,并声称自己能带给政治家比常识更深刻的智慧。玻尔要想抓住这次表达思想的机会,取决于首相是否有长时间的耐心,倾听他那些东拉西扯,才能披沙拣金。关于会面的时间安排,由于是在唐宁街进行,所以时段并不理想:将在下午3点开始,而首相一般喜欢在那个时间午睡。

这次会面开场不利,而且急转直下。[12] 会议当天,玻尔和林德曼早早就来到会议室就座。丘吉尔读完亨利·戴尔爵士为他准备此次会面而"代表科学界"所写的浮夸请愿书,走入了会场。首相似乎感到自己被科学精英们设了埋伏,也可能因读到玻尔曾经干预英美政治而恼火。他没有理会玻尔,而是怒斥林德曼,指责他安排这次会面,只是为了"怪罪我签署《魁北克协议》"。

首相对他们反对协议的怨气突然爆发,并感染了整场会谈,最终将其演变成了一出丘吉尔和林德曼教授之间的漫长私人争执。即使他们两人一言不发,玻尔都不容易让他们听懂自己的意思,现在这种状况只能知其不可而为之。当丘吉尔发现玻尔试图表达的絮叨毫无意义,便失去了耐心:"我不知道你在担心什么?"他们谈论的只是一种更大的新型炸弹,而它"并未改变战争的法则"。让玻尔担惊受怕的战后核扩散前景,对于丘吉尔来说不值一提。首相向他保证,核弹不会造成什么长远问题,若有的话,也会被"我自己和我的朋友罗斯福友善地解决"。丘吉尔认为,核武器的政策是他分内的事,核科学家不应该管这种闲事。

分别时,玻尔提议要写封信阐明他的观点,丘吉尔尖刻地答复说:"能收到你的来信是我的荣幸,只要无关政治!"[13] 一周后,首相通过林德曼收到了这位讨厌访客的一封冗长浮夸、奉承讨好的信。在信中,玻尔没说什么新内容,但为自己可能的冒犯表达了歉意。"政治家们已经妥善安排了这项伟大的合作事业",自己不应对其指手画脚。[14] 丘吉尔似乎没有回信。他既没有听进去玻尔的意见，也没有时间与其交往——四个月之后，他写信给林德曼："当你带他来见我时，我就不喜欢这个人，他那时头发乱糟糟……"[15]

林德曼对《魁北克协议》的不满仍在加深。在与玻尔那场糟糕会面的九天后，丘吉尔给林德曼写了一封密封信，为签署协议的决定做辩护，论据基于一种防卫性的实用主义，有时近乎感情用事：

> 我绝对肯定，靠我们自己，我和总统在秘密协议中拟定的那些条款已经是最有利的了。也许再过几年，人们会觉得我们一方太过信赖对方。但只有那些能审时度势，知道总统手下主流想法的人，才能理解我为什么要达成这个协议。现在要做的就是照其执行，并且尽最大的努力来协助。我们和美国的友好关系一定要永久保持下去，我也从不会担心他们会欺凌或欺骗我们……最重要的就是继续推进此事，并尽我们所能绝对保守秘密。[16]

尤其令丘吉尔厌恶的是一些科学家的癖好，他们总是把机密当作谈资，"一次只对一人讲"地传播开来。后来，当蒂泽德申请正式批准他知会"曼哈顿计划"时，丘吉尔驳回了，他告诉参谋长："每一个知道此事的科学家，身边都有一小群人也知道了。"[17]

丘吉尔忙着为《魁北克协议》写辩护词时，英美官员正在讨论关于战后核武器生产的铀矿供应问题。美国迫切要求英国予以配合，因为这种矿物在美国的产量很小，而在英帝国和英联邦疆域内已探明储量丰富。万尼瓦尔·布什、詹姆斯·科南特和格罗夫斯将军知道，达成协议对美国而言有着重要的战略意义，他们工作数月以敲定此事，和约翰·安德森爵士商谈细节，而安德森爵士能随时通报丘吉尔。[18] 对于机智的谈判者来说，这是一次表现强硬的好机会。

但是和诺曼底登陆计划的宏大事业比起来，这些谈判不过是细枝末节。6月5日晚,丘吉尔在临睡前紧张不安地告诉妻子:"你知道吗?等你早上醒来的时候,有2万人可能已经被杀了。"[19] 但是行动的进展比他预想的要好得多,这正合罗斯福的期望:在美国艾森豪威尔上将的指挥下,10万英国、美国和加拿大军队冒着枪林弹雨在诺曼底海岸登陆。那天有3000人死去,但这并不是另一个加利波利。截至6月10日,已有40万人登陆,摧毁了希特勒的大西洋要塞。

前往诺曼底桥头堡简单地视察之后,丘吉尔回到唐宁街,正好及时地看到希特勒对诺曼底登陆的回复——第一颗德国V1飞弹(V代表Vergeltungswafften,意为复仇的武器)呼啸着划过天际,降落到伦敦。[20] 谍报几个月来一直在向盟国政府警告这些袭击,丘吉尔原本设想袭击会在1944年初开始。[21] 然而,这种轰炸吓坏了民众,打击他们本就低落的士气,伤害他们对政府的信任。三个月后,另一种武器掠过伦敦上空——超声速的V2火箭,再一次造成民众的恐慌。然而,从战略角度来看,这种不精确的武器不过是在唬人——每颗极其昂贵,造价远高于飞机,但平均每颗只能杀掉一个人。[22]

至少这一次,丘吉尔对林德曼关于德国武器的建议感到失望。[23] 林德曼有一点是对的:他坚持认为,专家们预测的每个V2火箭将携带十吨弹头是在夸大其词。但他却错误地建议,那些关于纳粹发展远程火箭的报告不过是障眼法,借以转移大家对他们制造导弹的注意力。[24] 大约在一年前,陆军部的科学家打算警告陆军大臣可能正在发生的事情,认为在比利时和法国海岸似乎正在装配(也确实是)火箭发射平台,但林德曼没有理会这种解释。[25]

这些袭击令丘吉尔怒不可遏。受到林德曼"最高机密"简报的鼓舞,他考虑使用生物武器(炭疽)进行报复。英国波顿唐研究中心的科学家指出,相比于核武器,制造生物武器容易得多。[26]

英国从美国订购了炭疽炸弹，1944年5月已到货一小批。两个月后，丘吉尔又让参谋长"严肃认真"地考虑一下毒气的使用，并告诉他们，他希望"这个问题由不带感情色彩的明智人士来研究，而不要交给那些穿着军装唱圣歌的失败者"。他明确表达了自己的观点：

> 在这个问题上顾及道德是非常荒谬的……在上一场战争中，轰炸不设防城市是被禁止的。但现在大家都在理直气壮地这样做。这只不过是潮流变化的问题，就像女人的裙子，时短时长。[27]

参谋长反对使用毒气，担心德国用同样的方法报复他们。[28] 但丘吉尔完全不认同这种答复。军方准备好了用炭疽弹袭击德国城市，但该计划并未实施，因为从美国订购的这种武器没有及时地足量到货。[29]

在战争最后阶段，最让丘吉尔感兴趣的新型武器就是核武器。1944年6月13日，他和刚刚获得连任的罗斯福签署了"信托声明"，实现了双方共同控制用于生产核燃料的矿石供应。[30] 安德森按他所理解的丘吉尔的意愿行事，没打算利用英国的优势地位，比如对刚果矿石的垄断，来获取好处。相反地，他们在声明中允许美国在战后获取矿石的较大份额——英国只保留较小份额，即使这样，美国谈判代表仍愤愤不平。在丘吉尔签署声明的那天，他让安德森解释一下这份协议和八个月前在魁北克和罗斯福达成的那份有何不同。[31] 首相都不知道他签署过的协议意味着什么。

到1944年夏天，丘吉尔已经意识到了战后的世界只会出现两个超级大国——苏联和美国，英国作为世界顶级大国的日子已经一去不复返了。他们别无选择，只能给美国当副手。战争最后几个月，他的主要任务是为自己兵疲民劳的国家和自治领尽可能地争取战略优势,并遏制斯大林主宰东欧(包括波兰在内)的野心。这场战争的结局对于他而言既残酷又令人沮丧。他决心要挽回他那摇摇欲坠的声望和号召力,再三向罗斯福和斯大林请求召开会议,会议地点最好设在英国,但是二人都没有答应他。

丘吉尔对战后重建英国的事务以及其他一些他认为无足轻重的事项失去了兴致,便在日程中安排了多次出访,这些出访虽收效甚微,但让他体力恢复,容光焕发。在结束了意大利的一段长期访问后,他动身前往出席战时和罗斯福的第六次会议,会议于9月举行,地点仍旧设在魁北克,盟军刚刚解放了法国和比利时。这是他们在加拿大的最后一次会议,两位领导人都苍老了许多,尤其是罗斯福,看起来既憔悴又瘦弱。丘吉尔的医生注意到:"他的脖子和衣领之间都能放下一个人的拳头。"[32] 此次会议乏善可陈,达成的协议也大多无疾而终。

在前往魁北克的几周前,与以往对待"管子合金计划"不同,丘吉尔破天荒地采取主动,要求林德曼向他简单汇报工作进展。林德曼回答"美国格外注重安保",使丘吉尔无法做出有效判断,并怀疑原子弹能否在战争期间造出来派上用场。[33] 会议第二天,林德曼颇带感伤地写信询问丘吉尔,在与美国的战后合作中,他能否找到"我们的定位",因为在伦敦"管子合金"办事处里的人都无所适从。[34]

原子弹并不在魁北克领导人会晤的议程里,而是随后在罗斯福位于海德公园的家中,他们私下讨论了此事,远离了公众和白宫的触角,只有病快快的哈里·霍普金斯在一旁待命。首相和总统商讨的最终结论记录在丘吉尔的一份备忘录中。[35] 他们期盼着战争的结束,并注明,核武器"在经过深思熟虑之后,或许有可能(这些犹豫不决的词汇出自丘吉尔)用于对付日本人,他们将予以警告,如果不投降,原子弹的轰炸就不会停止"。日本战败后,英美之间将继续开展军事、商业领域的全方位合作,除非另有协议。这里面没有提到，关于英国想在战后发展任何核能工业，丘吉尔在魁北克给罗斯福的否决权。

文件剩余部分涉及尼尔斯·玻尔及其对核武器的看法。一个月前，他获得了在白宫同总统进行私人会面的机会，罗斯福仍是一贯和蔼可亲。他聚精会神地听玻尔讲述了将近一小时，他的印象是，玻尔认同用核武器进行国际控制的观念，尤其是要让苏联参与进来分享这个秘密。玻尔的这些观点与罗斯福一直以来的观点完全相对立，罗斯福认为应该对苏联保守原子弹的秘密。他和丘吉尔在备忘录中坚持了这个方针：

> 关于"管子合金计划"，有建议提出应该公告世界，希望就其控制和使用，达成一项国际协议。我们不予采纳这种建议。这件事应该继续保持最高机密……

罗斯福还签署了丘吉尔式的声明，更加显示了他的口是心非，声明称玻尔具有潜在危险，应该小心监视：

> 对玻尔的行动应该进行盘查，并且应采取措施，以确保他没有泄露机密，特别是对俄国人。

第二天晚上，总统陪同首相前往附近的波基普西火车站，他们的车被坐满安保人员和特工的凯迪拉克簇拥着。丘吉尔仍余怒未消，对玻尔可能造成的威胁耿耿于怀。第二天他写信给刚从华盛顿回来的林德曼，给这位丹麦物理学家定罪为一个哗众取宠的人，抱怨玻尔将信息泄露给弗兰克福特，而且他和苏联的一个教授朋友（指彼得·卡皮查）关于原子弹进行过密切通信。"怎么会有这种事？"丘吉尔怒火中烧，继续写道，他和罗斯福都"非常担忧"：

"在我看来,应该限制玻尔的行动,或者至少要让他明白自己站在犯下致命错误的边缘。"

不久之后,罗斯福会见了他的参谋长海军上将威廉·莱希(William Leahy)、万尼瓦尔·布什、弗雷德里克·林德曼,林德曼会后立即向丘吉尔发送了会议纪要。[37]总统强调了这位客人想听到的内容:英美之间应该分享全部的核科学发现,不论战时还是战后都应该保持友好合作。之后上台的政府可能会考虑是否继续遵循这项安排,罗斯福表示,没有什么能中断英美合作,除非"他、首相、布什还有林德曼同时在一次铁路事故中丧生,因为他们四人心心相印"。布什和林德曼在会议记录中都是"什么也没说"。会议结果就是布什将对玻尔进行调查,尽管他认为担忧玻尔完全是多此一举。

玻尔在国会山和白厅的支持者和朋友开始站出来为他辩护,对他的调查很快就偃旗息鼓。林德曼也是辩护人之一,很快回复了丘吉尔的信,直截了当地澄清是非,并指出,关于核武器如何引导各国,让人们平和、自信地生活,在这个问题上虽然玻尔有些"非常模糊的想法",但他本人的正直和忠诚是毋庸置疑的。[38]林德曼在信中的一条出人意料的简短评论,说明他并不相信丘吉尔还记得关于核能问题的早期公开讨论。丘吉尔还是那场讨论的引发者之一:"我不知道大家是否意识到,超级武器的可能性问题……已经公开讨论了至少六七年的时间。"

林德曼在美国待过几周,参观了美国军方开展研发工作的实验室。东道主用最时髦的交通工具带他游览了全国,甚至调来一架飞机供他使用。[39]在那次旅行中,他参观了"曼哈顿计划"的各个实验室,或许,在那时他才首次认识到,过去曾幻想英国能开展如此庞大的工程,是多么不切实际。虽然现在看起来荒谬,但他并不是唯一做出这种误判的人,另一个在最初也有同样错觉的是英国科学家领袖,詹姆斯·查德威克,他现在正为"曼哈顿计划"而疯狂工作。

25　查德威克目击首次核爆
1944.2—1945.7

> 我的性格和我受过的训练,还有我的能力,统统与我当前的职责不相匹配。
>
> ——詹姆斯·查德威克写给罗伯特·奥本海默,
> 1945年4月25日[1]

卢瑟福应该会莞尔一笑。领军核物理学家中第一个不得不转向密室外交的人,竟然是他的副手,"吉米·查德威克",其知名之处在于他的魄力、语言精练,以及对愚蠢的零容忍,而非一位老练谈判者的技巧。他也是一个坚定的爱国者,因此当职责要求他成为丘吉尔政府在"曼哈顿计划"中的首席代表时,他没有犹豫就接受了。尽管他首先是一名核试验物理学家,过去一年来却没有做多少科学研究——他的大部分时间都花在谈判上,一方面是与白厅拖拖拉拉的政客,一方面是与格罗夫斯将军。格罗夫斯有些傲慢地表现出沙文主义,对英国的利益漠不关心。相比"曼哈顿计划"的科学主管,简直惨不忍睹:查德威克看上去总是疲惫不堪,而奥本海默却每天都过得很愉快。

查德威克夫妇前往北美还有一个令他们非常开心的福利,那就是与三年前送到新斯科舍（Nora Scotia）的女儿们团聚。1944年1月，一家人在哈利法克斯短暂相聚时，艾琳惊讶地发现，女儿们已经长大成人，从娴静的小女孩变成了活力少女，略施粉黛，带着英美混合的口音。

女儿们还将在新斯科舍的学校里继续学习三个月，查德威克夫妇与她们告别，前往"Y地"，格罗夫斯在那里给他们安排了一间小木屋，紧邻奥本海默一家。查德威克的家配置"豪华"，有两间卧室，一个铁浴缸，自来水接到室内，宽敞的起居室和漂亮的石壁炉。这些让查德威克的年轻同事们羡慕不已，他们不得不凑合居住在条件艰苦的宿舍里，共用浴室，睡硬板床。但对于上流品位的查德威克夫人来说，山上的生活还是太原始单调了。这里尽管免受无聊的夜间灯火管制，食物充足，还有白雪皑皑的桑格累得克利斯托（Sangre de Cristo）山峰美景，但也不足以弥补她当下的损失：利物浦的宽敞家园、朋友的陪伴，以及BBC播音员刻意的镇静。不习惯山上稀薄的空气，加上身体频繁不适，她养成了不停抽烟的习惯来熬过漫长的时光，人们知道，她患上了思乡病，不喜欢美国的生活。一次下午茶会上，她抱怨了"美国生活的原始性"，让客人们感到不太得体。[2]

难怪她会感到如此孤独：在她和家人生活在"Y地"的一年中，丈夫大部分时间不在家，不是去"曼哈顿计划"的其他场地，就是去华盛顿与官员进行会谈。他在山上最长待过几周，因为那次患了带状疱疹需要养病。疲惫是永无休止的，当他终于在家拥有一晚闲暇的时候，他唯一想做的就是坐在扶手椅上，翻上几页书。

查德威克最重大的外交胜利，是说服美国同事支持在加拿大建造一套新的核设施。形势曾一度对他很不利。到1943年底，蒙特利尔项目的士气已跌入谷底——主要因为汉斯·冯·哈尔班的混乱领导，以及美国也不愿意支持一个游离于直接控制之外的卫星项目。然而查德威克最终取得了胜利,他为加拿大原子能项目安排了领导人——卡文迪什实验室的前同事约翰·考克饶夫,这是英国科学界最稳妥的人选之一[3]。渥太华西北 100 英里,风景如画的乔克河畔(Chalk River),考克饶夫监督建造了一座原型反应堆,用重水做慢化剂,让英国和加拿大获得了建造大型核设施的经验,其意义在战后无疑至关重要。重水和铀都是美国人提供的。当查德威克取得这样的胜利时,他就会感到释然,脸上划过一丝微笑。有一次,他为成功地将英美合作计划引向正途而庆祝,用了一句大概是他年轻时在兰开夏郡(Lancashire)学到的话——"全是果酱和腌鱼"。(It's all jam and kippers.)[4]

与年轻同事们不同,查德威克发现自己的财务状况比起在英国老家时每况愈下。尽管他是参与计划的英国科学家中薪水最高的(工薪支票每月 142 英镑)[5],但大部分都花在旅行和酒店上,而他没有时间报销。英国办事处也没有找到简便的方法给他报销。最终,华盛顿的一名高级公务员打抱不平,向白厅请愿:"对我们来说,[查德威克]是一位非常关键的人物,就像格罗夫斯对美国一样……他怕是只能鞠躬尽瘁死而后已,才能完成任务,除非他从财务困窘中得到真正的个人解脱。"[6] 公平最终实现,伦敦财政部为他每月增加 500 镑薪水,而且从 1943 年 11 月开始补齐。白厅的其他部门并不总是如此配合,没有全心全意地明确支持这一愿景:英国参与"曼哈顿计划",对战后本国的核计划至关重要。1944 年 6 月,当安德森和林德曼对查德威克的另一个行动诉求做出了令人失望的回应后,查德威克向埃克斯吐露,英国政府对整个计划表现得"自满自足,近乎麻木漠视"。[7]

科学家们的原子弹制造工作进展迅速,直到 1944 年春,他们才似乎遇到了困难。[8] 问题并非来自弗里希和派尔斯的最初设想,即相向射出两块 ^{235}U,从而达到临界质量。在此之前,这种方法几乎能够肯定可行——物理学家只需等待橡树岭的化学家和工程师生产出足够的 ^{235}U。而用钚制造原子弹的问题要严峻得多，只有一定数量的钚制备出来（也来自橡树岭）以后，科学家才发现这个问题。这种元素被证明具有一些出乎意料的性质，其中几项不利于用来制造核弹。最严重的问题是，天然钚的裂变截面非常高，无须中子源的适时激发就可进行，弗里希-派尔斯"枪式"原子弹装载的这种元素样品，无论如何都会在正式爆炸前解体。物质的自然属性让奥本海默及其团队的研究举步维艰。他的决定至关重要：咨询了相关专家之后，他于7月重组了整个实验室的工作，终止一切枪式钚弹的方案，重新部署员工去研发另外一种更为复杂的方法制造钚弹。这种方法采用"内爆"来形成临界质量，即使用普通炸药层来压缩中空的钚元素球壳，极快地达到临界质量而瞬时爆炸。人类战争史上从未投入过这么多的资源，从未如此迅速地研发出一种威力这样巨大的武器。

内爆项目的负责人之一是鲁道夫·派尔斯，他领导了一个理论学家团队，研究点火以及钚装置产生的冲击波。其中有一位同事是林德曼的学生詹姆斯·塔克，在美国人看来，他是英国代表团中一位了不起的古怪英国佬，为爆炸波的优化做出关键工作。派尔斯还充当查德威克的耳目，后来为他汇编了整个计划的日常进展总结，这些记录对格罗夫斯来说也非常有用。[9]尽管派尔斯的良知也和现场的任何人一样与日俱增，但他仍感到"Y地"的氛围在很多方面是惬意的，特别是先前的英美紧张关系（合作受到很大阻碍）结束之后。他写道："美国和英国的组织成员之间不分畛域，工作方针是在尽可能短的时间内取得最好的结果，而不取决于形式上的组织和声望问题。能在这样的地方工作，无比的荣幸。"[10]

他知道，这种融洽环境的建立，要多亏奥本海默，是他说服格罗夫斯，放弃了强制科学家工作分隔化的企图，他也知道如何让自己团队的人员各尽所能，包括派尔斯的朋友奥托·弗里希。后来，美国当局赞扬了弗里希的"杰出实验技能"和"将实验室实验与其在原子武器实际应用相联系的洞察力"。[11] 然而他仍然有充足的时间弹弹钢琴，给同事画漫画，以及赶赴各种聚会，其中一次是受罗伯特·奥本海默（代号"不安全"）和妻子基蒂（代号"笨笨"）之邀，他们的请柬上注明"只为狂欢"。[12] 他或许是此地最好的钢琴家，经常在晚会上演奏，曲目将巴赫、舒伯特，再到肖斯塔科维奇，一一涵盖，其中一些还在山上的广播站播出。不管喜欢与否，弗里希也要听上几个小时派尔斯夫人珍妮亚的人生建议。夫人霸道而热心，堪称山上的一位大人物，是强悍的天后，慷慨的主人，在每场聚会中充当最关键的角色。当6月6日诺曼底登陆的消息传来时，她登上最近的桌子就跳起舞来，舞姿狂热迷人。

派尔斯家收留的一个流浪汉，即他们以前的房客克劳斯·福克斯，是一位内向的理论学家，在珍妮亚的循循善诱下逐步走出自我。他称她为"派尔斯妈妈"。[13] 福克斯与鲁道夫共用办公室，跟他一起研究内爆式钚弹的数学物理，成为英国代表团中最强的计算者之一。尽管对于很多同事来说讳莫如深，但他还是受人欢迎——愿意临时照看小孩，热衷国际象棋和字谜游戏，晚上总是喜欢喝上一两杯放松心情，而且能控制酒量。[14] 他在舞厅很抢手，证明自己是山上最接近电影明星弗雷德·阿斯泰尔（Fred Astaire）的人。像英国代表团的其他成员一样，福克斯在这里的一举一动都受到监控，但外出时不再受安全人员限制（对美国科学家来说，安保服务正好相反）。他是少数有车的英国物理学家之一，周末便开车长驱而去，不会有任何警察来妨碍。[15]

每周日，奥本海默都要关闭实验室，催促同事们每周至少要有一天从紧张的日程安排中脱身。虽然查德威克夫妇不是太热心参与周末之夜的活动——露天电影、舞会，还有宿舍楼梯间的即兴晚会等——但他们和其他人一样会在实验室关闭日放松一下。查德威克喜欢在当地的小河边钓鳟鱼，偶尔到山腰的森林中远足。其他同事有的学习马术课程，有的开车前往圣达菲，或者去图书馆阅读，齐拉表示这座图书馆中藏有一套哈罗德·尼克尔森的《公众人物》（*Public Faces*）以及威尔斯的《获得解放的世界》。[16] 然而，很多山上的居民最终发现，他们手头有充足的时间，或许可以解释此地出生率的飙升——一位医务人员告诉格罗夫斯，"Y 地"科研人员生产的婴儿数量，已经打破了各项纪录。[17]

据说很容易就可以区分出英国代表团的成员——他们带有日耳曼口音。这是一种夸大其词。美国团队中也有一些来自欧洲的流亡人士，包括理论部的负责人汉斯·贝特（Hans Bethe），以及三头六臂的恩里科·费米，他 9 月从芝加哥来到这里，很快就被授权负责整个部门，处理交叉学科问题，既包括理论也包括实验。英国代表团中欧洲流亡人士大约只占三分之一，但均属最杰出的人才。尼尔斯·玻尔，被视为一名荣誉英国人，他 1944 年几次回到"Y 地"短暂停留，做一点技术研究，与科学家们，特别是查德威克和奥本海默，讨论原子弹的影响，奥本海默把他奉为半仙（我心目中最高贵的人）。[18] 玻尔浅尝了权力政治，无论是丘吉尔对他和林德曼的冷遇（"他斥责我们就像斥责两个学童"）[19]，还是罗斯福在他面前表示出来的虚伪同情，似乎都没有让他感到困扰。相反，玻尔嘲笑了英国政府回避政治对话的若干指令，宣扬政治家风度和开放意识，以避免给国际关系招致长远灾难。[20] 他在山上一些科学家中的影响力稳步上升，这些人的政治主管很快便有所察觉。

所有参与"曼哈顿计划"的英国科学家中，最寝食难安的是约瑟夫·罗特布拉特（Joseph Rotblat）。他 1944 年 3 月抵达时，被暂时安顿在查德威克夫妇家，睡在宽敞的空闲卧室里，直到他们的女儿从加拿大过来。根据报纸和无线电广播中关于德国战争机器陷于崩溃的报道，他越来越不相信希特勒会赶得上盟国的原子弹计划。那么，我们造这种武器又是为了什么呢？查德威克洗耳恭听，并回应说这类决策应该留给政治领袖去考虑。一天晚上格罗夫斯来到查德威克家中和他们一起吃饭，将军提到原子弹的真正目的是牵制苏联，罗特布拉特从不安中恍然大悟。[21] 他目瞪口呆，后来写道，直到那时，他都认为制造原子弹是用来"防止纳粹的胜利"。但现在有人告诉他，这种武器旨在对付英美的盟国——"那里的人民正为了共同的目标而遭受着重大的牺牲。"[22]

几个月后，"Y地"的科学家们普遍认为，德国人已经放弃了他们的原子弹计划，醒悟的罗特布拉特请求批准他的退出。当查德威克还在思考这个请求时，当局透露了罗特布拉特与外界共产党员有牵连的证据，而他也明确表示过想回欧洲寻找失散的家人。[23] 查德威克决定最好还是让这位同事离开，于是格罗夫斯很快同意罗特布拉特可以返回英国，条件是不能告诉任何人他离开的原因。

圣诞节前不久，罗特布拉特离开了山上，启程返回利物浦。此时查德威克一家搬到了华盛顿，罗特布拉特在那里驻足了几天。艾琳对此处非常满意——新家位于便利的布兰迪大街（Brandywine Street），比山上的小别墅宽敞得多，也离查德威克的办公室（白宫附近）不远。[24] 在联合车站，查德威克送罗特布拉特踏上旅程，帮他用火车托运了一箱信件和研究笔记到纽约，但当罗特布拉特抵达纽约时，这个箱子不见了。他确信，这是安保人员搞的鬼。

查德威克仍然负责招募英国科学家到"Y地"的实验室，只要他们具备美国人所未掌握的技能。从1944年春开始，奥本海默就不再需要更多的核科学家，而是急需数学物理学家，来研究炸药爆炸时穿过炸弹的爆轰波，以及原子弹爆炸的总冲击波。查德威克引荐了英国该领域的两名首席专家，先是来自剑桥大学的泰勒（G. I. Taylor），查德威克给伦敦方面写信说："要想尽办法弄他过来，只要不是绑架。"[25] 他是一名杰出的应用数学家，在流体运动方面具有无与伦比的造诣，很快就在山上和大家打成一片。[26] 第二位专家是来自帝国理工学院的比尔·彭尼（Bill Penney，全名为 William George Penney），在研究纳粹空军轰炸英国城市的效果方面，积累了多年的经验。彭尼和蔼可亲，嘴角总是挂着笑容，即使在研讨会上，当他谈论起大家全力以赴建造的炸弹会杀死多少人时，仍保持着微笑。美国物理学家维奇·韦斯科夫（Vicki Weisskopf）给他起了个外号——"笑面虎"。

搬到华盛顿后，查德威克的工作并未减轻。几个月前，随着法国政府恢复重建，蒙特利尔的法国核科学家们开始主张今天称之为"知识产权"的东西。他们希望能与国内同事自由地交流核项目的进展——毕竟，一些工作是基于几年前法国申请的专利。格罗夫斯对所有这些吹毛求疵的专利言论怒不可遏，坚持要求目前有关原子弹和反应堆的知识不能扩散出北美。然而，约翰·安德森爵士同情这些法国人，于是惹恼了丘吉尔，丘吉尔告诉一名同事，如果弗雷德里克·约里奥-居里掌握了他不该获得的情报，就将被"强制但舒适地关押几个月"。[27] 这是查德威克在北美的最低谷时期，晚上的他辗转反侧[28]，白天则在义愤难平的科学家和无动于衷的英美当局之间心力交瘁地周旋。在他小心地安抚好科学家们之后，这场骚动才平息下来。

随着"曼哈顿计划"已成功在望，查德威克和同事们开始讨论英国战后核方案——如果妥善制订该计划，那么过去三年所有的问题很快就会成为过眼云烟。[29] 查德威克、考克饶夫、派尔斯、奥利芬特等人 1944 年底在华盛顿会面，启动了该问题的讨论，然而格罗夫斯将军则在私下抱怨"英国人的卑鄙"，敌视任何脱离美国控制的核项目。[30]

查德威克筋疲力尽，饱受慢性背疼之苦，英国当局给了他一个急需的激励，在1945年的新年授勋榜上让其获封爵位。不管怎样，他抖擞精神，开始推动政府去利用曾经在"曼哈顿计划"上的有限投资。在一封写给约翰·安德森爵士堪称杰作的备忘录中，查德威克用简洁平易的文笔，写出七页有关"管子合金"未来政策的设想。[31] 他主张，英国作为次要合作伙伴加入计划，这一政策被证明是正确的。又补充说，英国科学家与美国同事的关系正在稳步提升："我认为我们正在为战后的默契打下良好的基础。"眼前最好的选择是继续"全身心地投入美国的事业"，但"我们也应立刻着手准备'管子合金'的战后研发工作"。现在英国应该礼貌地将格罗夫斯的反对放在一边，建造"政府控制的[核]实验设施"。他知道，因为力劝英国支持美国直到"曼哈顿计划"完成，再集中精力在国内发展，自己遭受到"浅薄和短视"人士的指责，称他"忽视或忘记了本国利益"。此时他可能想到了马克·奥利芬特，他正在指责查德威克在"曼哈顿计划"中不够照顾英国的利益。5月下旬，奥利芬特告诉他，华莱士·埃克斯正在抱怨，因为查德威克的"不信任态度"，英国的管子合金办事处"几乎寸步难行"。[32] 稍后一封给希尔的信中，奥利芬特甚至更为尖刻：

> ["管子合金"]方面将演变为一场委曲求全和卑躬屈膝的痛心事件，在丘吉尔的授意下，安德森和[林德曼]发号施令，华盛顿的查德威克和哈利法克斯[大使]言听计从。我觉得我们整个国家都被出卖了。[33]

像往常一样，白厅对查德威克的建议迟迟未作回应。大概原因是，丘吉尔最有影响力的核顾问还在担心原子弹能否真的炸响。"煮熟的鸭子常常会飞，"林德曼告诉R. V. 琼斯说，"眼睁睁花费这么多钱，美国人真是傻瓜。"[34] 这种观点并没有让奥本海默感到惊讶和困扰——林德曼短暂访问洛斯阿拉莫斯时,奥本海默就曾对派尔斯评价道:"这家伙简直是榆木脑袋。"[35]

1945年4月12日周四傍晚,查德威克正在家中工作,听到了震惊美国的消息——罗斯福去世了。几个月来总统一直健康不佳,在乔治亚州温泉疗养院治疗期间,因急性脑出血突然去世。查德威克和妻子坐在起居室里,倾听着收音机里的每一个字。女儿们虽然不清楚发生了什么,但也安静了下来。

消息像瘟疫一样在首都传开。出租车司机把收音机音量调到最大,向半信半疑的路人奔走呼号,许多人则向完全陌生的人确认消息。[36] 令人难以置信的是,默默无闻的杜鲁门,刚担任副总统八十二天,就要开始领导这个国家。那个夜晚,查德威克一定在思考这件事对英美核伙伴关系的影响,因为这种关系是六个月前罗斯福和丘吉尔在魁北克秘密达成的。如果杜鲁门不打算执行该政策,英国很快就会陷入麻烦。

那个4月的夜晚,人们都在念叨,"多可惜啊,他没能看到欧洲的胜利日",只要再过三周,5月8日,这天就会到来。人们久久期盼的消息传到洛斯阿拉莫斯山上后,引发了一场喧闹的集会,弗里希、派尔斯和贝特抛开了他们身上欧洲人的拘谨,组成了即兴合唱团,高唱他们最喜欢的德国学生歌曲。[37] 美国同事都感到惊讶:对他们来说,战争的焦点早已经从欧洲转换到远东了,几天前,来自陆军部次长的消息就提醒他们说:"每一个工时,都将有助于粉碎日本,让我们的战士凯旋。"[38]

试验第一颗原子弹[钚弹]的计划,此时已箭在弦上,一小部分"曼哈顿计划"的科学家已在担心美国政府将如何使用这种"小物件"。担忧主要来自芝加哥的冶金实验室,他们在"曼哈顿计划"中的工作早早就结束了。其化学组主任是德国流亡学者詹姆斯·弗兰克(James Franck),以他为主席的一个委员会在6月上旬发布了一篇睿智但啰唆的报告，呼吁政府不要对日本进行未经宣告的核打击，并建议投放到荒无人烟的地方以耀武扬威。[39] 委员会的成员之一是屡教不改的利奥·齐拉。在见识了东京令人胆寒的地毯式轰炸后，他决心公开反对使用原子弹，支持对核武器的国际控制，天真地认为他的劲敌格罗夫斯将军不会第一个站出来敲打他。

亨利·史汀生认为原子弹是美国对付苏联的"王牌"，尽管他也希望美国小心行事。[40] 他组建并主持了一个民间的秘密委员会，试图在核武器和核能事务方面为总统提供建议。[41] 史汀生将弗兰克的报告转交给由杰出科学家组成的分委员会，包括奥本海默和费米，他们的观点可令抗议者重视，而不会制造事端。分委员会没有采纳报告的核心建议，指出裂变材料的供应非常有限，支撑不了这种奢侈的演示，并称，虽然对远东的军事状况一无所知，但他们认为除了直接的军事使用外，"别无其他可以接受的选项"。在另一场讨论会上，万尼瓦尔·布什和詹姆斯·科南特对此表示赞同。[42] 似乎没有任何美国或英国的高级官员咨询过查德威克及其同事关于原子弹使用的意见。丘吉尔政府对其核科学家的意见置若罔闻，令皇家学会会长亨利·戴尔爵士极为愤怒，且不提他还在为玻尔同丘吉尔彻底失败的会面而懊恼。[43]

一旦原子弹制造出来，它就会成为一种合法的战争武器，美国政府对此从不会有任何重大的质疑。攻击东京拥有强烈的民意支持，即使投下原子弹，也不会遭到太多抗议，死亡数字似乎不会超过10万，这也是3月9日美国空袭东京的战果。核武器还带有恐吓的效果，有可能促使日本提前投降，而不必执行攻入本土的计划，该计划肯定会带来数十万的伤亡。齐拉并不知道这些论据：他只是厌恶轰炸东京，认为核武器性质完全不同，一次爆炸便会屠杀大量民众。他上下游说，请求总统三思，但是徒劳无功。政治进程已开始着手第一次核弹试验——三一计划（Trinity project）——查德威克后来将其描述为"科学史上最大胆，也肯定是最昂贵的试验"。[44]

查德威克是美国军方允许目击此次试验的几百名平民之一，他们被安排在距爆炸地20英里远的一处小山上。妇女禁止入内。1945年7月16日拂晓前，他坐在冰冷黑暗的新墨西哥州"死亡之旅"（Jornada del Muerto）沙漠，聆听着首次人工日出的倒计时，比真正的日出提前了半小时。这片沙漠的名字，在美国代指难以想象的宁静之地，却将在接下来的时刻成为世界上最喧闹的地方。他在孔帕尼亚山（Compañia Hill），和几十名"曼哈顿计划"的领军科学家在一起，包括汉斯·贝特、欧内斯特·劳伦斯、奥托·弗里希和鲁道夫·派尔斯等。每个人都知道会碰到各种问题。尤其是天气，昨夜的暴风雨已经迫使点火时间推迟到早上5点半。知道几分钟后的爆炸会有放射性冲击波，他们就利用这段时间在皮肤上涂抹防晒霜。

控制中心位于查德威克和同事们几英里之外的地方，紧张不安的格罗夫斯——布什、科南特和奥本海默陪伴左右——正在思忖如果原子弹试验失败将如何应对。奥本海默一夜未合眼，在这最后时刻，强大的自信似乎突然消失了：他靠在柱子上稳住身体，双眼直直盯向前方。

数年的期待并没有让查德威克在看到面前的景象时泰然自若。[45]顷刻间，无声无息地，一个极为耀眼的光点出现了，很快变成了巨大翻腾的火球，周边的小山和沙漠都被照得无比闪亮，仿佛有人打开按钮点亮了太阳。查德威克通过一片焊工的眼镜看到这一切，有时也从边缘瞥见一点。闪光略微消退后，云雾开始形成蘑菇状，橙红色的火球和地面之间有一根灰色短柄相连。不久另一朵蘑菇云从中生出，像一个变异的后代。眼前的景象出现大约两分钟后，第一波爆炸的声音传来——"突如其来的尖锐声音，仿佛天崩地裂，"查德威克后来写道，"接着是长长的轰鸣声"，就像千军万马碾过群山。

孔帕尼亚山上的人们欣喜若狂。根据一份报告记载，不苟言笑的查德威克也抑制不住自己的欢喜：当劳伦斯拍到他的肩膀时，他像往常一样咕哝了一声，但很快高高跃起。另外几个人也忍不住学他的样子跳了起来，脚步洋洋得意地跺向地面。"它成功了，我的上帝，这个该死的玩意儿成功了！"⁴⁶

在这些目击者中，查德威克比任何人都更加意识到眼前景象的科学价值。三十四年前，他还是一名羞怯的本科生，坐在报告厅的后排，注视着卢瑟福首次演讲原子核的构想。在距剑桥中心只有一箭之遥的地方，查德威克后来用案头实验发现了中子。但这次最新的核试验必须在沙漠里进行，距离最近的城镇也要数十英里，这里所有的设施灰飞烟灭，只留下一个直径 1200 英尺、深 6 英尺的弹坑。沙漠里的一些沙子熔成了玻璃——查德威克后来也分到几块作为纪念品，他把它们捐给了大英博物馆。[47]一粒查德威克发现的中子引发了地球上人类设计的最大爆炸。查德威克知道，正是他和科学家同事们通过与军方和政府密切合作，实现了这一点。政府决心率先实现这个目标，不计代价。最终投入约为 20 亿美元，这是一笔巨大的数目，尽管美国可以较为轻松地承担，因为在过去四年中，美国的国内生产总值几乎翻番。[48]"曼哈顿计划"的支出约为 B-29 轰炸日本战役支出的一半。[49]世界上许多领军科学家已经表示，他们可以掌握自然界隐藏最深的能量，但这种新知识的首次使用，却是让政客获得了一种威力空前的杀人炸弹。

格罗夫斯兴高采烈。他实现了政府指派给他的目标，只用一千多天的时间，领导"曼哈顿计划"交付了一种实用的核武器。正逢其时，他让杜鲁门总统以世界上首位拥有核武器的领导人身份，参加与斯大林、丘吉尔的会议。几个小时之后，这次会议就将在德国波茨坦开幕。

26　丘吉尔同意投放原子弹
1945.7.1—1945.8.5

> 如果俄国人最先造出原子弹，将意味着文明的终结……原子弹的及时出现，拯救了世界。
>
> ——温斯顿·丘吉尔，1945年7月23日[1]

波茨坦会议是盟国领袖们首次提到原子弹的集会，尽管只是简短的后台角力。骤然而来的核时代令丘吉尔手足无措，他对"管子合金"的简报不感兴趣，也对"曼哈顿计划"的进展及其成果缺乏了解。[2] 正如约翰·安德森爵士1945年3月对尼尔斯·玻尔所说的，丘吉尔的问题在于，他的"头脑中完全缺乏科学素养，很难从正确的角度来看待这一计划"[3]。丘吉尔主要关心的是——与玻尔相反——向苏联保守原子弹的秘密，以充分扩大战后对苏联的外交优势。他认为1943年的《魁北克协议》保证了英国可以分享美国的胜利，尽管杜鲁门是否为罗斯福的观点背书还有待观察。

与斯大林不同，杜鲁门和丘吉尔都不想出席波茨坦会议。丘吉尔焦头烂额于国内的政治危机，以及对中欧前景的悲观看法，他向医生莫兰勋爵（Lord Moran）嘟囔说这场会议将毫无成果。杜鲁门的心态更为积极，但也为自己在国际舞台上的首次亮相而惴惴不安,这是他二十七年来第一次到欧洲。他还在焦虑地等待三一试验结果的消息。[4]丘吉尔和杜鲁门没有见过面,但他们已经交换过电报,通过电话,确信苏联领导人尚不知道"曼哈顿计划"。

杜鲁门刚开始担任总统时对此也懵然无知。在他被提名副总统的八个月以来,罗斯福很少告诉他有关军事、外交甚至行政方面的事务,只是1944年8月一次午餐时,含糊地提到军方正在研发一种特别的武器。[5]总统职位砸到杜鲁门头上后,曼哈顿工程或许是他听到的最大惊喜。[6]

出于体面和敬业,哈里·杜鲁门几乎完全留用了罗斯福的顾问和参谋团队,并尽力延续他所有的内政和外交政策,包括原子弹的使用以及联合国的组建。为参加波茨坦会议,杜鲁门登上了前往弗吉尼亚州诺福克(Norfolk)的火车。在火车上,记者梅里曼·史密斯(Merriman Smith)问杜鲁门对此次国际论坛的期待。[7]杜鲁门委婉地提醒史密斯,此次会议的组织并非他的主意,而只是遵循前任安排。他从自己的钱包里拿出一张折叠整齐的纸,上面是他抄写的丁尼生预言诗《洛克斯利大厅》。[8]总统朗诵了一些骈句,1931年丘吉尔在《五十年后》一文中也曾引用过,对民用和军用飞行技术看法同样悲观,激动人心的高潮是:

直到战鼓不再敲响、战旗不再飘扬,
人们走进议会之时,便是世界大同之日。

当世纪之交,杜鲁门还是一名高中生的时候,即出于个人爱好而对这首诗念念不忘。接下来的十年间,他在杂志上经常读到凭借美国技术天才的力量改变历史进程的故事。[9]现在,近半个世纪之后,密苏里小镇的年轻人已经位列世界三巨头之一,正待塑造欧洲的政治前景。他与无精打采的丘吉尔不同,仍对这份责任重大的新工作充满热情，已在为波茨坦会议摩拳擦掌。

首相的斗志从2月初就开始消减了，那时他正和斯大林以及身患绝症的罗斯福在克里米亚的雅尔塔进行会谈。从那时起，苏联就已经控制了大部分东欧，显而易见，他们很难再被赶走，除非采取破坏盟约的军事行动，但杜鲁门无意这样做，因为这将引发新的惨烈战争。斯大林一副十足的胜利军事领导人的派头，身穿大元帅制服，平静而轻松，不屑于在会谈中做笔记，甚至也不随身携带文件——这些确实都没必要，因为所有场所都在被监听。[10] 当领袖们讨论对日作战和战后欧洲的组织时，他得到了更多的同情，甚至超出了丘吉尔的预期。在丘吉尔看来，苏联领导人显然是想取得东欧的领导权，在罗斯福表现出的无能为力和漠不关心的助长下，斯大林即将实现这一目标——战后，逃出龙潭的波兰将再入虎穴。

据我们所知，丘吉尔从未对罗斯福有过怨言，尽管罗斯福曾经令丘吉尔大失所望。然而，丘吉尔受到的伤害要比表面上流露的更深——当罗斯福总统两个月后去世时，丘吉尔拒绝出席他的葬礼，即使杜鲁门建议他们可以接着进行"两到三天"的会谈——这可是一个无价的见面礼。[11] 若是1941年精力旺盛时的丘吉尔，难以想象他会错失这样的机会，特别是他知道新总统在外交事务方面是"愣头青"，正准备听取他的建议。[12] 六年后，丘吉尔评价说，这是他战时犯下的最大错误——在战争落幕时分，"做出大量决议的人……我却不熟悉"[13]。

波茨坦会议前的几周，让首相心神不宁的还有千疮百孔的联合政府。麻烦始于1月下旬，他的副手克莱门特·艾德礼坐在手提式打字机前，针对丘吉尔撰写了2000多字的檄文，抨击他近来作为首相的一些表现——不阅读文件，在会上大放厥词，偏信幕僚而不是战时内阁的观点。[14] 丘吉尔的亲密好友布拉肯和比弗布鲁克勋爵都附议同意，甚至克莱米也在权衡之后，支持"非常勇敢"的艾德礼。[15] 到 5 月底，工党高层失去了耐心，丘吉尔别无选择，只能启动一场大选。

竞选中，丘吉尔加倍努力，阻止斯大林实现在欧洲构筑"铁幕"的意图，这个词是他写给杜鲁门的绝密电报中使用的（H. G. 威尔斯在 1904 年小说《上帝的食物》中首次炮制了这个词）[16]。在一项接近五十年都未公开的动议中，丘吉尔指示他的计划制订人员，考虑对驻欧洲的苏军发动一场军事攻击，名为"超乎想象行动"（operation unthinkable）[17]，"将美国和英帝国的意志强加到俄国头上"。他的参谋长们大为惊骇——认为此事尽量少落到纸面上为妙——并很快让他相信（用他的话说），"盘踞在欧洲的北极熊"块头太大，根深蒂固，难以撼动。丘吉尔软化了，形容自己的想法"纯粹是拍脑袋的假设"，同意该计划不了了之。

白厅的争吵在别处也惹来不快，丘吉尔让八名英国领军科学家大失所望——包括帕特里克·布莱克特——原因是丘吉尔否决了他们计划已久的对苏联的访问，而且就在他们启程的几小时前。尴尬的官员通知科学家，他们的申请被驳回了，因为在对日战争中可能仍需要他们的服务——人人皆知这是明显的托词。真正的原因是，首相认为有责任（与美国的政策相一致）阻止任何与"管子合金计划"有牵连的科学家造访苏联，以免走漏核武器的风声。[18] 在联合议会关门的那一天，希尔和其他议员听到了丘吉尔对此所做的辩护：访问的禁令并非出于"任何安全问题"的考虑，而是由于"对日战争的目标"仍需要这些科学家。[19] 政府官员们预料的麻烦终于出现了，尽管只是一些略微令人尴尬的新闻报道，以及一份在若干皇家学会会员中引起骚动的简报。[20] 丘吉尔可以安然地无视这一切，而他也正是这样做的。

丘吉尔决定阻止科学家访问一事就发生在选战非常艰难的一周。在一篇广播讲话中，他又损害了自己作为两派公推领袖的声誉。他藐视以前的工党同事，并荒唐地声称，工党政府"将难以避免地堕落为盖世太保之流"。[21] 这对艾德礼来说是利好消息，他本来演讲枯燥，让英国人厌烦，但成长为了市郊的西塞罗，全心投入无线电广播，赞扬首相在战时的领导，但也令人信服地申明，现在该换新鲜的血液了。

英国人于7月6日进行大选投票，几乎所有的政治专家都预言，这个国家不会抛弃自己的战时英雄。许多选民正在海外军队中服役，所以各政党同意暂停三周再宣布结果，届时波茨坦会议开到一半。利用日程中的这段空闲，丘吉尔前往法国西南部比亚里茨（Biarritz）附近开始了一段绘画之旅，终日徜徉在日光里，不过失败的预感也在啃咬着他的信心——他对医生吐露，自己将"魂不守舍，直到大选结果出来"。

丘吉尔和杜鲁门到达柏林后看到，整个城市都被夷平了。这里成了一片焦黑冒烟的废墟，散发着尸体和露天下水道的臭气，女人和男人眼神空洞，在城市里游走，寻找食物和栖身之所。[22]

核武器的话题并未在丘吉尔和杜鲁门的首次会面中提及，尽管总统牵挂于心——他们7月16日会面，那时格罗夫斯正在新墨西哥州的沙漠里，为三一试验做最后几小时的准备。丘吉尔本打算昨晚来访，但杜鲁门的随员说总统已经"安排满了"[23]，于是按总统指定的时间，上午11点准时到达波茨坦环路上粉刷成黄色的那间别墅。他们谈了两个小时，酷热中蚊子绕着他们嗡嗡乱飞。会谈期间，丘吉尔试图说服总统修订盟国关于日本无条件投降的命令，但未获成功。[24]

会谈结束后，丘吉尔松了一口气。散步回附近的湖边住处时，他告诉女儿玛丽，他"无比"喜欢这位总统，确信能够与其合作。[25] 杜鲁门也深有感触，在日记中写道，丘吉尔很有魅力，也非常聪明，只是略微油腔滑调："他说了一大堆废话，诸如我国多么伟大，他多么热爱罗斯福,多么想亲近我,等等,等等。"总统也确信他和首相能够共事,"只要他不再企图给我太多奉承"。

当晚临近8点,杜鲁门最早得知了三一试验成功的消息:一份加密电报告知他,孩子生出来了,比预想的还要大。[26] 送来消息的是亨利·史汀生,如今已略显老态,不再担任公职,甚至不是正式的参会成员。史汀生实际上是不请自来,交代他几年来督办的事务,包括原子弹的战略用途,他曾称之为美国的"王牌"。[27] 次日,他前往首相的别墅午餐,克莱门特·艾德礼也在场,他被丘吉尔邀请来波茨坦充当观察员。艾德礼这位副首相五年来一直被排斥在丘吉尔的核[武器]心腹的内部圈子之外,仅仅模糊地知道"管子合金计划"。[28]

午餐期间,可能其他人还在谈话,史汀生将电报呈送到丘吉尔面前,上面写着一个比预想的还要大的婴儿已经在三一试验场出生。如果丘吉尔不知道这封电报的含义,那场面一定很尴尬。但更可能的是,史汀生告知他消息后,丘吉尔很快打断了这个话题。4点半午餐结束,丘吉尔和史汀生在花园门口散步,史汀生直白地重申三一试验的消息,尽管没有太多细节。史汀生在日记中写道,"他兴致勃勃,大受鼓舞",接着便敦促这个消息要对苏联保密。不到半小时,丘吉尔就被送去出席第一次全体会议,同斯大林和杜鲁门会合,他们两位已经在一次融洽的午餐中首次会面过了。[29]

会谈在仿都铎的乡村宫殿塞琪琳霍夫宫(Schloss Cecilienhof)内举行,这是一座砖木框架的建筑,主体部分建于"一战"期间,内部有些昏暗,但窗外湖景旖旎。院子中央的草地上,进驻的苏军士兵种植了鲜红的天竺葵,组成一个巨大的五角星,整座宫殿戒备森严。[30] 丘吉尔在首次会议上发表的开场演说令人尴尬,按照外交大臣安东尼·艾登(Anthony Eden)的说法(此人心直口快,对美国同事也不见外):"他的讲话不得要领,含含糊糊,絮絮叨叨。"

艾登公开抱怨自己的领导人"被斯大林所迷惑,总是念叨'我喜欢这个人'"[31]。杜鲁门也喜欢上了这位苏联领导人,因为他意外地看上去并不太像一个杀人不眨眼的恶棍,而是一个轻言细语的小个子,并且爱好肖邦。[32]

斯大林是一位高效的谈判家,精明而果断。苏联在战争中损失的军队和平民比英美损失的总和要多得多,因此他把自己看作这次战争的主要赢家,决心攫取一大块领土作为奖赏。他担心的另一件事是,日本将会寻求与美国单独媾和,阻止苏联卷入战事,从而剥夺他在远东的政治利益。[33]谈判桌之外,他将忧虑抛到脑后,变身为热情的主人,侍者们打开一瓶瓶的香槟酒,舀出一勺勺的鱼子酱,让宾客尽欢。当然,慷慨的好客并不能抹消人们对大元帅统治的恐惧,至少丘吉尔这么认为,史汀生注意到,丘吉尔私下里对苏联压迫的谴责可谓"不遗余力"。[34]

杜鲁门总统被指定为本次会议的主席,开始还有点放不开,但四天之后,他"完全变了一个人",指示"俄国人该去哪里不该去哪里,基本上掌控了整个会谈",丘吉尔如此描述总统的言行。[35]其原因就在于,会议就要开始的时候,杜鲁门已经读到了格罗夫斯将军首篇关于三一试验的详细汇报,宣称该试验"比任何人最乐观的预想都要更为成功"。次日上午,史汀生拿着这些打字文稿来到丘吉尔的别墅,丘吉尔正在那里和林德曼谈话。丘吉尔一向深恶痛绝格罗夫斯这种啰唆繁复的行文,但他很快克制情绪,对这一事件的惊人规模也有了更清晰的认识:"[目击者]之一是一位盲人妇女,她看到了闪光……可怕的咆哮宛如世界末日,让我们感到,我们这些渺小的人类,居然敢摆弄上帝从未示人的这些力量,简直是亵渎神灵。"丘吉尔读完报告,对美国同事说:"史汀生,火药算什么?不值一提。电算什么,毫无意义。这颗原子弹,就是愤怒的耶稣复临。"[36]首相可能无意识地回想起了他在《五十年后》和其他有关核武器文章中的词句,包括那句他在战前两年写下的话:"只要这种能源可以为人所用,世界面貌就将发生变化。"[37]

格罗夫斯报告带来的惊喜让丘吉尔久久不能自已——第二天早晨,他就打破了自己"原子弹必须绝对保密"的铁律。[38] 那时他还在床上用早餐。莫兰勋爵进入了房间,丘吉尔感到话已经到了嘴边,只是碍于烦人的仆人在场。支开仆人,首相看着莫兰宣布:"我要告诉你一些事情,你千万不要告诉任何人。"然后他严肃地补充道:"我们已经劈开了原子。"

丘吉尔说,几天前新墨西哥州沙漠的景象,就像"七个太阳照耀地球",接着描述了为实现这一爆炸所做的史诗规模的计划。"这简直是威尔斯小说里的事。"莫兰评论道。"一点不假。"丘吉尔回答。可能他还想起了最近送给威尔斯这位孱弱敌手一大束鲜花,因为威尔斯几个月前在一篇出色的文章中阐述了为什么"丘吉尔必须下台"。[39] 丘吉尔似乎急不可待地讲出这些藏于胸中多年的秘密。在轻率的冲动之下,丘吉尔的话让莫兰震惊:"它将用于日本,轰炸城市,而不是军队。我们认为如果不通知俄国人就这样做有些不妥,所以今天就会告诉他们。"莫兰目瞪口呆,难以置信,在当天的日记中写道:"我曾和一个杀人恶魔睡在同一个房子里。这是我此刻的感觉。"

直到与参谋长们共进午餐时,丘吉尔的心还没有平静下来。总参谋长艾伦·布鲁克(Alan Brooke)在日记中写道,首相"完全忘乎所以",他的言论令人"一头雾水":

> 这种炸弹的机密,以及使用它的权力,将会[据丘吉尔说]彻底改变外交平衡……现在我们有了新的价值观,将重新调整我们的立场(伸出下巴,皱起眉头),现在我们可以说,如果你仍顽固地为所欲为,那么我们可以炸平莫斯科,接着是斯大林格

勒、塞瓦斯托波尔（Sebastopol）等等。[40]

核武器的出现，让丘吉尔手舞足蹈，与其说是一位超凡的国际政治家，不如说更像一个正在摆弄玩具士兵的孩童。

杜鲁门等到第二天才告诉斯大林关于三一试验的事情。当会议结束，代表们纷纷离席的时候，杜鲁门走到斯大林面前，没有带美方翻译，丘吉尔则紧紧盯着他们。总统确保他的通报不涉及核心机密，只是通过他的翻译巴甫洛夫（Pavlov）告知斯大林，美国已经研制出一种破坏力不同寻常的新武器。[41]斯大林一言未发，接着转身离开了。杜鲁门一时不知道该说什么，站在那里目送苏联领导人匆匆走出房间。[42]

斯大林的反应让丘吉尔和杜鲁门确信，他们的苏联盟友仍对"曼哈顿计划"一无所知。[43]但他们俩都被骗了。[44]多年来，分布在美国和英国的间谍网，让苏联领导人和高级官员对英美制造核武器的计划了如指掌。克里姆林宫收到《莫德报告》副本是在1941年10月（那时罗斯福正在向丘吉尔提议开展核合作），通过间谍约翰·凯恩克洛斯（John Cairncross），当时担任汉基勋爵的私人秘书。[45]五个月后，拉夫连季·贝利亚（Lavrenti Beria），斯大林的安全和间谍头子，便将情报材料提交给了国防委员会（State Defense Committee）。[46]斯大林及其同事们迟迟才认识到这份情报的价值，仅仅提供给伊格尔·库尔恰托夫（Igor Kurchatov）很少的资源。库尔恰托夫是苏联核事业的负责人，他知道，仅凭自己和几百名同事，是无法跟"曼哈顿计划"这种巨型工程相竞争的。[47]

1943年丘吉尔和罗斯福签署的《魁北克协议》，让英国科学家在"曼哈顿计划"中继续工作，这些也没有瞒过斯大林，他早已知晓其具体内容。[48]在波茨坦会议前的一年里，几千页的绝密材料被送往人民委员会的内务部，让苏联高层得知"曼哈顿计划"的进展情况。苏联情报局长预测，美国将在波茨坦会议开幕前一周首次试爆核武器。⁴⁹ 事实似乎是，三一试验前不久，斯大林几乎和丘吉尔知道的一样多。

斯大林还知道，丘吉尔曾考虑对苏联在欧洲的军队实施"超乎想象行动"。就在丘吉尔向军事参谋长们抛出这个想法（他们很快说服丘吉尔这是不切实际的行动）几天后，克里姆林宫的计划官员们就讨论了这个行动。⁵⁰ 可能考虑到这些虚伪行径，苏联领导人告诉波兰代理首相说："丘吉尔并不信任我们，因此我们也不能完全相信他。"⁵¹ 苏联领导人听到原子弹爆炸的消息后，当晚与同事们谈笑风生，却安排与库尔恰托夫通话，加速他们自己的原子弹计划。⁵² 斯大林向同事们抱怨他们一厢情愿的美国盟友："他们屠杀日本人，欺负我们。我们不止一次被蒙在鼓里。"⁵³——这有点言过其实，想想他实际上也没有向英国和美国分享过任何技术秘密。他怀疑，英美将利用这种新武器作为谈判筹码。"他们想强迫我们接受他们在欧洲和世界的方案，"斯大林说，"嗯，这可办不到！"最后加了一句惯骂。⁵⁴

那天晚上，会议暂停，英国代表团可以回国听取 7 月 26 日大选的结果。丘吉尔表示谨慎乐观，不像他的医生那样信心满满，甚至将行李都留在波茨坦。上午 10 点左右，在唐宁街 10 号的地图资料室，丘吉尔换上亮蓝色的正装，点上雪茄，瘫坐在椅子里，盯着不断报告来的结果。⁵⁵ 到下午 1 点，BBC 新闻报道称，保守党政府被击败了。英国的选民三个月前还在街上为领导人欢呼，但当他表现出无意于战后的重建工作时，他们一脚把他踢开。这天剩下的时间，丘吉尔一直陷在椅子里，注视着这场劫难浮出水面，感受着权力的长袍从肩头滑落。公众面前，他对选举结果举重若轻；但私下里，他深受伤害，感到愕然，但非常坦诚。他告诉儿子伦道夫：

> 我在选前旅行时收到的是公众的欢呼。他们走到投票站却

没有投我的票。但他们的欢呼并非不真诚。这样做也并非忘恩负义。他们感激我在战时所做的这些服务。但他们在和平年代并不需要我。或许他们是对的。[56]

就在丘吉尔得知选举失败的那一天，波茨坦官方发布了他和斯大林、杜鲁门共同签署的宣言，要求日本立即投降，否则将面临武装力量的土崩瓦解和本土家园的"彻底摧毁"。[57]日本政府的回应是"默杀"（mokatsu）——冷峻和轻蔑的沉默，这无疑让杜鲁门不得不祭出王牌。[58]丘吉尔作为英国首相，早在三一试验十五天前，就已正式同意针对日本使用核武器。[59]

因为查特韦尔已经封闭，丘吉尔一家无处可住。首相公寓可以使用到下个周末，他们便为家人、战时同事和友人举行了一场聚会，包括林德曼、乔克·科韦尔、布兰登·布拉肯，以及美国大使吉尔·怀南特（Gil Winant）。[60]丘吉尔一向喜欢这种聚会，但即使满杯的香槟、丰盛的美食、轻松宜人的留声机唱片《兔子快跑》，也无法让他释怀。丘吉尔作为战时首相，最后两天的政治任务之一，是完成给英国及帝国的报告，此时正值原子弹投放的消息传来。[61]他和科韦尔、安德森以及林德曼一起工作，林德曼还和美国官员就该事件过后的声明文本保持着联络。丘吉尔希望提到他的《魁北克协议》以及和罗斯福共同签署的备忘录，但林德曼教授认为这样做"非常不合时宜——这只会招致人们要求发表这些文件，从而让美国人非常难堪，而且可能也令我们很难堪"[62]。丘吉尔听取了这一建议，打起退堂鼓。

丘吉尔的八页文稿，主要部分是原子弹历史的纲要，强调了英国人在"曼哈顿计划"早期的奠基作用，历数了有关的英国领军科学家，但不知何故，只少了奥托·弗里希。[63]然而，文稿在最后语气突变：作者不再是这个计划忠实的编年记录者，而化身为一位浪漫人士，他早在《五十年后》一文中便半信半疑地展望了核时代，尽管有些保守："大自然的秘密，所幸长期以来不为人知，而揭示这些秘密，对于每个有理解能力的人，将唤醒他们思想和良知中一些最庄严的记忆。"结语中回应了威尔斯1914年在小说《获得解放的世界》中表达的希望，即核武器将是一种造福的力量：

> 我们必须真正地祈祷，人们制造这种可怕的东西是为了实现各国间的和平，它不会造成难以估量的全球性浩劫，而是成为世界繁荣的不竭源泉。

丘吉尔和夫人仍在伦敦寻找长期住处，暂时搬到克拉里奇酒店的顶楼套房中。在那里，他思考着自己的未来，等待着来自广岛的消息。

第三部

作为反对党领袖的丘吉尔

27 核异端分子布莱克特　1945.8—1949.1

> ［核］弹的投放，与其说是第二次世界大战的最后一次军事行动，不如说是与苏联外交冷战的第一次行动。
> ——帕特里克·布莱克特，1948年10月[1]

这场迄今造成超过5000万人死亡的战争，还将最后一次震惊世界。1945年8月6日，一个安静的周一银行休息日上午9点，英国数百万广播听众得知，核弹并非像物理学家在战前反复地向他们保证的那样，仅仅是记者和小说家的白日梦。播音员清晰的发音充满着异于寻常的激动，公告的开头用了三个简短却意味深长的句子，以至于大多听众都难以领会："英国和美国的科学家终于制造出了原子弹。第一枚原子弹今天早上投掷到一座日本城市。它的设计当量为2万吨高爆炸药。"[2]

帕特里克·布莱克特应该是在第二天早餐时，从《曼彻斯特卫报》上读到了来自广岛的消息。[3]他强忍着看完公告，多年的预警也没能让他做好准备，在听闻这个被他视为一场灾难、堪称最令人发指的战争行为之后，还是深受创伤。

布莱克特当时是曼彻斯特大学物理系的主任，他和妻子住在位于法洛菲尔德（Fallowfield）郊区的公寓里。⁴ 他们的两个孩子不久前已离开了家。从卢瑟福的卡文迪什实验室出来后，他又在伦敦的伯贝克学院（Birkbeck College）担任了四年教授，现在来到曼彻斯特已经八年了。虽然算不上全国知名人物，但同事们公认他是一位优秀的核物理学家、一位直言不讳的社会主义者，不愿意向任何人卑躬屈膝。他身高超过 6 英尺，风度翩翩，有着偶像男演员的外表，头脑敏锐，举止像大主教般庄重。

他读到《曼彻斯特卫报》的社评："人类目录正在掌握彻底毁灭自身的方法。"该报的报道中没有出现关于原子弹所造成损害的照片，但有许多来自丘吉尔、杜鲁门等人有关原子弹意义的评论。亨利·史汀生，直到最近还担任美国陆军部长，宣称原子弹是"有史以来在科学、工业和军方共同协作下所实现的最大成就"。布莱克特在报纸的背面看到一整篇来自他所在物理系同事的文章，从卢瑟福的工作开始，论及各方对"历史上最引人注目的事件之一"的贡献。查德威克的名字也被提及，但是布莱克特榜上无名，当然他也希望如此。他从 1940 年加入莫德委员会以来，就一意孤行，但有时他的观点比众人更为明智。他判定战争期间在英国制造原子弹是不可能的，事实证明这个观点是正确的——若是有人还记得查德威克和林德曼的早期预测，现在看来都是一种盲目的乐观。在"管子合金计划"融入"曼哈顿计划"之后，布莱克特除了对此表示反对外，便再无瓜葛。⁵

在来自日本的首篇报道之后的几天里，记者们千方百计地想弄清楚原子弹造成了多大的破坏。首先，他们只知道广岛——距离东京 425 英里，位于濑户内海沿岸——笼罩在巨大的烟云之中，无法从空中瞭望。然而两天之内，就有英国报纸报道说，这个城市几乎被抹平，死亡人数约为 10 万，此后不久，另一颗原子弹就被投掷到长崎，位于广岛西南约 185 英里。在伦敦，乔治·奥威尔

（George Orwell）注意到，日本的迅速投降改变了人们对原子弹的看法——起初人们被广岛毁灭的惨状吓退，但随后伦敦人开始"感到对这种可以在两天内结束战争的武器，应该谈点什么"。[6] 布莱克特没有那么乐观，并且怀疑这种新武器会像大多数人可能认为的那样，在未来战争中起到很大的作用。

哈罗德·尼克尔森的电话响个不停，记者们询问他是否在十三年前写《公众人物》时，就已经对原子弹有所了解。[7] 但他并没有太多参与这场辩论，威尔斯也一样，他那时已重病缠身，难以评论。能够表达观点的最重要的公众知识分子是乔治·萧伯纳，现年已经89岁高龄。他在《星期日快报》上撰文《原子弹》，很快被多次重印传遍欧美，文中写道，"威尔斯已经把该说的都说了，而且是在三十年以前"，接着自食其言，又加入了一些他自己的观点。[8] 他指出，新武器有一天可能会变得既廉价又充足，这样发动战争就变得很容易，不仅富有的国家可以发动，特定的利益集团也可以发动，如"新达尔文主义者和创世进化论者、原教旨主义者和无神论者、穆斯林和印度教徒"。但他总结说，原子弹最终可能因为太过致命，而无法进行有差别的部署——"它可能为了烤猪而烧毁房子"——更不用说核武器的使用者可能不可理喻或丧心病狂。

布莱克特很快就成为原子弹的主要公众评论员之一。但在广岛和长崎事件之初，他守口如瓶。他正准备担任英国政府核政策方面的高级顾问，这是丘吉尔永远不会允许他担任的职务。首相艾德礼可能知道自己做出了冒险的任命——如果布莱克特不赞成政府内部达成的政策，他肯定会将不满公之于众。

在美国，到1945年8月中旬，普林斯顿物理学家亨利·德沃尔夫·史密斯（Henry DeWolf Smyth）研究和撰写的一份报告中，原子弹已经被完全包装为美国造。长崎轰炸后，政府官员向美国媒体分发了报告的油印本，让所有来者明白原子弹运行的基本原理。在华盛顿，报告发布前的几个小时，查德威克焦急地召开新闻发布会并讲话，尽力抬高英国在"曼哈顿计划"中的地位。但这无济于事。[9] 史密斯的报告引发了全世界对该计划的热议，迅速在美国和其他地方成为紧俏畅销书，陆续印行了九版，最终被翻译成四十种语言。[10] 艾德礼政府的官员对于报告的出版措手不及，他们要求管子合金办事处的迈克尔·佩兰在二十四小时内写出英国版的故事。他通宵起草了富有价值但枯燥的《关于原子弹的声明》，匆忙让政府的文书出版署印刷出来。[11] 但是它影响太小，且为时已晚。美国人的公关行动突如其来，而英国的回应则显得迟缓、低效，还稍微有点小肚鸡肠。

艾德礼最迫切的挑战之一，是为英国制定一套核能政策，从而充分利用英国科学家在研制原子弹时获得的知识和经验。战争结束几天后，他成立了一个精挑细选出来的原子能顾问委员会，其中最引人注目的任命是布莱克特（他是委员会里唯一没有参与"曼哈顿计划"的世界级英国核物理学家）。[12] 委员会里只有他受过军事战略方面的训练，且曾亲身经历血战——1916年5月，他是日德兰半岛战役中皇家海军舰艇巴勒姆号上一座炮塔的见习员，这次战役是"一战"中最激烈的海战之一。三十年后，他拥有了此生在白厅最有影响力的职位。查德威克对"管子合金"以外人员的闯入感到不满，他后来表示，任命布莱克特是"兼顾了政治和科学两方面"。[13] 查德威克认为，1943年底布莱克特想要参观美国在太平洋的军事行动，请求被婉拒后，他对美国人怀恨在心。布莱克特当然对此予以坚决否认——他总是自诩为逻辑的化身，不是被区区情绪所左右的人。

顾问委员会的其他核心科学成员包括小汤姆孙、爱德华·阿普尔顿和英国皇家学会主席亨利·戴尔爵士，但没有英国化学工业公司的华莱士·埃克斯，他被小心翼翼地排除了。出人意料的举动是，艾德礼将前届政府最杰出的核政策专家约翰·安德森爵士任命为委员会主席。他以谨慎著称，认同玻尔对新武器的一些思考，肯定会在这个角色上发挥其经验丰富、心态公正的优点。丘吉尔的主要核顾问弗雷德里克·林德曼的情况则没有那么乐观——因对艾德礼多年来的触犯，教授被明确排除在外。

在艾德礼为处理核事务而设立的其他委员会中，被称作 GEN75 的委员会最具影响力，它完全由内阁成员组成。长崎遭遇轰炸十九天后，艾德礼给同事们写信讲明了利害。首相用语一向简洁而苍白，但这封信却充满了堪与丘吉尔相媲美的激情和历史感："我们应该断言，这项发明对于结束战争至关重要。新的世界秩序现在必须开启……英美两国政府对人类的未来负有前所未有的责任。"他总结道："时间紧迫……我相信只有雄才大略方能拯救文明。"[14] 在花了几周时间咨询同事还有丘吉尔之后，艾德礼写信给杜鲁门总统，敦促英国和美国共同努力，应对世界面临的"全新形势"。[15]

布莱克特在政府中的新角色是其近二十年政治活动的高潮。第一次世界大战后的首次大选中，他曾投过保守党，但随后转向政治左翼并保持下来。20 世纪 30 年代华尔街崩溃和经济萧条期间，他开始相信计划经济是经济运行的最佳基础。尽管布莱克特对苏联在 20 世纪 30 年代取得的显著经济成就印象深刻，但他不是共产党，而是信奉原理的社会主义者，他的信仰基于马克思主义，特别是认为经济应当被科学地规划。

战争期间，布莱克特的政治影响微乎其微，主要充当一名极为杰出的操作型研究人员，堪称科学家中的科学家。在优化空军和海军的战术方面，他比其他任何英国科学家的贡献都大。他最有效的贡献之一是在 1943 年的反 U 型潜艇战中，确保了该战役的科学操控达到前所未有的程度。虽然表面上效忠于白厅的老板，但他有时也感到绝望，因为他和同事们所付出的努力可能会被高层的无能决策所损害。"如果我公布了所知的部分战备工作的真相，"他 1941

年底告诉一个同事,"我一定会被关起来的。"[16]

当布莱克特首次读到关于战争期间英国核计划的秘密情况介绍时,他对丘吉尔政府在这件事上的应对嗤之以鼻。布莱克特将批评意见向马克·奥利芬特和盘托出,奥利芬特极为口无遮拦,竟传话给了又病又累的查德威克,其中包括对丘吉尔、罗斯福《魁北克协议》的评论:

> [布莱克特]对英国["管子合金"]以往在政治和管理方面的无能和十足愚蠢感到震惊,他将《魁北克协议》看作一份丧权辱国的文件。他对你的观点颇有微词,责备你不为所代表的祖国服务……而是"与格罗夫斯沆瀣一气"。[17]

布莱克特还对延续"管子合金计划"予以抨击,奥利芬特告诉查德威克:"他对其组织方面的捉襟见肘表示惊愕……他认为这反映了埃克斯不足以应对这种形势。"对于几周前刚刚加入的原子能顾问委员会,布莱克特也没有多加赞许:亨利·戴尔爵士是"一个特别糟糕的成员",而安德森"作为主席非常不称职"。奥利芬特最后建议可怜的查德威克去享受一次"真正的假期",读完这封信他倒是需要休养一番。

1943年的《魁北克协议》并没有保密太长时间。10月的一个深夜,非国教徒雷蒙德·布莱克本(Raymond Blackburn)将其在下议院公布出来,此人是一名律师,曾当过兵,最近刚刚以工党议员身份进入议会。广岛事件之后,布莱克本迷上了原子弹。虽然不是科学家,但他投身于深层的技术细节,决心敲打政府公开其核政策。在一份戏剧性的声明中,他利用了《政府保密法》中的一个漏洞,揭露了协议的存在,宣称该协议使得"这个国家在和平时期发展原子能[的权利]几乎全部让渡给美国总统进行裁决"。[18]和其他许多人一样,党内官员也极为愤怒——这是"一次荒谬的滥用职权",约翰·安德森爵士怒吼道。[19] 布莱克本拒绝透露线人的姓名,但当局很快认定其中一人是奥利芬特,他花过数小时给这个不务正业的议员出谋划策,教导物理知识,讲述"管子合金计划"的历史。[20] 军情五处无法归罪于布莱克特,他在保守国家机密方面堪称典范。

政府官员尽力阻止这项协议广泛传播到议会之外,但覆水难收。丘吉尔和罗斯福文件的主旨被英国许多内部人士知晓,但杜鲁门总统并不知情,他在布莱克本发表声明的次日告诉媒体,自己怀疑这项协议的存在,这一言论对英美核关系来说不是好兆头。[21] 尽管遭到工党党鞭的责罚,但布莱克本在下议院再次谈到这项协议,此次丘吉尔也在场,他表示自己十分乐见协议被公之于众。

就在白厅纷争不断的时候,布莱克特已在展望英国的核未来,对政府顾问委员会的缓慢进度感到极不耐烦。11月初,他写了一份长达十页的文章《原子能——英国的近期政策》并送交参谋长。布莱克特可能希望能影响到艾德礼,他即将与杜鲁门总统和加拿大领导人麦肯齐·金进行首次会晤。布莱克特实际上从各个方面质疑了关于原子弹的传统军事思想。由于美国和苏联之间的关系已经很紧张,苏联在五年之内也肯定会拥有核武器,他认为英国制造或获得核武器没有任何意义。与美国不同,英国处于苏联飞机的攻击范围之内,所以如果英国获得了核武器,那么在东西方战争中,英国将最有可能成为攻击目标。在他看来,对核原料进行国际控制的流行想法是行不通的:英国最好不要制造核武器,而是完全集中于对原子能的和平利用,将其作为电力来源。这是一篇典型的布莱克特式文章——论证有力,热衷于戳破白厅常有的黄粱美梦。

然而,艾德礼并未为之所动。首相在文章上批阅,布莱克特的文章只是"一位杰出科学家在他外行的政治与军事问题上发表的看法"。[22] 他在华盛顿的议程也丝毫没有受到布莱克特的影响。会议最具体的成果，是两个月后成立的联合国原子能委员会（United Nations Atomic Energy Commission），目的是"处理原子能的发现所引起的问题"，并负责制定"消除所有原子武器"的提案。[23] 会谈结束时，杜鲁门和艾德礼在文件上签名，这个起草有点仓促的文件表达了各方的愿望，即在核能领域，美国、英国和加拿大之间将开展"全面和有效的合作"。《魁北克协议》的精神似乎得到了延续，艾德礼回到英国，他认为英国人和美国人在核政策上看法一致。会议中各方都没有与苏联分享核机密的意向。

世界正在进入乔治·奥威尔在第二次世界大战结束不到七周时所命名的"冷战"状态。[24] 尽管布莱克特与威斯敏斯特的任何人一样爱国，但他拒绝妖魔化苏联，并主张他们与美国人一样，也有权担心自己国家的安全。在思考核战争的可能性时，他很注意保持公平——这种观点在白厅可不受欢迎。布莱克特发现自己无法参加重要的会议，影响力也在日渐下降。他向奥利芬特叹道："政府对我不太认可。"[25]

与艾德礼政府更为相投的，是詹姆斯·查德威克从华盛顿不断提供的建议。他确保了自丘吉尔政府以来在思路上的无缝连续性，它基于假定英国应该拥有核武器，并应尽快着手建立核能工业。正如艾德礼和官员们所知道的那样，这是全民共识：所有主流媒体的公认看法是，如果英国要维持全球大国地位，免遭这种武器的攻击，那么英国就必须拥有原子弹。温斯顿·丘吉尔也曾在议会说过，他默认下议院全体议员都已达成共识，那就是"我们应该制造原子弹"。[26]

1947年1月，一个专门的内阁委员会同意批准"原子武器的研究和开发工作"。[27] 亨格福特的波特尔勋爵（Lord Portal of Hungerford）同意领导这个项目，尽管有些不情愿——战争期间他主要担任空军参谋长，还未从疲惫中恢复过来。被指定向他汇报的科学家全都是英国本土的——"笑面虎"威廉·彭尼将负责装备工作，沉着的约翰·考克饶夫将领导研究计划，而锐意进取的工程师克里斯托弗·辛顿（Christopher Hinton）将负责设计、建造和运营核电站。所有这些领导人员都将淡出人们的视野——除了艾德礼的核事务小组外，所有人包括他们以前的同事，都不知道他们在做什么，当然斯大林的间谍知道。[28]

对不想参与英国核计划的布莱克特来说，这是一个喜忧参半的时刻。虽然他对新政府给他的小角色感到失望，但他强烈支持新政府的激进社会民主主义议程。艾德礼迅速地开始了钢铁和煤炭等工业的国有化计划，建立国有铁路网络，创立国民医疗保健制度，更让布莱克特欣喜的是——开始解散英帝国。近几年来，定量配给比战争期间更糟糕。对于那些期待在战争胜利后尝到甜头的人来说，这令生活变得索然无味，尽管信奉甘地主义的布莱克特觉得这种苦行并不算什么。除了在自己专业的核战略领域外，他几乎同意政府所做的一切。[29]

在这个领域，布莱克特以惊人的能量推行他的观点。在将曼彻斯特大学物理系建设成全国顶尖物理系之一的同时，他变身为一位公众人物，英国最独创也最有争议的核战略思想家。他参与发起成立一些新组织，推动科学界公开辩论核问题，尤其是由鲁道夫·派尔斯领导的颇具影响力的原子科学家协会（Atomic Scientists' Association）。大多数参与过"管子合金"的科学家都加入了该组织，但查德威克没有，他"担心他们可能做一些蠢事而让情况变得更糟……我没有办法控制他们"[30]。布莱克特不想被控制，尤其不想被查德威克这样的保守思想家控制，而是希望言论自由。他在曼彻斯特举行的一次化学家会议上说："发现［核］能的净效果至今都是完全负面的。"[31]

1946年春，美国和苏联的关系逐渐恶化。[32] 美国决心发展其核武库，并保持其军事实力的世界领先地位，而斯大林不甘被吓倒。科学家们警告说，苏联人掌握这些核武器只是时间问题，因此对美国来说，维持其核领先地位更为重要。布莱克特的朋友尼尔斯·玻尔，虽然在政治上不够成熟，但正确地预测了一场有潜在危险的核军备竞赛可能在战争结束后的几个月内开始。

冷战主要对手之间的信任崩塌可能比玻尔所预见的更为糟糕。美国坚信其政治制度在道义上的优越性，决心维持其军事优势，从而确保再也不会重蹈珍珠港的覆辙。苏联同样坚持其自身的社会和政治结构，同样下定决心避免再次受到严重侵略，令其经济和基础设施毁于一旦。"二战"期间，苏联遭受了约五十倍于美国的人员伤亡，斯大林决心获得一块领土补偿。美国担心斯大林将在饱受战争蹂躏的欧洲取得不可逆转的控制权，特别是在德国，其前途命运在波茨坦会议上并未得到妥善安排。

从美国和英国政府的角度来看，斯大林是一个恃强凌弱者，在保加利亚、波兰和罗马尼亚建立起傀儡政权，同时在德国东部的苏联占领区扶植了一个独裁小国。但是在战后初期，斯大林的确允许在捷克斯洛伐克和匈牙利举行相对自由的选举，并同意在奥地利和芬兰组建代议制政府。然而，美国和西欧的大多数人很快就对这种听命于莫斯科、日益专制的政府感到惊恐，后来乔治·奥威尔在小说《一九八四》中对这种惊恐进行了表述。"如果你想要一幅未来的图景，"男主人公温斯顿·史密斯在一次受刑之前被告知，"想象一只靴子踩在人的脸上——永远如此。"

美国国会山上战战兢兢的议员们没有兴趣与英国共享原子弹，他们大多数人都把它看作美国的机密。《魁北克协议》对杜鲁门来说就是新闻，他的官员找不到它，不得不要求从伦敦复制一份。[33] 丘吉尔和罗斯福1944年9月签署的备忘录也是这种情况。[34] 弄丢了不是一份文件，而是两份，这或许就说明原因并非纯粹的粗心大意，倒更可能是由于罗斯福认为它们的重要性相对不高。

杜鲁门抛开了《魁北克协议》，转而支持在华盛顿取得的共识，即美国应该在核能方面单独开展工作。1946年8月1日，他签署了《麦克马洪法案》，任何美国人向任何其他国家分享核情报都是非法的，标志着美国当前在核领域占据了绝对主导地位。英国只能自谋出路。国会山上的英国外交官罗杰·梅金斯（Roger Makins）——最熟悉"管子合金"的公务员——在华盛顿挥舞着丘吉尔与罗斯福签署的《魁北克协议》和备忘录，但美国议员们无动于衷。正如梅金斯后来回忆："它们是非常缺乏约束力的文件，它们没有法律效力。"[35]艾德礼在给杜鲁门的一封信中抱怨上述法案的通过，但连回复都没有收到，之后便无人再提这件事。

《麦克马洪法案》的通过，对大多数参与过原子弹研制的英国科学家，尤其是那些仍然在洛斯阿拉莫斯的科学家来说是一个沉重的打击。[36]格罗夫斯指示他们全部离开，尽管他们中的有些人之前已被拒绝接触他们撰写的研究报告。但是，查德威克却看到了光明的一面："难道我们如此无能吗？如果没有美国，我们难道什么也做不成吗？"[37]英国科学家和政府官员对美国人的决定充满愤慨，但没有透露给英国新闻界——艾德礼政府确保公众对核武器的讨论不会擦枪走火。在本届议会运行的整整五年里，关于核问题没有进行过一次辩论。

美国的情况有所不同，媒体经常报道科学家和立法者之间就这个问题进行的讨论。一个极端是，鹰派国务卿詹姆斯·伯恩斯（James Byrnes）想要充分利用美国的垄断地位，对苏联强硬；另一个极端是，罗伯特·奥本海默和现已退休的亨利·史汀生强调，垄断不是永久性的，美国应该领导建立一个国际框架，来控制这类武器的扩散。美国的政策由一个权力很大的委员会敲定，其成员包括奥本海默、格罗夫斯、万尼瓦尔·布什和詹姆斯·科南特。他们建议将裂变原料置于某个中立的国际机构监管之下，美国应放弃核垄断地位，并向苏联透露其制造原子弹的秘密。作为交换，美国应争取达成一项协议，即限制两个国家允许制造的武器数量。杜鲁门不能完全接受这样一个激进的提议，转而求助于一个靠不住的权威，以撰写提交联合国的提案。此人就是丘吉尔的朋友和崇拜者伯纳德·巴鲁克（Bernard Baruch），76岁高龄的他近乎失聪，身体不好，但仍像一位急于成名的好莱坞明星那样张扬高调。1946年6月14日，联合国大会在布朗克斯（Bronx）举行，巴鲁克挑在一场电影首映式的喧闹场合上，公布了他的计划。[38]

巴鲁克的提案似乎向苏联提出了一个慷慨的交易，但他特别坚持要求联合国安理会对违反管制的行为采取"适当和及时的惩罚"，由几个大国的多数票做出决定。苏联拒绝了该计划，认为有可疑之处：美国总是可以通过号召盟国的支持而在联合国获得多数，所以它可以为所欲为。

可想而知，布莱克特不同意这个提案，1946年9月他在一本小册子里阐述了理由，首次公开宣告他反对英美控制的方案。[39]在那个月访问美国期间，他对那里歇斯底里的反苏情绪感到惊恐——政治家们在中期选举期间争先恐后，竞相激起民众对共产主义威胁的焦虑。布莱克特认为，美国科学家意识到国际控制的计划可能会泡汤，令事态雪上加霜。他告诉派尔斯，奥本海默承认，"试图独自解决原子弹问题，逻辑上只能导向一个结论——先发制人的战争"[40]。奥本海默的"曼哈顿计划"前同事哈罗德·尤里（Harold Urey）声称，美国可能会被迫宣战，"直白的目标就是想要征服和统治世界，并阻止任何其他主权国家发展大规模的战争武器"[41]。

带着愤怒和震惊回到曼彻斯特，布莱克特决定公开挑战偏向国际控制的共识，他认为对苏联不公平。1946年11月初，布莱克特在唐宁街10号与艾德礼的私下会晤结束时，向首相建议，如果联合国原子能委员会解散，英国应宣布放弃核武器，提出一个纯粹的防御战略，并像瑞士一样宣布自己在政治上中立。[42]然而，布莱克特的这些论点最终没有在白厅获得任何支持，也没有在同侪中产生太大的影响，他们认为他对美国的极端主义有些反应过度。他们极力劝说他支持——或者至少不要反对——这个共识，即与苏联人达成某种协议来控制核武器扩散是至关重要的，但他不会让步。[43]外交部的官员们认为布莱克特正在散布"危险的、误导性的废话"，而一些同事则厌倦了他自以为是的忠告，认为他正在变成怪人。[44]

尚不清楚艾德礼为什么同意与布莱克特会面。在他们第一次会面大约两周前，首相已经秘密地接受了英国需要原子弹（的观点），而会谈时似乎也没有告诉布莱克特。1946年10月25日，外交部部长欧内斯特·贝文（Ernest Bevin）用完丰盛的午餐，小睡之后，蹒跚走入唐宁街，参加秘密的"原子能委员会"的会议，即做出这个决定。[45]艾德礼和同事们正在讨论是否建立一个耗资巨大的气体扩散工厂，将铀反应堆的燃料进行浓缩，并加速钚的生产。当艾德礼总结几位主要经济大臣的观点，认为最好把这个方案拿掉时，贝文大声说道："不，首相，那办不到。"最近曾被趾高气扬的美国国务卿詹姆斯·伯恩斯"指手画脚"地对待，贝文说，他不希望任何未来的英国外交大臣再遭受这样的羞辱——"无论付出多少代价，我们都必须在这里把这件事解决……我们必须把鲜血染红的英国国旗插到上面"。会议围绕他的思路几经反复，三个月后终于敲定决议，该决议只有艾德礼和委员会中他信任的四位大臣知道。议会中没有其他人知道英国即将研制第一批核武器，尽管——如艾德礼所知——没有多少议员会质疑英国必须拥有原子弹，以用它来展示国家的军事实力，并帮助维持英国在国际舞台上的一些威望。

当布莱克特和咨询委员会的同事讨论这个决议时，他意识到自己是在白费力气。现在应该尝试用另一种方式来传播自己的观点了，那就是写一本书。他着手论证区域性轰炸的无效性，解释为什么当前的国际控制方案对苏联不公平，并赞成将核武器和常规武器一同对待的政策。[46] 布莱克特认为美国的核武器政策是误入歧途——美国垄断核武器，并不能阻止盘踞东欧的庞大苏军侵略西欧。

阅读了该书的校样后，蒂泽德建议布莱克特，要避免给人留下这样一种印象，即"美国所做的一切都是错误和愚蠢的，而俄国所做的一切都是正确的"。布莱克特承认"自己可能在客观性上略微失之偏颇"，但其论点的主旨未作改变。[47]

1948年5月12日，当布莱克特的这本书正在定稿时，政府透露英国正在制造自己的原子弹，该公告是以能够想到的最隐晦的方式发布的。下议院的一个安静的下午，新任工党议员乔治·杰格（George Jeger）向国防大臣亚历山大（A. V. Alexander）提出了一个刁钻的问题，询问他是否对"在发展最现代化的武器方面正在取得充分进展"这一状况感到满意。[48] 英国正在制造核武器的消息就在唇枪舌剑中透露了出来，一闪而过，似乎大多数议员都没有注意到：

> 大臣：是的，先生。正如1948年有关国防的声明中所显示的那样，国防领域的研发工作仍然拥有最高优先权，包括原子武器在内的所有类型的现代武器都在研制中。
> 杰格：大臣能否提供有关研制原子武器的更多信息？
> 大臣：不行，我认为这样做不符合公众利益。

几秒钟后，下议院的议程转向探讨进口丹麦牛肉的质量问题。报纸上对这次披露的报道也极不显眼，只有最勤快的读者才会看见并领会到它的重要性。结果是，公告波澜不惊，无疑正中艾德礼下怀。

在幕后，政府就其核政策与美国人进行的谈判在一定程度上取得了成功。一年前，国会资深议员听到《魁北克协议》的细节时还感到震惊，特别是听说英国拥有美国使用原子弹的否决权。几个月后，1948年1月，双方政府的几名主要核科学家——包括万尼瓦尔·布什和约翰·考克饶夫——秘密地达成一个临时协定，撤销了英国的否决权，美国则不再阻止英国发展核电工业，放弃其他一些有利于美国的条款。[49] 最重要的是，新协定使英国人能够分享美国的核情报，这将有助于他们制造自己设计的新武器。《魁北克协议》现已正式废弃，而英国议会还蒙在鼓里。

布莱克特的小书《原子能的军事和政治影响》(*Military and Political Consequences of Atomic Energy*) 于1948年10月初开始销售，它较为艰深，大部分内容难以卒读。那时，冷战的温度进一步降低，这使布莱克特的想法可能不太有吸引力。希望在欧洲获得影响力的美国人，通过马歇尔计划将大量的金钱和资源输送到欧陆，以缓解其经济困难，这被苏联视为企图建立一个团伙，同克里姆林宫及其盟友为敌。该计划还将降低共产主义政权在东欧掌权的可能性。6月24日，斯大林拍了桌子——苏联封锁了西柏林——通过切断其西方供应线，用饥饿威胁数十万柏林人，从而达到控制它的目的。欧洲在战争边缘徘徊数周之后，这场悲剧最终通过盟军的物资空运而幸免。不久之后，西方各国扶植成立了德意志联邦共和国，苏联则建立了德意志民主共和国，这一分裂反映了欧洲划分为美国主导和苏联主导的两大势力范围。几个月后创建的北大西洋公约组织（NATO），巩固了跨大西洋的安全协议，该协议旨在阻止苏联扩张，压制欧洲民族主义者复兴军国主义的势头。苏联新闻机构塔斯社抗议说，这项协议带有"赤裸裸的侵略性"。[50]

在正常情况下，《原子能的军事和政治影响》这本书会被忽视。但布莱克特运气不错——该书出版后仅仅几周，他就听说自己获得了诺贝尔物理奖（文学奖颁给了艾略特）。这一奖项使他的小册子具有了特别的可信度，从而成为不可思议的畅销书，很快就被翻译成十一种语言。[51]布莱克特和妻子举办了获奖庆祝会，他们打破部门分隔的协定，不仅邀请了同行学者，还邀请了所有与他一起工作过的人，包括秘书、技术员和清洁工。[52]他平常的挥霍念头无非是买个新烟斗，但他的诺贝尔奖金足以让他买下一艘二手游艇，这艘游艇长25英尺，帆是锈红色的，曾被称作"红色女巫"。

这本书激起了大西洋两岸的核辩论，并给布莱克特带来几个有影响力的敌人。其中包括乔治·奥威尔，他把布莱克特列入38名亲共作家和知识分子的名单中，几个月后他将名单寄给了一位外交部的朋友，以协助其秘密的反苏宣传计划。[53]布莱克特所在的这份名单藏龙卧虎，其中还包括普里斯特利和查理·卓别林（Charlie Chaplin）。

大多数评论家能比较明智地看待布莱克特的意图。他的许多科学家同事——即便是那些非社会主义者——都热烈称赞他的著述。坚定而温和的鲁道夫·派尔斯认为自己"更多赞同你这边的立场"。[54]保守党员小汤姆孙对布莱克特的见解——美国人向日本投掷原子弹时，怀有"狡诈的动机"——表示遗憾。然而，小汤姆孙接受布莱克特对巴鲁克计划的批评，赞扬他"对极端主张原子弹效用的抨击，非常正确"。小汤姆孙赞同，军备控制问题的根源是"俄国人害怕在任何控制机构中永久处于少数派地位"。[55]

布莱克特的美国同事中有些人没那么客气。在《大西洋月刊》（The Atlantic Monthly）上，著名的原子物理学家伊西多·拉比（Isidor Rabi）不接受英国物理学家"对科学客观性的炫耀性操弄"，认为那仅仅是"虚伪表象，实则包藏祸心"。[56]拉比写道，布莱克特完全执迷不悟，拒绝承认核武器已经革新了现代战争，"在国际事务上，[布莱克特]的作品和其人一样业余……"

约翰·安德森爵士和弗雷德里克·林德曼赞同上述观点。安德森在一次BBC的广播谈话中，一反常态地坦率攻击布莱克特的"扭曲"判断，称他为"一个受良心谴责的原子科学家"，已经冒冒失失地进入了"陌生的政治领域"。几周后，在《星期日电讯报》（*Sunday Dispatch*）的《英国的红色科学家》一文中，林德曼也同样薄情，抱怨英国科学精英中一小撮左翼分子拥有不相称的公共曝光度。他们是多么讨厌，利用其"无限的时间，无尽的精力……[以及]在宣传方面贪得无厌的欲望和敏锐的嗅觉"。几乎可以肯定他心里所指的是布莱克特。这两个人势同水火，互相避之不及，而且都相信自己有能力在政治和军事问题上为别人答疑解惑。[57]

尽管林德曼是更好的数学家兼作家，但布莱克特是更为优秀的科学家。在牛津，林德曼对核研究事必躬亲的管理方式，被证明花钱多见效少。[58]然而在曼彻斯特，布莱克特则展示出自己是卢瑟福学派出身的最佳研究型领导者——他的成就包括协助制造了焦德雷尔班克望远镜（Jodrell Bank Telescope），组织起一批宇宙射线物理学家，发现了基本粒子的奇异行为，从而表明需要一种新的性质来描述亚原子物质，即后来所谓的"奇异性"。[59]

布莱克特的诺贝尔奖，以及公众对其观点的关注，似乎让林德曼妒火中烧。教授向几个朋友告发布莱克特，并给丘吉尔提供了一份"英国红色科学家"副本。[60]过去四年里，林德曼仍然是其偶像的亲密顾问，而丘吉尔在核武器问题上阐述的强硬主张，恰恰令布莱克特深恶痛绝。

28　冷战头子丘吉尔　1945.8—1949.8

> 丘吉尔先生真诚地渴望和平；但他确信斯大林正在等待发动侵略战争的有利时机……这令他日思夜想。因此，丘吉尔先生说，西方国家必须武装到牙齿。
>
> ——乔治·萧伯纳，1950 年[1]

丘吉尔认为，战后对于美国来说最关键的是要充分利用核垄断期间的优势。因为害怕看到数百万欧洲人在斯大林的统治下生活，他认为有必要限制苏联，以制止共产主义向外传播。

同样令他沮丧的是，劫后余生的英国一派枯竭和贫穷的景象——几个世纪以来首次沦落为二流国家。在他看来，英国将来唯一明智的道路，就是紧跟在美国后面，通过获得核武器来形成"特殊关系"，从而维持其国家的地位。这就是为什么他对本国在研发原子弹方面进展缓慢而心烦意乱。同时，他希望美国能利用其核优势，甚至建议——在他对斯大林的恃强凌弱怒不可遏的时候——美国对苏联实施先发制人的打击。

丘吉尔的看法早在广岛投弹之后便已形成，当时他在舰队街《每日电讯》报社总部出席一次闭门会议，拜访了老朋友，报社的老板卡姆罗斯勋爵（Lord Camrose）[2]。卡姆罗斯勋爵后来在笔记本上写道：

> 丘吉尔的观点是，美国凭借手中掌握的原子弹，能够在未来五年内主宰世界。而如果丘吉尔自己还在位，他就会说服美国政府使用这种力量来牵制苏联。他可能会向斯大林摊牌，告诉斯大林在欧洲行事必须合情合理、正当体面，否则就休怪他翻脸动怒。

战争结束后，丘吉尔不再担任要职，有充裕的时间写作一部多卷本的战争史，将他眼中史诗般的故事铭记下来。卡姆罗斯催促他尽快完成这项工作，趁热打铁——如果这本书在1947年圣诞节前还没完成，其商业价值就要缩水。[3]

新政府在议会中的多数优势非常明显，因此除非天灾人祸，本届政府至少能持续一个完整任期（五年），也可能持续两任——这对年迈的反对党领袖来说是一个令人沮丧的前景。他不时地出现在议会，抨击政府的社会-民主主义立法方案及其官僚控制。但他的反对既无力也无效。最令丘吉尔愤愤不平的是，政府竟然决定让印度独立，"用可憎的自毁长城之举"损害英帝国。[4]

丘吉尔就要迎来71岁生日了。在《每日电讯》办公室同卡姆罗斯会谈之后的一天，他闷闷不乐，向医生吐露说：

> 查尔斯，不用装作我没受什么沉重打击的样子。我无法忍受让自己在碌碌无为中度过余生……我离开波茨坦后，斯大林做了他想做的。俄国人的西部边界被默许向前推进，800万可怜鬼被迫给他们腾出地方……我已经习惯了抑郁。[5]

他的生命之秋，注定像一个漫长、阴郁的11月的下午，只能通过亲朋好友的陪伴、回忆录写作的挑战，以及沐浴阳光的充足假期来熬过。如果幸运的话，他活得足够长，还有机会重任首相。

尽管丘吉尔几年来未让艾德礼参与有关原子弹的讨论，但这位新任首相不计前嫌。他经常就核政策问题来向前任咨询，当然并不会全盘接受丘吉尔的建议。

当听说布莱克特加入了政府新设的顾问委员会而林德曼被排除时，丘吉尔感到气愤。[6]他长期以来便怀疑布莱克特的观点和行动，四年前还曾让军情五处"调查一下有没有负面证据"，但结果是此人"完全无害"。[7]而这并未让丘吉尔放心。他听说对布莱克特的任命后，很快去游说约翰·安德森爵士，将令许多人疑心的事情第一次放到纸面上——"管子合金计划"之后，布莱克特已经被排除在英国核计划之外了：

> 你知道的，[布莱克特]一直被严格排除在这类事务之外，我认为把他的名字列入委员会成员名单，很有可能会损害……我们与美国的关系。[8]

安德森的回复堪称息事宁人的佳作。他指出，在和艾德礼讨论可能的顾问人选时，没人提起过林德曼的名字。[9]更重要的是，安德森可能言不由衷地补充道，丘吉尔的顾问不在委员会中，那么丘吉尔批评政府时便可以毫无顾忌。"至于布莱克特，"安德森干脆断言，"我觉得他在委员会里比在外面更安全。"丘吉尔一周后回复此信时，已经身在意大利北部的科莫湖边绘画度假了。又过了些天，丘吉尔告诉艾德礼，"布莱克特能做的可比不上美国人要做的事……我担心美国人会越来越不愿意和我们分享更多进展"。丘吉尔虽未再穷追不舍，但仍对布莱克特耿耿于怀。[10]几个月后，布莱克特被提名授予布里斯托尔大学的荣誉学位，丘吉尔则利用担任校监的权力，否决了这次提名。[11]

丘吉尔为林德曼打抱不平则不无收获：艾德礼把教授安排到一个技术委员会，从而可以参与核问题的讨论，但又与核心执行者保持一定的距离。[12] 此举让林德曼和丘吉尔能够了解情况，同时远离决策，以防止他们像十年前对蒂泽德委员会那样发起出人意料的攻击。

艾德礼还就一封写给杜鲁门总统的信稿征求丘吉尔的意见，信中提议美国采取类似玻尔主张的"信任行动"，通过联合国，分享制造原子弹的知识。[13] 丘吉尔在科莫湖边压住怒火，回复道，这种言论会"立刻引起美国人内心的怀疑"。他接着主张——在艾德礼看来是斩钉截铁的——英国和美国应"基于一份郑重的盟约，以原子弹的威力为后盾"，来争取实现安全。丘吉尔用1943年《魁北克协议》上充满激情的评语作为总结："这就几乎相当于我们和世上最强大国达成了一项军事协议。"这里的关键词是"几乎"。

1946年初春，丘吉尔公开宣称他认为来自苏联强权的威胁与日俱增。为获得最轰动的影响，他没有将重头演讲的地点选在英国——因为他在这里是个有争议的人物，政治影响力似乎也在下降——而是应杜鲁门总统之邀前往美国。这就是我们今天所称的"铁幕演讲"，它毫无疑问地席卷了各大报纸封面，就像当年他的讲话定时出现在英国报纸上一样。

丘吉尔的演讲在总统的家乡密苏里州富尔顿的大学小镇举行。他在演讲中挥洒自如，滔滔不绝，出口成章，令听众如愿以偿。这次演讲最终题为"和平砥柱"，针对一个宏大的主题，让人们回想起20世纪30年代他为欧洲日益穷兵黩武的危险境遇而奔走，当年的纳粹如今换成了苏联。他警告说，没人知道苏联及其共产国际组织"扩张和改宗势头"的限度。[14] 在谴责了所有的姑息想法后，他敦促，抵制苏联威胁的唯一希望是通过"英联邦、英帝国和美国之间的特殊联系"。他认为，上帝站在他们这一边，因为上帝在现阶段只同意了让美国拥有核武器，这是遏制苏联的撒手锏。在当前形势下，把原子弹的秘密告诉苏联，是"丧心病狂"，尽管丘吉尔也明白苏联将在此后几年内掌握这种武器——到那时候，他希望核武器由联合国监管。他的演说并非通常所描述的冷战揭幕宣言，而更像是在论证英国和美国应团结起来，站在强硬的立场上，与苏联进行谈判，从而避免另一场全球性冲突。这场演讲便是他的振臂一呼。

英国新闻界对丘吉尔的演讲反应冷淡，美国也不欢迎。《国家报》(Nation) 批评丘吉尔让"俄国与西方大国本已恶化的关系"雪上加霜，而《芝加哥太阳报》(Chicago Sun) 则抱怨说他是在寻求美国和英帝国"主宰世界"，而美国并不想要这种联盟。[15] 杜鲁门和艾德礼也立刻与该演讲划清界限，虽然丘吉尔在起草阶段曾特意咨询过他们的意见。[16]

丘吉尔也曾费尽心机地表示向"英勇的苏联人民和战时同志斯大林将军致以深切的敬意和问候"。但苏联领导人不为所动，并在《真理报》(Pravda) 上通过访谈进行反击（《纽约时报》很快转载）。斯大林指出，丘吉尔鼓吹由英语民族来掌控世界的命运，"不由得令人回想起希特勒及其同伙［的论调］"。[17] 丘吉尔不仅对这些批评置之不理，也很少去纠正人们对其文本的误解。他曾对一名仰慕者说，这是他职业生涯中最重要的演讲。[18]

在富尔顿，他毋庸置疑地证明了自己仍然是国际舞台上不可忽略的人物。六个月后，他通过在苏黎世大学的另一场雄辩演讲加深了人们的上述印象，题目是"欧洲的悲剧"。[19] 他敦促应该成立"欧洲联邦"来作为对抗暴政的另一座堡垒，再次强调西方应该利用对苏联的微弱核领先优势："我们莫名其妙、朝不保夕地生活在原子弹的防护和保卫下。"

几周后，丘吉尔写信给艾德礼，后者还不相信苏联志在主宰全球[20]，丘吉尔写道："我很清楚，只有两个理由能够阻止苏军向北海和大西洋方向推进……第一个是他们的德行和自律；第二个是美国拥有原子弹。"他认为，如果美国不做好使用原子弹的准备，欧洲将很快落入斯大林军队的手中。[21]

私下里，丘吉尔也和在公开场合一样，热衷谈论原子弹的使用，正如画家奥古斯都·约翰（Augustus John）在查特韦尔午餐时听到的那样。[22]用餐时，画家很少说话，但提到广岛时他按捺不住，说投放原子弹是"人类史上最滔天的犯罪"。丘吉尔不同意："我的良知认为有很多比它更坏的事情。"然后便转移了话题。丘吉尔更为直白的表达是在与蒙巴顿勋爵（Lord Mountbatten）和约翰·安德森的另一次午餐时。蒙巴顿勋爵即将去监督英国撤离印度。蒙巴顿提出，原子弹的使用让多年充当侵略者的日本人保留了一点面子，丘吉尔回应说，关于使用原子弹的决定，当然应该有质疑的声音：

我甚至被一位参与制造原子弹的人士质问，为什么使用它？但我可以理直气壮地为自己辩护，并且说——"当人类陷入惨烈战争之际，你又为什么将有关知识发表出来呢？"[23]

安德森则反驳道："你无法归咎于自己的判断力。"

那年夏末，他和萧伯纳在最后的通信中提到了核武器，这让他精神一振。先是丘吉尔写信庆祝作家的九十大寿，萧伯纳在回信中作临别赠言："你从来都不是一个真正的托利党人。"他写道，丘吉尔是"一位非凡人士，那些顽固不化的分子和碌碌无为的庸人永远无法了解他，总是对他望而生畏"[24]。丘吉尔的回复充满热情。但他对世界的现状有些沮丧，再次认为有些责任应该由上帝承担：

您是否认为，原子弹的出现意味着宇宙建筑师厌倦了没完没了地续写剧本？他有充分的理由可以停留在熊猫时代，而原子弹的释放似乎是他的第二个转折点。

丘吉尔写下这些文字是在 1946 年 8 月 18 日，五天前他亦敌亦友的老相识威尔斯去世了，威尔斯三十五年前关于原子弹爆炸后世界的原创预言被证实压根不着边际。他最后一项创作活动，是为电影《世界的未来道路》撰写剧本，旨在表明人类应该"怀着尊严、互助和宽容，来面对自己的最终命运，而不是歇斯底里、卑鄙自私，以及对相互动机的愚蠢歪曲"[25]。但剧本始终没有到出版商手上，似乎已经丢失或损毁了。

丘吉尔对他所认定的苏联扩张主义深感懊恼，似乎让他经常说出鹰派十足的话语，莫兰勋爵到查特韦尔拜访丘吉尔时也发现了这一点。[26] 午饭期间，香槟和红酒让他放松下来，沮丧之意倾泻而出：

莫兰：您觉得会爆发另一场战争吗？
丘吉尔：会的。
莫兰：您的意思是在十年之内？
丘吉尔：还要快一些。七八年左右。我大概看不到了。

莫兰质疑，像英国这么小的一个国家，如何参与核战争？丘吉尔直截了当地说："我们不应等到俄国也有原子弹。"他神色明亮起来，接着说：

美国知道，俄国 52% 的汽车工业都集中在莫斯科，只要一颗原子弹便可全部清除。这可能意味着要消灭 300 万人，但他们管不了那么多。

刚好一年之后,他重复了同样的观点,仍旧是私下的场合,但这次是与加拿大总理麦肯齐·金。[27] 丘吉尔主张,西方应该明确,苏联政权不得继续在西欧扩张。并补充说,如果苏联不接受这个最后通牒,一名西方国家领导人就将直接告诉他们:"我们将攻击莫斯科和你们的其他城市,从空中用原子弹摧毁它们。"这可谓丘吉尔登峰造极的核战言论。

他的调门很快有所软化。1948年1月,随着英国与苏联的关系再度恶化,他在下院发表演讲,此后未再超出这些言论:避免战争的最好机会,就是"跟苏联政府彻底清算……以实现永久的解决"。[28] 在这一年,他急于摊牌的热情逐渐降低。9月,他告诉同事安东尼·艾登说,他希望再给美国一些时间以储备更多的核武器,提升运载它们的能力——然后,一年之内,就应该肯定做出摊牌的命令。[29] 他害怕苏联一旦拥有了原子弹,到那时就"没有什么能阻止整个世界遭受最大的惨祸"。

当撰写战争回忆录时,丘吉尔对自己的写作方式直言不讳:"这不是历史,这是我的经历。"[30] 他有精彩的故事,也有讲好它的文学才华;他需要的是一支精干的研究人员和行政人员团队,用几年的不懈努力,将其转化为实际成果。到1946年春,所有关于研究、撰写和修订的部署已经就位,利润丰厚的出版合同也已签署,至关重要的美国版由他的朋友埃默里·里夫斯包办。如果进展顺利,这项事业将由丘吉尔的解说引领英语世界公众对这场战争进行讨论。

他很快组建了华丽的团队,通常被称作"辛迪加"。实际的行政领导是丘吉尔以前的研究助理比尔·迪肯(Bill Deakin),骨干人员有丘吉尔的效忠者"巴哥"伊斯梅(国防部的前军事参谋)、亨利·波纳尔(Henry Pownall,帝国总参谋部前副参谋长),以及内阁秘书诺曼·布鲁克(Norman Brook),他通读和评注了全文,甚至撰写了部分片段。其他数十名专家中，琼斯和林德曼都花费了几个月的时间起草和检查有关科学技术的章节。

丘吉尔说服政府，给予辛迪加成员前所未有的特权，能让他们接触到档案和文件，这些文件按照惯例和现有法令，还要保密数十年时间。

写作项目的总部位于查特韦尔。1946年夏，难以支撑的物业运行费被卡姆罗斯勋爵和其他慈善人士解决了，他们合伙资助了一项计划，使得丘吉尔余生都可以住在那里，只象征性地收取租金。[31]在伦敦，丘吉尔靠近皇家阿尔伯特音乐厅的家中，辛迪加钻研数千份文献，这些是他们从白厅档案室花了几个月时间搜集回来的，他们整理事实、撰写供丘吉尔重新加工的摘要和文本，并对草稿进行评注。第一卷《风云紧急》(*The Gathering Storm*)，涵盖时段为"一战"结束到"二战"开始，讲述了希特勒的崛起、德国的重新武装，以及英语国家的消极应对。[32]这个故事——内容丰富、人物生动的大戏——有一个余音绕梁的潜台词：1948年可能会是1938年的重演，只是演员不同罢了。

核武器的起源是丘吉尔的主题之一。[33]他没有提及战前自己在这方面撰写的文章，只是评论说"林德曼教授不时地谈及原子能"。丘吉尔全文引用的一封信，据他说是1939年8月初交给空军部的——信前面是林德曼写的概要，给德国战前已拥有核武器的恐怖传闻泼凉水。此处的回忆不准确——他实际上是在征求空军部的意见，是否将林德曼起草的信件投给《每日电讯》。[34]丘吉尔自此开始讲述核武器发展历程，同样充满了记忆错误的逸事和对教授的无限吹捧，并缺乏个人反省。

尽管本卷完成于1947年底1948年初，花费了丘吉尔大量心血，但也让他从反对派带来的难熬沮丧中得到宝贵的喘息。全身心投入出书项目，丘吉尔又回到年轻记者的状态，不厌其烦地向出版商提出改进。他需要更多重证据,微调已经完成的段落,为某些难写的部分而苦思冥想,直到最后一刻还在添加新的观点。

《风云紧急》于 1948 年 6 月在美国出版,四个月后在英国出版,轰动一时,洛阳纸贵,好评如潮。[35] 诺埃尔·科沃德(Noël Coward)是该书的推崇者之一。他后来写信给丘吉尔,感谢他写下这部作品,称赞他"毫无瑕疵的剧场感","对辞藻的高超运用",以及"用并不苦涩的方式"讲述了这个故事。[36] 许多批评意见则剑指丘吉尔厚颜无耻地以自我为中心,省略了很多关于 20 世纪二三十年代的描述——比如没有提到他在财政部消减防务预算的事——以及他对佛朗哥、墨索里尼,还有日本军国主义头子的侵略置若罔闻。不过,主要报刊的书评人都没有论及丘吉尔歪曲英国雷达项目的历史,特别是他不实地暗示,自己一直在强烈支持这个项目。他贬低蒂泽德的作用,而把林德曼吹捧上天。[37] 当然,这几页的瑕疵和其他一些缺点并不能损害全书的魅力,它的出版使得 1948 年成为丘吉尔生命中光辉的一年。

议会反对派的事务令他心烦,这体现在一些事情上。1949 年 3 月初,他的妻子对托利党人士中一些不满的风言风语感到不快,写信告诉他:"越来越多的消息让我感到寒心和气馁,有人说你只是为了保住权力而做事。但是权力的野心怎么可能足够支撑你走过那段艰难的时期呢!"[38] 他听取了妻子的建议,缩短了再次访美的时间,此次访问他将到麻省理工学院发表演讲。听众中必然有很多科学家,包括亨利·蒂泽德和小汤姆孙等,丘吉尔不放心,向林德曼征求意见。教授则利用这个机会促成自己喜欢的一项事业——在他看来,英国大学中工程教学的标准过低,以至于英国作为军事和经济大国的地位遭受威胁。[39] 林德曼认为,英国需要有自己的麻省理工学院。

丘吉尔于 1949 年 3 月 23 日抵达纽约,这为他的第二卷战时回忆录《最光辉的时刻》(Their Finest Hour)六天后的出版提供了极好的宣传机会。在纽约码头,他向一大群摄影记者摆出姿势,一只手拿着粗雪茄和高帽,另一只手做出招牌式的 V 形手势。[40]《纽约时报》形容,他"像喜笑颜开面色红润的胖娃娃一样频频点头",受到人们的热烈欢迎。

他此行的主要目的并不是做一场报酬丰厚的演讲,这对丘吉尔来说完全是轻车熟路——演讲时激情四射,但没有什么新的思想。不如说,他更想与杜鲁门总统和马歇尔前国务卿会谈。杜鲁门刚刚克服重重困难,再次当选总统,而马歇尔的复兴计划(丘吉尔热烈支持)正在援助欧洲几个岌岌可危的经济体。[41]在他们的会谈中,丘吉尔敦促总统向斯大林挑明,美国正在准备部署针对苏联的原子弹。杜鲁门不久便予以答复,6 月下旬,丘吉尔给总统写信,极尽逢迎之能事:

> 我对您的声明记忆犹新,您说如果有必要,将不畏惧使用原子弹……让我们解脱的唯一希望,是紧密团结起来,拥有更强的武装并做好立即使用它的准备。而没有您,这一切都无从谈起。[42]

然而杜鲁门在使用原子弹问题上更为谨慎,丘吉尔几天后读到总统的回信也认识到这一点:"至于第三次世界大战的前景,我不像您那么悲观。我倒是认为我们最终会忘掉那种想法,实现真正的世界和平。我甚至不相信俄国人能够经受得住,直面彻底的摧毁……"[43]

丘吉尔对原子弹计划的记忆有些模糊,也许反映了他在战争期间对此事不甚关注。1949 年初,他开始重新架构这个故事,追踪事实和文献,以理清他混乱的记忆。到夏末,他已经写成了一份关于"管子合金"来龙去脉的半技术性简要介绍。利用一次共进午餐的机会,他请林德曼对草稿提出一些意见。[44] 尽管丘吉尔没有在正式出版的书中使用这些段落,但文本留存了下来,上面还有林德曼和琼斯的注解。

这些段落显示了丘吉尔生动地描述基础科学的能力。他为讲述科学家进军原子核心而进行铺垫,运用的方法被他形容为"简单类比,并与读者头脑中的更为基础的科学知识联系起来":

> 直到近些年,所有的化学过程——无论是食物消化,壁炉里煤炭的燃烧,或者是高爆炸药(如 TNT)的爆炸——仅仅是引起了电子的重组。没有任何过程干扰到原子核。这些强大的物体稳坐中军帐,分别被各自成群的电子蜂拥包围。[45]

他对原子核的链式反应也进行了清晰的解释,尽管没有明确提到弗里希和派尔斯的备忘录,也没有提到任何流亡科学家的贡献。然而,他突出了莫德委员会的工作——"他们的战场就是实验室"——并评论道自己依靠林德曼"在需要采取行动的时候给我提示,因为我当时有很多别的事情要做"。现存所有 1941 年春的文件和日记条目中,都没有提到他对委员会报告的情感反应,虽然他在战时回忆录中写到自己极为关切:

> 我对新型炸弹怀有很深的恐惧,战局已经极为凶险,得知它正在接近实战的门槛更让我焦虑。如果我们发现了这么多,那么敌方呢?我们知道他们也正在这个方向上摸索……

丘吉尔写道,美国科学家一直对《莫德报告》赞赏有加,因此他在 1941 年秋末"毫不意外地收到了罗斯福总统的信"。那封信中提议开展平等的合作,但丘吉尔七周未予答复。当然书中没有提到这一点，他只是评论道："我自然回复说我很高兴收到信中的提议，并让他进一步了解情况……"草稿至此戛然而止。写完这些后，他继续努力将自己的核故事连贯起来，把它塑造为实践与美国密切合作政策的又一证明。

林德曼开始加工丘吉尔的草稿，两天后，杜鲁门总统宣布，他的军事部门判定苏联成功试验了一枚核武器，时间是1949年8月29日上午6时。斯大林起初没发言，只是稍后证实这是真的。苏联这么快拥有了原子弹，彻底震动了美国和英国政府——实际上西方的所有专家都一片惊愕。

丘吉尔现在必须重新思考核战略，以及英国和美国的关系。不久前，英美关系再度紧张，因为苏联能够以如此惊人的速度造出原子弹的秘密被揭露出来了：他们拿到了"曼哈顿计划"的内部情报。正如林德曼后来指出："尽管他们有精密的间谍系统，但关于原子弹制造的事情，1945年的俄国人就知道的比我们还要多，这令人难以置信……"[46]真相很快水落石出，主要的间谍就在丘吉尔政府七年前送往美国的那批科学家中。

29　派尔斯与"世纪间谍"　1950.2—1950.3

> 我在俄罗斯度过的童年和青少年时光教会我不要相信其他任何人,不要对任何人抱有希望,每个人都有可能是特工。
>
> ——珍妮亚·派尔斯致克劳斯·福克斯,1950年2月4日[1]

鲁道夫·派尔斯永远忘不了发生在1950年2月3日周五的事,尤其是那通午后接到的电话。他当时正在伯明翰大学的理论物理系工作,此处曾用作军队营房,如今已是英国领先的研究中心之一。他的办公室处处散发着学术气息——角落里停放着一辆自行车,黑板上写满了量子符号,桌子上堆满了学术论文,成堆的图书上面落满了粉笔的粉尘。

几分钟之后,雨滴敲打着窗户,他接起了一个电话,令他终生难以释怀。电话那头是一名记者。这并不意外——自从三天前杜鲁门总统要求原子能委员会制造氢弹,就不断有记者来骚扰他。[2]制造威力更强大的核武器,军备竞赛再度升级,这一前景促使派尔斯——和小汤姆孙、罗特布拉特等几名科学家一道——签署了一份请愿书,敦促现在应该"尽最大努力"来"消除原子战争"。[3]但是这名来自伦敦《标准晚报》的记者,是要听取他在另一件完全不同的事情上的看法，即刚刚在首都捅出来的新闻：派尔斯的老朋友兼同事克劳斯·福克斯被逮捕，罪名是充当了间谍。[4] 震惊难过之下，派尔斯拒绝做出评论。

像很多20世纪30年代初的反纳粹学生一样，福克斯与共产党人有联系，但是派尔斯从来没有发现这位朋友有任何极左的行迹，况且他本人也是苏联的同情者。在派尔斯看来，福克斯也从来不像能够做出叛国这种事情的人，这个国家在他是一名走投无路的难民时，让他栖身并过上不错的生活。[5] 福克斯现在是英国政府的领军核理论家，并且从洛斯阿拉莫斯带回来数十件机密资料，对英国原子弹计划有重大价值。两人在前一天还通过电话，派尔斯并没有发现什么不妥。[6]

像往常一样，每当派尔斯不得不处理棘手的问题时，就会给住在附近的妻子，同时也是灵魂伴侣珍妮亚打电话。在摸清别人老底、天下的事情都能给别人提出明智建议的方面，她对自己的能力充满自豪（一次她对一位朋友说："我是伯明翰最聪明的人"）。[7] 但这次即使珍妮亚也感到晕头转向。福克斯成为他们家的亲密朋友已经九年了，而且在家中住过十八个月。他现在仍是家里的常客，与孩子们相处融洽，还帮忙做家务。[8] 想到多年来他一直对全家撒谎，实在不可思议。因为他们难以用语言来表达他们的痛苦，所以鲁道夫与珍妮亚的对话是零碎、不连贯的：

　　珍妮亚：可是亲爱的，你自己也面临同样的危险。
　　鲁道夫（用俄语回答）：没事。
　　珍妮亚：为什么？
　　鲁道夫：我不知道，但是现在我也不在乎了，管它呢。[9]

这个对话是由英国军情五处的安全人员记录的。那天早晨他们的某些人员在派尔斯的家中安装了窃听器,正好及时获得了他们对福克斯被捕的反应(从洛斯阿拉莫斯回来后,派尔斯在大学的通信都被监视)。几小时后,派尔斯仍然心烦意乱。他非常想跟妻子说话,便冒雨骑车回到家中——一座位于埃德巴斯顿(Edgbaston)的维多利亚式大房子,距他的办公室骑行十五分钟的路程。等到他们的两个小孩都已睡着,两个大孩子走开之后,派尔斯夫妻再一次考量这个消息。他们两个都不相信福克斯会是个叛徒——他根本不可能达到那种伪装水平。[10] 派尔斯决定,他必须前去看望福克斯,把事情弄明白,并确定福克斯找到了律师。[11] 当晚9点15分,他打电话到伦敦警察厅,询问是否可以次日到伦敦看望福克斯。他的请求被批准了。

次日早晨,在苏格兰场(Scotland Yard,伦敦警察厅的代称),派尔斯听到他的朋友已经于八天前认罪了。在一份4000字的陈述中,福克斯向安全机构解释了为什么他在伯明翰与派尔斯一起为原子弹工作后,很快决定成为一名苏联间谍:

> 当得知派尔斯的工作目标时,我就决定告知俄罗斯,我通过另一名共产党员建立了联系。从那时起我就与[中间人]一直保持联系。那个时候,我完全信任俄罗斯的政策,我认为西方盟国故意让俄国和德国两败俱伤。因此,我毫不犹豫地将我知道的所有情报提供给了他们……[12]

派尔斯几乎无法相信听到的一切,便前往布里克斯顿监狱。在那里,他被领进了副监狱长的办公室同福克斯见面,福克斯在午饭后不久被带出了牢房。两人的对话一直都很缓慢,声音也过于轻柔,以至于警方观察员几乎听不清他们在说什么。福克斯说现在后悔自己的不忠了,已经开始认识到西方生活的优点。既然已经揭下面具，他不企求任何宽恕。[13]派尔斯垂头丧气，问福克斯是否需要任何帮助，但福克斯对什么都不感兴趣，只要了几本书和一些干净的内衣。他们交谈了十五分钟多，便互相寒暄告别。派尔斯返回了伯明翰，被福克斯难以名状的天真和愚蠢气得发抖。

那天晚上在家里，派尔斯向妻子倾诉了自己的愤怒和沮丧，他还为伦敦警察厅写了一份声明，详细回忆了他与福克斯对话，并表明自己配合调查。[14]珍妮亚坐在起居室靠近壁炉的扶手椅里一边哭泣，一边拿起钢笔，给福克斯写了一封长信，既是严厉的批评，又充满了远见：

> 你是否认识到，你的受审会对这里和美国的科学家造成什么影响？特别是在美国，他们中的许多人已经处境困难。你是否意识到，他们不仅会被官员怀疑，还会被自己的朋友怀疑？……[15]

珍妮亚如今再难释怀，她的信充满了愤怒：福克斯至少应该"尽最大可能地挽救这个体面、温暖、宽容和自由的国际科学共同体，你曾从他们那里受益良多……"珍妮亚最后签下"上帝保佑你"，便将这封信交给派尔斯打印出来送给福克斯。页面上字迹模糊，浸满了泪水。

福克斯很快回信，辩解说他没有想到自己在做什么。[16]他说自己患上了"受控型精神分裂症"，试图解释自己的行为，但无法令人信服："我无法抑制这种控制，它支配了我。"他说，现在已经决定坦白承认，把自己知道的全说出来，他最大的担心不过是监狱长官"可能会发现他缝合裤子用的安全别针"。福克斯还感谢善良的珍妮亚说话没有拐弯抹角，并写道，"女人看问题比男人清楚得多，太有趣了"。附言中，他补充说至少他现在又学会了如何爱和哭——他的信也被眼泪打湿了。

在英国和美国，福克斯面无表情的脸出现在数十种报纸上，圆框眼镜上方饱满的额头闪闪发亮。[17]他的身份暴露正值人们对冷战的担心与日俱增之时。1949年10月1日，杜鲁门总统宣布苏联引爆核装置的八天后，毛泽东战胜了国民党对手，宣布成立中华人民共和国。当福克斯的故事爆出，毛泽东正在莫斯科谈判《中苏友好互助同盟条约》，并于2月14日签署。按照来自威斯康星的参议员乔·麦卡锡的说法，共产主义正在扩张，并且不仅仅是在东方。五天前，麦卡锡发起运动，曝光了他所谓的在美国政府和军队工作的数百名间谍。他坚持宣称，就是这些人让苏联如此迅速地获得了原子弹。他的指控呼应了公众的恐惧和惊慌情绪。

还有其他核间谍被查明身份，但是他们都不像福克斯那样可以接触到绝密情报。日复一日，英国的报纸都在抨击军情五处，猜测着那些福克斯泄露给克里姆林宫的机密，以及这种尴尬局面将会对英美关系造成的影响。安全机构别无选择，面对铺天盖地的辱骂，只能做缩头乌龟，一言不发，面红耳赤，也算罪有应得。

福克斯事件披露的那一天，格罗夫斯将军在华盛顿的原子能联合委员会闭门会议上，做证持续了两个半小时。主席布赖恩·麦克马洪（Brien McMahon）先生把记者叫进来，总结了将军的证词。他给《华盛顿邮报》留下的印象是，福克斯已经将"超级机密——氢弹的有关数据"交给了苏联，煽动起人们的担心：苏联可能会与美国竞相研制一种威力更大的核武器。[18]共和党参议员约翰·布里克（John Bricker）说："我一直反对在核项目上使用外国科学家，逮捕福克斯更让我坚信自己的正确。"[19]派尔斯认为，这种论调从根本上搞错了一点，即没有外籍科学家，美国可能压根没有核武器。[20]

福克斯的丑闻在美国盘旋了几周，但在英国没有几天便烟消云散。在那里，大多数人更关注即将到来的选举，丘吉尔摩拳擦掌，准备对艾德礼还以颜色。派尔斯通过广播中的新闻简报和《泰晤士报》的报道追踪福克斯事件。他自视在政治上是中立派、彻底的民主主义者，乐于尊重议会的决定，在他看来那些决定几乎全都合理。

正是基于这种精神，派尔斯领导了英国的原子科学家协会。他政治中立的领导身份，让军情五处对他和该组织都产生了怀疑。一份报告总结说，他认为协会只需要充当一个看门狗，需要做的事情"非常少，因为政治家和其他人对原子能很敏感"[21]。该组织主要致力于促进科学家之间关于核问题和公共教育计划开展讨论，包括由查德威克的同事乔·罗特布拉特组织的关于核物理的"原子火车"展，1947—1948年间这个乏味的展览在英国巡回展出。[22] 就派尔斯个人而言，安全部门没有查到什么罪状，不过是娶了一个俄国妻子，对他最严厉的评价，是一个特工说他是"多变甚至有些油滑的人"，仅此而已。[23]

派尔斯的同事们并不认可这种描述。他深受欢迎和尊敬，因为他的正直，以及作为理论物理学家的才干，还有培养年轻学术人才的能力。他拒绝了来自牛津、剑桥等著名大学的教授席位[24]，树立起伯明翰大学理论物理学的声誉。他研究了一系列令人瞩目的问题，专注于用量子理论和相对论来理解电子和其他亚原子粒子的性质。战后，实验方面的同事曾由马克·奥利芬特领导，他们整天吵闹不休，成果却乏善可陈。去年夏天，奥利芬特认为艾德礼政府对基础科学协调无力、支持不够，并因此失去了耐心，回到澳大利亚永久定居。派尔斯被证明是一个更高效的领导者，据他的学生弗里曼·戴森（Freeman Dyson）说，派尔斯的理论物理学团队如今是英国最好的。当他们听说福克斯的变节行为时，戴森正住在派尔斯家中。[25]

消息爆出的第十一天，福克斯刚刚经过第一次庭审，派尔斯仍然认为这位同事的行为难以理解[26]，对其下场也不持异议。在给玻尔的一封倾诉信中，派尔斯认为，在开放的社会，间谍是不可避免的，但苏联不会有间谍：

> 苏联知道如何极为高效地防止泄密。如果这是唯一有效的解决方案，我们自己愿意那样生活吗？或者，我们难道不应该说，付出那样代价的安全不值得拥有？[27]

派尔斯2月下旬又探访了福克斯，这次珍妮亚也陪同，但是他们没有得到任何新消息。那时，派尔斯已经确信，朋友的悔悟是真诚的，他告诉福克斯的辩护律师，这位当事人已明白自己有多么辜负科学界。"这是他受到的最大惩罚，"派尔斯写道，"比法官的任何宣判都更严厉。"[28] 这些文字流露出的深切同情，引起了律师的警惕，并立即向安全机构反映。[29]

3月1日，福克斯来到中央刑事法庭接受审判，此时距他被捕还不到一个月。旁听席上挤满了来自世界各地的记者，以及包括威尔斯的前情妇丽贝卡·韦斯特（Rebecca West）在内的名流。福克斯承认了所有指控，诉讼在90分钟内结束，他最后感谢法院的公正审判。[30] 因为不熟悉英国的法律，他之前以为自己可能被处死，但这未获准许，因为他是在战时向盟国透露秘密情报，罪行相对较轻。然而，首席大法官哥达德（Goddard）并没有想要从轻发落。他总结说："议会授权的最高刑期是十四年，这就是我对你的判决。"他敲响了法槌，安保警卫立刻将福克斯带往沃姆伍德·斯克拉比斯（Wormwood Scrubs）监狱。

福克斯入狱的消息为选举结束后无聊的英国带来生气。艾德礼的工党政府获得连任，但它的多数优势已经坍塌到六席，丘吉尔重新掌权近在咫尺。1950年2月14日，投票日的九天前，他成为第一位公开谈论核战争可能性的重要领导人。正如《曼彻斯特卫报》的报道，他把原子弹引入竞选活动，取得了"爆炸性的效果"。[31]

30 丘吉尔软化其原子弹言论
1950.2—1951年春

> 我真的无法理解，我们明明在这个神秘的原子战争新领域遥遥领先，却在过去四年中完全落到了后面，这是为什么？
> ——温斯顿·丘吉尔，爱丁堡，1950年2月14日[1]

丘吉尔在爱丁堡音乐厅面向近三千名听众发表长篇演讲，在快要结束时，他对核政策做出了劲爆评价。抱怨完英国政府还没有为其军队装备"原子弹"——"迄今为止最不寻常的政策失误之一"——他接着提到冷战。[2]他抑扬顿挫地讲道，现在的问题如此严重，"从一次峰会的会谈中就可以看出问题已经糟糕到了极点"。"峰会"一词第一次在该语境下被使用——也许他选取这个词是为了呼应当时轰动全国的珠穆朗玛峰登顶事件。

尽管他充分利用了美国在核竞赛方面的领先优势——"近乎垄断"的优势——但他暗中承认，不动声色就可以威胁苏联的时代已经结束了。虽然工党政客不屑一顾，将这些看作唬人的把戏，但毫无疑问，丘吉尔已经改变了看法。他再也不提摊牌和攻击莫斯科等言论，转而寻求与苏联谈话，以避免核决战。这种新的立场将成为他最后几年担任政治领导人时的主旨。

在议会中宣示这条新路线之前,他不得不应对克劳斯·福克斯的问题,这名间谍是在他执政时期招募进来的。福克斯被逮捕后,白厅官员众口一词,宣称大家都没有责任,不过安全调查却挖出很多材料,气得格罗夫斯将军脸色发青。逮捕的消息刚爆出时,艾德礼同意了约翰·安德森爵士的意见,认为"没有必要针对安全部门",并答应同丘吉尔私下交谈,大概是让他撇清关系。[3]在3月6日新议会第一次全体会议即将开幕的时候,艾德礼谈到这次"恶劣和不幸的事件",并为自己的政府和丘吉尔的战时执政开脱。[4]下议院则一片沉默,丘吉尔也意兴索然。

这注定是一届多事、不和的议会,时时处于解散的边缘。艾德礼试图继续他以前国有化、高税率和财政紧缩的政府纲领,但他在议会微弱的多数优势迫使他执行一条温和的路线,并避免任何叛乱的风险。

虽然有时被工党的后座议员奚落,丘吉尔在议会中仍然是一位可敬的人物,人们为他选入议会50周年而庆祝,并将议员入口以他的名字命名。但在下议院,他有时行为失当,达不到其仰慕者对他的预期标准,如一再嘲弄艾德礼,试图打乱他的步伐。[5]然而,在下议院吸烟室喝上一杯威士忌后,丘吉尔就可以把最刻薄的怨恨转变为最亲密的友善。尽管他有时身体虚弱,听力也日渐衰退,但无论如何,他都迫不及待地想赢回自认为当仁不让的职位。

新议会运行不久,冷战进入了一个异常凶险的阶段,1950年6月朝鲜战争爆发,10万朝鲜军队在苏联等国的支持下,攻入南部的韩国。[6]对美国人来说,这几乎就像珍珠港遭袭一样令他们震惊。进攻两天后,杜鲁门总统发表了一项声明:"显而易见,共产主义已经超越了征服独立国家所使用的颠覆手段,而开始诉诸武装入侵和发动战争的方式。"在联合国的支持下,美国人开始援助韩国,丘吉尔也支持艾德礼政府的决议,提供辅助的战斗力量。剩下的问题只是看美国人能容忍多少伤亡，才会考虑打核武器的牌。

虽然丘吉尔几乎总是支持那些促进英美军事合作的倡议，但艾德礼的一项决定让他担忧，即允许美国人的轰炸机在不列颠本土的东安格利亚（East Anglia）设立基地。他私下向艾德礼写道，"如果俄国决定发动攻击"，那么这个基地"就会成为俄国的众矢之的"。[7] 巴鲁克的国际核控制计划也吸引着丘吉尔，部分是由于他认为，该计划会不可避免地遭拒，意味着美国可以不必与苏联分享其核秘密。丘吉尔在给同事安东尼·艾登的信中写道：

> 巴鲁克委员会不得不找出一些方法，来拒绝向苏联公开或分享核武器。因此他们要坚持的监管措施，想来也肯定不会被俄国人接受。[8]

在牛津，林德曼一如既往地坚定支持着丘吉尔。在基督教会学院的公共休息室，身体欠佳的教授指责艾德礼的国防战略，他认为这让英国危险地暴露在苏联的突然进攻之下，同时指责一些官僚作风，他认为这些阻碍了英国第一批核武器的生产。[9]

林德曼还帮助丘吉尔完成其第四卷战争回忆录。丘吉尔发现很难连贯讲述原子弹的故事，部分原因是文件记录不完整，但更主要的是因为他的回忆过于混乱。他和家人在查特韦尔度周末，一半时间用于写作，另一半时间绘画、招待朋友，以及和孙辈玩耍。就像他在20世纪30年代的大部分时间一样，他如今花在写作上的时间多于政务工作。但是他现在至少又动了念头，重新掌权可能为期不远了。

1950年10月初，他和妻子飞到哥本哈根，接受丹麦的最高荣誉——大象勋章。勋章由丹麦国王在弗雷登斯堡宫颁发，这是一座18世纪的巴洛克式建筑，从首都开车不远即可抵达。[10] 丘吉尔知道，自己难免会碰见尼尔斯·玻尔，他是同样获得该荣誉的少数在世者之一。几个月前，这位伟大的物理学家再次徒劳地闯入国际政治，发表"致联合国的公开信"，呼吁更加开放地应对核时代的挑战。[11]

三天的丹麦之旅是丘吉尔本年度的亮点之一。丹麦将其作为重要事件，政府甚至为了避免与"丘吉尔周"冲突，而将预定的大选日期提前。丘吉尔的许多丹麦崇拜者仍然记得，"二战"期间他们围坐在收音机旁，听着他大无畏的演说。黄昏时分，他和妻子乘坐敞篷豪华轿车来到市中心，人们在街道两侧列队欢呼，挥舞着英国国旗，数十个商店橱窗里摆放着点燃的蜡烛——这是欢迎一位外国人的独特方式。

丘吉尔自战争以来听到过数百次对自己的赞颂，但这次的表彰特别地真诚，尤其是对其智慧的褒奖。在哥本哈根大学，他被授予荣誉博士学位，校长将这位英国前首相"精神力量的罕见专注"比作"集中于原子核的能量"。[12]

仪式结束后，丘吉尔娓娓谈到大学的作用，指出他现在得到的荣誉学位数量已经超过了自己通过的考试数量。其中有一段略微提及他早年与威尔斯发生过的争执，丘吉尔在这里称赞了东道主大学的科研水平，但附带了一段著名的条件限定：

> 大学的首要任务是传授智慧，而不是培训；是提升品质，而非讲授技艺。我们希望拥有很多工程师，但我们却不希望拥有一个工程师的世界。我们需要一些科学家，但我们必须确保科学是我们的仆人而不是主子。或许，人类的发现，已经超出了当前充满瑕疵尚不完备的社会结构所能承受的范围。[13]

很罕见地，他在哥本哈根的这次演讲没有呼吁欧洲的联合，甚至没提一个"高效的世界超级政府"。[14] 他以前曾鼓吹过这个想法，颇受丹麦听众乃至整个欧洲大陆听众的欢迎。

在弗雷登斯堡宫的告别午餐上，丘吉尔与玻尔有过交谈。像爱因斯坦一样，玻尔喜欢通过摆弄心爱的玩具来和新朋友打破僵局。在这个场合，他带来了一个陀螺，当它在地板上持续运动时，会不可预测地一再翻转。玻尔笑眯眯地演示这个旋转的玩具，当他们弯腰看它的时候引发了交谈——丘吉尔评论说，"我看不懂这玩意儿"，玻尔回答，"我也不懂"。[15] 他们之间最后一次交谈就这样结束了——比他们的第一次交谈更波澜不惊，但也同样没有下文。

丘吉尔访问丹麦两个月后，世界似乎再次面临滑向核战争的危险。这场危机始于11月最后一天，杜鲁门总统在白宫的新闻发布会上被记者提问有关朝鲜战争的问题，战局急转直下，中国人民志愿军已经公开加入了朝鲜一方，美军正节节败退。在记者们的压力下，一向对使用核武器的想法极为谨慎的总统，草率且不恰当地说出，在朝鲜战场上的最高军事指挥官有权力使用核武器打击中国。[16] 几小时内，他的言论引起了全球恐慌。英国工党更是一片哗然，艾德礼急忙前往华盛顿，这是他五年内的第一次到访。结果便是，白宫平静地发表声明，希望"世界局势永远不会发展到需要使用原子弹的地步"。

丘吉尔在下院的一次演讲中有分寸地宣称，访问华盛顿"是做了件好事"。[17] 他似乎心情很好，但在镇定的外表之下，却是怒火中烧——艾德礼飞往美国的几小时前，第一次告诉丘吉尔，事实证明《魁北克协议》难以持续，已经失效了。英国现在无权否决美国投放原子弹的决定。丘吉尔喜欢艾德礼，也钦佩他的许多品格，但从来没有原谅他放弃这个艰难达成的协议，因为他太"软弱无能"。[18]

演讲即将结束时，丘吉尔将注意力转向原子弹，猛烈抨击时下流行的观点：原子弹只能用于对核攻击的报复。他讲道，这几乎就等于说，"直到你被打死之前，你都永远不要使用原子弹"。他再次将矛头指向艾德礼政府的核政策,这些政策尚未经下院通过。丘吉尔想知道的是,在《魁北克协议》失效的情况下,英美之间的核合作处于什么状态。

接下来的两个月里,为了将协议文本公之于众,丘吉尔不断向政府施加压力。他在下院争辩说,因为它现在已经失效了,所以公开它也没有任何害处。[19] 这对他来说是一场孤独的战斗——甚至林德曼也拒绝帮他。"坦率地说,我从来不认为您与总统的协议是长久的约束,"教授在给丘吉尔的信中写道,"我认为,这是一个临时协议。"[20] 但丘吉尔在新任工党议员中找到了一个盟友雷蒙德·布莱克本,此人在 1945 年 8 月,曾因揭露了秘密协议的存在而令议会难堪。布莱克本是英国原子科学家协会的一名临时发言人,也是查特韦尔每个周末的常客。[21]

在白厅,政客们发现上蹿下跳的布莱克本"明显不可能被满足"。艾德礼也发现丘吉尔同样不好对付。首相认为,尽管 1943 年 8 月签署的协议是一个"伟大的成就",但由于该文件不是一个条约,所以不得不在战后重新商定,[22] 但这种说法难以打发丘吉尔。而英国刚刚在福克斯事件之后重新赢得美国的信任,此时公布协议将令美国政府难堪。1 月 31 日在唐宁街有些剑拔弩张的面谈中,丘吉尔似乎对核政策的最新进展一无所知。[23] 最令丘吉尔担心的是,与美国签订的新协议允许美国从其东安格利亚的一处空军基地发动核打击,甚至不用和英国商量。[24] 如果布莱克特也在场的话,肯定会附和丘吉尔。

会面后,艾德礼很不情愿地答应去探询美国当局的意见。但丘吉尔迫不及待,不等收到答复,便直接写信给杜鲁门,请求他公开协议。两周后,一封简短的手写回复通过特别信差送到了丘吉尔手上:

我希望你不要再在这件事上给我施加压力。这会在美国和贵国引起不幸的后果,同时也让双方政府陷入尴尬。重启这个讨论,可能破坏我的整个防御计划……该计划攸关贵我两国的安定。"[25]

这封信立竿见影——至少在当时,丘吉尔悄悄地偃旗息鼓了。

丘吉尔尚有机会在书中阐述英美核伙伴关系的来龙去脉,这就是1950年11月在美国出版的"二战"回忆录第四卷《命运的关键》(The Hinge of Fate)。评论家们几乎一致称赞。爱德华·默罗(Edward Murrow),杰出的美国广播公司播音员,对这本书特别推崇,宣称它是"出自英语巨匠笔下最酣畅的记载"[26]。虽然原子弹是当时最热门的话题之一,但没有任何重要的评论家指出丘吉尔对其源头的描述过于肤浅。他只在两个段落中提及此事,对计划进展的说明简直就是文过饰非。[27] 第一段的内容开始于1941年10月,罗斯福提议英国和美国的核计划可以"合作甚至联合进行"。接着便描写到8个月后两位领导人在海德公园的会晤,丘吉尔错误地宣称"管子合金计划"是会晤的首要议题。其实正是在这次会议上,罗斯福第一次告诉他,美国"将不得不研制核武器"。丘吉尔还难以置信地写道,如果美国人拒绝执行这个计划,英国人将"在加拿大或英帝国的其他地方"开展这项工作。[28]

在《命运的关键》中,丘吉尔完全没有提及甚至暗示,由于他和同事们未能及时回应罗斯福的合作提议,英美之间的关系,或者说随后的政治密谋,走向崩溃。"管子合金"直到全书靠后部分才被再度提起,丘吉尔在那里岔开话题,引用了1943年5月关于该计划的一个简短的好消息。这是一封写给约翰·安德森爵士的信,丘吉尔谈道,罗斯福同意关于该计划的情报交换应予重启,以及"它应该被看作一个联合的事业"。仔细的读者一定会对其感到困惑不解,因为丘吉尔先前并没有交代美国方面在1942年底将英国排挤出了"曼哈顿计划"。更严重的是,引用的信里也没有说明,英

国接受了居于次要地位这件事。²⁹

丘吉尔仍有机会在回忆录的下一卷《紧缩包围圈》(Closing the Ring)中弥补这一点,该卷故事起讫 1943 年 1 月到 1944 年 6 月,涵盖《魁北克协议》的签署。但问题在于,1945 年 7 月,他已经答应美国政府的要求,对这份协议进行保密,艾德礼政府也无法推翻这一决策。结果便是,尽管丘吉尔将《魁北克协议》看作英美之间核关系的关键,他在回忆录中也只能忍痛割爱。

在此前后,丘吉尔和林德曼在核议题上的重点开始出现分歧。尽管丘吉尔针对的仍是艾德礼放弃《魁北克协议》一事,但林德曼只关注他所认定的英国核计划进展缓慢的问题。在教授看来,由于帕特里克·布莱克特的坚持,政府犯了一个灾难性的错误,将这项事业交付给供应部,而供应部是一个懒散的官僚机构,能够消磨掉所有创新者的活力。教授认为至关重要的是,要解放从事该计划的科学家和技术人员,就得允许他们在一个与政府保持一定距离的高效组织中工作。³⁰ 林德曼相信,如果不做出这种改变,英国制造原子弹的能力将遭到损害,"实现与美国在钚弹和氢弹上全面合作的可能性也将化为泡影,除非我们能拿出点自己的东西"。

林德曼不仅密切关注政府的核计划,也密切关注原子科学家协会中科学家同行们讨论的话题。一个挥之不去的讽刺是,他居然谴责任何科学家任何影响政治的意图。派尔斯竭尽所能,让协会摆脱政党政治的偏见,特别是确保不会招惹林德曼辞职。这两个人在过去十年里勉强相处,但他们的浅薄交情在芝加哥会议的讲台上宣告结束。派尔斯开玩笑说,林德曼对军备控制的失败主义态度表明,就对历史的态度而言,他根子上是一个马克思主义者。³¹ 这句话成功激怒了林德曼。派尔斯现在已经超出了教授的忍耐程度,他向安全部门告发了派尔斯,称自己既不喜欢也不信任他,甚至说"在安全事务方面他的做法经常像一头蠢驴"。³² 军情五处那捆关于派尔斯的安全记录中,这是其同行科学家对他说的唯一坏话。

丘吉尔对政府中核科学家的组织及其游说政客的企图没有兴趣。让他焦虑的是他们花在原子弹制造上的时间。但他对艾德礼斥资组建的庞大核事业一无所知,这项事业的领导者是一位丘吉尔几乎没听说过的科学家,很快就获得了"英国的奥本海默"这一名号。

31　彭尼造出英国原子弹　1945.8—1951.10

> 能否制造出原子弹,是对一流大国的判决性考验,我们要么通过考验,要么遭受重大的声望损失……
>
> ——威廉·彭尼,1951 年[1]

比尔·彭尼的绰号"笑面虎"并没有叫开,事实上,他非常平和,就连踩死一只蚂蚁都会三思。然而,安详平静的外表之下,他雄心勃勃,决心为国家制造最先进的核武器。在英国的原子弹计划中——他后来将其描述为一出"轻歌剧"——为这种武器的交付,他的贡献比其他任何人都要多,并赢得了领导人温斯顿·丘吉尔的青睐,丘吉尔之后委任他继续研制氢弹。[2]

彭尼拥有强大的自制力。1945 年春在洛斯阿拉莫斯,他的妻子在第二个孩子三岁半的时候,因产后抑郁症去世,他像烈士一样坚忍克制。彭尼的同事们没有看到他流露出任何悲伤。[3] 他还拥有非凡的能力,将制造原子弹的战略必要性和投放到平民头上的可怕后果区分开来。他是英国核科学家中唯一目睹长崎毁灭的人,乘坐的僚机掩护着投下美国第二颗原子弹的飞机。几年后,他回忆起那架飞机上每个人的痛苦:"我们意识到,一个新的时代已经开始了,我们可能都在推波助澜，养出了一个会吞噬我们所有人的怪物。"[4] 目睹长崎毁灭几天之后，他和两名美国同事踏上这座城市，检视剩余的一切——建筑残骸，孤零零的电话线杆和墓碑。回到酒店房间，他用病理学家的冷静和数学家的严谨，分析了这些数据。最终得出结论，爆炸当量为2.2万吨TNT炸药，比杜鲁门总统所宣布的威力高出10个百分点。[5]

彭尼是无可匹敌的核屠杀见证者，这也是为什么他被美国人视为唯一不可或缺的英国科学家。他同样受到英国政府的高度评价——他在第一流科学家中不同寻常，既能与大臣和官员们相处融洽，又能和学术同僚一起高效工作。彭尼还因其平易近人而广受欢迎——每个熟悉他的人都不叫他彭尼教授，而是"比尔"。

当他还是一名年轻的研究人员时，曾与美国著名量子理论学家约翰·范弗莱克（John Van Vleck）开展过富有成效的合作，范弗莱克对他赞不绝口。虽然他不是最顶尖的科学家，但作为一名出色的数学物理学家，他撰写过令人钦佩的论文，举办过精心设计的讲座。[6] 他是英国核计划中深得人心的领导人，特别是对那些年轻的科学家来说。有时他会令人惊喜地出现在他们的办公桌前，热情洋溢，鼓舞人心，身穿一件大两号的工作服，从容游刃于精妙的数学弹道学和阿森纳足球俱乐部的最新运势之间。他年轻时是一名颇有天赋的运动员，球场上、跑道上、拳击场上都有他活跃的身影。现在他年近40岁，发福的腹部已让腰带隆起，每个周末，他乐于在花园中照料玫瑰花，轻松地玩几轮高尔夫。然而，人们不难相信他曾经是个拳击手，总能换上一本正经的表情应对政府官员的数十次探询。身着宽大的双排扣西装外套，他花上几小时，处理焦虑的大臣们送来的一个个棘手问题，让一切事务井井有条，他的技巧在当时没有其他科学家可以匹敌。[7]

彭尼后来说，他是被别人拉进英国核计划的。这个人就是斯诺，支持者詹姆斯·查德威克是附和者，战后不久便怂恿斯诺这么做。尽管领导武器研究部门的工作没有什么吸引力——对于像彭尼这样怀着远大抱负的科学家来说不过是牛刀小试，但斯诺认为，英国无疑要制造自己的核武器，这项工作必须交给具有像彭尼那样知识水平和才能的人来完成。"你愿意吗？"斯诺恳求他。[8] 主要在爱国心的驱动下，彭尼答应了，但当时他其实对英国原子弹的前景一无所知。[9] 而且有其他事情要做：他再婚了，娶了孩子们的保姆，并几乎全职担任美国军方的顾问。在太平洋比基尼环礁，他密切参与了第一次和平时期的核试验，负责测量爆炸当量和后续放射性的毒性。

此后十五个月都没有听到英国政府打算制造原子弹的消息，直到1947年5月，彭尼终于被召到白厅。波特尔勋爵开门见山地说：

> 我们准备制造一颗原子弹。首相让我协调这项工作。他们希望你来领导。我不过问所有的细节。但我准备利用本人的影响力，必要的话甚至通过首相，获取你所需要的全部资源。几天之内，给我一个计划，告诉我你需要什么。

彭尼用两页纸列出了他的需求，包括"一百名科学家和工程师"，位于伍尔维奇的皇家兵工厂研发机构的场地和新设备，并用新栅栏围起来。波特尔告诉官员们，供应部必须满足彭尼的所有要求，他们很快就遵照指示完成了任务。彭尼后来回忆说："我得到了场地！"好戏开始了。

整个计划的行政机关设在伦敦，十几名供应部的人员在斯特兰德大街壳牌麦克斯大厦（Shell Mex House）的四楼办公。[10] 这个办公室，由武装警卫二十四小时保护，被内部人士称为"笼子"，因为它位于横竖栅栏网的后面。从监测食堂烹饪脂肪的订单，到核弹头的交付，供应部因为在每一个细节上都不折不扣地遵循政府规定而恶名远扬。该计划最需要的是一个像格罗夫斯将军那样充满进取气概的领导者，却一直虚位以待。实际上，人们期待彭尼造出原子弹，但双手却被思路狭隘难以合作的行政人员束缚住了。所以毫不奇怪，彭尼虽然外表上和往常一样开朗，内心却大失所望。

他迅速在伍尔维奇和霍尔斯特德要塞（Fort Halstead）组建起自己的队伍，后者是供应部的一块校园大小的前哨站，位于联结伦敦和塞文欧克斯的干道旁，被树木所遮蔽。他没有试图去复制洛斯阿拉莫斯的优良氛围，明星研究人员云集，资源应有尽有，当然他也没有这样的机会。实际上，他的预算极度紧张，多数研究人员缺少经验，尽管他招募了一些英国派往洛斯阿拉莫斯团队的同事，包括欧内斯特·蒂特顿、詹姆斯·塔克和克劳斯·福克斯（当时尚未暴露）。充分利用福克斯和彭尼从山上带回来的笔记和回忆的细节，团队决定基于美国的钚弹来设计自己的核武器。

到 1948 年 5 月，英国原子弹计划公之于众，彭尼意识到自己严重低估了完成计划所需要的人员数量：不是 100 而是 500。他预定目标为 1951 年交付，看起来也有些危险。最令人沮丧的是，尽管艾德礼已经承诺政府负担这个项目，但是彭尼却不得不每个月消磨精力，向冷漠的官员恳求资助。[11] 亨利·蒂泽德爵士的"切蛋糕委员会"，负责为英国防务项目分配资金，曾答应给彭尼的原子弹以最高优先权[12]，然而到 1949 年秋，蒂泽德的热情就已消退。苏联第一次核试验的强烈震惊、彭尼计划看似成本高昂，以及很可能读过布莱克特的书，使得蒂泽德相信，英国应该重新考虑它的国防优先级。在给参谋长的一份大胆的绝密战略文件中，他论述英国应该专注于同军事盟友合作，用常规武器来保卫欧洲大陆，对抗苏联的进攻。代价将是不再制造原子弹，蒂泽德认为，在他们可能考虑到的各种方案中，原子弹都不会产生太大作用。[13] 他总结道，英国"应该暂时停止制造［核武器］，但应该继续保持一定的研究规模，以跟上该领域的知识前沿"。这个信号很明确：蒂泽德想要削减彭尼的预算。

参谋长渴望拥有原子弹，对这份文件完全不感兴趣。蒂泽德脸上无光，只好让步，监督削减常规武器项目，以资助原子弹计划，原子弹计划终于获得了迟来的推力。恢复活力之后，彭尼又要艰难地摆脱规章制度的羁绊，然而命途多舛。计划刚刚按部就班，他就损失了最好的理论学家克劳斯·福克斯。此后不久，丘吉尔怒气冲冲地抱怨英国研发原子弹耗费的时间太久。[14] 彭尼泰然自若，利用丘吉尔相助提升的项目紧迫性，继续争取所需的资源。

这年春天，彭尼获得了一处荒废不用的机场，它位于伦敦以西45英里奥尔德马斯顿（Aldermaston）田野上一个风景如画的村庄。这里很快将成为英国核武器研发的总部，而奥尔德马斯顿的居民通过当地的报道才出乎意料地得知"原子恶魔"就在身边。[15]

供应部的内斗仍没有消停的迹象。由于艾德礼将该计划列为"绝密"[16]，彭尼便有苦无处诉——他似乎注定要在接下来的几年里承受资源短缺，还不得不默默忍受。然而，在上议院，一位地位崇高的专家却选择将其挑明，他就是弗雷德里克·林德曼。从彭尼的上级波特尔勋爵那里得知简况介绍后[17]，林德曼在上议院提出一项议案，对英国核计划的缓慢进展表示遗憾。在一次言之凿凿却单调乏味的演讲中，他赞扬了政府计划的规模（"他们没有吝啬人力财力物力"）[18]，但是认为它不应该委托给供应部那帮粗野的官僚。

林德曼主张，英国核事业应该由一个准自治的组织运行，使其能够行动自如，不落窠臼。政府发言人希尔斯伯勒的亚历山大子爵（Viscount Alexander of Hillsborough）看到势头不妙。他只轻描淡写地对现状进行了辩护，接着便做出让步称艾德礼及其同事会考虑改变计划的运作方式。发言人如此轻易地让步，供应部肯定心怀不满。

教授让大家同仇敌忾。上议院以可观的多数票通过了议案，彭尼可能会对这个结果欣喜不已，只是过于谨慎的他没有表达出来。[19]然而他和奥尔德马斯顿的同事们都知道威斯敏斯特这场辩论的意义：目前政府的执政已是风雨飘摇，而林德曼与反对党领袖的关系如此密切，英国核计划很有可能会发生根本性的变化。

到1950年夏末，彭尼满怀信心地告诉波特尔勋爵，原子弹将按预定日程，再用一年左右的时间即可准备好试验。[20] 该计划仍处于良好的保密状态，议会中只有最资深的几名大臣才知道。1951年5月，艾德礼分管核计划的心腹开始筹划英国的第一次核试验，命名为"飓风行动"。那个时候，彭尼对供应部的僵化和自己微薄的工资已经忍无可忍。他考虑辞去自己的职务，到牛津或是剑桥担任高薪的教授职位[21]，此举将使他的项目进度充满风险。大臣们极为重视，奉劝他留下来，并提供给他项目所需资金。

尽管艾德礼极为强调安保的要求，英国计划核试验的消息还是很快在《纽约先驱论坛报》（New York Herald Tribune）上泄露出来。[22] 彭尼的团队正在全力以赴地完成原子弹的设计和组装工作，彭尼则和参谋长及其他官员考量第一次核试验地点的选择，他们倾向于将地点设在英联邦内。远离澳大利亚大陆西北海岸的蒙特贝洛群岛（Monte Bello Islands）是最受支持的选项，其次是加拿大的几处荒野。美国政府起初似乎不愿为此次核试验提供场地，但到9月改变了主意，提议与彭尼及其同事探讨在内华达沙漠某处进行核试验的可能性。[23]

1951年9月，随着核试验场地的幕后讨论紧锣密鼓地进行，艾德礼宣布将于10月25日举行大选。一方面为了让争吵不休的议会摆脱困境，一方面他希望选民能增加他的多数优势，以巩固权力。工党议员们立刻充满斗志，反复将丘吉尔称为"战争贩子"，丘吉尔则愤怒地驳斥这是"粗鲁且忘恩负义的"指责，同时保持冷静，出人意料地聚焦于国内政策，稳健地开展竞选活动。[24] 投票的两天前,在普利茅斯的一个足球场上,丘吉尔进行最后的竞选演说时,才显露出本色,不再针对沉闷的国内琐事,而是致力于拯救世界。他要成为首相,才能够说服克里姆林宫的人民委员,举行一次"友好的会谈",并"为预防第三次世界大战做出重要贡献"[25]。

这次演讲在次日早晨的报纸上引起了轰动。在前往另一个讨论核武器的参谋长委员会会议途中,彭尼和蒂泽德可能读到了丘吉尔的言论。蒂泽德近来抛开了他一贯的谨慎,在一份机密的政策评论中警告说,英国的军事战略是自欺欺人:

> 我们总自视为一个强国,无所不能,只是被暂时的经济困难所制约。我们已经不是一个强国了,而且永远不会再是……一系列特殊的环境条件,使我们能够在一个世纪中成为强国;但与罗马人、西班牙人和法国人相比,不过是一个短暂的时期。那一系列环境条件永远不会重现。[26]

这种头脑清醒的肺腑之言,对白厅没有产生任何影响,显而易见,丘吉尔政府会把这类观点视为失败主义者的胡说八道。[27] 亨利爵士埋头苦干,认为正在执行的国防政策是导向错误和痴心妄想,包括对核武器的高优先级资助,代价是取消了很多更为合理的投入。

彭尼的团队正在完成原子弹的设计,这颗原子弹类似于美国投向长崎的那颗内爆法装置。[28] 然而,第一颗英国核武器的所有设计细节,都是在本土完成的,克里斯托弗·辛顿的反应堆提供了核心的钚,如果需要的话,加拿大的乔克河畔也能补充一些额外的裂变材料。如果原子弹试验成功,它将向美国人证明,英国人有能力靠自己制造出核武器。

彭尼近期前往华盛顿,在那里他对美国人想帮助英国进行核试验的意愿印象深刻。[29] 不过,在他和蒂泽德看来,蒙特贝洛才是引爆核武器的最佳地点。尤为重要的是，在这里计划和实施飓风行动，不必咨询美国军方，也不用承担他们态度突变的风险。[30] 选址澳大利亚还能让彭尼去研究一个"可怕的"现象，这是他在美国的比基尼环礁试验中看到的，此后一直为此忧心忡忡：当核武器在水边爆炸时，蘑菇云扩散后产生了大量的放射性蒸汽，这可能造成远远超出在干燥地面上投放核弹时的杀伤范围。

随着政客们回到他们的选区，白厅的公务员和其他官员都百无聊赖，等候获悉新任领导的名字。在供应部，"笼子"里的官员们则有充分的理由紧张不安——科学家已准备好交付原子弹，但政府的改变有可能让他们的整个计划泡汤。[31] 如果是丘吉尔回到唐宁街，众所周知他最感兴趣的是国防事务和国际关系，他可能会让林德曼贴身工作。教授已经给供应部制造过麻烦，虽然他和彭尼以及英国核计划的其他领导人关系友好，却对计划的进展近乎可悲地一无所知。就在几周前，他曾告诉上议院，核能的民用"还得几十年"。[32]

官员们更关心的是，当丘吉尔知道艾德礼对他和几乎所有议员隐瞒的制造核武器预算后，会作何种反应。彭尼很快就将知道引爆首颗原子弹这一计划的命运：两天后，丘吉尔再度成为首相，这也是他第一次通过选举担任首相一职。

第四部

丘吉尔再任首相

32　英国第一位拥核首相丘吉尔
1951.10—1952.12

> 丘吉尔富于想象，难以捉摸，对自己的天赋坚信不疑，明确地下定决心要在世界舞台上重重写下最后一笔。
>
> ——美国驻英大使温斯洛普·奥德里奇（Winthrop Aldrich）写给美国国务卿的一份秘密报告，1953年10月27日[1]

1951年11月6日，丘吉尔对新议会发表首次演说，采取了和缓的语气："这个国家需要的是几年安定、平稳的执政。"[2]私下里，他用更绘声绘色的语言道出托利党的当务之急——它们是"住房、红肉、免遭突袭"[3]。按照乔克·科韦尔的说法，丘吉尔起初认为他在唐宁街的第二个任期将会很短。选举后不久，他便挑明自己只想担任一年的首相，此后便会将位子让给安东尼·艾登。[4]然而，离开唐宁街六年之久的丘吉尔，不太可能只上任十二个月，就退而去享受家园和壁炉边的舒适生活。不管有意还是无意，他都想在世界历史的缤纷长卷中再一次展现风采。

丘吉尔很快在艾德礼政府工作的基础上，成为第一位装备了核武器的首相，并将落实建设核电工业的计划。但新任首相对接管一个拥有自主核力量国家的领导工作准备不足——同事们很快就会发现，他关于核事务的见解在他 1945 年 7 月离开唐宁街后几乎没有变化。对他而言，最重要的事情是修复英美关系，他认为艾德礼完全忽视了这个方面。他相信只要实现了这一点，英国核计划便可以在美国力量的羽翼下蓬勃发展起来。

当选之后几小时，丘吉尔走进唐宁街 10 号。当时的场面就像迎回一位流亡归来的君主，《友谊地久天长》的合唱响彻白厅。度过了艾德礼领导下乏味的六年后，政府官员们高兴地看到"老人家"的回归。[5] 可能是希望重返那个高度活跃的战争岁月，唐宁街的办公室管理员在内阁会议室的首相座位前放了一叠标签，上面写着"今天就办"。[6] 在很多方面，都像 1940 年 5 月的重演：丘吉尔任命自己为国防大臣，试图组建一个联盟（和自由党，但这次没有成功），并再次任命了许多密友和战时同事。可以想见，这些人里包括弗雷德里克·林德曼。"我必须有教授，"丘吉尔对内阁的同事说，"他能帮我做加法，不，我自己会添加内容——他帮我做的是减法。"[7]

林德曼不愿重返政府工作。在心脏病、糖尿病的折磨下，他爬上一段楼梯都会气喘吁吁，而且，按同事泰勒（A. J. P. Taylor）先生的说法，他"看上去似乎每天都要花半小时的时间，绞尽脑汁地克服这些病痛"[8]。面对丘吉尔的压力，他抵抗三天后，就接受了财政部主计长的内阁席位，好处则是获得了唐宁街 11 号顶层的两间公寓。[9] 他要求不领薪水。林德曼加入政府，只希望为丘吉尔服务，并将核计划从供应部剥离出去，但这个雄心很快招致冲突，给林德曼带来了无穷伤痛。当然他也取得了几次显著的成功，敢于反驳丘吉尔，对那些政府聘用的领军科学家而言，林德曼则成为他们在白厅最得力的支持者。

林德曼很快领教到，他为政府核项目而做的规划将遭到多少反对。财政部、供应部以及各式各样的白厅官僚，得知他出山，都信誓旦旦地表示支持，却在行动中千方百计地阻挠他的意图。但他似乎握有王牌——作为他同意重返政府的条件，丘吉尔向他保证支持他的计划。或者说至少教授是这样认为的。[10] 不知是出于粗心大意还是挑拨离间，丘吉尔将女婿邓肯·桑迪斯（Duncan Sandys）安插到供应大臣的位置上，此人是林德曼在白厅的长期死敌之一。一场血战为期不远了。

上任不到两周，丘吉尔就和自己最喜爱的科学家产生了冲突。在一份不同寻常的长篇报告中，教授请求首相批准，将蒙特贝洛群岛选定为英国首次核试验的地点。[11] 但其答复却让林德曼目瞪口呆。

丘吉尔写道，他"从来没想到……英国会开始制造原子弹"，这几乎与他在这个问题上的全部言论相矛盾。[12] 他如今认为，英国只需要成为原子弹科学方面的专家，而无须获得武器本身——正如他所言，"掌握技术而非拥有实物"。他声称，自己确信几周后会见杜鲁门时，总统将高兴地把美国核武器的"合理份额"移交给他。对林德曼来说，厄运还在后头。丘吉尔告诉林德曼，英国首次核试验的决定并不紧急，一定要等他会见完总统之后。"只要我们拿出[《魁北克协议》]，并要求将其发表，"丘吉尔写道，"我们就能够得到美国人的公平对待。"

教授足足花了六天时间才缓过神来。在一份强硬的回复中，他提醒了首相战时以来英美核关系的历史，篇末反驳了丘吉尔的所有观点。林德曼强烈支持艾德礼的核政策，提到它迄今已花费了1亿英镑，并强调至关重要的是，尽快做出在蒙特贝洛进行试验的决议。教授指出，如果他们拖延了，彭尼和同事们就赶不上利用最佳的天气条件，这样可能导致试验不得不推迟一年之久。到了那一步，林德曼知道他们将面临风险，"被美国蒙骗到内华达进行试验，在那里我们将暴露自己的秘密，而没有任何回报"。林德曼在备忘录的结尾恳求:"我请求您接受参谋长、外交部和其他相关各部的建议,为支持在澳大利亚进行试验做出明确决定。"

丘吉尔对林德曼备忘录的评点揭示了真相。他显然不确信林德曼的说法,将该计划的1亿英镑花费圈了出来,后来说这个数字令他大吃一惊。[13] 当林德曼指出"难以置信"美国会将原子弹或制造细节交给英国时,丘吉尔则在这个词上画了一个圈,边上写了一个"不"。

两周后,林德曼还在思考如何采取下一步行动,丘吉尔就给财政部发去一封短笺,质问关于林德曼报告中的一个细节:"原子弹研究和制造花费的1亿英镑是怎么回事,没有告知议会就给他们了?"[14] 几天之后,所有数字摆到丘吉尔面前,前任首相在原子弹计划上的高超会计手段第一次大白天下。通过数字上的操作,艾德礼和同事们从国家立法机关手里套取了制造原子弹的费用,而罗斯福事实上也是这样做的。[15] 首相的疑问得到答复后,林德曼再度催促对试验做出决议。丘吉尔回应:"照你的提议进行。"[16] 感谢林德曼,英国的核政策暂时又回到正轨了。

政府中的其他人都没有注意到这番口角。在大多同事看来,丘吉尔正信心满满地开启他的第二个首相任期,将内阁团结在一起,宣称白厅现在"浸没在社会主义里",并下令剔除艾德礼的那些成效不大的委员会。[17] 他想终结"党派纷争",集中精力推动他的国内政策,并任命了一些富有远见的大臣进行监督,包括财政大臣拉布·巴特勒,住房事务大臣哈罗德·麦克米伦(Harold Macmillan)等。共识和持续成为本届执政的口号。然而,丘吉尔的当务之急,是恢复热络的英美关系,他认为这是给艾德礼的馈赠,尤其是要说服美国,废除《麦克马洪法案》。

随着1951年圣诞节临近,丘吉尔开始期待以首相身份,时隔七年再度访问美国。在国内,他尽情享受重获权力带来的一切,忠诚的助手团队对他有求必应。上午在床上处理文件，午后仍喜欢小睡一会儿，最后以丰盛的晚宴完美结束这一天，有时会和另类俱乐部的老朋友一起用餐。[18] 到了周末，他和克莱米会移驾首相别墅，或查特韦尔——林德曼仍是这里最常来的访客。

议会的长期休会为丘吉尔提供了充足的机会进行休假。他如今77岁了，高龄带来的身体衰弱已成为最主要的问题之一。他的双眼开始出问题，他还担心再一次中风或心脏病发作，而且，最令他不便的是听力严重衰退。"真是讨厌至极。"他愠怒道。[19]

丘吉尔坚持认为，访问华盛顿的目的，不是去"做交易"，而是要和杜鲁门总统"建立亲密关系"。[20] 无论幕僚如何催促他做好此行的准备，他都决意要即兴发挥。经过白宫和唐宁街的官员一再要求，让他写一份想要在会上讨论的清晰事项，他才不情愿地拿出日程要点。排在第一位的是"冷战——西方对俄国的政策"，倒数第二条才是英美在"核能"方面的合作。[21] 所有这些都不是杜鲁门的当务之急，他赶在丘吉尔抵达之前，老谋深算地向《纽约时报》流露出反对再召开"三巨头峰会"的想法。[22]

杜鲁门当时正难题缠身——他总是因为"对共产主义的怀柔"而遭到围攻，苦恼于各类丑闻，还要面临早日结束不得人心的朝鲜战争的压力。尽管他把丘吉尔看作那个时代最伟大的公众人物，但一直怀着复杂的心情等待首相的访问，担心他会成为潜在的麻烦制造者。"白宫的看守将不得不把这头老狮子盯紧点。"[23]

1月4日，两位领导人在华盛顿的国家机场会面，杜鲁门看到，和初次见面相比，现在的丘吉尔大不如前——头发花白，步履蹒跚，驼背明显，尽管仍有些昔日风采。当晚，他们乘坐总统的游艇沿波托马克河（Potomac River）航行，在欢迎晚会上宾主双方交谈，丘吉尔对重返总统的家园满怀欣喜。饮用着番茄汁，表明他不是酒不离口，丘吉尔还为东道主表演了排练多次的娱乐节目，他和林德曼扮演了有贵族气质的劳莱与哈代①24。丘吉尔高声问道，他一生中总共大约喝过多少酒。教授则戏剧化地掏出计算尺。他计算了一番，说如果首相喝过的酒倒进一个房间，它将没过膝盖。装作大失所望的样子，首相开始妙语连珠，说他还以为所有人都会被香槟和白兰地淹死呢。这场双人表演是整个晚会的高潮。

接下来的几天里，两位领导人无所不谈，从东亚和东南亚的军事挑战，到毛泽东领导下的中国可能会带来的威胁，以及一些现实的战略问题，并交换了情报。在他们交流政策问题之前，丘吉尔敞开心扉，极为坦率地回忆了波茨坦会议上他对杜鲁门的印象：

> 我必须承认，先生，我那时对您有些瞧不上。我反感您占据了富兰克林·罗斯福的位子。［停顿］我对您的判断非常错误。从那时起，您在拯救西方文明方面，做得比任何人都多。25

杜鲁门一向对首相的吹捧不耐烦，每当丘吉尔又要开始赞颂英美友好关系的时候，便会打断他。

在会议桌上，丘吉尔极力拿出在大臣［特别是艾登］面前的所有风度和主导能力。但他的精力和头脑敏锐度大不如前，必须努力才能抓住要点，反复地将手贴到耳边，以听清总统的话。他强烈希望能再次召开"三巨头峰会"，却完全没有取得任何进展。杜鲁门解释说，尽管与苏联的关系如此淡薄，缺乏共同基础，但现在仍不是开启会谈的好时机，特别是如果会谈失败，反而会让局势更加紧张。而且，他已经邀请过斯大林访问华盛顿，但并不指望人家会接受。杜鲁门也打消了丘吉尔关于尽快在核问题上摊牌的念头，直截了当地声称，他无意促发此事。

---

① 劳莱（Laurel）和哈代（Hardy）是美国的两位滑稽演员。

然而，丘吉尔确实取得了一些外交胜利，他说服美国同意，在紧急情况下使用英国军事基地时，"需要双方共同决定"。[26] 会议桌之外，他一心追究《魁北克协议》是如何被废弃的。到达华盛顿四天后，他在英国大使馆与参议员布赖恩·麦克马洪共进午餐，麦克马洪是在场唯一的美国客人，也是终止英美之间核合作的关键人物。丘吉尔与这位参议员几年前就有通信来往，但出于疏忽或谨慎，信中没有提及该协议的问题。[27] 现在罪魁祸首就坐在对面，丘吉尔像检察官一样进行质询：他找人拿来《魁北克协议》的副本，递给麦克马洪阅读。[28] 按当时在场的莫兰勋爵的说法，丘吉尔宣称，英国"被恶劣地欺骗了"，已经"破坏了信任"。麦克马洪的回答正中丘吉尔的下怀："如果我们知道这个协议，法案就不会被通过。但艾德礼什么也没说。"丘吉尔的怀疑被证实了——他现在可以把英美核关系破裂的责任全算到艾德礼头上。

然而丘吉尔没有再对总统追问这个问题。两周后，此次出访的最后一次会谈在白宫举行，首相羞怯地催促公布《魁北克协议》。[29] 根据英国方面的记录，"这个问题他不打算正式提出，但要跟总统讲一下"（杜鲁门同意发表它，但要暂时缓一缓）。林德曼也同样考虑到《麦克马洪法案》的修订问题，但杜鲁门没有听取他的建议，指出"在国会现阶段尚无打算修订这部法案"。麦克马洪参议员当然更无动力对其修改，而且那个夏末他就因癌症去世了。

访问结束时，一名记者向丘吉尔提问，如何看待英美实力之间的不平衡，丘吉尔回答："我并没有感到地位的不平等，你有你的力量，我有我的声望。"[30] 私下里，他宣称与杜鲁门的会谈是"平起平坐的"，但这不过是一厢情愿。访问之前，美方官员一致认为"我们不希望重建罗斯福－丘吉尔式的关系"。他们得偿所愿，丘吉尔的与苏联召开峰会的愿望，只能有待11月新总统大选了。

丘吉尔同他最喜欢的科学家之间已有30年的友谊，而1952年可算其中风波不断的一年。他们从华盛顿回来几周后，便爆发了首次冲突，林德曼打算将英国的核计划放到政府的直接控制之外，但丘吉尔不再迁就他。在丘吉尔看来，这一政策会引起更多的政治麻烦，得不偿失。3月上旬的一个周日，丘吉尔在首相别墅口授了一个纪要，批准将英国核计划转移到国防部，林德曼当时在场并确知此事。但仅仅过了几小时，教授就听说首相已经改变了主意。到了月底，心力交瘁的林德曼准备解甲归田，又让丘吉尔恼怒不已。医生劝告林德曼放弃内阁职位，故林德曼向丘吉尔请辞，而丘吉尔的医生几个月前也提出过相同的建议。[31] 两人都只能维持不动。林德曼大概希望自己的政治生涯支撑到初秋，那时英国的第一颗核武器将进行试验。

1952年10月3日，丘吉尔正和女王在巴尔莫勒尔堡（Balmoral Castle）会面时，听到了原子弹试验成功的消息。它在1450吨的皇家海军护卫舰"普利姆号"（*HMS Plym*）上引爆，几周后丘吉尔在议会上报告说，船体被整个汽化了。爆炸完全按照预计进行，丘吉尔对彭尼的功劳大大赞赏一番，甚至还称赞了已经坐到对立面的艾德礼，因为是他启动了英国核计划。[32] 彭尼让政治领袖们感到物有所值：他们获得核武器，只花掉过去七年国防预算中很小的一部分——不到百分之一。[33]

八天之后，美国人再度提高赌注，引爆了威力更大的武器——首颗氢弹，夷平了埃尼威托克环礁（Enewetak Atoll，在火奴鲁鲁以西约3000英里）的整座小岛。该装置的爆炸威力相当于1040万吨TNT，是第二次世界大战使用的所有炸药的两倍。听取了林德曼的建议后，丘吉尔知道苏联掌握氢弹只不过是时间问题。在一份绝密报告中，原子能情报评估小组向丘吉尔建言，部分由于苏联的原子弹无法投送到美国，"他们的首要目标将是英国"。[34] 这种核打击造成的浩劫，几个月前就曾在一份秘密报告中阐明，这让丘吉尔第一次认真思考英国遭到核攻击的后果。

他对这些挑战的回应软弱无力。若是十年前,他会给同事们一个强有力的指导意见,但现在他缺乏想法和精力,正如乔克·科韦尔指出,他领导内阁时的状态更像是一尊大佛而不再是阿基里斯。[35] 耳聋现在让他与同事们的交谈变得困难,尤其是那些嗓门不大的同事。内阁会议桌周围安装上了麦克风和扬声器,以发出更大的声音。[36] 在家中,丘吉尔摆脱繁重的工作,沉浸于小说的世界,包括《一九八四》,他认为这是一本"非常卓越的书"。[37]

比起丘吉尔的听力,更让林德曼烦恼的是他难以捉摸的判断力。当丘吉尔否认了他曾经保证过支持林德曼的英国核工业计划之后,教授开始忍无可忍,"我可是在就职的时候就曾针对此事和你讨价还价过"[38]。首相只关注如何制定一个核政策,能让英国更紧密地与美国结盟,虽然美国大选中艾森豪威尔将军获胜让他极为不安。他告诉科韦尔:"我认为这个结果使战争更有可能爆发。"[39] 圣诞节后不久,林德曼再也忍无可忍。他写给丘吉尔两份备忘录,一是英国应该继续制造自己的核武器,二是英国与美国的关系。[40] 教授强有力地论证,英国现在是时候独立开展核研究了,应促进与铀矿富裕的英联邦国家的关系,而不是再追求"同美国进行不切实际的全面合作"——与杜鲁门政府官员的合作没有什么成效,因而也没有理由相信新一届政府能够更加通融。丘吉尔的回复表明,关于获得核武器的意义,他的观念已经发生了转变。丘吉尔问他,英国有没有可能掌握氢弹?林德曼回答:"我们认为我们知道如何去制造一枚氢弹"——彭尼应该会把这句话看作随口乱讲,退一步说——"但现阶段我们只能粗略估计所需要的各类材料"。[41] 教授写道,这种武器的破坏力要远远大于普通的核武器,并强调了一个事实——不同于投放到广岛的原子弹——氢弹的爆炸威力没有理论上的限制。这些似乎让丘吉尔耳目一新。而他真正弄明白这些几乎花了一年的时间。

丘吉尔对和平利用核能的态度也让林德曼非常失望。12月初召开的一次国防委员会会议上，首相拒绝批准全面的英国核方案，那要等到他与新的美国领导人会谈后，而且他认为美国会提供"交由英国使用的原子弹"。[42] 这促使林德曼写给丘吉尔一份最咄咄逼人的备忘录。[43] 教授写道，美国向英国提供原子弹这种事不太可能发生，因而英国继续推进核计划极为关键，否则主动权就会逐渐丧失。英国本土化石燃料的供应正在急剧下降，这将导致在以后的十三年中，煤炭产量的缺口会达到2000万吨。[44] "放弃发展原子能的正经工作"，他论述道，将"是一条灾难性的路线，长远来看，可能意味着民族自绝"。如果丘吉尔写过什么答复，那它并没有被保留下来。

在是否要发展核能的问题上，林德曼自己也有一个180度的转弯，尽管他似乎从来不承认这一点。战争刚刚结束时，他曾经对布莱克特等人发展这一新工业的计划不予理会，嘲笑在核反应堆外部不可能让热机转起来——就像"斯蒂芬森的火箭一样无效"。[45] 改变教授想法的专家之一是克里斯托弗·辛顿，他正在克服困难，着手在英国建造核电厂，让他的国家在该领域领先世界——如果丘吉尔让他这么做的话。

33 辛顿领导核电项目 1953

> 所有开创性的工程都很像玩扑克，有些事情你确定知道，有些事情你认为知道，有些事情你不知道，还有些事情你明白无法知道。
>
> ——克里斯托弗·辛顿爵士，1970 年[1]

同事们昵称他为"基督先生"，指的是他在核工程方面的近乎全知，而不是他的精神境界。尽管克里斯托弗·辛顿爵士不好相处，脾气暴躁，有时会提出无理要求，但是他像一座原子钟一样可靠。1953 年初，他和团队完成了重大任务——交付了英国第一个气体扩散厂的低浓缩部分，时间赶在预计揭幕日期之前的一周内，并且花费大大低于预算的 1400 万英镑。[2] 然而，白厅并未表露出太多谢意。他过于暴躁和令人不快，以至于他的上司，丘吉尔的女婿邓肯·桑迪斯，甚至没有按惯例给他发送部长贺信。

五个月前，丘吉尔一度较为慷慨。蒙特贝洛试验之后，丘吉尔发送电报给辛顿、彭尼以及考克饶夫，三人被白厅誉为"原子骑士"。[3] 丘吉尔在电报中感谢辛顿及其同事在生产第一枚核武器所用的钚方面，"献出的努力和表现出来的高超工程技艺"。这份电报由林德曼起草，他和三位原子骑士都关系亲密，胜过三人之间的关系。林德曼对他们的钦佩得到了同样的回报，特别是辛顿。从他的立场上看，白厅中对政府的核计划最友善的人士是林德曼——而肯定不是邓肯·桑迪斯及其手下任何官员，因为他们总是拿出一套套的繁文缛节。

三名骑士中，辛顿可以说承担了最艰巨的任务——从零开始建立国家的核工业。1945年末，他加入了政府的核计划，但对核科学几乎一无所知。官员们告诉他任务是建造一个必需的工厂，将铀纯化作为反应堆的燃料，将铀中可裂变的 ^{235}U 浓缩，再有就是生产钚。整个项目的主要目的是制造核武器，尽管议会还没有批准这个项目。保密压倒一切，让辛顿及其同事的活动极为困难。他们催促着承包商赶在几乎不可能的最后期限前完成任务，却又不能解释任务的紧迫性。

辛顿大部分时间都在英格兰的西北部工作。他的总部位于兰开夏郡的小镇里斯利（Risley），这个地方十分荒凉，战时曾被政府用作兵工厂。接手后的总部设施较差，有些脏乱——这种环境吓跑了很多招募的新人，导致人手问题一直困扰着辛顿。辛顿和同事选了五个主要地点作为核项目的基地。首先他们将在牛津郡的哈威尔建造一个小型的原型核反应堆，在那里进行物理、化学以及冶金方面的研究。其他基地分布在英格兰的西北部。兰开夏郡的斯普林菲尔兹（Springfields），从矿石中提炼铀，并制成反应堆燃料。如果有需要，位于柴郡卡彭赫斯特（Capenhurst）的一个庞大工厂能够浓缩这种燃料。在坎布里亚郡温茨凯尔（Windscale，后改名为塞拉菲尔德［Sellafield］），将建造主核反应堆，配套有从用完的燃料中提取钚的设施。

为完成这些项目，辛顿及其同事们总共花费了7400万英镑，几乎是彭尼和考克饶夫两人预算总和的两倍。[4] 或许由于这个原因，辛顿是三人当中收入最高的，而且到1953年，他毫无争议地成为英国的领军核工程师，也是世界上最优秀的工程师之一。尽管他是原子骑士中最不为公众熟悉的一位，但对丘吉尔来说是宝贵的人才，并任命他主持利润丰厚的新型原子能工业。然而，辛顿团队并不是第一批将核能用来发电的人。早在1954年6月，苏联位于奥布宁斯克（Obninsk）的反应堆就实现了这一目标，这比四十多年前威尔斯在《获得解放的世界》一书中预言的日期仅晚了六个月。[5]

辛顿十几岁时就显示出作为工程师的异常天赋。1917年他16岁时，就离开了学校，选择在大西部铁路和茂伟公司接受六年培训。一个修理工后来回忆说："他是我遇见的最好技工学徒。"[6] 赢得进入剑桥大学学习机械科学的机会后，辛顿发奋努力，只用了两年便获得了学位，留下第三年进行自由研究。到30岁出头的时候，他已经是帝国化学工业公司的顶尖工程师之一，负责建造了若干欧洲最大、最复杂的化工厂，在职业阶梯上领先同龄人十余年。其他方面，辛顿也出类拔萃：英俊潇洒、能言善道、身强力壮，身高6英尺6英寸，这种挺拔的男士只要走进一个房间，便会鹤立鸡群。婚姻和孩子也没有让他放慢脚步。"二战"期间，他为供应部效力，担任里斯利大型兵工厂的高级经理，负责建设一个新火药厂，该厂曾打破生产纪录。他疲惫地从一场冲突中挣扎出来，但声望非常之高，因此顺理成章地，供应部请他帮助创建英国的核工业。他迅速从兵工厂挑选了五名前同事组成团队，这五个人对最关键的核科学都是门外汉。[7]

最重要的是，辛顿是一个独断专行的人。习惯公开斥责同事的错误，而极少称赞他们，即使某人取得了很高的成就。他说，表扬是多此一举，因为"他们知道自己是优秀的，否则也不会为我工作"[8]。但他仍然是一名深得人心的领导者，以坦率而闻名——所有职员总是能准确地知道自己在团队中的位置，遭到痛斥也几乎完全是咎由自取。当一些想法还在商讨阶段时，他欢迎公开讨论，但通过后的决议和政策便会坚定执行，尽管他绝不会承认自己曾主张过被否决的方案。然而，在他强硬的外表之下，是对友谊难以言表的渴望，年轻同事们在他偶尔戒备放松的时候就能感觉得到。

在核工业高层人士中，辛顿没有朋友。阻碍他收获友谊的原因之一在于，他喜欢正面解决问题，将所有的挑战公事公办——这种方法看上去与威廉·彭尼意气相投，但不适合考克饶夫，他总是逃避面临的问题，因而令辛顿恼火。考克饶夫在哈维尔组织科学家开展了几乎所有的基础研究，为辛顿设计和运营工厂提供了支撑。其中包括的主要技术有：处理工业量级的铀，从反应堆的乏燃料棒中彻底分离钚，然后将其安全运往目的地。如果考克饶夫的团队不能按期解决辛顿团队提出的问题，那么里斯利就会不可避免地导致错过截止日期，而要重定生产计划，引来怨声载道。

参与制定了所有管辖基地的所有决策，辛顿无论对当地的具体地质情况，还是对办公室用品供应商的选择，都了如指掌。与此同时，他对整个工程的财务状况也予以一丝不苟的精确监管。他长袖善舞，以前曾是一名老谋深算的扑克牌手，尽管现在无心打扑克，但他手上赌的已经不是牌，而是数百万英镑。[9]

作为一名谈判者，辛顿实力强大，时常咄咄逼人，这些品质让他在 1953 年初就为英国核电工业奠定了基础。经过一年多的讨论和论证，丘吉尔政府终于批准了一个方案，共同发展核武器和核电，使用一批两用的新型反应堆，既能生产钚，又能为国家电网输送电能。起初的计划中，建造反应堆是用来发电，生产钚作为副产品，但结果却相反：当务之急是制造核武器，而不是解决国家的燃料危机。辛顿一再指出，英国的煤炭工业已经日暮途穷，而核能可以解决这个问题，但重要前提是，它的生产要满足安全性和经济性。[10]

考克饶夫曾想领衔这些新型反应堆的设计，但是最终辛顿拔得头筹。1953 年 2 月，丘吉尔政府刚刚同意这个方案，里斯利办公桌前的辛顿，就开始为建造四个新反应堆绘制主控图。[11]他承诺三年半内，在英格兰西北部靠近坎布里亚海岸的卡尔德霍尔（Calder Hall）建成第一个反应堆。

随着英国的核能政策已经清晰并开始实施，辛顿应邀参加了纽约召开的一次会议，面对处于萌芽状态的国际核能工业的数百名代表，首次将该政策公之于众。参会之前，他和林德曼、考克饶夫一起游说美国政府，放松《麦克马洪法案》所施加的对核研究合作的限制。一直以来，辛顿认为该法案对英国来说是有利的，它迫使英国自力更生发展核工业，而不是仰仗美国的专业技术。现在，加强英美合作的前景更加明朗了。艾森豪威尔刚刚接任总统职务不久，便宣布希望看到与英国更自由地进行核情报交流。丘吉尔的谈判人员，握有英国在核领域方面获得成功的清晰证据，再也不用屈辱地乞求美国人了。[12]

会议在曼哈顿中心的华尔道夫酒店（Waldorf Astoria Hotel）举行。10月30日，会议最后一天的午餐后，在代表们品尝咖啡之时，辛顿登上讲台，靠近巨大的麦克风。[13]他先声夺人，宣称："如果你认为，按照和平年代的标准，你们美国在核领域仅仅领先我们三年，那你就错了。"他指出美国"曼哈顿计划"的巨大投资，远超和平时期所能想象的水平。这意味着到1945年底，美国在核能方面领先英国不止三年，而更可能是六年。辛顿没有提及核武器或《麦克马洪法案》，只是概述了英国的核能事业。政府监管下的各种组织将启动这个计划，意图在于最终把它移交给私人企业进行运营并获得盈利。

辛顿几乎讲了一个小时，始终与所有听众保持眼神交流，双手放在腰上，拿着眼镜。他说，安全是核工程师面临的最迫切挑战。他们必须想办法处理放射性废料，以避免污染环境；必须万无一失地运行核反应堆："我们尚未经历过反应堆失控的情况，对后果缺乏处理经验。"他总结道，如果美国工程师研究一下核反应堆熔化时会发生什么——这个实验花费不会超过一次原子弹试验——从长远来看，能使美国受益匪浅。美国当局没有听取他的建议。二十六年后三里岛的事故表明，这个决定并不明智。

辛顿的演讲似乎大受欢迎，吸引了大西洋两岸媒体的关注。但是与氢弹相比，核电在政治议程上地位不高。氢弹的研发，令美国的核科学家分裂成了几派，当时参议员麦卡锡的运动正在如火如荼地进行，清洗政府雇员中所谓的共产党员。爱德华·特勒和欧内斯特·劳伦斯一派的科学家主张，美国应拥有威力更大的核炮弹，以领先敌对的苏联。另一些科学家则认为，应减少对氢弹的依赖，而加强军备控制，依靠常规武器和小型核武器。这派的支持者包括詹姆斯·科南特（时任美国驻德国大使）和他的前上司万尼瓦尔·布什。布什因为到处活动反对首次氢弹试验，认为它将引起危险的军备竞赛升级，如今已经失去了华盛顿的青睐。[14] 对于无止境地发展热核武器，最知名的反对者是罗伯特·奥本海默，他发出广为人知的呼吁，要求对美国核战略进行公开辩论。奥本海默现已被该行业的主管刘易斯·斯特劳斯（Lewis Strauss）盯上了。斯特劳斯在夏初被任命为艾森豪威尔政府原子能委员会（AEC）的主席，他告诉联邦调查局局长埃德加·胡佛（J. Edgar Hoover），他将会"清除奥本海默"。[15] 正如很快展示的那样，他说到做到。

辛顿刚刚到达北美，就注意到有一期《时代》杂志以斯特劳斯为封面。[16] 里面文章的内容主要是对这位"美国原子大亨"的吹捧描写，但也大量掺杂着对苏联终将拥有自己氢弹的焦虑。文章充满不祥地总结道："全副武装的自由世界难道要按兵不动，等着1956年、1957年或1958年的时钟敲响吗？"斯大林于1953年3月去世后，艾森豪威尔及其幕僚认为，新的苏联领导人不会有兴趣与西方建立更具建设性的关系，因此应尽量给他们不断制造心理压力以进行改革。[17] 当辛顿回到英国时，劳累了一年的他急需一个长假，却看到首相正在以一种截然不同的方式面对冷战。[18]

34　核传教士丘吉尔　1953.3—1954.2

> 首相认为，斯大林的去世可能会让紧张局势有所缓解。这是一个稍纵即逝的机会……他似乎将其他事情都抛到了脑后。
>
> ——莫兰勋爵，1953年3月7日[1]

直到1953年3月，丘吉尔召开"三巨头"峰会的计划还毫无进展。艾森豪威尔总统——在丘吉尔眼里不过是升了官的下属——拒绝合作，他认为英国首相年龄过大，思维模式还停留在"二战"时期。[2] 丘吉尔一直信心满满，认为他能跟斯大林打交道。斯大林去世后，丘吉尔仍确信，克里姆林宫的新任领导班子中肯定也会有人能被他的雄辩所折服。人们可以指责丘吉尔的幼稚，政治观念不合时宜，但他的乐观自信也是不容否认的。

为了实现他再一次召开峰会的梦想，重续他遗留在波茨坦的事业，丘吉尔需要一个主题，以证明其急迫性。斯大林去世十一个月后，丘吉尔才恍然大悟，他第一次全面理解了热核战争的潜在影响力，在它面前，第二次世界大战不过是一场打架斗殴。通过缓和冷战的紧张局势以避免这样的灾难，就成为他最后的伟大事业，接续他在20世纪30年代发起的重整军备和防空研究。

斯大林刚刚过世的几周里，丘吉尔言行谨慎。苏联新一届的"领导集体"中，行使最高权力的政治家似乎是格奥尔基·马林科夫（Georgy Malenkov），他在斯大林的葬礼上显示出振奋人心的姿态。在冷冰冰的悼词中，他宣称苏联希望"两大不同的体制，资本主义与社会主义，能够长期共存，和平竞争"[3]。这番演讲，再加上苏联希望缓和与西方紧张局势的一些信号，促使丘吉尔相信，与他们相向而行将不会有什么坏处。外交大臣兼副手安东尼·艾登，起初表示支持，但幕僚们很快劝他改变了主意。[4] 对如今的温斯顿爵士来说，这又将成为一场孤独的奋斗。

在接下来的两个月里，丘吉尔曾13次写信给艾森豪威尔，含蓄地期望由他来开启与苏联领导人的会谈。[5] 艾森豪威尔的回信每次都谦恭有礼，但私下里认为丘吉尔的信很"无聊"，沉迷于过去。[6] 在艾森豪威尔看来，考虑到西方正在被虚假的安全感所麻痹，因此还不是向苏联伸出友好之手的时候，况且苏联本性难移。[7] 来自白宫的反对意见让丘吉尔措手不及，克里姆林宫的冷淡回应也让他出乎意料。没有说服美国总统，加之外交大臣在事情搞砸之后长期休病假，丘吉尔决定单干。他决定，如果有必要，他将只身前往莫斯科。5月11日，丘吉尔对下院做了一场重新执政以来最为动情的演讲，成为第一位公开宣布要以新的视角看待与苏联关系的西方领导人。[8] 他主张：现在是时候了，西方不仅要盯着红军的潜在威胁，也要考虑到苏联的安全利益。他甚至暗示有可能成立一个中立、重新统一的德国。最重要的是，"主要大国"应该争取尽可能早的机会进行会谈：

此次会议不应设定一个呆板僵化的议程，也不应该陷入繁复的技术细节，那帮专家和官员连篇累牍地把这些堆砌出来，乐此不疲地争吵不休。出席会议的国家和人员数量应该限定在最小范围内。会谈可以在一定程度上不那么正式，而采取更严格的保密和隔离措施。[9]

艾森豪威尔、美国国务卿约翰·福斯特·杜勒斯（John Foster Dulles）、联邦德国政府、英国外交部以及内阁，都不赞同丘吉尔的演讲。虽然苏联政府试探性地欢迎他的提议，艾德礼的工党反对派也对其表示鼓励，但也无济于事。这一缓和东西方的首份提议，要想赢得广泛的支持，还是极其艰难的。

如潮的反对并没有吓退丘吉尔，他坚信自己正在取得有益的进步，直到他的计划被一场医疗创伤所打断。事情发生在6月23日深夜的唐宁街，招待意大利总理阿尔契德·加斯贝利（Alcide De Gaspieri）的晚宴上。[10]这位总理是建立欧洲共同体的奠基人之一。丘吉尔看上去状态不错，就罗马帝国征服英国这一话题做了一番餐后演讲，还夹带着一些玩笑和题外话，非常应景得体。后来，正当大家都陆续离席的时候，丘吉尔从桌边蹒跚地走了几步，接着一屁股坐到最近的椅子上。"我需要一个朋友，"他对来宾克拉克夫人（Lady Clark）说，握住她的手，声音逐渐减弱下来，"他们对我要求太高了。外交事务……"工作人员迅速求救并催促客人们离开。

丘吉尔发作了严重的中风。违背医生莫兰勋爵的医嘱，丘吉尔第二天又出席了内阁会议，竭力主持会议，并进行了几次针对性的干预措施。（拉布·巴特勒后来说："我们感到他相当平静。"）[11]之后丘吉尔很快被送往查特韦尔，小心翼翼地躲过了摄影记者。在查特韦尔，他卧床多日，阅读特罗洛普（Trollope）的政治小说，通过眨眼示意助手翻页。他对医生说："我成了一个废人，只剩下呼吸和拉撒。"[12]他最亲密的同事，以及报业大亨中的朋友，都对他忠心耿耿，保证其微恙不为外界所知。他在查特韦尔康复了几周，很快便重返唐宁街，主持内阁会议。[13]

8月中旬，丘吉尔听到了那个他知道早晚会发生的消息：苏联成功引爆了一枚氢弹。鉴于美国和苏联现在都拥有了让对方毁于一旦的能力，丘吉尔认为只有追求和平，降低核灾难的风险，除此别无选择。莫斯科发生政治变局的消息，也没有减轻他的任务难度。尽管马林科夫表面上还是克里姆林宫的主人，然而"集体领导"似乎变得摇摇欲坠。丘吉尔认为："俄国本质上没有任何的变化，但她希望和平。"那位马林科夫也许就能做到，如果给他机会的话。[14]而失败的后果几乎不堪设想，忧心忡忡的丘吉尔对莫兰勋爵说："氢弹可以夺取200万人的性命，这太可怕了，我觉得这不会发生。"

丘吉尔的妻子与挚友都一致地劝丘吉尔下台，他本人却不打算"在世界当前的危机"面前妥协。[15]首先，他为自己设定任务，在秋天的保守党大会上彰显他的权威，发誓如果失败了就会辞职。然而他又一次成功了：10月10日，在马尔盖特礼堂前，面对如潮的支持者，他驾轻就熟地发表了演讲，虽然医生要按时帮他提供能够增强机能的药物安他非命。[16]一周后，更让他开心的事情发生了。经过一个夏天的部内斗争，在约翰·安德森——现为威弗利勋爵（Lord Waverley）——领导的委员会的帮助下，林德曼的计划终于获得内阁批准，英国核计划得以重新组织。[17]著名的英国原子能机构（Atomic Energy Authority）的创建，标志了他不朽的胜利——该机构至今仍然存在。对丘吉尔来说，这件事主要的好处是加速愈合了他和教授之间关系的脓疮。身患心绞痛、糖尿病等多种疾病的教授如今已经衰弱不堪。[18]此后不久，林德曼离开内阁，回到牛津大学，但仍旧保留着首相贴身顾问和核事务特使的头衔。他急流勇退，辞去大臣职务，令十年前的那些科学家同行难以置信。

现在内阁中的多数人期待着丘吉尔下野，但秋天的时候却看到他再续新生。10月中旬，他因获得了诺贝尔奖而重整旗鼓，虽然是文学奖而非他所期望的和平奖。同时获得提名的人还有小说家格雷厄姆·格林（Graham Greene）、欧内斯特·海明威（Ernest Hemingway）以及诗人罗伯特·弗罗斯特（Robert Frost）。评选委员会将奖项颁给首相，因为他"捍卫高尚人类尊严的出色演说，以及在人物传记方面的成就"[19]。更能打动诺贝尔奖委员会的是他的马尔堡公爵传记，以及《我的早年生活》回忆录，这些胜过他对第二次世界大战的描写，该书最后一卷不久将在美国出版。书中的某些段落他予以轻描淡写，因为要极力避免冒犯苏联和美国领导人，阻碍"三巨头"峰会的召开。[20]

两周后，丘吉尔在下院就缓和冷战紧张局势的必要性发表演讲。他在结论中大胆谈及氢弹的威胁，还讲到他即将与艾森豪威尔总统共同出席百慕大峰会。[21] 他强调，世界上有史以来威力最大的炸弹会给这个世界带来"始料未及的安全"。

此次会晤的预备性会谈期间，英方谈判代表发现美国现在开始考虑放宽《麦克马洪法案》。丘吉尔计划12月1日从伦敦启程，此前大约三周，林德曼提醒说："美国现在已经明确同意与我们［以及加拿大］交换［核］情报。"新协议很快会被正式批准。丘吉尔听后非常高兴，给林德曼教授回信说："热烈庆祝我们取得的巨大成就。"[22]

然而让丘吉尔恼火的是，法国也加入了英美两国的峰会中。丘吉尔没有试图掩饰自己的愤怒，在飞往百慕大群岛的飞机上气急败坏地阅读弗雷斯特（C. S. Forrester）的《法国人去死》（Death to the French），并且刚到机场便尴尬地绕道而行，装作去抚摸仪仗队的吉祥物——一只山羊，以避免与法国总理寒暄。[23]

此次会晤并没有取得多少成果。会议最终让丘吉尔的企图受挫，他本想改善与苏联新领导的关系，充分利用各种机会促进贸易和文化交流，而在军事谈判方面不予让步。[24] 丘吉尔在12月4日第一次全体会议上阐述完观点后，艾森豪威尔予以断然拒绝，宣称苏联的政策根本不会有任何变化，从列宁时代就是"要利用暴力、谎言和堕落来破坏资本主义体系和自由世界"[25]。总统主张，现在与他们发展关系没有任何意义。

好在关于核政策方面丘吉尔取得了一些进展。次日早上，他前往艾森豪威尔在海洋中心俱乐部（Mid Ocean Club）的住处，同总统、海军上将斯特劳斯以及林德曼讨论此事（丘吉尔拒绝"法国佬"出席这场会议）。尽管林德曼教授与海军上将的预先会谈非常成功[26]，丘吉尔还是一心想让艾森豪威尔无条件承诺，重新延续1943年达成的明确英美合作关系的《魁北克协议》。一个半小时的交谈似乎气氛融洽，但后来值得注意的是，林德曼过早保证了英国无意开展关于氢弹的任何研究。[27]

眼看会议马上就要因临近午饭时间而结束，讨论转向要求分享苏联的武器情报信息上。发觉美国人要转移话题，丘吉尔决定抓住他认为最根本的问题正面出击——掏出一份《魁北克协议》的影印件，并读给艾森豪威尔听。官方记录并没有提到总统的反应，却记录下斯特劳斯的惊讶——他声称自己以前从未见过这份文件。丘吉尔乘胜追击，提出现在应该发表这一协议，并赞同艾森豪威尔的意见，将这个问题委托斯特劳斯和林德曼处理。后来，大约是在会议结束后，艾森豪威尔对政府人员表示他对《麦克马洪法案》感到羞耻，并将其描述为"美国历史上最可悲的事故之一"。[28]

在峰会接下来的时间里，丘吉尔的核政策动摇了。他做出让步，宣称自己"完全接受"艾森豪威尔的想法，如果共产主义者违反最近在朝鲜达成的停战协定，就将对军事目标使用核武器。[29]总统要在百慕大会议结束后直接前往联合国发表演讲，当看到演讲草稿"为了和平的原子弹"后，丘吉尔让他替换一句话，将美国可以"自由地使用原子弹"改为更为委婉的"保留权利使用"核武器。[30]

这一改动体现了两位领导人对核武器所持态度的不同，乔克·科韦尔在与总统的谈话中认识到了这一点。总统认为，核武器不过"仅仅是军事武器的最新升级"罢了，很快就会被看作传统武器。丘吉尔起初同意，但接着改变了想法，坚称"原子武器是全新和可怕的东西"。[31]

艾森豪威尔在联合国的演讲中包含了一条倡议，让丘吉尔思考良久。总统提议，各国政府应开始"共同努力，将各自储备的常规铀和裂变材料，交给一个受联合国监管的国际机构"[32]。这和丘吉尔先前关于国际控制的思路不同，但现在他接受这个提议，并特意表示支持。回到伦敦后，丘吉尔对苏联大使说：美国的倡议"并不仅仅是一场宣传"，苏联应该认真应对。[33]丘吉尔竭尽全力想把超级大国聚到一起，却竹篮打水一场空。

随着缓和计划统统告吹，丘吉尔感到非常疲惫和厌烦，思考着离任。他曾反复承诺要退居幕后，但这种总是嘴上说说的行为很快让同事们——尤其是安东尼·艾登——近乎绝望。丘吉尔需要一个干下去的理由，最好是一项只有他才能够追求的伟大事业。1954年2月18日周四早上，他在唐宁街的卧室中浏览当日报纸时找到了它。在《曼彻斯特卫报》的首页上，他读到一篇500字的文章，理解了氢弹破坏力的范围。该文报道了前一天在芝加哥的一场午餐后演讲，报告人是公认的权威斯特林·科尔（Sterling Cole），美国原子能联合委员会的主席。科尔描述了美国第一次氢弹试验的效果，它夷平了整座岛屿，并暗示破坏力更大的武器正在研制中。

乔克·科韦尔走进房间，发现丘吉尔非常激动不安，床头桌上摆放着打开的报纸。[34]丘吉尔的贵宾犬可能还像往常一样在床下吠叫不止，他的虎皮鹦鹉要么在笼子里叽叽喳喳，要么绕着屋子飞来飞去。[35]丘吉尔坚持把文章念了出来：

> 1952年氢弹试验所产生的高温和爆炸，会导致方圆3英里的区域彻底破坏……严重及中等的破坏区域将向周围延伸数英里……而俄国在未来一两年内，就能够向美国发动这种攻击。

科韦尔后来写道，丘吉尔既欢欣又愤怒地说，他已经给外交大臣、内阁秘书和全部三位参谋长打过电话，问他们是否知道这件事。可是所有人都对此一无所知。科韦尔后来回忆，丘吉尔总结道："幸运的是，白厅至少还有一个人读报纸。"

从那天早晨起，丘吉尔就开始对氢弹念念不忘。他告诉科韦尔，如今世界与首颗原子弹出现时的距离，就好像原子弹和弓箭的距离一样遥远了。一旦苏联追上了美国，后果就会不堪设想——英国极易受到苏联的攻击，伦敦、曼彻斯特、爱丁堡、加迪夫和贝尔法斯特，瞬间就会变成一片废墟。

他现在更加坚定，"三巨头"领导人应该会谈，以降低核战争发生的可能性。暗示着凭借一套金玉良言——无疑是他自己的——就能够终结这种威胁。他告诉艾森豪威尔："我甚至可以想象，威严地说出几句简单的话，立刻就会迫使和激励会谈者将这个核怪兽从我们的世界中赶走。"[36] 在写下这些话两天后，丘吉尔告诉拉布·巴特勒："我感到自己现在就像一架航程即将结束的飞机，暮色苍茫，油量殆尽，正在试图安全降落。"[37] 他现在终于找到了一项伟大事业，可以推动他在跑道上平稳降落了。

然而，他首先需要了解一下氢弹。没有像"二战"期间那样全部押注在林德曼身上，这次他还请教了比尔·彭尼，以及卢瑟福的"男孩"中最言简意赅、高深莫测的约翰·考克饶夫爵士。

35 考克饶夫成为首相心腹
1954.3—1954.12

> 亲爱的妈妈,我很抱歉这周不能去看您,而是要与温斯顿·丘吉尔共进午餐,这是个一生中难得的机会。
>
> ——约翰·考克饶夫,1954年12月17日[1]

考克饶夫获得召见不足为奇,白厅需要他在氢弹方面出谋划策。安静、果断、坚韧、直率,还拥有让批评者惊讶的领导能力,他堪称核科学领域的克莱门特·艾德礼。

像艾德礼一样,考克饶夫也经常被人低估,特别是有些人喜欢个性张扬而不是按部就班的人才。"约翰更像一名经理而不是物理学家。"奥利芬特一次评价道。这个说法倒也包含少许实情。[2] 在核科学圈子里,此类诽谤屡见不鲜,但并不能困扰考克饶夫,尤其是他与欧内斯特·沃尔顿因首次实现人工核蜕变,而分享了1951年的诺贝尔物理学奖后。这次获奖提高了他在白厅的声誉,他成为最值得依靠的科学家型行政人员,罕见地兼具专业知识和情理常识。除了卢瑟福之外,还没有哪位英国诺贝尔奖获得者,能够比他对"权力长廊"(C. P. 斯诺语)的影响更大。

1954年,考克饶夫获得了任何前卡文迪什同事都难以媲美的尊荣——他结识了丘吉尔，提供私人的核政策建议，甚至成为重要的午餐客人。可能令人惊奇的是，他这样一位含蓄内敛、吝于溢美之言、平淡无奇的人能够赢得首相的信任。聚会上，考克饶夫乐于充当看客，但跟任何人都能亲密交谈，人们很容易误认为他是一位小有成就的商人。

1946年1月，他接受了政府核研究机构的主持工作，当时他还在负责加拿大乔克河的研究机构。查德威克支持他担任这一职务，但是相当坦率地表示考克饶夫"知识面很宽，但并不深刻"，以及"他的见解比较平淡，日常之见而已"。[3] 没用太长时间，考克饶夫就向大家证明，不管是不是一位平庸的思想家，他都极为适合这个职位。运用在乔克河的经验，他将哈维尔这处荒凉的飞机场，实际变身为核科学的新高等学府。

尽管哈维尔也开展了一些有用的理论研究，但其4000名科学家和工程师主要专注于为英国政府的核计划提供技术建议和数据，同时为医学研究提供所需要的放射性材料。考克饶夫最喜欢的项目是为国家电网提供核电——他决心实现这个计划，也借此在公开谈论中掩盖武器研究。[4] 装备有最高技术水平的核反应堆和亚原子粒子加速器，实验人员与理论学家、数学家一起工作，并满怀激情地与海外的核物理学家开展协作。考克饶夫强调，面临的最严峻挑战来自化学方面——例如，必须分离微量的稀有而毒性极强的同位素，又要最大限度地保持健康和安全。化学家们在确保清洁足够充分后，才能被允许离开实验室，"到外面和物理学家们待在一起"。[5]

就像卢瑟福的很多最为成功的弟子，考克饶夫也兼具物理学家和工程师的才能，而且有另一项技能——他是以第一名的成绩从剑桥大学数学系毕业。哈维尔的年轻同事取笑他，说他在20世纪30年代的那段全盛期不过是"核物理的石器时代"[6]，但他们知道这位领导可不是尼安德特人。他尽职尽责地阅读核领域的技术文献，对开展最高水平的研究具有敏锐的直觉，也能很快识破别人的把戏。他甚至把自己崇拜的卢瑟福的一些做法带到哈维尔，例如准许成立"疯狂委员会"，以暂时摆脱科学保守主义的限制。[7]委员会的名字也算实至名归。

只有极少的情况才能打破考克饶夫禅宗般的平静。他后来说自己只有一次陷入恐慌，那是1946年他在乔克河的同事阿兰·努恩-梅（Alan Nunn-May）被揭露为苏联间谍。当然，比如在他同克里斯托弗·辛顿关于核电厂的设计和运行争吵时，人们偶尔也会看到他失去平静。[8]即使在火药味最浓的争吵中，考克饶夫也从来不会提高嗓门，只有家人们记得，当五个孩子冬季在加拿大学滑雪时，他曾为他们呼喊加油。在家中，他是一个体贴、尽责的父亲，尽管格外地沉默：孩子们甚至有一个规矩，在爸爸说出两个完整的句子之前，不让他离开餐桌。[9]他时时思考着物理学。当下午在家中工作时，他坐下来，泡一杯茶，准备一盘饼干，就开始钻研他的问题。留声机唱片轻缓地播放着背景音乐，可能是柴可夫斯基的《天鹅湖》，也可能是柯普兰的《阿巴拉契亚之春》。

考克饶夫的沉默寡言有时让哈维尔的职员胡思乱想。会议中，他只有在不得不发言时才说几句，常常令职员们感觉不到领导的存在。他在言语上的节省有时会导致严重的误解——职员们反对林德曼将英国核工业从供应部划走的计划，他似乎表示出附和，却在白厅支持了这个计划。结果，许多同事感到被欺骗了。[10]

尽管考克饶夫与所有的政治领导人和科学家同事都关系友善，但没有选边站。政府的顶层核科学管理人员中，他是唯一活跃在原子科学家协会的人，到乡村礼堂人数不多的聚会上发表振奋人心的讲座。他知道多数人把科学家看成"一群异类——长发绅士们，没有任何正常人的欲望和缺点，严肃地从事着深奥的研究，不与普通人有任何联系"[11]。他认为，科学家有责任积极地与公众交流——"我们许多人经历过切肤之痛，而不得不学习让自己被人理解的技巧"。

在蓓尔美尔街（Pall Mall）的雅典娜神庙俱乐部，或者在家中，考克饶夫有时会批评政府过去和当前的核政策。在他看来，英国战时核计划的官方解释无法给出"事件的真实面貌"——例如，丘吉尔曾经愚蠢地将"管子合金计划"移交给帝国化学工业公司。当工业界人士接管这个计划后，考克饶夫就因为他们"做事缺乏成效"而选择离开，对此他从不遗憾。[12] 他也不赞成政策制定小组在冲突期间让蒂泽德和布莱克特靠边站，而让林德曼获得了与他不相称的影响力——考克饶夫和妻子把他形容为丘吉尔的"狗腿子"。[13]

战争临近结束时，考克饶夫无法理解为什么美国人不在荒无人烟的岛屿上演示第一颗核武器。广岛投弹前几天，他在华盛顿困惑地听说，一位"曼哈顿计划"的高层人士居然担心，在他们能够投弹之前战争就已经结束。[14] 当一名记者几个月后请他就盟国科学家参与原子弹计划而表达遗憾时，考克饶夫拒绝了，并疲倦地为自己辩解：

> 我们必须制造它，因为我们确实不知道德国人是否会制造它。我们没有选择。战争还在继续，我们不能袖手旁观，让对手占据先机……同时我们也认为，如果我们发现原子弹不可能造出来，这对世界来说大概会更好。[15]

核武器被证明可行之后，他认为自己的国家也需要用它自卫，以及维持国际影响力，这些在他看来都是正面的。和比尔·彭尼一样，他们都值得信赖，不会给政府的核事业制造麻烦，而能全心全意地给出准确和建设性的意见，支持英国成为有核国家。这就是丘吉尔的内阁秘书诺曼·布鲁克邀请这两位专家的又一个原因——1954年3月12日，在布鲁克的办公室，他们对氢弹的意义进行了绝密的汇报。当时在场的人还有埃德温·普洛登（Edwin Plowden）

爵士，最近被任命为英国原子能机构的主席，负责监督全国的核项目。另有国防部的四名高级官员，他们像金鱼盼望投喂一样，期待新的消息。

那天早晨，考克饶夫乘坐着公务豪华轿车宾利马克六世前往白厅。10点半，布鲁克像往常一样直接宣布开会，指出到场的科学家是来帮他向参谋长们简单介绍氢弹的意义。布鲁克认为，氢弹的出现，迫使政府重新思考"我们的外交政策和总体战略，以及此后军事力量的'规模和形式'，还有我们的民防政策和原子武器政策"[16]。比尔·彭尼首先发言，概述了他认识到的美国和苏联在武器方面的进展。他指出，苏联并没有爆炸真正的氢弹，而是一个"混合型"的武器，有点像一枚标准的核弹，但是威力大得多，当然他们拥有真正的氢弹也只是时间问题。[17]

英国政府有一大堆想法要完成。几天后，考克饶夫和彭尼答应关于苏联制造新式武器的能力，为大臣们准备一份书面说明。他们的概要开头是两句醒目的话：

> 热核武器的制造肯定要比科学家们设想的更简单。可能需要高超的技巧，以及精确的工程技术，但除了生产钚和铀235的必备投入，不再需要其他庞大的工业设施了。[18]

对于各位参谋长及其总司令丘吉尔来说，他们都不明白获得新武器的门槛更高了，但信息的关键是，氢弹并不会造价奇高。考克饶夫和彭尼可能猜到，他们很快就会被派去制造新武器——而且要尽快地造出来。

考克饶夫在哈维尔的项目中，有一项是要帮助建立欧洲核子实验室，后来被命名为欧洲核子研究中心（CERN，取其最初管理机构的法文名称 Conseil Européen pour la Recherche Nucléaire 的首字母）[19]。

建立这样一个机构的想法,最初酝酿于"二战"结束后,到20世纪40年代的最后几周呼声高涨,在英国得到了考克饶夫和几位主要物理学家的支持。然而,他们的许多同事认为,最好将英国有限的资源投入国内的研究中去,而不是用于有风险且难以掌控的欧洲合作。在早期计划阶段,英国对该倡议似乎也持观望态度,而并未正式加入欧洲合作组织之中。考克饶夫此时悄悄显露出领导素质。在哈维尔的青年科学家支持下,他成为主要的倡导者之一,号召欧洲国家应该集中资源,建造一个高能粒子加速器,以同美国布鲁克海文国家实验室的加速器竞争。他的热情部分的是在1954年10月访问布鲁克海文期间被点燃,那里实验室的科学家们仍然惊魂未定——几个月前华盛顿一场漫长的听证会,判决奥本海默被剥夺安全许可。[20]

呼吁建立欧洲实验室,对考克饶夫来说,部分是由于它能实现卢瑟福的梦想,将来自全世界的主要科学家集合起来,探索自然最深处的结构。CERN正在计划集中十几个参与国的资源,建造一个大型的加速器,其加速质子的能量,将是二十多年前考克饶夫和沃尔顿所达到能量的10万倍。

林德曼是对CERN最有影响力的持怀疑态度的人士,他否定了尼尔斯·玻尔关于新实验室可以设于丹麦的建议(林德曼告诉查德威克,"这样太容易遭到俄国破坏")。[21]但和往常一样,林德曼刀子嘴豆腐心:1952年11月,英国物理学界——包括布莱克特和派尔斯——放下争端,支持了在日内瓦附近建立实验室的提案。林德曼在内阁对其予以支持,到了年底,财政大臣拉布·巴特勒批准了英国资助CERN运行的长期计划。七个月后,该计划的英国代表签署了文件,表明国家愿意向该计划提供长期资助,稍后议会立即批准了协议。因此,英国是在丘吉尔的注视下,开始参与这个如今运行着大型强子对撞机的组织。

9月3日周五，考克饶夫见到丘吉尔时向他表达了衷心的感谢，这也是他们1954年三次会面中的第一次。那个早上，考克饶夫很惊讶地接到一个来自首相办公室的电话，更意外的是他被请到查特韦尔用午餐，同样被邀请的还有威廉·彭尼以及他们的上司埃德温·普洛登。不知道他们什么意图，考克饶夫取消了其他约会，命令司机载他前往肯特。当下午1点15分到达后，一名服务人员带领他上楼，并介绍给丘吉尔。丘吉尔身穿蓝色条纹的连衫裤，衣领敞开，正饮着葡萄酒，在书房与其他客人"临朝听政"。二十八年以前，也是在这间屋子，丘吉尔从他的预算编制工作中偷闲，让自己去理解原子的量子理论，显示出他理解了原子核的思想。书架上摆放着威尔斯的小说全集，包括《获得解放的世界》，几乎可以肯定丘吉尔从中读到了控制原子能的可能性。

丘吉尔看上去比考克饶夫设想的要年轻。只有当首相伸出下巴，考克饶夫才注意到脖子上满是褶皱的皮肤，显露出他的年龄。考克饶夫并不容易被明星打动，现在却难以抗拒，正如他在那天下午写给母亲的解释所表明的。虽然他的文笔不连贯，但字里行间散发出兴高采烈：

> ……我们移步会客室，这是一个敞亮的房间，里面摆放着鲜花，有着朝向公园的良好视野。接着丘吉尔夫人和一个女儿进来，都非常活泼和健谈，我们分享雪利酒和番茄汁。然后我们开始午餐——分割好的螃蟹、沙拉、鸡肉、水果和奶酪，然后是上好的黑咖啡。宾主都谈了很多——后来女士们离开，首相滔滔不绝地谈论世界政治直到4点——极为引人入胜。[22]

考克饶夫在信的末尾写道，"我必须为子孙后代记录下他说的话"，但并未付诸行动。然而，可以有把握地想见，丘吉尔充分展示了与美国站在一起极端重要，以及英国拥有氢弹的必要性。他可能想知道这种武器什么时候可以造出来，假定议会批准他们建造的话。下午结束时，绕着花园散步了很长时间，考克饶夫和同事们就离开了。丘吉尔接着进入一个临近的房间坐下来，格雷厄姆·萨瑟兰（Graham Sutherland）应丘吉尔的议会同事要求，正在那里为其画一幅肖像，作为80岁生日的礼物。

三个月后，圣诞节的八天前，考克饶夫又接到与首相共进午餐的邀请，这次是在唐宁街10号。考克饶夫同样不知道为什么邀请自己，但当他和彭尼、普洛登、林德曼，以及内阁大臣沙利斯伯利勋爵（Lord Salisbury）一起来到楼上18世纪的会客厅时，很快就大体猜到了。[23]丘吉尔一反常态地准时到达，穿着整洁的黑西装，白衬衫熨得笔挺，戴着有斑纹的领结。他容光焕发，似乎还沉浸在80岁寿辰庆典的喜悦中。然而，他不喜欢萨瑟兰的肖像画，画中显得他是一位老迈、近乎弱不禁风的领袖，牢牢攥住权力不放，而不是一位坚守岗位反对暴君的资深政治家。画像让他极为不满，后来克莱米把它撕碎烧掉了。[24]

考克饶夫深受触动地看到，首相仍然能生龙活虎地讲出对世界事务的看法。丘吉尔宣称自己"极为关心"当下在巴黎召开的北大西洋公约组织会议上的讨论内容。那次会议由秘书长"巴哥"伊斯梅主持，参加人员有美国国务卿约翰·福斯特·杜勒斯，他是丘吉尔特别厌恶的政客（"一个讨厌的碍事者……这个杂种"[25]）。北约正在考虑使用战术核武器装备常规部队，将部署核武器的权力委托给军方司令。[26]使用实战型的核武器，符合艾森豪威尔总统的"新面貌"国防政策，可以用一句常见的标语概括为"价廉物美"。发起这场讨论，部分是由于降低军事预算的需要，以及威慑苏联，以免它有进攻欧洲的意图。丘吉尔似乎曾担心过，新的政策可能会将一场单纯的小冲突，升级为核战争。

首相喂完了狮子狗之后，四道菜的午餐聚会正式开始。享用着斯提耳顿干酪和水果，丘吉尔讲述起风云变幻的地缘政治形势，不时向客人们咨询核方面的问题。他提出想去参观一下奥尔德马斯顿的兵工机构，以及哈维尔，那里的科学家已经在美国的帮助下开始了对氢弹的研究——艾森豪威尔当选总统后情报交换重新开始，虽然未经国会批准。[27]这并不是客套的闲聊：此后不久，考克饶夫和彭尼就听说，首相将在圣诞节之后访问他们的机构。

不出所料，12月30日下午3点，丘吉尔在前日秘密访问奥尔德马斯顿之后，乘坐亨伯·普尔曼（Humber Pullman）轿车来到了哈维尔的防护墙之外。[28]裹着毛皮翻领的大衣，若不是形象家喻户晓，他很可能被当作一个大腹便便的苏联政治局委员。考克饶夫爬进汽车后座，他们驶向飞机库，参观里面一座功率最大的核反应堆。戴着高帽，拄着拐杖，丘吉尔走下轿车，与一众官员会合，老迈羸弱的林德曼也在其中。

"让我看看中子！"丘吉尔要求。[29]考克饶夫指向反应堆上的一些洞口，看不见的粒子束从中射出，打到一个靶子上，周围布满了探测器。解释完正在从事的实验，考克饶夫让丘吉尔坐上控制台，摆弄一些把手，按下一个按钮，结束了反应堆内部正在进行的核链式反应。丘吉尔完成了他的第一次，也是最后一次核试验。

考克饶夫引导着来访者参观了一些展览和模型，展示了哈维尔的工作对工业和癌症研究的价值，但丘吉尔似乎只是零星地流露出兴趣。进入了化学实验室，他又振作起来，在前厅，他似乎对必须遵守标准安全程序有些惊讶。两名实验室助理告诉他，吸烟是被禁止的，并帮他拿走帽子、外套和拐杖，给他穿上大小合适的一套白色行头——刚清洗一新的实验室外套，橡胶鞋套，还有一顶亚麻帽，不过很快就扔掉了。[30]丘吉尔进入了实验室，他就像走进了电视系列剧《夸特马斯实验》(*The Quatermass Experiment*)的临时演员。

丘吉尔参观了实验室的"钚库",里面除了放射性材料的几个斑点之外空空如也,便准备离开了。考克饶夫不久后写道,经过这番访问,首相"产生浓厚的思考兴趣",对新技术表现出焦虑。经过最后一道安全检查,技术人员用盖革计数器扫描他的身体,这时丘吉尔评论说:"能生在这个时代我真是高兴。"

那个下午是考克饶夫一生中的亮点之一,但对丘吉尔来说,不过是在办公室忙碌之余的一次外出散心。他的内阁想让他下台。

36　丘吉尔的核绝唱　1954.4—1955.4

> 如果昨天温斯顿先生号召下议院的议员们，跪下向上帝祷告，谦卑地祈求上帝在这个黑暗而可怕的时刻指引他们，那该是多美妙的一件事啊！
>
> ——比利·格雷厄姆，纽约，1955年3月2日[1]

丘吉尔到访哈维尔八天前，安东尼·艾登、哈罗德·麦克米伦和其他五名内阁成员到唐宁街面见了丘吉尔，坚持要明确他的辞职日期。他们已经受够了丘吉尔的领导：优柔寡断，沉迷氢弹，勉强参加内阁会议还要东拉西扯。丘吉尔断然说，很明显他们是想让他下台，所有人也都不否认。最后他被迫表示，将考虑他们的话，在圣诞节期间好好反思一番，然后告知他们自己的决定。

不管丘吉尔作为首相有什么样的缺点，他已让自己的政党处于明显的优势，能够赢得下一次大选，而且他也不打算被人赶下位子。正如承诺的那样，他领导了一个政治上温和的政府。他结束了定量配给政策，建造了更多的房屋，经济尽管没有刺激，但还是恢复了平稳运行，而且他也无意推翻由艾德礼政府推行的福利社会。然而保守党现在需要一个更有活力的领袖，以跟上时代的节奏——

约翰·奥斯本（John Osborne，1929—1994，英国剧作家，因其剧本《愤怒的回顾》而闻名）愤怒地回顾过去，爵士乐队正在给青少年做暖场表演，以迎接"猫王"埃尔维斯·普里斯利（Elvis Presley）的到来。首相和女王的形象在报纸和新闻短片中并列在一起，一位是白发苍苍、脚步蹒跚的丘吉尔，另一位则是年轻迷人的伊丽莎白女王，她只比玛丽莲·梦露（Marilyn Monroe）大六周。

到1954年春，很显然，虽然丘吉尔拥有一位伟大政治家的威望，但在国际性的事务中已经难有作为了。苏联人甚至懒得回应他呼吁举行峰会的演讲，他的一些倡议也大多被艾森豪威尔政府忽视。丘吉尔痴迷于同美国的"特殊关系"，对欧洲盟国相对冷漠，并且死抱着主导"二战"时期的力量阵营观念，这些都让他显得过时了。

他在国内的权威也正在减弱，1954年4月5日下院关于氢弹的讨论中，同事们即觉察到了这一点。先前，迈克尔·富特（Michael Foot）和其他工党议员奚落他不能正视美国人对氢弹明显不屑的态度。丘吉尔断然决定"找找艾德礼的麻烦"。反对党领袖在辩论开场的演讲中表现出高姿态，称不寻求"政党的利益"，并称赞丘吉尔倡议召开峰会以降低热核战争的威胁。[2] 丘吉尔对这番好意视而不见，却转而针对反对党，认为是前任政府放弃了《魁北克协议》，对此大加抨击。虽然一再被打断，丘吉尔仍尽力让自己的声音盖过反对党的高呼——"可耻！""震惊！""辞职！"他身后的保守党议员面色阴郁，沉默地坐着。艾德礼气得全身发抖，丘吉尔费力读完事先准备好的讲稿，声音抬高得近乎尖叫。

在这些下议院的吵吵闹闹之外，丘吉尔仍密切关注核政策的发展，包括对奥本海默的安全听证。丘吉尔希望获取有关这位美国物理学家的简要介绍。4月13日，听证开始的第二天，教授便提供了一份有关该案件的中立评估。[3] 教授写道，奥本海默似乎有些"模糊地同情左翼",并因"制造出第一批原子弹而有种负罪感",结论认为,"他几乎不可能泄露过任何机密"。丘吉尔读完此信,便将其转交给安东尼·艾登,并叮嘱他要归还。一个月后,首相再次震惊于另一份对氢弹破坏潜力的洞见,这次是一篇文章解释了氢弹是多么容易变成一种"自杀装置"。[4]《曼彻斯特卫报》上登载的文章报道了小汤姆孙的评论文章《想象一下最坏的可能性》,在氢弹外面套上钴基化学品。如果这种装置被引爆,地球大气层的整个上层就会充满毒性。这种想法,美国的利奥·齐拉在一次电视直播中也曾设想过,他当时说这种改进的武器极为恐怖,没有哪个国家胆敢使用它。[5]丘吉尔请林德曼进行评价,林德曼确认这完全可行,一枚钴增强的氢弹"完全有可能毒害整个地球"。[6]

6月下旬在华盛顿的一次会晤中,丘吉尔再度向艾森豪威尔强调召开峰会的必要性。这次会晤的议程草案中,氢弹位于首要位置,接着是中东和东南亚的紧张局势,但是首相劝说美国领导人再增加一条"与苏联进行高层会谈的可能性"。即使丘吉尔苦口婆心地表明了对热核战争的恐惧之后[7],艾森豪威尔仍拒绝让步。他说,召开峰会的条件尚不成熟,而且会给马林科夫一个"当面攻击自由世界"的机会。

丘吉尔放弃了,但并没有屈服,仍和以前一样执意与苏联领导人会谈。乘坐伊丽莎白女王号返回英国后,他忧心忡忡,前往露台烧烤店用餐时,与安东尼·艾登及其助手们玩纸牌消磨时间,并首次埋头阅读哈罗德·尼克尔森的《公众人物》。这是一本"非常了不起"的书,丘吉尔认为,这本书虽然写于1932年,却"处处与原子弹相关"。[8]他似乎已经忘了,在尼克尔森开始写作小说之前,自己就已经在文章中提到过原子弹。

丘吉尔和艾登的相处并不融洽。艾登徒劳地希望丘吉尔能明确向他承诺继任的日期,而丘吉尔心里想的却是更高远的事情。他决定一意孤行，不顾艾森豪威尔、艾登和内阁其他人的意见，致电苏联外交部部长维亚切斯拉夫·莫洛托夫（Vyacheslav Molotov），提议会见他和他的同事。后果便是，不出几天，丘吉尔失去了对内阁的控制。[9]

7月7日，他回到伦敦后的次日，接到了来自莫洛托夫略表支持的回复，丘吉尔告知内阁他曾经写过信。[10]同僚们都目瞪口呆。他们对这个既成事实沸反盈天，几分钟后又听到另一条消息，让他们怒上加怒：丘吉尔公布，他已经批准了在英国制造氢弹的决定，这项工作正在进行。哈罗德·麦克米伦在日记里描述了当时的情景：下院领导人哈利·克鲁克香克（Harry Crookshank）"提出了最强烈的抗议，丘吉尔竟以如此敷衍的方式，来和内阁讨论这个决定"。他随即离席而去，一些被激怒的同事也三三两两地跟着离开了。

丘吉尔以前从来没有把内阁搞得一团糟。具有讽刺意味的是，几个月之前他曾讲过，希望整个内阁参与氢弹的决策。但这一良好的愿望未及实现，丘吉尔还开展一系列的咨询，对象包括参谋长、资深内阁成员、威廉·彭尼、约翰·考克饶夫，以及内阁秘书诺曼·布鲁克秘密召集的一些专家。一次会议上丘吉尔做了有力的总结发言，解释了为什么至关重要的是拥有氢弹。有了它，英国就能够保持其全球影响力，削减国防开支，并避免给人以裁军之类的印象，那会"削弱我们对美国政策的影响力"。

如果不是因为上述这些愚笨行为，丘吉尔本来在内阁施政没有任何困难。但现在同事们要让他受点苦头。内阁愤而离席的次日，他们重回开会，这次要对制造氢弹的利弊进行平静的讨论。二十四小时之后，内阁再次开会，考量首相与克里姆林宫的接触。由于觉得并没有什么可道歉的，丘吉尔强迫他们阅读电报稿，就像课堂上的听话学童一样。议程很快蜕变，堪称麦克米伦曾出席过的最富戏剧性的一次内阁会议，直到丘吉尔宣布休会，剑拔弩张的气氛才有所减弱。白厅以外的任何人都不知道,英国政府正处于崩溃的边缘。

内阁直到月底才重归稳定。7月26日,丘吉尔撤回了他前往莫斯科的提议,他的氢弹政策也获得通过。麦克米伦在月底的日记中写道:"我们所有这些曾真诚地热爱和敬佩过他的人,正在慢慢被逼得产生恨意……"[11]

艾森豪威尔知道,丘吉尔正在寻找一个合适得体的离职时机,就写了一封深思熟虑的长信,建议他如何在首相生涯中上演一场"恰如其分的高潮"。[12] 总统虽然驳回了召开缓和峰会的想法,但建议丘吉尔发表一场重要演讲,宣布放弃殖民主义,便可反击克里姆林宫的惯用伎俩,他们总是先发制人地夺取"为世界弱小国家代言"的优先权。丘吉尔礼貌地拒绝了,承认在殖民政策问题上"我是一个落后分子",成长过程中曾为"我们多数的所作所为感到自豪"。勉强否认了自己正在寻求"一种体面的退场",丘吉尔重申他的缓和计划:"后代子孙将会惊讶——假如他们还活着——在一切都岌岌可危的情况下,政府首脑之间却无意通过个人会谈,以对这些重要而简明的问题达成一致意见,从而团结起来。"艾森豪威尔对此点未予回应。

尽管所有迹象表明,他的目标已经失败,但丘吉尔始终坚持,直到最后一丝希望被粉碎。苏联新闻社在1955年2月初宣布,马林科夫已经被降职。[13] 事实上,他是被赶走的,部分原因是他警告过一场全球性的核毁灭。苏联政府的中央委员会现在认为,那种观点是不可接受的,因为它会助长"绝望感的产生……[这只会有利于]那些鼓吹新世界大战的帝国主义分子"[14]。克里姆林宫的新任领导对丘吉尔没有兴趣——他们清楚地记得,丘吉尔曾想把苏联扼杀在摇篮里,并认为他的"铁幕"演说拉开了冷战的序幕。[15] 召开峰会的计划,作为丘吉尔首相生涯中最漫长和最不成功的事业,至此寿终正寝。

1954年夏到年底之间，丘吉尔的政府无所作为。医生问他是否做了太多工作，丘吉尔笑着回答："我什么也没做……我现在能驾轻就熟地躲避事务。"[16] 他唯一仍感兴趣的话题就是氢弹。12月他读到一份令人恐怖的情报，如果遭到氢弹攻击，英国唯一能依赖的警报，就是苏联轰炸机出动时在雷达屏幕上出现的第一个闪烁点。[17] 现在是时候直接寻求英国如何才能在这种攻击中生存下来的方案——100万人的死亡，放射性尘埃，以及对经济的灾难性破坏。丘吉尔很快批准撰写一篇完整的报告，并批示："请随时告诉我每一步的细节。"[18]

1955年2月中旬，政府发表白皮书，解释为什么英国应该拥有氢弹。丘吉尔希望在3月1日的议会答辩中介绍该政策——这是他做告别演说的最佳机会。他还没有将离职计划告知沮丧的艾登，宁可让内阁焦虑不安。每一天，同事们都仔细审视他的话语和姿态，寻找他可能决定下台的迹象——这绝不会是一场体面的告别。丘吉尔经常只和拉布·巴特勒谈论问题，巴特勒后来回忆起他们盛大的晚宴，"畅饮了大量白兰地，我清楚地感到有好几次酒都洒到了我的鞋面上"[19]。他们的话题总是大同小异：丘吉尔的退休，与苏联举行峰会的愿景，以及他对太空旅行的新成见。巴特勒回忆说："丘吉尔非常恼火，前往月亮的想法，在他看来就是浪费时间和金钱。"

许多政治家和评论家希望对英国制造氢弹进行一场公开辩论。但是BBC签有长期协议，保证任何计划要在议会上进行讨论，此前两周内电台和电视台都不得播出相关内容。[20] BBC高管和一些反对党议员想要放松该协议，但丘吉尔拒绝让步，并告诉下议院，"在电视和BBC广播这些庞大呆板的新机构上开展刺激性的辩论"，将会"对我们的总体利益造成非常有害的影响"。[21] 在他看来，左倾的BBC指定的那帮喋喋不休的大人物，永远不应被允许去抢议会辩论的风头。[22]

3月1日早晨，在计划发表演讲前几小时，他在唐宁街的卧室兴致勃勃地忙着修改讲稿，甚至打破了早餐时读晨报的习惯。他的医生来拜访的时候，惊讶地看到那些未经翻阅的报纸还堆放在床头桌上。"我在处理演讲中层出不穷的该死问题，"丘吉尔宣称，"用了二十小时准备演讲稿，又花了八小时来核对事实。"[23] 快速翻阅着70多页的打字稿，他念出一些最喜欢的措辞，接着进行一点最后的修订。秘书简·波特尔在他驱车前往下议院的几分钟前才把最后定稿准备好。议员们希望这位老人家拿出实力，为这寒冷阴郁的一天带来最后难忘的午后演出。

3点45分的辩论开始之前，议会大厅里坐满了交头接耳的议员，甚至有几十个人坐到了地上或台阶上，围着议长的椅子伸长脖子，以看得更清楚。在那些从廊台往下看的人中，有几位是丘吉尔最亲密的朋友和家人，包括他不经常露面的妻子。[24]

从他走进房间的那一刻起，观众的目光就锁定在了他的身上。他在前排挤出一条路，似乎有些踌躇地走到自己的座位上。[25] 当议长请他开始演讲时，在议会全体议员的呼喊声中，丘吉尔走向公文箱（重要发言时所站位置）。当他的第一句话停在"核时代的毁灭性武器"时，听众们知道这就是原汁原味的丘吉尔。

感谢了林德曼几十年来的建议之后，他冒着失去听众耐心的危险，从《五十年后》中引用了一大段，那篇文章是他对核能释放的展望，时在裂变发现七年前。"我希望议会不要指责我的虚荣或自负。"他在朗读引文之前说道。在这种"我们厌恶但又不得不忍受"的冷战氛围下，他主张对英国来说"唯一明智的政策"是拥有氢弹，以保持对美国的影响。他认为至关重要的是，必须让苏联人知道，如果他们进攻西方，就会立即遭到报复，但是友好会谈的大门总是敞开的。

他努力地避免疏远政治对手，转而强调，为了达成英国下一阶段的核威慑计划，他已经"尽量不辜负［反对派领导人］的标准"。议会鸦雀无声。这是一个如此重要的时刻，没有人诘问，没有程序性问题——议员们专心聆听着他的每一个字，如同1940年夏天那样。在这样的状态下，丘吉尔的演讲挥洒自如，男中音时而高亢，时而低沉，双手一会儿抓住公文箱，一会儿又做出充满意味的手势。

如同戏剧般扣人心弦，他开始阐明这场辩论的利害关系，指出它"对老年人并没有那么重要，他们反正会很快离去"。声音颤抖着，他将焦点转移到成长于核时代的孩子们，添加了一段评论，这是他九年前写给萧伯纳的，关于上帝对这一切的反应：

> 看着青年人东奔西走充满热情，我感到有些心酸，特别是，看到小孩子们在开心地玩游戏，便会想知道，如果上帝厌倦了人类，他们将面临什么命运。[26]

他不厌其烦地指出，自己一直孜孜以求召开峰会，让超级大国可以"清晰而坦率地"讨论这些问题。然后可能是"我们将通过一个极端讽刺的过程，进入这样一个历史阶段：安全产生于恐怖，母子相随；生存长伴于毁灭，兄弟孪生"。这句话，可能打磨过几小时，他已经到达了一个恰如其分的高潮。

那一刻，他指出，氢弹是当前一个无法回避的现实问题，所以英国该怎么做呢？"最好的防御当然是真正的裁军，"他说，接着补充道，"一定不能让情绪蒙蔽了我们的双眼。"他主张，此时唯一明智的政策是"通过威慑来防御"，冷战双方都拿枪指着对方的脑袋。但他也小心翼翼地承认，这番推理并不能保证国家一定安全："威慑无法在这样一种情况下派上用场，那就是像希特勒之类的疯子或独裁者发现自己穷途末路的时候。"

45分钟后，他的声音依然强劲。总结陈词的时候到了，他阐明了自己的信条——应该不惜一切代价地维护"英国和美国乃至整个英语世界之间日益增长的团结和兄弟情谊"。在高潮时刻，他进而对冷战发表乐观看法："在未来十年内，所有的威慑力量都将增强，并获得权威地位"，那时"威慑可能会达到顶点，收获最终的奖赏"。如果听众对这些话感到失望，那么临别之语就是他在尖峰时刻令人不可抗拒的赠言："永不退缩，永不疲倦，永不绝望。"

他坐下来，屋子里回荡着欢呼声。第一个回应的反对派议员是曼尼·欣韦尔（Manny Shinwell），这位曾经的大臣几年来都是丘吉尔敬重的对手："我们都赞成，阁下做了一场令人印象深刻的演讲——它无疑会在我国乃至全世界数百万人中产生影响。"因为是在下议院的最后一次演讲，丘吉尔的话起到了神奇的作用：反对派发起的责难投票，被压倒性地否决。

欣韦尔说完之后，丘吉尔回到了他在下议院的房间，气喘吁吁，急于想知道记者们如何看待他的表现。[27]保守党首席新闻官克里斯托弗·奥布莱恩（Christopher O'Brien）走了进来，向他激动地确认，一切都很好："如果您不再做下次演讲，这将是一个很好的告别演说。"丘吉尔的脸色阴郁下来，沮丧地说："我不会再在议会做多少演讲了。"他是对的。接下来的几周里，他只是在相对小型的辩论中发言过几次，但他松弛了下来，已经心不在焉。尽管不像第一个首相任期那么光芒四射，他的第二个任期仍是成功的，而且显然更为平静。当他最后一次离开内阁办公室，人们1951年10月送他的那叠"今天即办"的标签仍放在那里。没有人曾用过。他于4月6日辞职，再也没有到下议院发表演讲。

结　语

37 丘吉尔的核科学家 1954—

> 我们中一些应征参与战时项目的人，常常想起卢瑟福，设想如果是他该会怎么做，然后试着尽量按他的方式行动。
>
> ——尼尔斯·玻尔，1958 年[1]

克劳斯·福克斯已是韦克菲尔德监狱最聪明的囚犯和象棋冠军，丘吉尔首相的告别演说正合他的心意。[2] 在与监狱助理管理员的交谈中，他注意到了首相演说中最吸引人的地方，即"极端讽刺"的是，在各超级大国都掌握可怕的新武器之后，安全和生存反倒有了保障。他评论道："我想这种极端讽刺的进程也并不能让我早点出去。"这话说得没错。

福克斯以前科学界的同行对核子时代的世界前景可远远没有这么乐观。两周前，1955 年 2 月，爱因斯坦热切地支持了英国人罗素起草的一个宣言。这位哲学家恳求世界各国领导人公开承认："用世界大战来实现他们的企图是行不通的，因此我们敦促他们，找到和平的方式来解决他们之间所有的纠纷。"[3] 4 月初，爱因斯坦去世前几天，签署了这份宣言的修订版。罗素的动议引起了许多参与制造第一颗原子弹的"曼哈顿计划"科学家的关注。他们包括战时为丘吉尔政府工作过的多数核物理学家。十年以来，他们之间仍没有对其群体角色的智慧形成共识。

战后，许多卢瑟福以前的"男孩"常常聚在一起缅怀往事。对其中几位来说，在卡文迪什做研究的那段传奇般的黄金岁月之后，等待他们的是核物理与地缘政治互相纠结的世俗苦差。物理学家中，考克饶夫和奥利芬特会面尤其频繁，他们相处融洽，畅谈对未来的看法。奥本海默记得他们常常流露出的观点：要是卢瑟福再多活十年，"历史进程会大不一样，很可能会更好"。[4]

奥利芬特已经被任命为堪培拉一所新成立的澳大利亚国立大学的研究主管。他是一个单纯友善的人，眼睛明亮，金色眼镜，大腹便便。他决心建造一个世界上最强大的亚原子粒子加速器，但只留下被当地称作"白色奥利芬特"的烂摊子。那时，他开始自称"好斗的和平主义者"和核武器的积极讨伐者。[5] 当读到下议院关于《魁北克协议》的一次辩论时，他吃惊地得知丘吉尔否认了它使美国拥有了事实上的核能垄断权。奥利芬特写道："这是我第一次听到首相故意撒谎，这令我震惊，以至于我再也不会像战时那样尊敬他。"[6]

战后，布莱克特逐渐疏离了卡文迪什的朋友，20世纪50年代末，他前往伦敦帝国理工学院，对有关核问题的争论做出过几次有价值的贡献，然后多年默默无闻。[7] 回顾那本颇有争议的《原子能的军事和政治影响》一书，他承认有一些小的事实错误，但仍然相信自己曾经是正确的："成为一个不成熟的军事现实主义者是我不可原谅的罪过。"[8] 他认为，当前苏联和美国形成了"战略性的核僵局"，主要的危险还不是核战争，而是国家资源的极大浪费。

作为多年不招艾德礼政府待见的人，布莱克特再度影响了工党对科学技术的思考。主要是由于他与威尔逊（H. Wilson）之间的关系，后者1963年成为党魁，并于一年后担任首相[9]。布莱克特婉拒了对他的大臣任命，而愿意作为皇家学会的主席发挥作用。不过，逃官避爵几十年，最终还是没能抵御住诱惑。1974年，布莱克特接受了上议院的席位，年迈的希尔想调侃一下他，"真是晚节不保"，当然这是出于善意。[10]

尽管查德威克只比考克饶夫和布莱克特大六岁，但两人对他有些疏远，可能是因为多年来已习惯将他看作卢瑟福的副手。1946年夏查德威克从美国回到利物浦两年后，憔悴无力的他接受了剑桥大学曾就读过学院的院长职位。他的一位莫德同事也走了这条路，1952年小汤姆孙成为圣体学院（Corpus Christl College）的院长。两人都把来到剑桥视作回归平静田园。小汤姆孙的这步走得非常英明——他兼有好斗和迷人的特质。作为颇有阅历的公众人物，他时常运用生动的比喻，在报纸和电台上发表亦庄亦谐的言论。第一次讲到氢弹时，他对BBC第三套节目的听众说，不稳定的重原子，就像"臃肿不堪的帝国一样已经具备了瓦解的条件"，这个比喻正是二十多年前丘吉尔独立提出的，那时他初次知道原子核的知识。[11]

查德威克过得可没这么自在——冈维尔与凯斯学院（Gonville and Caius College）没有给过他太多重视，学院院士们也都没把他当作自己人。[12]在同事们看来，他是一个守旧、专断的人，经常生病，精力不济。郁郁寡欢任院长的九年间，他不乐意到卡文迪什怀旧重游，只在例行会议时去过那里一次。1958年12月，他从学院退休，和夫人搬到幽静的威尔士北部乡村。在那里他迷上了种花莳草，并开始编辑卢瑟福的论文全集——一个他永不会完成的任务。他还会回忆自己参与"管子合金"的往事，主任埃克斯已于1954年谢世。虽然查德威克从不后悔自己在原子弹制造中的角色，也不后悔用原子弹攻击日本，但他对下一代武器充满担忧：

氢弹根本就不能算是一种武器。它的影响远远超出了全部军事作用的范围。大多数人都赞成，使用氢弹有悖道义，唯一例外是可作为报复手段使用，但也仅限于在必要情况下制止敌人使用它。[13]

查德威克想把那段参与英国核计划的岁月忘掉。然而，当1960年英国原子能机构历史学家高英（M. Gowing）把这段历史首次全面的官方说明手稿寄给他时，他同意予以评论。[14]他们后来成为朋友。在查德威克的笔记中，他对1944年5月丘吉尔和玻尔的会面做了直言不讳的评论。他对高英说，"我仍然认为［玻尔］是对的"[15]。查德威克写道，问题在于丘吉尔不理解玻尔的观点。而且，即使首相已经理解了，"美国的军事机构也将会阻止它，罗斯福对这种情况也无能为力"。查德威克以前的同事，奥本海默也深为玻尔同丘吉尔和罗斯福会面的结果而扼腕叹息——他认为一切看上去是，"非常明智的人面对非常伟大的人，竟铸成非常之错"[16]。

高英的访谈对象还包括派尔斯和弗里希，派尔斯和高英成为密友。在哈维尔待过很短一段时间后，1947年弗里希接受剑桥大学的教职，在那里他的研究再没有起色，并最终失去了劲头（一次，派尔斯夫人还怒斥了他对工作的放任）。[17]根据需要，他成为一名科普工作者，可以谈及核科学的任何话题，但唯独不提他在"曼哈顿计划"的经历，似乎想将它永沉心底。与他相反，派尔斯总是愿意谈及原子弹的发展史。他没有动摇自己的信念，由于纳粹的威胁，英国的物理学家别无选择地研制这种武器。但他遗憾的是，自己和同事们"没有坚持与军事政治领导人的对话"[18]。当然，这种对话是否能起很大作用是另一回事，他也拿不准。尽管派尔斯始终无法从福克斯背叛造成的震惊中完全回过神来，本性宽厚的他还是在1959年6月，这个当年的间谍出狱后不久写信，想帮他在英格兰找工作。[19]福克斯没有回信，也没有回复任何以前同事的信件。

1963年，派尔斯前往牛津大学主持理论物理系，但没有再像当年在伯明翰领导研究那样成功。他还参加国际运动，为冻结核武器而奔走：每周六上午风雨无阻，一身正装的他到当地购物中心临时搭台，向所有来者宣讲他的观点，无论是否得到赞同。偶尔有人与他说起，好像在书报上得知他和夫人因涉嫌间谍被多次控告。这些曾伤害过派尔斯一家的指控，最终被证明毫无根据。[20]

高英的学术著作高度评价了弗里希-派尔斯的备忘录、莫德委员会和"管子合金"项目在原子弹历史上的作用。但这些却在格罗夫斯将军两年前出版的畅销书《现在可以说了》(*Now It Can Be Told*)中鲜有提及。不过，他的确对英国贡献的大小进行过探讨。对他来说，最重要的角色是丘吉尔，"可能是'曼哈顿计划'有过的最好朋友、最有力和最热心的支持者"。格罗夫斯挑出查德威克做了特别的赞扬，但对于丘吉尔的其他科学家的工作则惜墨如金：

> 总的来说，英国人的贡献是有作用的，但不是关键的。他们在洛斯阿拉莫斯的工作质量很高，数量却太少，因此很难扮演重要的角色。[21]

年长的查德威克并没有因格罗夫斯的观点而耿耿于怀，他把这位将军尊为"一个非常伟大的美国朋友"。[22] 当1970年1月宣布了尼克松总统将在白宫向格罗夫斯、布什、科南特颁发原子能奖的消息时，查德威克给他们三个人写信表示祝贺，赞扬他们在发展原子弹中的"信念、判断和勇气"，仿佛忘记了他们在战时对埃克斯及其同事造成的生存困难。[23]

20世纪60年代中期，高英和同事阿诺德（L. Arnold）一起继续其研究项目，关注英国政府战后核计划的起源，包括制造核武器和发电。两卷本的报告全面展示了考克饶夫、彭尼和辛顿的战后成就，是他们让英国成为一个核国家。书评者认为这份报告范围广、见解精——"这一历史不仅是官方的,而且是权威的",军事历史学家霍华德(M. Howard)总结说。[24]

尽管得到全世界同行的称赞,辛顿在行业之外仍声名不彰,与英国传统上对工程师的冷漠一致。1956 年,他成为新成立的中央电力局(Central Electricity Generating Board)的首任主席,一年后处理了温斯凯尔一座反应堆的火灾事故。[25] 这是世界上第一次严重的核事故,要不是苏联伴侣号卫星发射的消息充斥了报章,这次灾难几乎肯定会引起恐慌。西方所有的报纸评论员都担心苏联现在高科技领域显著领先,或许很快能够从大气层之外发动攻击。就在几个月前的 1957 年 5 月,英国在太平洋圣诞岛爆炸了它的第一颗氢弹,用了很少的资源并按期完成,这是辛顿另一个值得自豪的成就。英国展示了自己的核实力,与美国的亲密核伙伴关系,在被《麦克马洪法案》拆散十一年后,又得以再续前缘。

普利斯特利十九年前曾发表过后核灾难小说《世界末日的人》,东西方核紧张局势的升级对他触动很大,便在《新政治家》(New Statesman)上主张英国应该停止制造核武器,并宣布永不使用核武器。[26] 文章在数月之间引发了核裁军运动(CND)的成形。在罗素的领导下,核裁军运动接着组织了全国范围报道的复活节游行,从伦敦特拉法加广场到彭尼的奥尔德马斯顿,虽然明显多数的英国选民都希望他们的国家拥有核威慑能力,但反对的声音也得到了清晰的表达。

不情愿地被拉到聚光灯下,彭尼如坐针毡。事实上,他正在为禁止核试验的谈判而工作,但令人失望的是,到 1963 年只达成了禁止大气层核试验的协定,为地下核试验留了一个口子。1967 年他从核工业部门退休,接受了帝国理工学院的校长职位。在几次动怒回绝媒体之后,他渐渐开始反感记者,毁掉了所有的通信,很少提起他"英国奥本海默"的角色。1985 年,在一次澳大利亚皇家调查团咄咄逼人的交互问讯中，他终于吐露了心迹。那次他从脸上收起了微笑，罕见地勃然大怒：

> 我认为我们将会打核战争。我看到的唯一希望是在东西方之间达成平衡。这就是我做这件事的原因，不是为了搞钱。我一点钱都不赚。我真正想要的是成为一名教授。[27]

私下里，彭尼有时会痛斥政府对待核武器的方式。当阿诺德问他超级大国为什么囤积那么多根本用不着的核武器时，他回答说："因为他们疯了！疯了！疯了！"[28]

让一些同事吃惊的是，彭尼参与了帕格沃什运动，该组织召集了一些领袖科学家以商讨如何减小核战争的威胁，从而为政府提供政治中立的建议。1955年7月爱因斯坦－罗素宣言发表后，帕格沃什运动兴起，并以1957年1月首次会议所在的加拿大新斯科舍省小镇帕格沃什命名。与会者还包括奥利芬特和齐拉，齐拉在战后转向生物领域，并为反对核武器的扩散而奔走疾呼。令会议组织者失望的一件事是玻尔的缺席，偃旗息鼓的他既不加入帕格沃什运动，也不出席它召开的任何会议[29]。1945年8月以来，他曾致力于让所有国家公开共享科学信息，敦促首脑们停止囤积核武器，却收效甚微。

丹麦伟人在这里倒下，帕格沃什运动却在这里走向成功，主要是靠它的一位共同发起人罗特布拉特，干练勤奋的他不但拥有玻尔那样的激情，而且更有政治天赋。帕格沃什运动常常经费不继、管理混乱、遭遇报章诽谤，但谦恭而锐气、寡言而坚定的罗特布拉特被公认为帕格沃什运动中最能干的一员。离开"曼哈顿计划"回到英国后，他将研究领域转向医学物理，并到伦敦的圣巴塞洛缪医院工作。他把大部分业余时间都花在帕格沃什运动上，处理行政事务，督促同事，使其获得长足发展。

罗特布拉特的帕格沃什同事中，英国人还包括考克饶夫、布莱克特、小汤姆孙、弗里希和派尔斯，当然他对各国科学家都一视同仁。逐步地，帕格沃什运动的影响增大，并为20世纪90年代早期"限制战略武器条约"的签署发挥了重要作用。因"致力于降低核武器对国际政治方面的影响，并以消除核武器为长期目标"，罗特布拉特和帕格沃什运动组织共同分享了1995年的诺贝尔和平奖。罗特布拉特比其他科学家更为拒斥丘吉尔所谓"未经选举的科学家不应过问政治"的原则。

谈到丘吉尔推行的战时科技政策，最令科学家愤愤不平的莫过于亲近林德曼而排斥蒂泽德。尽管遭遇不公，蒂泽德对此并没有公开的言论，私下里顶多谈点丘吉尔两面讨好的狡诈。他对一个同事讲过，丘吉尔一次曾挽着他的胳膊说："亨利啊，你以为我指望林德曼提供科学建议，但并非如此。林德曼不过替我做些算计，我真正靠的还是你啊。"[30]

直到去世前6个月，1959年4月蒂泽德才写下一些关于丘吉尔的成就及其对科技影响的评语：

> ……在我的经历中，他既不是一个对科学和工程有重大影响的人，甚至也没有对科学表现出真正的兴趣……他所感兴趣的应用科学，实话说，我零距离了解过他在这方面的所作所为……他总是力排大多数科学家倾向的意见，而在错误的发展方向上要求很多。这并不意味着他对应用科学和工程没有影响。具有重大价值的关键事实是，只要是他认为能有助于赢得战争的东西，无论是什么他都倾注热情。[31]

蒂泽德也注意使自己的观点更为中肯："我认为对他这样一位

伟人来说，任何方面功绩的夸大都是令人遗憾的。"结论改编自诗人马修·普莱尔（Matthew Prior）18世纪早期作品里的句子："厚彰其德，微掩其过。"（Be to his virtues ever kind and to his faults a little blind.）

然而，就在蒂泽德说这番话的时候，丘吉尔并没有放弃科学与技术。在教授的支持下，他还将做出最后的贡献。

38 丘吉尔和林德曼教授 1955.4.6—

> 如果我是全能的上帝,将极有可能看到人类彻底毁灭自身,我想我不会让世界复原,因为他们下次将连同我也毁灭。
>
> ——温斯顿·丘吉尔,1957年9月13日[1]

离开唐宁街六天后,丘吉尔提出了与科学有关的最后倡议,当时他正在西西里岛度假,住在锡拉库扎(Syracuse)的波利蒂别墅大酒店。同行者有克莱米、乔克·科韦尔和林德曼,丘吉尔打算花上三周时间读书和画画,但阴雨不断,几人决定提前一周回家。因大雨改变的行程给了林德曼足够的机会,让丘吉尔接受他最热衷的想法——有必要采取一些激进措施,增加英国高质量工程专业毕业生的数量,也就是说,培养更多"最高等级、管理阶层的技术人员,这些人将能够发明或引进新的工艺和产品"[2]。尽管丘吉尔心情尚未平复,但他赞成这个想法,并答应将用自己的名字为新机构命名,以帮助问题的解决,理想中该机构将按麻省理工学院的模式建设。

丘吉尔回家后,如愿以偿地在大选中保住了自己的议员席位,保守党也将继续执政。他谢绝了几乎全部公共应酬,将自己的日程和事务处理都委托给前外交部的外交官安东尼·蒙塔古·布朗恩（Anthony Montague Browne），在丘吉尔的最后岁月，布朗恩成为他的忠实伙伴。从日常办公事务上节省下时间，丘吉尔得以完成四卷本的《英语民族史》，这是他早年因战争而搁置的事业。奇怪的是，这部历史终结于 1900 年——他不希望"写到可怕的 20 世纪发生的痛苦和毁灭"[3]。他也丝毫不愿写其第二个首相任期。完成了大约 1000 万字的作品后，他终于放下了笔。[4]

随着大部分的意图和目标都已打消，他每年有几个月的时间要到法国的里维埃拉，住到比弗布鲁克勋爵和埃默里·里夫斯在那里的豪华别墅里。丘吉尔几乎全部时间都在阅读和玩六副牌的卢比孔河扑克，当然他还有兴趣拓展自己文化品位的多样性——参加了一个现代艺术课程，了解了马奈（Manet）、莫奈（Monet）和塞尚（Cézanne），尽管好像没有毕加索。[5] 聆听着里夫斯收集的留声机唱片，他逐渐懂得欣赏勃拉姆斯、莫扎特和贝多芬，有时也大胆地听听西贝柳斯（Sibelius）的冷门音乐。[6]

在前往里维埃拉的这些旅行中，他很少和克莱芒蒂娜一起，她因为神经炎而身体欠佳，而且不习惯于和这些百万富翁们纵情享乐。[7] 在她看来，丘吉尔最让人讨厌的特点就是极其热衷于奢华享受，谁若能够提供这些，总会欣然受之。克莱芒蒂娜不喜欢比弗布鲁克，与里夫斯的未婚妻温迪·罗素（Wendy Russell）更不投缘，但丘吉尔却对温迪"完全痴迷"，据诺埃尔·科沃德（Noël Coward）说："他两眼发光，跟着她在房间里走来走去，就像一个刚刚学会走路的两岁大婴儿。"[8] 每当丘吉尔走出别墅——通常是去附近的娱乐场和米其林星级饭店——很少独自一人，崇拜者们期待着同他接触。但他也经常会厌烦一些过路名流的纠缠，比如有一次，一个陌生人突然出现在面前，使劲握住他的手并叫喊："我已仰慕您二十年了。"丘吉尔怒道："这到底是什么人？"原来此人是美国歌手法兰克·辛纳屈（Frank Sinatra）。[9]

在里维埃拉，丘吉尔为数不多的英国访客里包括林德曼，当他穿上正装、外套，戴上圆顶高帽，在洒满阳光的滨海步行道上散步时，当地人就会逗乐。[10] 教授现已日薄西山，英国的机构知道是时候给他最后的荣誉了。皇家学会授予他休斯奖章（Hughes Medal），表彰他几十年前的科学工作。皇家学会对他从来只有出于礼貌的尊重，因此他拒绝接受这种他称之为"临别赠礼"的奖章。[11] 而让他大为欣喜的则是，在安东尼·艾登的推荐下，他被授予子爵爵位，这个荣誉意味着他的等级"超越了那帮可恶的科学男爵"。牛津的一帮幕后无聊文人编出了段子，很快就在学院的公共休息室传开：

> 那么现在又有了更高荣誉：
> 他在贵族年鉴上占据优势。
> 因为，他成了更尊显的贵族，
> 胜过欧内斯特男爵卢瑟福。[12]

林德曼接受了上议院更为尊崇的新职位，身边是他的赞助人威弗利勋爵，这也是他们最后几次见面。

林德曼离开政府部门之后回到了牛津大学，退休后安排老友弗朗西斯·西蒙接任他的实验哲学教授席位。然而，到任不到一个月，西蒙就因冠心病去世，让林德曼痛心不已，克拉伦登实验室遭受重大损失。这是教授此生最难过的时刻之一。因西蒙而伤感，为物理系前途而担忧，他还见证了英国从苏伊士行动中羞辱地撤军。那是一次考虑不周的入侵，而美国对这场闹剧置身事外。这场耻辱彻底打消了艾登的幻想，他是最后一位相信英国仍是一流大国的首相。他很快辞职，由哈罗德·麦克米伦接任。

林德曼不会长久地愁眉苦脸下去。5月，他在《泰晤士报》读者来信栏目中展示出最刻薄的一面,几天前,比尔·彭尼和团队刚刚在太平洋上试验了第一枚氢弹。林德曼轻蔑地驳斥了"左翼杂志不出所料地喝倒彩以及对我进行的可耻人身攻击",嘲笑了对此次试验的批评,包括教皇。[13] 他仍能用一句冷嘲热讽或粗暴措辞,让满座的大学教师惊讶不已。教授有一次不祥地宣称,这个时代最重要的事件,将是"白人的退位"。他似乎在最喜欢的运动上,也相信这一点,1957 年 7 月 2 日那个闷热的下午,他在学院的电视放映室展示出来过。[14] 当时正值温布尔登网球锦标赛,看到伟大的非裔美国网球选手爱尔西亚·吉布森(Althea Gibson)击败了英国的克莉丝汀·杜鲁门(Christine Truman),他无情地痛斥杜鲁门辜负了朋友的期望。感觉身体不适,林德曼到基督教会学院草地上散了一会儿步,并对遗嘱做了最后调整,然后躺到了床上。次日早晨,仆人发现他已经死于心脏病。

"斯人已逝,余我苟活。"丘吉尔听到消息后喃喃自语[15]。在基督教会学院教堂举行的葬礼上,丘吉尔夫妇进入教堂后全体肃立。[16] 教授的朋友罗伊·哈罗德后来回忆,仪式结束后,丘吉尔和送葬队伍一起走上前往墓地的小路,"稳健但老迈的步伐穿过远处难走的草丛",来到等候下葬的棺椁前。几位朋友劝他仪式结束时就回查特韦尔,但他一再坚持:"我必须到墓穴看一看。"

六个月后,约翰·安德森爵士去世。他一向被看作谨慎的典范,但快到生命终点的他,有时候会坦率得令人吃惊,1956 年 8 月他对莫兰勋爵说:"单论个人,温斯顿的判断力是很成问题的。"[17] 一年后,安德森又告诉来访的罗伯特·奥本海默,丘吉尔和罗斯福"没能听从玻尔的忠告,对此我一直耿耿于怀"[18]。

林德曼去世后,丘吉尔经常向朋友们指出教授在核问题上的智慧和见识。例如,林德曼刚去世的那个夏末,丘吉尔读到奈维尔·休特(Nevil Shute)新出的小说《海滩之上》(*On the Beach*),

背景是一场核灾难，里面多数原子弹都包裹上了钴化合物，以让破坏力最大化。是林德曼最先告知丘吉尔这个可憎的想法，后来在电影《奇爱博士》中得到体现，成为"末日机器"的基础。[19] 丘吉尔现在相信，"地球很快就会被一颗钴弹摧毁"。更多出于希望而非期待，他将休特的书寄给了赫鲁晓夫，而没有给艾森豪威尔，在丘吉尔看来，艾森豪威尔头脑太糊涂，难以从书中受益。[20]

1957年10月，苏联的第一颗人造卫星上天，丘吉尔和所有西方人一样，对此惊慌失措。他写信给妻子，这证实了林德曼的论点"苏联科学比美国更为积极进取"[21]。他写道："我们在技术教育方面不可救药地落后了。"然后对教授的解释做了一番发挥："必要的教育机构没有发挥作用。我们必须努力奋斗；并寻求与美国的联合。"

尽管认为世界注定要终结于热核战争，他仍坚定不移地主张威慑战略是阻止这场灾祸的最好办法。他一直关注英国的氢弹计划，并在英国爆炸了第一颗氢弹后不久，邀请了英国原子能机构负责人埃德温·普洛登爵士共进晚餐。那个时候，丘吉尔已经很少做正式访问，但接受了普洛登的邀请，前往奥尔德马斯顿，"向您展示一些成果，它们归功于您三年前的决策——要进入'百万吨热核'俱乐部"[22]。1957年12月3日的这次访问期间，丘吉尔看到了初步剪辑的关于蒙特贝洛核试验和英国首次氢弹试验的短片。虽然没有音效，但正如安东尼·蒙塔古·布朗恩后来回忆，场面足够震撼，"效果振聋发聩"。[23] 返回伦敦的路上，丘吉尔沉默不语，终于脱口而出："你怎么看待这些？"蒙塔古·布朗恩敷衍评论了一番，丘吉尔说，他"总是害怕美国民众的压力会迫使他们使用氢弹，那时俄国人还没有这玩意儿"，又补充说，"民众总是希望丢几颗氢弹"。在蒙塔古·布朗恩看来，这个笑话，是燃尽的火堆中越来越少的几颗火星。

丘吉尔垂暮之年承担的少数长期任务之一，是关注英国提升技术学科教学计划的进展情况。尽管乔克·科韦尔不遗余力地募集资金，到1957年初这项事业似乎还是陷入了困境，几个月后，随着与另一项计划相结合，又重新焕发生机，准备在伯明翰设立面向研究生的技术学院。但创建一座英国麻省理工学院的想法还是太宏大了，因此计划改为在剑桥新设一个学院，以丘吉尔的名字命名。[24] 他有点失望，这个机构没有设于教授所在的牛津大学，但教授已经想到过这是一个明智的决策："剑桥是唯一适合的地方，牛津没有工程学科。"[25]

丘吉尔主持了几次学院计划的董事会，成员主要由学者和工业领袖组成，包括来自帝国化学工业公司、维克斯和壳牌石油公司的主管。尽管角色不太关键，但他在计划方面做出数次有用的贡献，而且大家在讨论中，总是能依靠他来提供充足的"合适润滑剂"。[26] 最后，他卷帙浩繁的通信，存放到学院专门建造的档案中心，那里如今还收藏了许多其他记录，包括丘吉尔任首相期间为他工作过的几名科学家的文献。董事会最终通过了学院本科生的入学要求：每年70%的新生将学习科学、工程或数学，剩下的学生学习人文学科。丘吉尔亲自批准了任命约翰·考克饶夫爵士为学院首任院长，1959年10月17日，在考克饶夫的安排下，丘吉尔到访了学院。[27] 栽下一棵树后，丘吉尔发表了此生倒数第二次公开演讲，对纯科学和应用科学的研究都予以赞扬，表明他已经改变了对太空旅行的看法：

> 没有人会认为，我们在报纸上看到的月球火箭，仅仅是为了沽名钓誉……对许多纯科学研究来说，它们的直接用途可能尚不明显。但我毫不怀疑，那些具有想象力和能力发展纯科学的人，终有一天会从中收获丰厚的回报，并将进一步向我们所生活的宇宙更深处探索。

他强调了林德曼对酝酿创建丘吉尔学院的作用，该学院本可以顺理成章地以教授的名字命名："他的启发性仍在，他和他的记忆将由未来的科学家们发扬。"但这只是一厢情愿的想法：林德曼去世一段时间之后，他的朋友和敌人就开始准备对他的声誉发起一场尖刻无情的公开斗争。[28]

两名传记作家，罗伊·哈罗德和伯肯黑德伯爵（Earl of Birkenhead）描绘了相同的人物形象，他的种种缺点抵消掉了他的才华、正直和忠诚。这个令人痛恨的人，很快成为斯诺在《科学与政府》（Science and Government）中的案例，主要是粗略解释20世纪30年代末的蒂泽德-林德曼冲突。该解释饱受批评，斯诺只得回避几个月后才再度应战，发表了一篇简要的附录，更有针对性地重新叙述该案例。[29] 比起其他如万尼瓦尔·布什等战时科学家，林德曼的判断力实在糟糕。强调了这点之后，斯诺总结说："如果你想有一名科学家担任权力超然的职位，让他只身混迹于非科学家之间，这是很危险的，而且他的判断力还不佳。"

有人可以辩驳，林德曼并非丘吉尔在战时交往的唯一科学家，但斯诺论点的核心是正确的。在科学界，权威来自共同体，而非个人，无论他们有多么出色。丘吉尔的严重失误在于，将千钧重担系于一名科学家的观点，而这位科学家的弱点又在同辈中众所周知。这篇附录的最后一句话非常明智："不管我们做什么，都不会重蹈覆辙。"

丘吉尔对此没有公开评论。到20世纪50年代末，他逐渐厌倦了法国里维埃拉的风光，开始喜欢乘坐"克里斯蒂娜·O"号动力游艇，它属于希腊大亨亚里士多德·奥纳西斯（Aristotle Onassis）。1961年春，丘吉尔乘游艇游览了加勒比海地区，接着最后一次抵达美国海岸。他没有登陆，也无法前往华盛顿会见新任总统约翰·肯尼迪。[30] 失望的肯尼迪两年以后邀请他前往白宫，接受美国荣誉公民称号,但丘吉尔身体过于虚弱,不能前往,只能在伦敦家中的电视上观看仪式了。他仍偶尔前往下议院,乘坐着轮椅进入大厅,很少发言。1964 年大选,正值披头士狂热,他没有再竞争席位,结束了议会生涯。他进入议会时,莱特兄弟还没有开启首航,离开的时候,超音速的飞机已经能够装载核武器了。

丘吉尔离开下议院一个月,玛格丽特·高英就出版了英国战时核计划的首部官方历史,首次披露了丘吉尔在培育原子弹方面所发挥的作用。内阁办公室的官员在定稿前进行了检查,以"维护温斯顿爵士丘吉尔的利益"[31]。在对丘吉尔与玻尔会面的描写中,高英给人的印象是在 1944 年 5 月丘吉尔尚不懂得原子弹的意义。着急的官员们不知道谁还记得这次会面,便将稿件送给了蒙塔古·布朗恩。此处对丘吉尔"含蓄的批评"也让布朗恩恼火,他要求更为清晰地表达出己方的历史:"毕竟,玻尔不了解外交事务,正如首相不了解核物理,或许玻尔还缺乏首相所配备的技术顾问。"[32] 根据内阁办公室的要求,高英做出了几处修订。[33] 结果便是,对此次会面的说明,不会让人认为是错失了机遇,也不再暗指丘吉尔对原子弹缺乏远见。[34] 高英写完她对战时丘吉尔-玻尔会面的解释之后,内阁办公室收到了丘吉尔的来信——几乎确定是出自蒙塔古·布朗恩之手——感谢他们"留意在这些问题上维护了他的利益"。[35]

一年之后,丘吉尔再度中风,1965 年 1 月 24 日周日,他在家中与世长辞。他的棺椁覆盖着英国国旗,在威斯敏斯特大厅停放了三天,其间 30 余万吊唁者前来告别。除了要求"多点军乐队"之外[36],他没有对葬礼的细节做任何特殊安排,尽管他应该会被其壮观场面和举国哀恸所感动。英国为他按皇家传统举行了国葬,这是享此尊荣的最后一人,但也是电视播出的第一人。他去世后的周六,圣保罗大教堂举办仪式,多国领导人出席——虽然约翰逊总统缺席——以及数百名高官到场,包括弯腰驼背的艾德礼勋爵,现在只能在搀扶下走路。现场有九支军乐队。几小时后，经过简短的私人仪式，丘吉尔被安葬于巴拉顿（Bladon）教堂父母墓地的旁边，此处可以遥望他出生的地方布莱尼姆宫。

大多讣告都很少或没有提到他和原子弹历史的渊源。然而仅有的一处，在《每日电讯》报上，列举了他在运筹战备中的五大主要贡献，其中包括"以前所未有的规模，将科学交织到政府构架中"[37]。但即使这篇文章也没有提到，丘吉尔身为作家和政治家，与核武器的久远联系。新闻界似乎没有人知道，他的思想中早在1925年就播下了核战争的种子，当时他在《人类行将集体自杀？》一文中，首次预见到这种武器的出现。[38]

他对科学和技术进步的态度，最为真实的流露是在他早年与威尔斯的通信里，那时离他们首次认识已有几年。丘吉尔责备这位著名的作家，居然天真地相信人类能够从容应对这一进展：

> 我们的变化不会像您认为的那么快……人类将［长期］保持动物状态，再略微多了一点较为高贵的本能，也许，人类落后于其大脑所创造出来的作品，正如人类领先于那些历尽千辛万苦创造出人类的物种。[39]

丘吉尔甚至担心科学意味着人类的灭亡：

> 直到现在［智人］已经是这个世界上最为进步的物种；如果科学的发展履行了承诺，却又极为不合时宜的话，人类就可能终结。

丘吉尔在1906年10月写下了这些忧心忡忡的文字，当时他还是一名雄心勃勃的负责殖民地事务的政务次官，正一心挤入内阁。

而卢瑟福,当时还在麦克吉尔大学,处于研究生涯的巅峰——工作在实验室的实验台上,探索着可能藏在原子深处的能量。

威尔斯不到十年后就在《获得解放的世界》中预见到"原子弹",他认为其巨大的破坏力将会使人类弃绝战争,因为他们认识到战争失去了意义——这一结论丘吉尔可能认为不现实。到1931年,丘吉尔发表《五十年后》,他担忧当前的领导人难以胜任运用新武器带来的挑战,而这些武器将由科学家掌握:

> 领导那些伟大国家的,不再是其中最能干的人,也不再是最通晓国家近期事务的人,甚至不是信念始终如一的人。民主政府按着阻力最小的原则随波逐流,行事目光短浅,用小恩小惠收买人心,用陈腐的花言巧语铺平道路。

当然,在第二次世界大战的多数时间内,领导英国的是最能干的政治家,丘吉尔自己也应该首先赞同。然而,即使是他——从冲突开始时就知道核时代已经在望——仍难以从容应对原子弹的来临。虽然20世纪30年代丘吉尔写出警告人类很快就将掌握核能的文章,证明了他身为作家的睿智,但是,当核时代真正来临,他在技术方面的处理,却算不上一位政治家的主要功绩。

20世纪50年代,对核武器解放人类的可能性,他偶尔表现出过威尔斯式的乐观,但他的话缺乏说服力。热核战争的威胁,最终让他又退回悲观,掩藏于坚定的充满希望的表象之下,正是那些希望,让他成为著名的战时首相。到20世纪下半叶,丘吉尔认为,科学家最终给予了各国领导人威力超出掌控的武器。科学最终成为其创造者的主人,人类将会付出代价。

致　谢

> 写作一本书就是经历一场冒险。开始时，它是一个玩具，随后变成一项消遣，再之后变成你的情人、你的主人、一个暴君。最后，就像你即将接受奴役一样，你杀死了怪兽，把它抛向了众人面前。
>
> ——温斯顿·丘吉尔，1949 年 11 月 2 日 [1]

一本书面世之前，习惯上作者要感谢那些让写作变得充满冒险而非艰难挣扎的人。我很高兴遵循这个优良传统，因为《丘吉尔的原子弹》一书的写作是非常开心和充实的经历。

本书的大部分研究工作是在剑桥丘吉尔学院，特别是其出色的档案中心开展的。我要感谢丘吉尔纪念信托基金（Winston Churchill Memorial Trust）的慷慨资助，令我两度作为学院档案馆的院士前去访问。信托基金会总干事 Jamie Balfour 帮助进行安排，我很荣幸地表示感激。在档案中心，我得到无微不至的友好照顾，因此特别要感谢中心主任 Allen Packwood，以及有求必应的同事们：Natalie Adams, Francesca Alves, Philip Cosgrove, Andrew Riley, Sarah Lewery, Sophie Bridges, Katharine Thomson, Julie

Sanderson、Laure Bukh、Madelin Terrazas、Bridget Warrington，还有现已离职的 Lynsey Darby 和 Caroline Herbert。丘吉尔学院的院长 David Wallace 爵士及其同事们让我在数次到访期间宾至如归，为本书的进展起到关键作用。

《丘吉尔的原子弹》的写作，主要是在普林斯顿高等研究院四个收获颇丰的暑期完成的，当时我探访了前任主任 Peter Goddard。在过去十年中，他曾经无比慷慨地支持我的写作计划，没有他的帮助，本书写作就不可能进行。我当然要感谢他，以及后来的研究院主任 Robbert Dijkgraaf，也为我提供了极大方便。通过与研究院同仁的交谈，我学习到许多和本书有关的科学方面的知识，他们是 Nima Arkanihamed、Freeman Dyson、Peter Sarnak、Nathan Seiberg 和 Matias Zaldarriaga。此处图书馆和档案馆的服务无可匹敌，我很高兴地感谢所有同事的友善和无尽帮助：Christine Di Bella、Karen Downing、Momota Ganguli、Gabriella Hoskin、Erica Mosner、Marcia Tucker、Kirstie Venanzi 和 Judy Wilson-smith。许多同事和朋友让我在研究院的生活格外惬意，他们包括：Lily Harish-Chandra、Kate Belyi、Beth Brainard、Linda Cooper、Karen Cuozzo、Christine Ferrera、Catie Fleming、Michael Gehret、Helen Goddard、Jennifer Hansen、Pamela Hughes、Kevin Kelly、Camille Merger、Louise Morse、Susan Olson、Amy Ramsey、Paul Richardson、Kelly Devine Thomas、Nadine Thompson、Jill Titus、Michele Turansick、Sarah Zantua-Torres、Sharon Tozzi-Goff，以及离职的 Margaret Newcombe。

在剑桥三一学院期间，我广泛查阅了雷恩图书馆收藏的论文。我想要感谢学院的前院长 Martin Rees 勋爵让我进入学院，以及 Jonathan Smith 协助我利用这些档案。

许多同事和朋友不仅给我提供信息，还给出了专业的帮助和建议，我特别感激以下人士：Jodie Anderson，Christopher Andrew，Lorna Arnold，Joanna Batterham（née Chadwick），Jeremy Bernstein，Adrian Berry，Sir Michael Berry，Giovanna Bloor（née Blackett），Sandra Ionna Butcher，Brian Cathcart，Judith Chadwick，Chris Cockcroft，Ralph Desmarais，David Edgerton，Joyce Farmelo，Pedro Ferreira，Robert Fox，Mark Goldie，Charles Griffiths，Gaby Gross（née Peierls），Jonathan Haslam，Ian Hart，Lord（Peter）Hennessy，David Holloway，Jo Hookway（née Peierls），Ruth Horry，Steve Jebson，Gron Tudor Jones，Katharina Kraus，Rita Kravets，Richard Langworth，Dan Larson，Sabine Lee，Roy Macleod，Alice Martin，Peter Morris，James Muller，Gros Næs，Orhan Pamuk，Christopher Penney，Martin Penney，David Reynolds，Simon Schaffer，Michael Sherborne，George Steiner，Zara Steiner，Martin Theaker，Sir John Thomson，Humphrey Tizard，Jane Tizard，Lady Tizard，Alan Walton，Lady Williams of Elvel。

本书的全部初稿，Andrew Brown，Brian Cathcart，Freeman Dyson，Paul Courtenay，Allen Packwood，Ben Sumner 和 David Sumner 等人曾仔细阅读，并予以多处点评和指正，在此表示感谢。我的朋友 David Johnson 批阅了历次修订的书稿，给我很多评论和建议，每条都很渊博、睿智，充满建设性，我特别予以感谢。

在本书研究期间，我还到过其他几处档案馆，对那里的职员也要表示感谢：伯明翰大学档案馆、牛津大学伯德雷恩图书馆（Bodleian）、哥本哈根尼尔斯·玻尔档案馆、机械工程研究院、华盛顿特区国会图书馆手稿室、牛津大学纳菲尔德学院（林德曼档案）、邱园英国国家档案馆、莫斯科卡皮查档案馆、洛斯阿拉莫斯国家实验室、牛津大学贝列尔学院哈罗德·尼克尔森档案馆、富兰克林·罗斯福图书馆和博物馆、皇家学会、圣地亚哥加利福尼亚大学曼德维尔特藏图书馆（齐拉档案）、哈里·杜鲁门图书馆和博物馆、伊利诺伊大学档案馆。

本书准备期间，我得到出版社的无穷鼓励和建议。在伦敦费伯出版社（Faber & Faber），我特别想感谢 Neil Belton，他指导了本计划的开展，从本书酝酿开始，在各个环节给我明智的引导。与 Kate Burton，Kate Ward 和审校人员 Neil Titman 的合作非常愉快。纽约基本书局（Basic Books）的 Lara Heimert 给我很多宝贵的批评意见，大幅提升了本书叙事的质量。

最后，我要强调，本书所有的事实和判断错误，都由作者本人负责。我再次感谢上述人士，让《丘吉尔的原子弹》一书的写作成为愉悦的探险——这本书从未变成一个掠食的怪兽，让我厌烦得想早点把它抛到读者面前；这本书像是一位宜人的旅伴，与它作别，令我颇有几分伤感。

2013 年 2 月
于普林斯顿

档案及参考文献

请注意，注解中所有来自网站的参考文献都于 2013 年 1 月 27 日修正。所有丘吉尔的文件——参考文献以 CHUR、CHAR 和 CHPC 开头——都存放于剑桥大学丘吉尔学院。

档案来源

下列档案中一部分藏于剑桥大学丘吉尔学院的丘吉尔档案中心（Churchill Archives Centre, CAC）

AAC Academic Assistance Council archive, Bodleian Library, University of Oxford, UK

AEA Albert Einstein Archives, Hebrew University of Jerusalem, Israel

AEC Atomic Energy Commission archive

AHQP Archives for the History of Quantum Physics

AIP American Institute of Physics, interviews by Charles Weiner AVHL A. V. Hill archive, CAC

BHM Birmingham University Archives, UK

BHMPHYS Archives of the Birmingham University physics department, UK

BLACKETT Patrick Blackett, Royal Society, London, UK

BMFRS Biographical Memoirs of the Fellows of the Royal Society

BRUN Papers of Frederick Brundrett archive, CAC

CHAD Papers of James Chadwick, Churchill College, University of Cambridge, UK

CHBIO Biography of Winston Churchill, by Sir Martin Gilbert, except for the first two volumes, written by Churchill's son Randolph

CHDOCS Documents in support of the biography of Winston Churchill, edited by Sir Martin Gilbert, apart from the first five volumes, which were written by Churchill's son Randolph

CHESSAYS *Collected Essays of Winston Churchill*, Bristol, Library of Imperial History

CHPC Press cuttings of Winston Churchill, CAC

CHSPCH *Winston S. Churchill: His Complete Speeches, 1897-1963*, ed. Robert Rhodes James, London, Chelsea House Publishers

CKFT Cockcroft papers, CAC

CKFTFAMILY Cockcroft family papers

CLVC Jock Colville Papers, CAC

CONANT Papers of James Conant, Harvard University, Cambridge, MA, USA

CSCT Papers of Clementine Churchill, CAC

FDRLIB Papers of Franklin D. Roosevelt, Hyde Park, New York, USA

FEAT Papers of Norman Feather, CAC

FRISCH Otto Frisch papers, Trinity College, University of Cambridge, UK

FRUS *Foreign Relations of the United States*, Department of State Publications

GPT G. P. Thomson's papers, Trinity College, University of Cambridge, UK

HGW H. G. Wells archive, University of Illinois, USA

HH Harry Hopkins's papers, Georgetown University, Washington DC, USA

HINTON Papers of sir Christopher Hinton, Institute of Mechanical Engineers, London, UK

HLFX Lord Halifax's papers, CAC

HNKY Lord Hankey's papers, stored at CAC

HNSRD Speeches in House of Commons and House of Lords, available online (search hansard + "quotation")

HTT Henry Tizard archive, Imperial War Museum, London, UK

IAS Archives of the Institute for Advanced Study, Princeton, USA

LIBCON Library of Congress, Washington DC, USA

LIND Archive of Frederick Lindemann, a.k.a. Lord Cherwell, Nuffield College, University of Oxford, UK

LOSALAMOS Archive at Los Alamos Laboratory, New Mexico, USA

MCRA Papers of Colonel Stuart Macrae, CAC

MART Papers of John martin, CAC
NBA Niels Bohr archive, Niels Bohr institute, Copenhagen, Denmark
NIC Harold Nicolson archive, Balliol College, University of Oxford, UK
OPPY Oppenheimer archive, Library of Congress, Washington DC, USA
PEIERLS Rudolf Peierls archive, Bodleian Library, University of Oxford, UK
PLDN Papers of Lord Plowden, CAC
RFD Rutherford archive, University Library, University of Cambridge, UK
ROSK Papers of Stephen Roskill, CAC
ROWE Papers of A. P. Rowe, Imperial War Museum, London, UK
ROWECH Papers of A. P. Rowe, CAC
RVJO Archive of R. V. Jones, CAC
SPSL Archive of the Society for the Protection of Science and Learning, formerly the Academic Assistance Council, Bodleian Library, Oxford University, UK
STIMSON Diaries of Henry Stimson, Yale University, USA
WELLS Papers of H. G. Wells, University of Illinois, USA

文献来源

保存在英国国家档案馆的文件在本清单中被标记为 NA。

Aaserud, F. (1986) *Niels Bohr, Collected Works,* Vol. 9, Amsterdam, North Holland

Aaserud, F. (2005) *Niels Bohr, Collected Works,* Vol. 11, Amsterdam, North Holland

Addison, P. (1992) *Churchill on the Home Front*, London, Pimlico

Alanbrooke (2002) *War Diaries 1939-1945* (eds Danchev, A., and Todman, D.) London, Phoenix

Alkon, P. (2006) 'Imagining Science: Churchill and Science Fiction', in Winston Churchill's Imagination, Lewisburg, Bucknell University Press

Anderson, h. (1984) 'The First Chain Reaction', in Sachs, R. (ed.) (1984)

Andrew, C. (1988) 'Churchill and Intelligence', *Intelligence and National Security*, Vol. 3, part 3, pp. 181-93

Andrew, C. (2009) *The Defence of the Realm*, London, Penguin Books Anon (ed.) (1954) *Rutherford by Those Who Knew Him*, London, Taylor & Francis

Arms, N. (1966) *A Prophet in Two Countries*, Oxford, Pergamon Press

Arnold, L. (2001) *Britain and the H-bomb*, Chippenham, Palgrave

Arnold, L. (2003) 'The History of Nuclear Weapons: The Frisch-Peirls Memorandum',

Cold War History, Vol. 3, No. 3, April, pp. 111-26

Arnold, L. (2012) *My Short Century*, Palo Alto, CA, Cumnor Hill Books (most easily available online)

Badash, L., Hodes, E., and Tiddens, A. (1986) 'Nuclear Fission: Reaction to the Discovery in 1939', *Proceedings of the American Philosophical Society*, Vol. 130, No. 2, pp. 196-231

Bainbridge, K. T. (1974) 'Orchestrating the Test', in *All in Our Time*, Chicago, The Bulletin of the Atomic Scientists

Baylis, J., and Garnett, J. (eds) (1991) *Makers of Nuclear Strategy*, London, Pinter

Berlin, I. (1980) *Personal Impressions*, London, Hogarth Press

Bernal, J. D. (1939) *The Social Function of Science*, London, George Routledge & Sons Ltd

Bernstein, B. J. (1975) 'Roosevelt, Truman and the Atomic Bomb, 1941-1945: A Reinterpretation', *Political Science Quarterly*, Vol. 90, No. 1, pp. 23-69

Bernstein, B. J. (1976) 'The Uneasy Alliance: Roosevelt, Churchill and the Atomic Bomb', *The Western Political Quarterly*, Vol. 29, No. 2, pp. 202-30

Bernstein, B. J. (1987) 'Churchill's secret Biological Weapons', *Bulletin of the Atomic Scientists*, January/February 1987, pp.46-50

Bernstein, J. (2011) 'A memorandum That Changed the World', *American Journal of Physics*, Vol. 79 (5), pp. 440-6

Best, G. (2001) *Churchill: A Study in Greatness*, Oxford, Oxford University Press

Beveridge, W. (1959) *A Defence of Free Learning*, London, Oxford University Press

Bialer, U. (1980) *The Shadow of the Bomber*, London, Royal Historical Society

Bird, K., and Sherwin, M. J. (2005) *American Prometheus*, New York, Alfred A. Knopf

Birkenhead (1930) *The World in 2030 AD*, London, Hodder and Stoughton

Birkenhead (1961) *The Prof in Two Worlds*, London, Collins

Blackburn, R. (1959) *I am an Alcoholic*, London, Allan Wingate

Blackett, P. M. S. (1946) *The Atom and the Charter*, London, Fabian Society and the Association of Scientific Workers

Blackett, P. M. S. (1948) *Military and Political Consequences of Atomic Energy*, London, Turnstile Press

Blackett, P. M. S. (1972) 'Rutherford', N*otes and Records of the Royal Society of*

London, Vol. 27, No. 1, pp. 57-9

Blake, R., and Louis, W. R. (eds) (1996) *Churchill*, Oxford, Clarendon Press

Bohr, A. (1964) 'The War Years and the Prospects Raised by the Atomic Weapons' in Rozental', in Rozental (ed.) (1964: 191-226)

Bohr, N. (1961) 'Reminiscences of the Founder of Nuclear Science and of Some Developments Based on his Work', *Proceedings of Physical Society*, Vol. 78, pp. 1083-115

Bowen, E. G. (1998) *Radar Days*, London, Taylor & Francis Boyle, A. (1955) *No Passing Glory*, London, Collins

Boyle, P. G. (ed.) (1990) *The Churchill-Eisenhower Correspondence 1953-1955*, Chapel Hill, University of North Carolina Press

Brendon, H. (1988) *Special Relationships*, London, Macmillan

Brendon, P. (1984) *Churchill: An Authentic Hero*, London, Methuen

Brown, A. (1997) *The Neutron and the Bomb*, Oxford, Oxford University Press

Brown, A. (2012) *Keeper of the Nuclear Conscience*, Oxford, Oxford University Press

Bush, V. (1972) *Pieces of the Action*, London, Cassell

Butler, R. A. (1971) *The Art of the Possible*, London, Hamish Hamilton

Campbell, J. (1999) *Rutherford: Scientist Supreme*, Christchurch NZ, AAS Publications

Cannadine, D. (ed.) (1989) *Blood, Toils, Tears and Sweat: Winston Churchill's Famous Speeches*, London, Weidenfeld & Nicolson

Cannadine, D. (1994) *Aspects of Aristocracy*, London, Yale University Press

Cantelon, P. L., Hewlett, R. G., and Williams, R. C. (eds) (1984) *The American Atom*, Philadelphia, University of Pennsylvania Press

Cathcart, B. (1994) *Test of Greatness*, London, John Murray

Cathcart, B. (2004) *The Fly in the Cathedral*, London, Viking Penguin

Catterall, P. (ed.) (2003) *The Macmillan Diaries*, 1950-1957, London, Pan Books

Churchill, W. S. (1929) *The Aftermath*, New York, Charles Scribner's Sons

Churchill, W. S. (1930) *My Early Life*: republished in 1996 by Touchstone Books, New York

Churchill, W. S. (1948) *The Second World War*, Vol. 1, London, Cassell & Co.

Churchill, W. S. (1949) *The Second World War*, Vol. 2, London, Cassell & Co.

Churchill, W. S. (1951) *The Second World War*, Vol. 4, London, Cassell & Co.

Churchill, W. S. (1954) *The Second World War*, Vol. 6, London, Cassell & Co.

Clark, R. (1961) *The Birth of the Bomb*, London, Phoenix House

Clark, R. (1965) *Tizard*, London, Methuen & Co.

Clark, R. (1975) *The Life of Bertrand Russell*, London, Jonathan Cape

Clark, I. F. (1992) *Voices Prophesying War*, Oxford, Oxford University Press

Clarke, P. (2012) *Mr Churchill's Profession*, London, Bloomsbury Cockburn, S., and Ellyard, S. (1981) *Oliphant*, Adelaide, Axiom

Cohen, R. S., and Stachel, J. J. (eds) (1979) *Selected Papers of Léon Rosenfeld*, Boston, D. Rreidel Publishing Co.

Colville, J. (1985) *The Fringes of Power*, London, Weidenfeld & Nicolson

Conant, J. B. (1970) *My Several Lives*, New York, Harper & Row

Coote, C. (1971) *The Other Club*, London, Sidgwick & Jackson Crowther, J. G. (1965) *Statesmen of Science*, London, Cresset Press, London

Crozier, W. P. (1973) *Off the Record: Political Interviews 1933-1943* (ed. A. J. P. Taylor), London, Hutchinson

Da Costa Andrade, E. N. (1964) *Rutherford and the Nature of the Atom*, New York, Anchor Books

Davis, W., and Potter, R. D. (1939) 'Atomic Energy released', *Science News Letter*, 11 February 1939, pp. 86-7, 93

Dilks, D. (ed.) (2010) *Diaries of Alexander Cadogan*, London, Faber

Dirac, P.A.M. (1964) 'The Versatility of Niels Bohr', in Rozental (ed.) (1964: 306-9)

Dugdale, B. E. C. (1937) *Arthur James Balfour*, Vol. 2, New York, G. P. Putnam's Ltd

Eade, C. (ed.) (1953) *Churchill by His Contemporaries*, London, The Reprint Society

Eden, A. (1965) *The Reckoning*, Cambridge, MA, Houghton Mifflin

Edgerton, D. (2006) *Warfare State,* Cambridge, UK, Cambridge University Press

Edgerton, D. (2011) *Britain's War Machine*, London, Allen Lane

Eliot, T. S. (1940) 'Journalists of Today and Yesterday', *The New English Weekly*, 8 February 1940, pp. 237-8

Eve, A. S. (1939) *Rutherford*, Cambridge, Macmillan

Feis, H. (1960) Between War and Peace: *The Potsdam Conference*, Princeton, Princeton University Press

Feis, H. (1966) *The Atomic Bomb and the End of World War*, Princeton University

Press

Fermi, L. (1987) *Atoms in the Family*, Washington, Tomash Publishers

Ferrell, R. h. (1998) *The Dying President: Franklin D. Roosevelt 1944-1945*, Columbia, University of Missouri Press

Fishman, J. (1963) *My Darling Clementine*, New York, David McKay Co., Inc.

Fort, A. (2004) Prof: *The Life of Frederick Lindemann*, London, Pimlico

Fox, R., and Gooday, G. (eds) (2005) *Physics in Oxford 1839-1939*, Oxford, Oxford University Press

Franklin, H. B. (2008) *War Stars*, Amherst, University of Massachusetts Press

French, A. P., and Kennedy, P. J. (eds) (1985) *Niels Bohr: A Centenary Volume*, Cambridge MA, Harvard University Press

Frisch, O. R. (1979) *What Little I Remember*, Cambridge, Cambridge University Press

Gannon, J. (2002) *Stealing Secrets*, Telling Lies, New York, Brassey's

Gellately, R. (2013) *Stalin's Curse*, Oxford, Oxford University Press

Gilbert, M. (2005) *Churchill and America*, London, Free Press Goodman, M. (2007) *Spying on the Nuclear Bear*, Stanford, Stanford University Press

Gowing, M. (1964) *Britain and Atomic Energy 1939-1945*, London, Macmillan & Co. Ltd

Gowing, M. (1974a) *Independence and Deterrence* Vol. 1, London, Macmillan

Gowing, M. (1974b) *Independence and Deterrence* Vol. 2, London, Macmillan

Gromyko, A. (1989) *Memories*, London, Hutchinson

Groves, L. R. (1962) *Now It Can Be Told*, New York, Da Capo Press

Hardy H. (ed.) (2004) *Isaiah Berlin: Letters 1928-1946*, Cambridge, Cambridge University Press

Harris, K. (1995) *Attlee*, London, Weidenfeld & Nicolson

Harrod, R. F. (1959) *The Prof*, London, Macmillan & Co. Ltd

Hartcup, G., and Allibone, T. E. (1984) *Cockcroft and the Atom*, Bristol, Adam Hilger

Harvie-Watt, G. S. (1980) *Most of My Life*, London, Springwood Books

Haslam, J. (2011) *Russia's Cold War*, London, Yale University Press

Hastings, M. (2007) *Nemesis*, London, HarperCollins

Hastings, M. (2009) *Finest Years: Churchill as Warlord 1940-1945*, London, HarperPress

Hendry, J. (ed.) (1984) *Cambridge Physics in the Thirties*, Bristol, Adam Hilger

Hennessy, P. (1989) *Whitehall*, New York, The Free Press

Hennessy, P. (1993) *Never Again*, Britain 1945-1951, New York, Pantheon

Hennessy, P. (1996) *Muddling Through*, London, Indigo

Hennessy, P. (2000) *The Prime Minister*, London, Allen Lane

Hennessy, P. (2006) *Having it so Good*, London, Allen Lane

Hennessy, P. (2007) *Cabinets and the Bomb*, Oxford, Oxford University Press

Hennessy, P. (2010) *The Secret State*, London, Penguin Books (second edition)

Hermann, A., Krige, J., Mersits, U., and Pestre, D. (1987) *History of CERN*, Vol. 1, Amsterdam, North Holland

Hershberg, J. G. (1993) *James B. Conant*, Stanford CA, Stanford University Press

Hewlett, R. G., and Anderson Jnr., O. E. (1962) *The New World*, 1939-1946, University Park, Pennsylvania, Pennsylvania State University Press

Hill, A. V. (1962) *The Ethical Dilemma of Science and Other Writings*, London, Scientific Book Guild

Hinsley, F. H., Thomas, E. E., Ransom, C. F. G., and Knight, R.C. (1981) *British Intelligence in the Second World War*, Vol. 2, London, HMSO

Hobhouse, H. (1971) *Lost London*, New York, Weathervane Books

Holloway, D. (1994) *Stalin and the Bomb*, New Haven, Yale University Press

Holt, J. R. (1988) *Text of History of Science & Technology Seminar*, 8 February 1988, Private Communication

Holt, J. R. (1999) *Chadwick: Reminiscences by John Holt*, private communication from Holt

Hopkins, B. S. (1939) *Chapters in the Chemistry of the Less Familiar Elements*, Chapter 18, Uranium, Champaign Il, Stipes Publishing Co.

Howard, M. (1974) 'The Explosive Secret', *Sunday Times*, 8 December, p. 38

Hughes, J. (2002) *The Manhattan Project*, London, Icon Books Ironside (1962) *The Ironside Diaries 1937-1940* (eds Macleod, R., and Kelly, D.), London, Constable

Jenkins, R. (2001) *Churchill*, New York, Farrar, Straus and Giroux

Jones, R. V. (1998) *Most Secret War*, London, Hamish Hamilton (first published 1978)

Kennedy, C. (1986) *ICI: The Company That Changed Our Lives*, London, Hutchinson

Kennedy, P. (2013) *Engineers of Victory*, London, Allen Lane

Kevles, D. J. (1995) *The Physicists*, Cambridge MA, Harvard University Press
Kimball, W. (1984) *Churchill & Roosevelt: The Complete Correspondence*, Vol. 1, Princeton, Princeton University Press
Kimball, W. (1991) *The Juggler*, Princeton, Princeton University Press
Kirby, M. W., and Rosenhead, J. (2011) 'Patrick Blackett', in *Profiles in Operations Research* by Assad, A. A., and Gass, S. I., London, Springer
Kojevnikov, A. B. (2004), *Stalin's Great Science*, London, Imperial College Press
LaFollette, M. C. (2008) *Science on the Air*, Chicago, Chicago University Press
Lamont, L. (1965) *Day of Trinity*, New York, Atheneum
Lanouette, W. (1992) *Genius in the Shadows*, New York, Charles Scribner's Sons
Larres, K. (2002) *Churchill's Cold War*, New Haven, Yale University Press
Laurence, D. H., and Peters, M. (eds) (1996) *Unpublished Shaw*, University Park, Pennsylvania State University Press
Laurence, W. L. (1947) *Dawn Over Zero*, New York, Alfred Knopf
Leasor, J. (ed.) (1959) *The Clock with Four Hands*, New York, Reynal & Co.
Lee, S. (ed.) (2007) *Sir Rudolf Peierls, Selected Private and Scientific Correspondence*, Vol. 1, London, World Scientific
Lee, S. (ed.) (2009) *Sir Rudolf Peierls, Selected Private and Scientific Correspondence*, Vol. 2, London, World Scientific
Lees-Milne, J., (1994) *A Mingled Measure*, Wilby, Michael Russell
Lindemann, F. A. (1920) *Mind*, Vol. 29, No. 116 (1920), pp. 415-45
Lindemann, F. A. (1932) *The Physical Significance of the Quantum Theory*, London, Oxford University Press
Lindemann, F.A. (1933) 'The Place of Mathematics in the Interpretation of the Universe', *Philosophy*, Vol. 8, No. 29, January edition
Lota, V.I. (2010) *The Test of War: Russia's Military Intelligence on the Eve of, and During, the Great Patriotic War, 1941-1945*, Moscow, Kuchkovo Polie
McCullough, D. (1992) *Truman*, New York, Simon and Schuster
McGucken, W., (1978) 'The Royal Society and the Genesis of the Scientific Advisory Committee to Britain's War Cabinet', *Notes and Records of the Royal Society of London*, Vol. 33, No. 1, pp. 87-115
Mcmahon, R. J. (2003) *The Cold War*, Oxford, Oxford University Press
Macrae, S. (1971) *Winston Churchill's Toyshop*, Stroud, Amberley
Macdougall, D. (1987) *Don and Mandarin*, London, John Murray

Macmillan, H. (1966) *Winds of Change*, London, Macmillan

Macmillan, H. (1971) *Riding the Storm*, London, Macmillan

Maddock, S. (2010) *Nuclear Apartheid*, Chapelhill, University of North Carolina Press

Manchester, W. (1988) *The Last Lion, Winston Spencer Churchill, 1932-1940*, London, Little, Brown & Co.

Meacham, J. (2003) *Franklin and Winston*, London, Granta Books

Mendelssohn, K. (1960) 'The Coming of the Refugee Scientists', *New Scientist*, 26 May 1960, pp. 1343-4

Monk, R. (2012) *Inside the Centre,* London, Jonathan Cape

Montague Brown, A. (1995) *Long Sunset*, London, Cassell

Moran (1966) *Winston Churchill: The Struggle for Survival 1940-1965*, London, Constable

Moss, N. (1987) *Klaus Fuchs*, London, Grafton Books

Mosse, W. E., and Mohr, J. C. B. (eds) (1991) *Second Chance: Two Centuries of German-speaking Jews in the UK*, Tübingen, Paul Siebeck

Mott, N. F. (1984) 'Theory and experiment at the Cavendish Circa 1932' in Hendry (1984: 125-36)

Muller, J. (ed.) (2009) edition of WSC's *Thoughts and Adventures*, Wilmington, Delaware, ISI books

Muller, J. (ed.) (2012) edition of WSC's *Great Contemporaries*, Wilmington, Delaware, ISI books

Noakes, J. (2004) 'Leaders of the People? The Nazi Party and German society', *Journal of Contemporary History*, Vol. 39, No. 2, pp. 189-21

Nye, M. J. (2004) *Blackett: Physics, War, and Politics in the Twentieth Century*, Cambridge, MA, Harvard University Press

Oliphant, M. (1972) *Rutherford: Recollections of Cambridge Days*, Amsterdam, Elsevier

Oliphant, M. (1972) 'Some Personal Recollections of Rutherford, the Man' in *Notes and Records of the Royal Society*, Vol. 27, No. 1, August 1972, pp. 7-23

Oliphant, M. (1982) 'The Beginning: Chadwick and the Neutron', *Bulletin of the Atomic Scientists*, December, pp. 14-18

Oppenheimer, J. R. (1964a) 'Ernest Rutherford' in *New York Review of Books*, 14 May edition

Oppenheimer, J. R. (1964b) 'Niels Bohr and Atomic Weapons' in *New York Review of Books*, 17 December edition

Orwell, S., and Angus, I. (eds) (1970) *The Collected Essays, Journalism and Letters of George Orwell*, Vol. 3

Overy, R. (2006) *Why the Allies Won*, London, Pimlico Books

Pais, A. (1991) *Niels Bohr's Times: In Physics, Philosophy and Polity*, Oxford, Clarendon Press

Parrinder, P. (1997) *H. G. Wells: The Critical Heritage*, London, Routledge

Parry, A. (ed.) (1968) *Peter Kapitza on Life and Science*, London, Macmillan

Pawle, G. (1963) *The War and Colonel Warden*, London, George C. Harap

Payn, G., and Morley, S. (eds) (1982) *The Noël Coward Diaries*, London, Da Capo Press

Peierls, R. (1985) *Bird of Passage*, Princeton, Princeton University Press

Pickersgill, J. W., and Forster, D. F. (eds) (1970) *The Mackenzie King Record*, Vol. 4: *1947-1948*, Toronto, University of Toronto Press

Pottker, S., (2004) *Sara and Eleanor*, New York, St Martin's Press

Powers, T. (1993) *Heisenberg's War*, London, Jonathan Cape

Quinault, R. (2002) 'Winston Churchill and Gibbon' in *Edward Gibbon and Empire* by Rosamond McKitterick and roland Quinault, Cambridge, Cambridge University Press, pp. 317-32

Ratcliff, J. D. (1942) 'War Brains', *Collier's*, 17 January edition, pp 28, 40

Ratcliffe, J. A. (1975) 'Physics in a University Laboratory before and after WW II ' , *Proceedings of the Royal Society*, A 342, pp. 457-64

Rau, U. S. (2001) 'The National/Imperial Subject in T.B. Macaulay's Historiography', *Nineteenth-Century Contexts: An Interdisciplinary Journal*, 23:1, pp 89-119.

Raymond, J. (ed.) (1960) *The Baldwin Age*, London, Eyre & Spottiswoode

Reader, W. J. (1975) *Imperial Chemical Industries: A History*, Vol. 2, London, Oxford University Press

Reynolds, D. (1994) 'The Atlantic "Flop"' , in Brinkley, D., and Facey-Crowther, D. R. (eds) (1994) *The Atlantic Charter*, London, Macmillan, pp. 129-50

Reynolds, D. (2004) *In Command of History*, London, Penguin

Rhodes, R. (1986) *The Making of the Atomic Bomb*, New York, Simon & Schuster

Rhodes James, R. (1970) *Churchill: A Study in Failure 1900-1939*, London,

Weidenfeld & Nicolson
Rhodes James, R. (1986) *Anthony Eden*, London, Weidenfeld & Nicolson
Roberts, A. (1991) *The Holy Fox*, London, Phoenix Giant
Roosevelt, E. (ed.) (1950) *FDR: His Personal Letters 1928-1945*, New York, Duell, Sloan and Pearce
Roosevelt, F. D. (1941) *The Public Papers and Addresses of Franklin D. Roosevelt*, 1938 volume, New York, Macmillan
Rose, N. (1994) *Churchill: An Unruly Life*, London, Simon & Schuster
Rotblat, J. (1985) 'Leaving the Bomb Project', *Bulletin of the Atomic Scientists*, August edition, pp. 16-19
Roskill, S. (1974) *Hankey, Man of Secrets*, Vol.3, London, Collins
Rowlands, P. (2001) *120 Years of Excellence: The University of Liverpool Physics Department 1881 to 2001*, Liverpool, U-PL Communications/PD Publications
Rozental, S. (ed.) (1964) *Niels Bohr: His Life and Work*, London, Interscience
Russell, D. S. (2005) *Winston Churchill: Soldier*, London, Brassey's sachs, R. G. (ed.) (1984) *The Nuclear Chain Reaction: Forty Years Later*, Chicago, The University of Chicago
Sachs, R. G. (ed.) (1984) *The Nuclear Chain Reaction: Forty Years Later*, Chicago, The University of Chicago
Schilpp, P. A. (1997) *Albert Einstein: Philosopher-Scientist*, La Salle, Illinois, Open Court Publishing
Sherborne, M. (2010) *H. G. Wells*, London, Peter Owen Publishers
Sherwood, R. (2008) *Roosevelt and Hopkins*, New York, Enigma Books
Shuckburgh, E. (1986) *Descent to Suez*, London, Weidenfeld & Nicolson
Sime, R. Lewin (1996) *Lise Meitner*, Berkeley, University of California Press
Skemp, J. B. (1978) 'Mastership of Sir James Chadwick', in *Biographical History of Gonville and Caius College*, Vol. 7, pp. 485-502
Smith, A. M. (1946) *Thank You, Mr President*, London, Harper and Brothers
Smith, D. C. (1986) *H. G. Wells: Desperately Mortal*, New Haven, Yale University Press
Smith, D. C. (1989) 'Winston Churchill and H. G. Wells: Edwardians in the Twentieth Century' in *Cahiers, Victoriens & Edouardiens*, No. 30, October 1989, Montpellier
Smith, D. C. (ed.) (1998a) *Correspondence of H.G. Wells*, Vol. 2, *1904-1914*,

London, Pickering & Chatto
Smith, D. C. (ed.) (1998b) *Correspondence of H.G. Wells,* Vol. 4, *1935-1946,* London, Pickering & Chatto
Smyth, H. D. (1976) 'The Smyth Report', *Princeton University Library Chronicle,* Vol.37, No. 3, pp. 173-89
Snow, C. P. (ed.) (1938) *Background to Modern Science,* Cambridge, Cambridge University Press
Snow, C. P. (1960a) *Science in Government,* London, Oxford University Press
Snow, C. P. (1960b) *Rutherford and the Cavendish,* in Raymond, J., *The Baldwin Age,* London, Eyre & Spottiswoode
Snow, C. P. (1962) *A Postscript to Science in Government,* London, Oxford University Press
Soames, M. (1979) *Clementine Churchill,* London, Doubleday
Soames, M. (ed.) (1998) *Speaking for Themselves: The Personal Letters of Winston and Clementine Churchill,* London, Black Swan
Soames, M. (2011) *A Daughter's Tale,* London, Doubleday
Soddy, F. (1909) *The Interpretation of Radium,* London, John Murray
Szasz, F. M. (1984) *The Day the Sun Rose Twice,* Albuquerque, University of New Mexico Press
Szasz, F. M. (1992) *British Scientists and the Manhattan Project,* New York, St Martin's Press
Szanton, A. (1992) *The Recollections of Eugene P. Wigner,* New York, Plenum Press
Teller, E. (1962) *The Legacy of Hiroshima,* New York, Doubleday
Thorpe, C. (2006) *Oppenheimer: The Tragic Intellect,* Chicago, University of Chicago Press
Toye, R. (2008) 'H. G. Wells and Winston Churchill: A Reassessment', in McLean, Steven (ed.) *H.G. Wells: Interdisciplinary Essays,* Cambridge Scholars Publishing, Newcastle (2008), pp 147-61
Truman, H. S. (1955) *Memoirs,* Vol. 1, New York, Doubleday & Co., Inc.
Truman, M. (ed.) (1981) *Letters from Father,* New York, Arbor House
Villa, B. (1977) 'The Atomic Bomb and the Normandy Invasion', *Perspectives in American History,* Vol. 2, pp. 463-502
Walsh, J. J. (1998) 'Postgraduate Technological Education in Britain: Events Leading to the Establishment of Churchill College, Cambridge, 1950-1958', *Minerva,* Vol.

36, pp. 147-77
Ward, G. (ed.) (1995) *Closest Companions*, Boston, Houghton Mifflin
Weart, S. (1976) 'Scientists with a Secret', *Physics Today*, February, pp. 23-30
Weart, S. (1979) *Scientists in Power*, Cambridge MA, Harvard University Press
Weart, S. (1988) *Nuclear Fear*, Cambridge MA, Harvard University Press
Weart, S., and Szilard, G. W. (eds) (1978) *Leo Szilard: His Version of the Facts*, Cambridge MA, MIT Press
Wells, S. (1950) *Seven Decisions That Shapes History*, New York, Harper & Brothers
Wells, G. P. (ed.) (1984) *H. G. Wells in Love*, London, Faber
Wells, H. G. (1901) *Anticipations of the Reaction of Mechanical and Scientific Progress upon Human Life and Thought*, New York and London, Harpers & Brothers
Wells, H. G. (1914) *The World Set Free*, New York, E. P. Dutton & Co.
Wells, H. G. (1934) *Experiment in Autobiography*, Vol. 1, London, Faber
Wells, H. G. (1940) 'Churchill, Man of Destiny', *Collier's*, 2 November 1940, pp. 17, 18 and 57
Wheeler-Bennett, J. (1958) *King George VI: His Life and Reign*, London, Macmillan
Wheeler-Bennett, J. (1962) *John Anderson*, London, Macmillan & Co. Ltd
Wheeler-Bennett, J. (ed.) (1969) *Action this Day*, London, St Martin's Press
Wilson, D. (1983) *Rutherford*, Cambridge MA, MIT Press
Young, J. W. (1996) *Winston Churchill's Last Campaign*, Oxford, Clarendon Press
Zachary, G. P. (1992) 'Vannevar Bush Backs the Bomb', *Bulletin of the Atomic Scientists*, December edition, pp. 24-31
Zachary, G. P. (1999) *Endless Frontier*, Cambridge MA, MIT Press
Zhukov, G. K. (1971) *The Memoirs of Marshall Zhukov*, New York, Delacorte Press
Zimmerman, D. (1996) *Top Secret Exchange*, Stroud, Sutton Publishing
Zimmerman, D. (2001) *Britain's Shield*, Stroud, Sutton Publishing
Zimmerman, D. (2006) 'The Society for the Protection of Science and Learning and the Politicization of British science in the 1930s', *Minerva*, No. 34, pp. 25-45

注 释

在下列文献中,WSC 为 Winston Churchill 的缩写,f. 代表其后一页,ff. 代表其后多页。

题献

1. Churchill, W. S., 'Mankind Is Confronted by One Supreme Task', *News of the World*, 14 November 1937.
2. 'Scientists in Birmingham', *Sunday Mercury*, Birmingham, UK, 21 April 1940, p. 3.

1 丘吉尔,核物理学家以及原子弹 1955.2

1. The final text of the speech is in CHUR 5/57A.
2. Moran (1966: 530).
3. Moran (1966: 634).
4. Jenkins (2001: 874–84).
5. WSC, 'Fifty Years Hence', *Strand Magazine*, December 1931. Reproduced in http://teachingamericanhistory.org/library/index.asp?document=1914.
6. Letter from WSC to Swinton, 19 November 1936, CHAR 25/7, ff. 63–4.
7. *Daily Telegraph*, 'Splitting the Atom', 16 March 1933.
8. Moran (1966: 578).
9. FRUS 1952–4, Vol. 6, Memorandum of meeting between WSC and

Eisenhower, 25 June 1954, pp. 1085–6. The report 'Devastation and the Hydrogen Bomb', *Manchester Guardian*, 18 February 1954, p. 1.
10 Interview with Sir Maurice Wilkes, 24 March 2009.
11 Edgerton (2011: 89); Kennedy (2013: 56–7, 269–71).
12 Reynolds (2004: 400).
13 Pickersgill and Forster (eds) (1970: 112–13).
14 See, for example, CHSPCH, Vol. 8, p. 7943.
15 WSC BMFRS (1966), p. 99.
16 Description of WSC's physique from Moran (1966: 621–22), Lees-Milne (1994: 49).
17 Interview with Lady Williams, 19 October 2010.

2　威尔斯释出"原子弹"　1894—1925

1 Moran (1966: 328).
2 WSC's 'H. G. Wells', *Sunday Pictorial*, 23 August 1931, reprinted in Muller (ed.) (2012: 372–8) see p. 377.
3 Alkon (2006: 167).
4 CHBIO, Vol. 1, WSC to his mother, 6 April 1897, pp. 316–19.
5 Wells took first-class honours in zoology and second-class honours in geology. I thank Michael Sherborne for this information.
6 Quoted in Sherborne (2010: 167).
7 Parrinder (1997: 330).
8 WSC to Commons, 13 May 1901, HNSRD; Toye (2008: 151).
9 Quotations in this passage are from Wells (1901: 201, 207, 213, 222).
10 WSC to Wells, 17 November 1901, HGW archive, C.238.30.
11 Wells to WSC, 19 November 1901, CHAR 1/29, ff. 54–5.
12 Wells to WSC, 21 November 1901, CHAR 1/29, ff. 56–7.
13 Postcard from Wells to WSC, 5 March 1902, CHAR 1/33, ff. 64–5.
14 Smith (1989) is a rewarding study of the relationship between WSC and Wells.
15 CHBIO, Vol 1, p. 353.
16 Letter from Churchill to Wells, 9 October 1906, HGW, C.238.2.
17 Soames (1979: 238).
18 *Daily News*, 21 April 1908, pp. 5–6.
19 Smith (1986: 83).
20 Wells (ed.) (1984: 87); Smith (1986: 371).
21 Weart (1988: 17–35).
22 Soddy (1909: 224).
23 Soddy (1909: 232, 244).

24 Soddy (1909: 4).
25 Smith (1986: 84).
26 Text of *Penguin Island*: http://www.gutenberg.org/files/1930/1930-h/1930-h.htm#2H_4_0064.
27 Wells (ed.) (1984: 89).
28 Wells (ed.) (1984: 93).
29 Wells (1914: 50–1).
30 In Section 3 of Chapter Two, Wells refers to a 'long, coffin-shaped box which contained in its compartments the three atomic bombs': http://www.gutenberg.org/files/1059/1059-h/1059-h.htm.
31 *New York Times*, 29 March 1914, p. BR 141.
32 Text of Wells's 'The World Set Free': http://www.gutenberg.org/files/1059/1059-h/1059-h.htm.
33 Advertisement in *New York Tribune*, 6 August 1914, p. 2.
34 Churchill (1930: 44).
35 Andrew (1988: 182).
36 Committee of Imperial Defence, 25 February 1909, CAB 2/2, NA; Sherborne (2010: 185–6).
37 On WSC's leading role promoting the tank – 'Mr Lloyd George on the "Tanks"', *Daily Chronicle*, 9 September 1916, p. 5; WSC to Wells, 1 October 1916, WELLS c.238.7a; Smith (1989: 99–100); Muller (ed.) (2012: 377).
38 Smith (1989: 100).
39 Sherborne (2010: 241); Kennedy (2013: 82–3).
40 See Wells's letters to *The Times*, 11 June and 22 June 1915.
41 Rose (1994: 146).
42 Quoted in Larres (2002: 40).
43 Wells wrote: 'Apart from individual atrocities, it did on the whole kill for a reason and to an end.' Quoted in Sherborne (2010: 259).
44 Toye (2008: 150).
45 Smith (1989: 102).
46 Smith (1989: 102).
47 Alkon (2006: 169–71).
48 Dugdale (1937: 337).
49 WSC to Lindemann, 3 April 1924, LIND, K62/1.

3 丘吉尔瞥见核未来 1924—1932

1 Muller (ed.) (2009: 294)

2 Lindemann to his father, 19 August 1921, LIND A93/f8.
3 Fort (2004: 1–10).
4 Lindemann to Fowey Montmorency, 30 October 1936, LIND, A.30/f1. Lindemann's characteristics: Fort (2004: 91–2); Birkenhead (1961: 24–6); Harrod (1959: 10, 29–32, 53, 89).
5 Lindemann to WSC, 29 June 1922, LIND A93/f6.
6 J. A. Little to Lord Carr, 19 December 1985, RVJO B.390.
7 WSC to Lindemann, 21 April and 10 May 1924, LIND, K62/2–3. Text of 'Daedalus': http://cscs.umich.edu/~crshalizi/Daedalus.html.
8 Muller (ed.) (2009: 259–66).
9 Bolsheviks – WSC annotation to memo to D.C.I.G. S., 9 April 1919, WO 32/5749, NA. Mesopotamian tribes – WSC departmental minute, 12 May 1919, CHAR 16/16A.
10 CHBIO, Vol. 5, p. 50–2. For a comment on the article in the US, see *American Review of Reviews*, Vol. 70, July–December 1924, pp. 537–8.
11 Russell (2005: 25).
12 Churchill (1930: 25–7).
13 Rau (2001: 92, 93, 94, 97).
14 Churchill (1930: 59).
15 Quinault (2002: 317–18).
16 Churchill (1930: 109); WSC to his mother, 14 January 1897, CHAR 28/23/10–11.
17 Churchill (1930: 112).
18 WSC to his mother, 31 March 1897, CHAR 28/23/29; Churchill (1930: 211).
19 Churchill (1930: 112); WSC to his mother, 6 April 1897, CHAR 28/23/31–3A.
20 WSC to his mother, 14 January 1897, CHAR 28/23/10–11.
21 Churchill (1930: 117).
22 This is the introduction to a lecture given by Lindemann on 16 March 1933: LIND E5/1.
23 Wheeler-Bennett (ed.) (1969: 28).
24 Churchill to Lindemann, 4 April 1926. There are two sources of this document: LIND K62 4/5 (on Chartwell notepaper but without the memo) and CHAR 1/188, ff. 14–25 (full document).
25 The busts are still on WSC's desk at Chartwell.
26 Rose (1994: 192–4). For a full description of Chartwell see CHDOCS, Vol. 13, pp. 972–6.

27 Churchill to Lindemann, 4 April 1926, CHAR 1/188, f. 14.
28 Schilpp (ed.) (1997: 47).
29 WSC, *Nash's Magazine*, 83, no. 435, August 1929, reprinted in Muller (2012: 46–60).
30 Hastings (2009: 223).
31 Gilbert (2005: 9); CHBIO, Vol. 1, p. 542.
32 Fishman (1963: 89).
33 Gilbert (2005: 98).
34 'Cruiser and Parity', 20 July 1927, CHAR 22/182.
35 WSC, 'The American Mind and Ours', *Strand Magazine*, August 1931, pp. 140–50. See p. 150.
36 Jenkins (2001: 427).
37 'Mr Churchill's 57th Birthday', *East Anglian Times*, 1 December 1931.
38 See the press article by John Bull on 6 May 1933: 'He annoys the House because he only comes on State occasions, makes his speech and then disappears until there is again an opportunity to shine.' CHPC 13.
39 Wenden, D. J., 'Churchill, Radio and Cinema', in Blake and Louis (eds) (1996: 215–39), see pp. 217, 219.
40 WSC, speech in the House of Commons, 12 November 1936.
41 Clarke (2012), chapters 4 and 5. See also Muller (ed.) (2012).
42 WSC, 'A Very Poor Form of Revolutionary', *The Times*, 26 January 1934, p. 9.
43 Coote, C., 'Churchill the Journalist', in Eade (ed.) (1953: 116).
44 Churchill (1929: 11–12).
45 *Strand Magazine* to WSC, CHAR 8/292, ff. 1–2.
46 WSC to Lindemann, 8 February 1931, LIND K64/9–10.
47 Coote (1971: 3–16).
48 Birkenhead (1930).
49 Lindemann to WSC, 18 February 1931, and accompanying notes, CHAR 8/301, ff. 2–13.
50 Text of WSC's 'Fifty Years Hence': http://teachingamericanhistory.org/library/index.asp?document=1914; Muller (ed.) (2009: 283–95).
51 http://theotherpages.org/poems/tenny02.html.
52 The article had been published slightly earlier in Canada, on 15 November 1931, in *Maclean's*, Vol. 7, pp. 66–7.
53 Muller (ed.) (2009: 2).
54 Birkenhead (1961: 162); Harrod (1959: 30); Manchester (1988: 16);

Fort (2004: 234).
55 Baldwin to the Commons, 10 November 1932, HNSRD.
56 WSC to Lord Riddell, 18 October 1932, CHAR 8/311.
57 The dining customs of the Churchills are described in Rose (1994: 192–4).
58 Churchill (1930: 127).
59 CHBIO, Vol. 5, pp. 442–3; Lindemann (1932).
60 Birkenhead (1961: 280).

4 卢瑟福怀疑核应用 1932

1 Rutherford, E. (1915) 'The Constitution of Matter and the Evolution of the Element', in *Popular Scientific Monthly*, August 1915, Vol. 86, New York, The Science Press, pp. 105–42. For the quotation, see pp. 127–8.
2 Rutherford quotation: Rhodes James (1970: 242). See also Crowther (1965: 353), Snow (1960a: 22). A second-hand report of Einstein's assessment of Lindemann as a physicist has more than a ring of truth: 'Lindemann [is] essentially an amateur; he [has] ideas, which he never [works] out properly; but he [has] a thorough comprehension of physics. If something new [comes] up, he [can] rapidly assess its significance for physics as a whole, and there are very few people who [can] do that', Harrod (1959: 48). See also Birkenhead (1961: 159).
3 Lindemann to Rutherford, 24 January 1932, LIND C62/12.
4 See the view Rutherford expressed at the Royal Academy banquet on 30 April 1932 in the *Observer*, 1 May 1932, p. 20.
5 Mott (1984: 131).
6 Edwin Kemble to Garrett Birkhoff, 3 March 1933, AHQP.
7 Nandor Balazs, private communication, 18 August 1989.
8 Lindemann (1933); review of the book by the Cambridge physicist Nevill Mott: *Nature*, 1932, No. 3279, Vol. 130, pp. 330–1; Nandor Balazs, private communication, 18 August 1989.
9 'Lord Rutherford, Physicist, Is Dead', *New York Times*, 20 October 1937, pp. 1, 18. See p. 18.
10 Raymond (ed.) (1960: 236–8); Obituary of Lord Rutherford by J. J. Thomson, *Cambridge Review*, 5 November 1937, pp. 64–5; see p. 64. Oliphant (1972b: 9–10).
11 Campbell (1999: 445).

12 Oliphant (1972a: 139).
13 Max Born to Chadwick, 11 August 1954, CHAD IV 13/1.
14 Report by Rutherford and Cyprian Bridge on the visit, 19 May to 9 July 1917 to the British Board of Invention and Research, 18 July 1917, ADM 293/10, p. 2, NA.
15 Bernal (1939: 9). See also the autobiographical notes of G. P. Thomson (GPT A5): 'Rutherford classified knowledge into physics (which included straightforward mathematics), chemistry, and stamp collecting!'
16 'Atomic Energy', text of talk delivered by G. P. Thomson in 1945, GPT F154.
17 Lindemann to Rutherford, 9 May 1919, L.105, RFD.
18 Fort (2004: 155).
19 Raymond (ed.) (1967: 246–7).
20 Parry (ed.) (1968: 121).
21 Harrrod (1959: 49, 50); Fox and Gooday (eds) (2005: 272).
22 Oliphant (1972b: 20–1).
23 Campbell (1999: 356).
24 Anon. (1954: 28).
25 Chadwick to Feather, 22 October 1959, FEAT 23/6.
26 *Guardian*, 27 February 1932, p. 10.
27 *The Times*, 29 February 1932, p. 9.
28 *Spectator*, 14 June 1930, p. 979.
29 Lindemann told Rutherford of a possible loophole in the argument, but it subsequently proved to be irrelevant. Lindemann to Rutherford, 9 June 1919, quoted in Wilson (1983: 435); Rutherford to Lindemann, 10 June 1919, LIND D 218/6.
30 Cathcart (2004: 242–3).
31 Cathcart (2004: 252).
32 Arms (1966: 71).
33 *Proceedings of the Royal Society of London*, Series A, Vol. 136, No. 830, 1 June 1932, pp. 735–62.
34 *Observer*, 1 May 1932, pp. 17 and 20. See also CHBIO, Vol. 5, pp. 428–31.
35 Parry (ed.) (1968: 114).
36 For Rutherford's view on the British Empire see Anon. (1954: 33–4).
37 Parry (ed.) (1968: 114).
38 'Political Painters', CHSPCH, Vol. 5, pp. 5153–4. CHBIO, Vol. 5, pp. 428–9.

39 Eve (1939: 353–4).
40 Cathcart (2004: 244–50).
41 *Daily Mirror*, 3 May 1932.
42 This point was, however, correctly stressed in the article in *The Times*, 2 May 1932 (p. 11) and in the review by Waldemar Kaempffert in the *New York Times*, 8 May 1932, p. xxi.
43 Oliphant (1972a: 141). The same remark features in Ritchie Calder's report on his conversation with Rutherford in 'The Truth About the Atom', *Daily Herald*, 27 June 1932, p. 8. Rutherford's comments are well reviewed in Badash et al. (1986), where the authors note Lord Hankey's recollection of Rutherford's commenting privately in 1930 that one day nuclear physics might have relevance to warfare. As the authors say, 'It is difficult to evaluate whether Rutherford was engaging in idle chatter or revealing an intuitive feeling, but Hankey believed the latter' (p. 204).
44 Wilson (1983: 572).
45 *Wings Over Europe* opened at the Martin Beck Theater on 10 December 1928 and later transferred to the Alvin Theater in New York. The production ran for ninety performances.
46 The *New Statesman and Nation*, 7 May 1932, pp. 584–5.
47 The dinner was on 17 December 1932. Da Costa Adrade (1964: 48, 162).
48 The paper announcing Blackett and Occhialini's discovery of cosmic-ray showers was received by the Royal Society on 7 February 1933.
49 See for example: Anon. (1954), Parry (ed.) (1968: 75–99). Einstein quotation: Blackett (1972: 58).
50 Wilson (1983: 565).

5 教授建言"选错行的科学家" 1933.3—1934.12

1 Letter from Isaiah Berlin to Stephen Spender, 20 June 1936, Hardy (ed.) (2004: 175).
2 James Tuck, 'Lord Cherwell and His Part in World War II', 9 March 1961, in RVJO B395.
3 Brendon (1984: 144).
4 *Country Life*, 6 June 1931, pp. 736–8.
5 Reader (1975: 82). The Research Council was dissolved towards the end of 1939.
6 Harrod (1959: 93, 94–5). Birkenhead (1961: 114, 116). For another

description of Lindemann's laugh: Harrod (1959: 84).
7 Birkenhead (1961: 116), Harrod (1959: 84).
8 Draft text of talk, LIND E5/1–5.
9 Morrell, J., 'The Lindemann Era', in Fox and Gooday (eds) (2005: 233–66), see p. 257.
10 Several members of the audience will probably have seen the report on the Blackett–Occhialini discovery in 'New Light on the Atom' by John Cockcroft, *Spectator*, 24 February 1933, pp. 245–6.
11 Cameron, N., 'The Owl and the Pussycats: Science, Politics and the Late War', in *The Idler*, Vol. 2, No. 9, September 1986, pp. 31–40. See p. 32.
12 *Daily Telegraph*, 'Splitting the Atom', 16 March 1933. See also the report in *The Times* on the same day (p. 6). Both articles are in WSC, CHPC 13.
13 Letter from Violet Bonham Carter to R. V. Jones, 25 July 1966, RVJO B.238.
14 Harrod (1959: 104).
15 Fox and Gooday (eds) (2005: 236).
16 BMFRS of Lindemann, November 1958, pp. 47–8.
17 Fort (2004: 57–66).
18 Crowther (1965: 352), Harrod (1959: 45).
19 Lindemann (1920: 437–45).
20 See, for example, Crowther (1965: 353), Snow (1960a: 20).
21 See comments by G. P. Thomson, GPT, G56, February 1961.
22 Harrod (1959: 91).
23 *The Times*, 15 March 1933, p. 15.
24 Noakes (2004: 189).
25 Coote (1971: 81).
26 WSC to Commons, 13 April 1933, HNSRD.
27 WSC, *Daily Mail*, 14 October 1933.
28 'Winston Churchill – The Tragic Truth', *John Bull*, 6 May 1933, CHPC 13.
29 Strauss, H., 'Jewish Emigration in the Nazi Period: Some Aspects of Acculturation' in Mosse and Mohr (eds) (1991), pp. 81–95, see p. 83. Strauss notes that between 278,000 and 300,000 emigrated.
30 Birkenhead (1961: 23–5); Fort (2004: 91); Harrod (1959: 107–11).
31 Birkenhead (1961: 121–2).
32 Letter from Lindemann to Einstein, 4 May 1933, LIND D57. Lindemann says he spent 'four or five days' in Berlin, and that he saw 'a great many' of Einstein's colleagues.

33 Beveridge (1959: 4–5).
34 For the case of Rutherford and his colleagues at the AAC, see the letter from its General Secretary to Szilárd, 19 December 1935: 'If German scientists with senior qualifications compete for these junior posts it will be regarded by British graduates and other members of staff as competition ... an abuse of the displaced scholar's circumstance and would be an unfair act against younger British competitors.' Fritz London file, SPSL.
35 Leaflet is in SPSL 21/1/113. See also the accompanying letter from A. V. Hill to G. P. Thomson, 14 February 1939, SPSL 21/1/114.
36 Zimmerman (2006: 36); Fort (2004: 117–18).
37 Einstein to Lindemann, 1 May 1933, LIND D57/6.
38 Einstein to Lindemann, 7 May 1933, LIND D57/12.
39 The meeting took place on 22 July 1933, as indicated in the letter from Einstein's main host Locker-Lampton to Lindemann, 20 July 1933, LIND D57/22. Martin Gilbert's *Churchill and the Jews* specifies that Lindemann was present.
40 Einstein to his wife Elsa, July 1933, AEA 143–50 (undated).
41 Mendelssohn (1960: 1343); Harrod (1959: 31–2).
42 See the introduction to the catalogue of SPSL. Note that the refugees came not only from Germany but also from Austria, Italy, Spain and a few from the USSR.
43 Einstein set sail from Southampton on the following Saturday evening: *The Times*, 9 October 1933, p. 16.
44 Einstein to Lindemann, 17 December 1933. LIND D57/27.
45 *New York Times*, 29 December 1934, pp. 1 and 7.

6 齐拉的核顿悟 1933.9—1935.2

1 Szanton (1992: 94).
2 Lanouette (1992: 59–60). See also the remark on Szilárd by Enrico Fermi in the November 1955 edition of *Physics Today*, pp. 12–16.
3 Szanton (1992: 93).
4 Szilárd had arrived in London in mid-April 1933: see the letter from Szilárd to Sir William Beveridge, 22 April 1933, SPSL 167/1–2. For a description of Szilárd's accommodation, see Hobhouse (1971: 199, 207).
5 Szilárd (1969: 97–8). Beveridge's history of the Academic Assistance Council does not mention Szilárd (Beveridge (1959)).

6 Szanton (1992: 93–4); Lanouette (1992: 121–7).
7 Manchester (1988: 65).
8 *The Times*, 12 September 1933, p. 7. The word covered by the ellipsis is 'the', referring to atoms that are split.
9 Rutherford's coolness on the prospect of harnessing nuclear energy was reported on the front page of the *New York Times*, 12 September 1933 (report continued on p. 18). See also the *Los Angeles Times*, 12 September 1933, p. 3.
10 *Manchester Guardian*, 12 September 1933, p. 12, and 13 September, p. 7. See also 'Sayings of the Week' in the *Observer*, 17 September 1933, p. 15 (see also p. 16).
11 Weart and Szilárd (eds) (1978: 17).
12 Weart and Szilárd (eds) (1978: 16).
13 Weart and Szilárd (eds) (1978: 17); Lanouette (1992: 134).
14 Lanouette (1992: 136).
15 Lanouette (1992: 137–8, 140–2). Szilárd soon afterwards consulted Rutherford's colleague Mark Oliphant: Weart and Szilárd (eds) (1978: 47).
16 Letter from Rutherford to Walter Adams of the AAC Council, 30 May 1934, AAC, Szilárd papers.
17 Rhodes (1986: 200–2, 209–13).
18 Ratcliffe (1975: 462).
19 Draft letter from Chadwick to Bainbridge, dated February 1974, CHAD 13/1.
20 Szilárd chose to frame the chain reaction not in terms of neutrons, as he had previously done, but using helium nuclei. Rutherford saw immediately that such a reaction would be impossible.
21 Weart and Szilárd (eds) (1978: 46).
22 Badash et al. (1986: 209), Bainbridge (1974: 203), correspondence in CHAD IV 13/2.
23 Lanouette (1992: 143).
24 Weart and Szilárd (eds) (1978: 18n).
25 Lanouette (1992: 145–7).
26 Thomson to Walter Adam at the AAC, 26 July 1933, GPT J113.
27 Weart and Szilárd (eds) (1978: 20).
28 Morrell, J., 'The Lindemann Era', in Fox and Gooday (eds) (2005: 233–66), see p. 262.
29 Arms (1966: 68). Other members of the group included Kurt Mendelssohn and Nicholas Kurti. See the letter from the Oxford Univer-

sity authorities concerning one of the group's grant applications to the Rockefeller Foundation, 5 August 1933, LIND B15/3.
30 Arms (1966: 82).
31 Hoch, P. K. (1991) 'Some Contributions to Physics by German-Jewish Emigres in Britain and Elsewhere', in Mosse et al. (eds) (1991) pp. 229–54, see p. 236.
32 Szilárd to Lindemann, 3 June 1935: Weart and Szilárd (1978: 41–2).
33 Lanouette (1992: 170–1).
34 Fort (2004: 148–58).
35 Lindemann to Groves, 12 July 1945, http://www.dannen.com/decision/lrg-fal.html.

7 丘吉尔担忧战争以及核能即将被掌控 1934.2—1938.10

1 WSC speech to Commons concerning Science in War, 21 March 1934: HNSRD.
2 WSC to Commons, 7 February 1934, HNSRD.
3 WSC to Commons, 30 July 1934, HNSRD.
4 'Angels of Peace', *Manchester Guardian*, 7 February 1934, p. 12.
5 WSC to Commons, 28 November 1934, HNSRD.
6 Brendon (1984: 220).
7 WSC, 'The Effect of Air Transport on Civilization', *News of the World*, 8 May 1938 (CHPC 17). CHESSAYS, Vol. 4, pp. 427–34.
8 WSC to Commons, 7 June 1935, HNSRD.
9 Lindemann to WSC, 22 January 1935, CHAR 2/243/10–11.
10 Birkenhead (1961: 178–181).
11 Snow (1960a: 6).
12 Radar was developed simultaneously in several other countries, including the US and Germany. The committee first met on 28 January 1935, see Zimmerman (2001: 55).
13 Edgerton (2011: 107–8); Reynolds (97–8).
14 Rowe to Roskill, 7 July 1968, ROSK 7/131.
15 Correspondence relating to this meeting is in CAB 21/426.
16 WSC to Swinton, 19 November 1936, CHAR 25/7/63–4.
17 Quoted in CHBIO, Vol. 5, p. 716.
18 Birkenhead (1961: 150–5).
19 Rose (1994: 230–3).
20 Clarke (2012: 135).

21 Letter from Reves to WSC, 24 October 1939, CHUR 2/386, f. 35, 36. See also Jenkins (2001: 523).
22 Kipling to WSC, 26 October 1934, CHAR 8/487, ff. 72–3.
23 The phrase 'largest circulation in the world' was printed on the newspaper's letterhead. See, for example, the letters from officials of the newspaper to WSC stored in CHAR 8/551.
24 Carr to WSC, 30 October 1937, CHUR 8/551.
25 'Vision of the Future Through the Eyes of Science', *News of the World*, 31 October 1937, p. 12.
26 Compare Muller (ed.) (2009) p. 289 with CHESSAYS, Vol. 4, pp. 410–14, p. 414.
27 Chadwick to Feather, 13 August 1971, FEAT 13/2.
28 *Nature*, 30 October 1937, pp. 754–5.
29 WSC, 'Life in a World Controlled by the Scientists', *News of the World*, 7 November 1937 (CHAR 8/567).
30 Clementine to WSC, 9 August 1937, CHAR 1/322/10.
31 Wells to Clementine Churchill, 16 August 1937: Smith (ed.) (1998b: 166). Wells visited Chartwell on 15 August 1937 and signed the visitors' book.
32 WSC to H. G. Wells, 4 July 1937, WELLS C238-11.
33 'A Federation for Peace Is the Hope of the World', *News of the World*, 21 November 1937. Republished in CHESSAYS, Vol. 4, pp. 422–6.
34 *Manchester Guardian*, 15 March 1938, p. 11.
35 'The Union of the English-Speaking Peoples', *News of the World*, 15 May 1936, CHESSAYS, Vol. 4, pp. 435–42, see p. 435; 'Europe's Plea to Roosevelt', *Evening Standard*, 10 December 1937, CHPC 16.
36 'Mr Churchill's Plea to Germany', *Daily Telegraph* 19 November 1936, CHPC 15. The words in ellipsis are 'We must try to do the work ourselves. But'.
37 'Whither Churchill?', *Daily Sketch*, 17 March 1938 (CHPC 17); 'Churchill', *Time and Tide*, 28 November 1936, pp. 1567–8, see p. 1567 (CHPC 15).
38 WSC to Sir Kingsley Wood, 9 June 1938, CAB 21/630, NA. The consequences are discussed in Zimmerman (2001: 139–41).
39 Memo from Tizard to Secretary of State for Air, 22 June 1938, CAB 64/5, NA.
40 Sir Frederick Brudrett on Sir Henry Tizard, 22 December 1959: 'This, indeed, was the only matter on which I ever found Tizard

entirely unreasonable, but [Lindemann] was worse.' BRUN 1/5.
41 Birkenhead (1961: 195) Brundrett uses similar words in his testimony on 22 December 1959: 'in this matter, both these eminent gentlemen behaved like a couple of spoiled children', BRUN 1/5.
42 Cabinet Minutes, 12 September 1938, CAB 23/95, NA. See CHDOCS, Vol. 13, p. 1156.
43 Bialer (1980: 158).
44 Macmillan (1966: 522).
45 'The Promotion of Peace', *Nature*, 8 October 1938, p. 629.
46 WSC's speeches to Parliament, 5 and 6 October 1938.
47 WSC to Lindemann, 27 October 1937, LIND K 67/4.
48 WSC, 'What Other Secrets Does the Inventor Hold?', *News of the World*, 23 October 1938.
49 Review in the *Observer*, 24 July 1938.
50 'J. B. Priestley's American Novel', *New York Times*, 31 July 1938, p. 72.

8 玻尔认为原子弹不可思议 1938.11—1939.9

1 French and Kennedy (eds) (1985: 185).
2 Bohr (1961: 1115); Bohr to Rutherford, 9 January 1924, RFD.
3 Snow (ed.) (1938) pp. 49–76. See pp. 71–2.
4 Dirac (1964: 306–9).
5 'Prohibition of *Nature* in Germany', *Nature*, 22 January 1938, p. 151.
6 'Reich Will Last 1000 Years', *Manchester Guardian*, 15 December 1938, p. 11.
7 *Daily Telegraph*, 11 November 1938.
8 Wheeler, J., 'Of Historical Note', *Institute for Advanced Study Newsletter*, Spring 2010.
9 Kevles (1995: 282).
10 This was a meeting of the physicists' 'journal club'. See Cohen and Stachel (eds) (1979: 343).
11 Badash, Hodes and Tiddens (1986: 211).
12 Laurence (1947: vii).
13 Rhodes (1986: 274–5).
14 'Revolution in Physics', *New York Times*, 3 February 1939, p. 11.
15 'The Presidency: Wives', *Time* magazine, 13 February 1939.
16 LaFollette (2008: 271, note 3).
17 LaFollette (2008: 186–7).
18 Davis and Potter (1939). This article appears to have been based on

the article 'Is World on Brink of Releasing Atomic Power?', *Science Service*, 30 January 1939.
19 'Blown to bits': Davis and Potter (1939: 86).
20 Anderson (1984: 27).
21 Weart and Szilárd (eds) (1978: 53).
22 Lanouette (1992: 189).
23 Weart and Szilárd (eds) (1978: 54).
24 Pais (1991: 456).
25 Letter from Bohr to Abraham Flexner, 31 May 1939: IAS, Director's Office Member Series, Box 12a, 1936–47.
26 'Armies on March', *New York Times*, 15 March 1939, pp. 1 and 14.
27 Wheeler, J., 'A Few Memories of Bohr and Heisenberg' (remarks made on 27 March 2000, at a symposium on the play *Copenhagen*) – private communication from Peter Goddard. See also Wheeler, J., 'Of Historical Note', *Institute for Advanced Study Newsletter*, Spring 2010.
28 At a public meeting in late April 1939, however, reports suggest that Bohr did consider that a bomb was possible in principle, if not in practice: 'Vision Earth Rocked by Isotope Blast', *New York Times*, 30 April 1939, p. 35; 'Physicists Here Debate Whether Experiment Will Blow Up 2 Miles of the Landscape', *Washington Post*, 29 April 1939, p. 30.
29 Badash, Hodes and Tiddens (1986: 215).
30 Weart (1976: 29–30).
31 Bohr was in the UK with his son Aage from c.23–28 June 1939 – see correspondence in the NBA.
32 See, for example, 'If War Came', *Manchester Guardian*, 26 June 1939, p. 12.
33 'Foreign Affairs', *The Times*, 27 June 1939, p. 19.
34 'Incomparable Promise or Awful Threat?', *Scientific American*, July 1939, p. 2; Badash, Hodes and Tiddens (1986: 217).
35 Sime (1996: 277). The meetings began in April 1939.
36 Bohr, N., 'Recent Investigations of the Transmutations of Atomic Nuclei', 6 December 1939. Translation in Aaserud (1986: 443–66).
37 'English War Cabinet with Churchill and Eden?', *Politiken*, 2 September 1939, p. 2.

9 丘吉尔：战争能用的核武器来不及造　1939.8—1939.12

1 Churchill to Sir Kingsley Wood, 13 August 1939, AIR 19/26, NA (copy in CHAR 25/17).

2 *Discovery*, September 1939, Editorial, pp. 443–4.
3 It is tempting to suggest that Bohr hazarded some early version of these views when he visited Cambridge in June 1939 and spoke about nuclear fission at the Kapitza Club. If so, Snow would probably have heard about them directly, or through the grapevine.
4 CHBIO, Vol. 5, pp. 1101–2. Manchester (1988: 499).
5 Manchester (1988: 519).
6 Edgerton (2011: 36).
7 Jenkins (2001: 552).
8 Colville (1985: 3).
9 Manchester (1988: 606).
10 Edgerton (2011: 5, 7, 29, 32, 37).
11 See, for example, 'That "Secret" Weapon', *Daily Express*, 21 September 1939, p. 2; 'Hitler's New Weapon' – letter to *The Times* from Leopold Loewenstein-Wertheim, 22 September 1939, p. 9.
12 Gowing (1964: 38); crop-eating-locusts suggestion is in the *Daily Mirror*, 9 November 1939, p. 4; death-ray suggestion – Chatfield to Hankey, 27 November 1939, CAB 21/1262, NA.
13 'At Random', *Observer*, 5 February 1939, p. 13.
14 'Scientists Make an Amazing Discovery', *Sunday Express*, 30 April 1939, p. 17.
15 Fort (2004: 234).
16 'Note on uranium' by Tizard, c.26 April 1939, CAB 21/1262, NA.
17 Lindemann refers to 'the recently discovered chain processes', whereas scientists had ascertained only that the processes were possible.
18 CHDOCS, Vol. 13, p. 1587.
19 WSC to Sir Kingsley Wood, 13 August 1939, AIR 19/26, NA. See also the copy in CHAR 25/17. Harrod (1959: 174).
20 Note by D. R. Pye on 17 August 1939, AIR 19/26, NA. See also the notes in CAB 21/1262, NA.
21 Jenkins (2001: 553, 559).
22 Manchester (1988: 552–3).
23 ADM1/10459, NA.
24 Harrod (1959: 179).
25 Harrod (1959: 179), Fort (2004: 233).
26 Zimmerman (2001: 177).
27 Fort (2004: 179–180) Comments on Lindemann's ideas on aerial mines in the memorandum, 2 October 1939, CHAR 25/17.
28 Tizard to Lindemann, 10 September 1939, LIND D243/32.
29 Lindemann to Tizard (draft), 11 September 1933, LIND D243/33.

30　LIND E21/8, undated document.
31　Manchester (1988: 554).
32　Zuckerman, 'Scientific Advice During and Since World War II', *Proceedings of the Royal Society of London*, Vol. 342, No. 1631, pp. 465–80, see p. 478.
33　Jenkins (2001: 561–2).
34　WSC to Wells, 11 September 1939, WELLS c238.20; WSC invited Wells to join the Club five years before: WSC to Wells, 1 March 1934, CHAR 2/233/2-4.
35　Eliot (1940: 237). Smith (1998b: 235–55) See, in particular, Wells's letter to *The Times*, 23 October 1939.
36　Manchester (1988: 606).

10　查德威克疑心核弹的可行性　1939.9—1940.2

1　Aileen Chadwick to Feather, 30 August 1974, FEAT 13/2.
2　Letter from Chadwick to Bohr, 9 April 1961, NBA.
3　Brown (1997: 153).
4　Chadwick interview, 17 April 1969, AIP: http://www.aip.org/history/ohilist/3974_3.html.
5　Peierls to Andrew Brown, 2 December 1991: Lee (ed.) (2009: 1013).
6　Holt (1988).
7　Brown (2012: 22).
8　Chadwick interview, 16 April 1969, AIP: http://www.aip.org/history/ohilist/3974_2.html.
9　Brown (1997: 39–44).
10　'The Voice of Science', *Nature*, 9 September 1939.
11　Chadwick to Feather, 15 October 1939, FEAT 23/6.
12　Chadwick to Appleton, 31 October 1939, CAB 104/186, NA.
13　Holt (1999).
14　Brown (1997: 174).
15　Brown (1997: 175).
16　Chadwick to Appleton, 5 December 1939, CAB 21/1262, NA.
17　Lord Hankey to Admiral of the Fleet Lord Chatfield, 12 December 1939: 'I gather that we may sleep fairly comfortably in our beds.' CAB 21/1262, NA.
18　G. P. Thomson, text of 'Atomic Energy' lecture, 1945, GPT F154.
19　Elliot, W. to Bridges, E., *c.*27 December 1939, CAB 21/1262, NA.

20 Clark (1965: 184–6). Tizard to G. P. Thomson, 2 October 1957, and G. P. Thomson to Tizard, 5 October 1957, GPT D25.
21 Hopkins (1939: 2).
22 Rowlands (2001: 19–20); Brown (1997: 181–7).
23 Chadwick to Cockcroft, 8 January 1940, CKFT 20/5. A few weeks later, on 24 February, Chadwick made a similar comment in a letter to his former colleague Norman Feather: 'I am very much afraid the [centre of gravity] will move to the USA.' FEAT 23/6.
24 AIP interview with Weisskopf, 21 September 1966, pp. 12–14.

11 罗斯福收到核警告 1939.10—1940.7

1 Bernard Baruch to WSC, c.30 March 1954, CHUR 2/210A/349.
2 FDR to Lord Tweedsmuir (formerly the author John Buchan), 5 October 1939, quoted in Roosevelt, E. (ed.) (1950: 934).
3 Kimball (1991: 7).
4 FDR, 3 September 1939: http://millercenter.org/president/speeches/detail/3315.
5 'Only Five Per Cent Favour Sending US Army to Fight Nazis', *Boston Globe*, 7 October 1939, p. 3.
6 Kimball (ed.), Vol. 1 (1984: 24–5).
7 FDRLIB: WSC dates his dedication 8 October 1933.
8 FDR: *Day by Day – The Pare Lorentz Chronology*, 11 October 1939, FDRLIB. See also 'The Day in Washington', *New York Times*, 12 October 1939, p. 16.
9 Entry for Sachs in *Dictionary of American Biography*, New York, Charles Scribner's Sons, 1994.
10 Weart and Szilard (eds) (1978: 15–17).
11 'Einstein Chats About Sea', *New York Times*, 26 January 1934, p. 15.
12 Lanouette (1992: 198–204).
13 Rhodes (1986: 313–14).
14 FDR to Einstein, 19 October 1939: http://www.mphpa.org/classic/COLLECTIONS/MP-PFIL/Pages/MPP-PFIL-020.htm.
15 Ferrell (1998: 168).
16 Pottker (2004: 156).
17 During FDR's first year at Harvard (1900–1), he took Geology 4: Elementary Geology and Geology 5: Elementary Field and Laboratory Geology. In the following year, he took Geology 14: General

Palaeontology. I thank David Woolner and his colleagues at the FDR library for this information.
18 FDR talk, 5 December 1938: Roosevelt (1941: 615).
19 WSC article 'Europe's Plea to Roosevelt', *Evening Standard*, 10 December 1937.
20 Kevles (1995: 252–66), see p. 258 for FDR's quotation.
21 FDR's second inaugural address: http://teachingamericanhistory.org/library/index.asp?document=90.
22 Hewlett and Anderson (1962: 20–1).
23 Zachary (1992: 24–5).
24 Zachary (1992: 26).
25 Zachary (1999: 108–14).
26 Ratcliff (1942: 28).
27 Zachary (1999: 189–90).

12　弗里希和派尔斯发现制造原子弹方法　1940.3—1940.6

1 From the first part of the Frisch–Peierls memorandum, AB 1/210, NA.
2 Bernstein (2011: 440); Arnold (2003: 112).
3 'The Scientist Works for Industry', *Birmingham Gazette*, 6 July 1938, BHMPHYS.
4 '£60,000 to Split Atom', *Daily Express*, May 1939; 'Physics Department's Needs', *Birmingham Post*, June 1938, BHMPHYS.
5 'They Will Split the Atom to Save Lives', *The Referee*, May 1939, BHMPHYS.
6 Frisch to Oliphant, 27 May 1939, FRISCH A48/11.
7 Chadwick to Feather, 15 October 1939, FEAT 23/6.
8 Frisch to Margaret Hope, 10 October 1939, FRISCH F61/9.
9 Frisch to the Aliens' Department of the Home Office, 27 January 1940, FRISCH A116/10.
10 Ministry of Labour to Frisch, 28 November 1939, FRISCH A53/11.
11 Frisch (1979: 76–9).
12 Frisch to Margaret Hope, 10 October 1939 and 5 February 1940, respectively FRISCH F61/9 and F62/3.
13 Documents in FRISCH A86/2 and A116/5.
14 Peierls (1985: 130–5).
15 This was recalled by Sir Charles Darwin in an intelligence report on Peierls after the war: KV2/1661, f. 285a, NA.
16 Peierls to the Home Office, 31 August 1939, and letter from Peierls to Appleton, 13 September 1939: Lee (ed.) (2007: 678, 682).

17 Peierls (1985: 63).
18 Frisch to Margaret Hope, 10 October 1939, FRISCH F61/9.
19 'Great Britain in War-time, Birmingham and District', *The Times*, 10 February 1940, p. 3.
20 Frisch to T. Bjerge, 29 February 1940, FRISCH B96/2.
21 Peierls (1985: 145).
22 Frisch to T. Bjerge, 29 February 1940, FRISCH B96/2.
23 UK Home Office to Frisch, 13 February 1940, FRISCH A116/23.
24 Lee (ed.) (2007: 701).
25 This account of the inception of the Frisch–Peierls memorandum is taken mainly from Peierls (1985: 154–5) and from Frisch (1979: 125–6). For information on the approximate dates on which the memo was written, see letter from Peierls to Mr Murphy, 2 May 1995, D110, and letter from Peierls to T. E. Allibone, 5 January 1983, D15, both in PEIERLS.
26 For Peierls's assessment of his contribution see his letter to Margaret Gowing, 30 October 1961, Lee (ed.) (2009: 647–52).
27 Peierls (1985: 154–5).
28 Peierls (1985: 154–5).
29 Clark (1965: 218).
30 Pais (1991: 476). See, for example, the report 'The Nazi Invasion' in the *Manchester Guardian*, 10 April 1940, p. 7.
31 'Mr Lloyd George's Onslaught on the Prime Minister', *Manchester Guardian*, 9 May 1940, p. 7.
32 Autobiographical notes of G. P. Thomson, GPT, A7, p. 18.
33 Weart (1979: 136–7); Gowing (1964: 49–50) and G. P. Thomson's draft memoir, GPT A7.
34 Thomson to Chadwick, 16 April 1940, CHAD I 19/7.
35 Peierls (1985: 155).
36 Interview with Peierls by Charles Weiner, AIP, 12 August 1969, p. 96.
37 Letter from Peierls to the chairman of the 'U-bomb' committee, 22 April 1940: see Lee (ed.) (2007: 702–3). On Peierls's being granted British nationality: letter from Peierls to the Academic Assistance Council SPSL 335/9, 28 March 1940.
38 A copy of G. P. Thomson's letter, written on 3 May 1940, is in KV2/2421, NA.
39 Frisch to Genia Peierls, 30 April 1978, FRISCH F94/9.
40 Peierls (1985: 157).
41 Cockburn and Ellyard (1981: 86–7, 163).

42 Hartcup and Allibone (1984: 95).
43 Meacham (2003: 51).

13　丘吉尔还有更紧迫的问题　1940.5—1940.6

1 Mallalieu, J. P. W., 'Churchill Commentary', *The Tribune*, 8 September 1950.
2 Jenkins (2001: 606–10).
3 Quoted in Cannadine (1994: 130). See also Ironside (1962: 301–2).
4 Diary of Harold Ickes, XXXI, 12 May 1940, LIBCON.
5 Muller (ed.) (2012: 358–68), see p. 367.
6 Jenkins (2001: 632).
7 Hinsley, F. H., 'Churchill and the Use of Special Intelligence', in Blake and Louis (eds) (1996: 407–26), see p. 411.
8 Quoted in Reynolds (2004: 166).
9 Reynolds (2004: 179).
10 Churchill's radio speeches during this era are available at http://archive.org/details/Winston_Churchill.
11 Wenden, D. J. 'Churchill, Radio and Cinema' in Blake and Louis (eds) (1996: 215–239), see p. 216.
12 Jenkins (2001: 591).
13 Birkenhead (1961: 210).
14 Fort (2004: 227). Desmond Morton to WSC, 30 May 1940, PREM 7/2, NA; see also the draft of this note, with Lindemann's annotations, 29 May 1940, LIND G 526/9.
15 Birkenhead (1961: 215); Best (2001: 200).
16 Macdougall (1987: 26, 36).
17 Harrod (1959: 180–237).
18 Macdougall (1987: 26) and Birkenhead (1961: 216–17).
19 'A New Source of Power', *The Times*, 7 May 1940, p. 5.
20 'Vast Power Source in Atomic Energy Opened by Science', *New York Times*, 5 May 1940, p. 1; Pimm to Lindemann, 7 May 1940, LIND D230/1.
21 Clark (1961: 105).
22 Macrae (1971: 144).
23 Edgerton (2011: 260). See a similar story in Fort (2004: 227).
24 Jenkins (2001: 597).
25 Jenkins (2001: 610). Draft attached to note from Morton to WSC, 30 May 1940 PREM 7/2, NA.
26 Meacham (2003: 51).

27　Colville (1985: 109).
28　J. H. Peck to J. J. Balfour, 11 May 1940, FO 371/24255, NA; Zimmerman (1996: 61–70).
29　Lindemann's private secretary to A. V. Hill, 21 June 1940, LIND G 319/19.
30　Memo dated 8 May 1940, ADM 116/4302, NA.
31　WSC to Archibald Sinclair, 30 June 1940, responding to Sinclair to WSC, 25 June 1940, both FO 371/24255, NA.
32　Reynolds (2004: 172).
33　Crozier (1973: 178). See also the comments of Churchill's colleague Sir Archibald Sinclair (Crozier: 1973: 172).
34　Soames (ed.) (1998: 454).
35　Comments in John Martin's diary, May and June 1940, MART 1.
36　Colville (1985: 98–125).
37　Clark (1965: 227).
38　Jones (1998: 92–105), WSC to R. V. Jones, 14 December 1946, RVJO B.216.
39　Churchill (1949: 339–40).
40　Zimmerman (1996: 67), see reference 48.
41　G. P. Thomson to Sir Harold Hartley, concerning C. P. Snow's 'Science in Government', 29 May 1961, GPT G112.
42　R. V. Jones (from Aberdeen) to Mr Kelly, 16 May 1950, RVJO B.219.

14　小汤姆孙领导莫德委员会讨论原子弹方针 1940.6—1940.9

1　MAUD minutes are in AB 1/8, NA.
2　Cockcroft to his wife, 18 April 1940, CKFTFAMILY.
3　Cockcroft to his wife, 13 January 1941, CKFTFAMILY.
4　BMFRS of Thomson, September 1975, pp. 531, 549–50.
5　Gowing (1964: 80–9).
6　G. P. Thomson officially requested permission to consult with the 'enemy aliens' Frisch and Peierls on 3 May 1940 but then had to wait for it to be granted: KV 2/1658.
7　Interview with Peierls by Charles Weiner, AIP, 12 August 1969, p. 94.
8　Cockcroft to his mother, 24 May and 16 June 1940, CKFTFAMILY.
9　'How I Became a Member of Parliament in 1940', in *Memories and Reflections*, Vol. 2, unpublished and undated (in the Roskill Library of Churchill College, Cambridge).

10 Zimmerman (1996: 52–3); Hill to Roskill, 16 January 1973, ROSK 7/13. 'Letter from A. V. Hill', undated, HTT 706.
11 Memo by A. V. Hill: 'Uranium – "235"', 16 May 1940, AB1/9, NA. See also HTT 241.
12 It is not clear if Hill met Szilárd; if he did, there is no evidence of Szilárd's views in Hill's correspondence.
13 Autobiographical notes of G. P. Thomson, GPT A7, pp. 25–6.
14 Sime (1996: 284–5).
15 Fowler to Tizard, 24 May 1940, HTT 241.
16 Peierls to Frisch, 31 July 1940, FRISCH B125/1.
17 Gowing (1964: 47, 54–5).
18 Gowing (1964: 49–51).
19 Autobiographical notes of G. P. Thomson, GPT A7, p. 17.
20 Letter from Max Born to Lindemann, 9 July 1940, LIND D24/7.
21 Home Office file F.962 on Frisch, KV2/2421, NA.
22 Hill (1962: 231–2).
23 Clark (1965: 244–5).
24 Macrae (1971: 9–10).
25 *Nature*, 11 January 1941, pp. 35–6, see p. 35.
26 Jenkins (2001: 630).
27 Zimmerman (1996: 83–4).
28 WSC had asked Ismay a few days before, 'Are we going to throw our secrets into the American lap, and see what they give us in exchange? If so, I am against it.' WSC to Ismay, 17 July 1940, PREM 3/475/1 NA.
29 Zimmerman (1996: 88–94).
30 Kevles (1995: 302–3).
31 Hartcup and Allibone (1984: 98).
32 Clark (1965: 298).
33 Bowen (1998: 155).
34 See, for example, 'Blast Rocks London, Toll Feared Great', *Washington Post*, 6 September 1940, p. 1.
35 Clark (1965: 269).
36 Fowler to Hill, 11 September 1940, and Hill to Fowler, 4 October 1940, AVHL I 3/19.
37 Chadwick to Lindemann, 20 June 1940, LIND D 230/8. Gowing (1964: 47).
38 Gowing (1964: 47); Peierls to T. E. Allibone, 5 January 1983, PEIERLS D.15.

15 丘吉尔在最佳时刻向美国求助 1940.8—1941.8

1 Wells (1940: 57, 17).
2 Colville (1985: 315); CHBIO, Vol. 6, p. 1038. Tennyson's poem: http://theotherpages.org/poems/tenny02.html.
3 Description taken from 'Nazi Bombers Stage Longest Raid of the War', *Washington Post*, 6 September 1940, p. 1.
4 Wells (1901: 213).
5 Hall, D. J. (2000) 'Bulldog Churchill', *Finest Hour*, No. 106, pp. 18–20.
6 Cannadine (ed.) (1989: 4).
7 Edgerton (2011: 68–9).
8 A second blitz was rendered virtually impossible by 1944 by the advent of radar-controlled guns firing shells with proximity fuses.
9 Jenkins (2001: 630–1).
10 Jenkins (2001: 641).
11 Wells (1934: 99–100).
12 Smith (1986: 470–1).
13 Sherborne (2010: 342–3). 'The Illusion of Personality', *Nature*, 1 April 1944, pp. 395–7. Example of correspondence with WSC: WSC to Wells, 17 September 1940, c.238.19 WELLS.
14 For descriptions of Hankey, see the press cuttings in HNKY 2/5. See *Daily Express*, 31 May 1938. Roskill (1974: 656).
15 WSC to Neville Chamberlain, 27 September 1940, CAB 21/829, NA.
16 McGucken (1978: 112).
17 During the Tizard mission, from 9 September to 30 November 1940, there appear to have been only three discussions about nuclear weapons; see 'Activities of British Technical Mission', HTT 706.
18 Tizard to WSC, 19 October 1940, PREM 3/475/1, NA.
19 'WM (40), Cabinet minutes, 293rd conclusions', 21 November 1940, AVIA 22/2286, NA.
20 Charles Lindemann to Frederick Lindemann, 16 December 1940, LIND D146/9.
21 War Cabinet minutes, 2 December 1940, CAB 65/10, NA, p. 152.
22 'President's Call for a Full Response on Defense', *New York Times*, 30 December 1940, p. 6.
23 'Hopkins Given London Task by Roosevelt', *New York Times*, 4 January 1941, p. 3.
24 Report by W. Ridsdale, 25 January 1941, FO 371/26179, NA.
25 Note by Alex Cadogan, 29 January 1941, FO 371/26179, NA.

26 Hershberg (1993: 142).
27 'Conant: Man of the Week', *Akron Beacon Journal*, 5 November 1941, see Box 155 CONANT.
28 Conant's first national radio broadcast was on 29 May 1940, CONANT, Box 26. 'Conant Urges Aid to Allies at Once', *New York Times*, 30 May 1940, p. 24.
29 The lunch was on 6 March 1941. Conant (1970: 253–5); Hershberg (1993: 145).
30 Conant (1970: 262).
31 Wenden, D. J., 'Churchill, Radio and Cinema', in Blake and Louis (eds) (1996: 215–39), see p. 233. See also Dilks (ed.) (2010: 402).
32 Conant (1970: 252–6, 266). 'Conant Urges That the US Take Place Beside England in War', *Atlanta Constitution*, 5 May 1941, p. 1.
33 Churchill's nomination papers: http://www2.royalsociety.org/DServe/dserve.exe?dsqIni=Dserve.ini&dsqApp=Archive&dsqCmd=ImageView.tcl&dsqDb=Catalog&dsqImage=EC_1941_21.jpg; *Nature*, 21 June 1941, p. 772; *Nature*, 7 June 1941, p. 704.
34 See, for example, letter from A. V. Hill to Sir Henry Dale, 17 September 1941, HTT 58.
35 Clark (1965: 271).
36 Colville (1985: 344–5).
37 Clark (1965: 293).
38 Reynolds (1994: 249).
39 Halifax to WSC, *c*.15 June 1941, HLFX, A.4.7.
40 Churchill and Roosevelt had met once before, in 1918, though this escaped Churchill's memory.
41 Colville (1985: 368).
42 Muller (2009: 262).

16 查德威克认为英国应自造原子弹 1941.7—1941.8

1 Interview with Chadwick, 20 April 1969, AIP: http://www.aip.org/history/ohilist/3974_4.html.
2 Interview with Chadwick's daughters, 10 May 2012. See also Brown (1997: 204).
3 Peierls to G. P. Thomson, 14 May 1941, AB 1/580, NA; Peierls to Andrew Boyle, 13 November 1978, PEIERLS D.53.
4 Fuchs officially joined the MAUD team on 28 May 1941. Report on Fuchs by Chief Constable of Birmingham, 6 May 1942, KV 2/1246,

NA; Gowing (1964: 53n).
5 Hastings (2009: 86).
6 Kennedy (1986: 93).
7 Slade to Lindemann, 1 December 1939, LIND D101/1; 'Anglo-American Economic Cooperation' by Melchett, D109/20; Melchett to Lindemann, 14 January 1941, LIND D105/14; Melchett to Lindemann, 3 July 1941, LIND D107/1.
8 Oliphant to Appleton, 18 June 1940, LIND G526/12.
9 Gowing (1964: 75).
10 Minutes of the MAUD committee, 19 May 1941, AB1/8, NA.
11 Minutes of the MAUD technical committee, 9 April 1941, AB1/8, NA.
12 Letter from Cockcroft to his wife, 21 March 1941, CKFTFAMILY.
13 A few days later, Conant was startled to hear more from the American Ambassador's assistant Ben Cohen about the British programme to develop a nuclear weapon. Hershberg (1993: 146).
14 Chadwick to Dickens, 25 and 30 June 1941, AB 1/222, NA.
15 Minutes of MAUD technical committee, 2 July 1941, AB 1/8, NA.
16 The MAUD report is reprinted in full in Gowing (1964: 394–436).
17 Chadwick to Feather, 16 July 1941, FEAT 23/6.
18 Chadwick to Feather, 30 August and 6 September 1941, FEAT 23/6.
19 Gowing (1964: 76–89).
20 Tizard to Hankey, 5 August 1941, CAB 104/207, NA.
21 Blackett to Pye, 5 August 1941, AB 1/238, NA; Gowing (1964: 78).
22 Darwin to Hankey, 2 August 1941, CAB 104/227, NA.
23 Hankey to Jonathan, 'Uranium', undated but evidently August 1941, CAB 126/330, NA.
24 Thomson to Chadwick, 11 August 1941, CHAD I 19/7.

17 林德曼支持原子弹英国造 1941.8—1941.10

1 Testimony by Lindemann to the Scientific Advisory Committee to the War Cabinet, 17 September 1941, CAB 90/8, p. 2, NA.
2 Gowing (1964: 96). Lindemann to WSC, 27 August 1941, CAB 126/330, NA. Lindemann copied the letter to Sir John Anderson: CAB 126/39, NA. Lindemann's recommendations differed little from the conclusion of the Defence Services Panel of the Scientific Advisory Committee, finalised on 25 September 1941, CAB 104/227, NA.

3 CHBIO, Vol. 6, pp. 1176–7.
4 Reynolds (1994: 130).
5 'President Debarks', *New York Times*, 17 August 1941, p. 1.
6 WSC to Hopkins, 28 August 1941, PREM 3/224/2, NA.
7 Lindemann to WSC, 27 August 1941, CAB 126/330, NA.
8 WSC to Ismay, 30 August 1941, PREM 3/139/8A, NA; WSC to Anderson, 23 August 1945, CHUR 2/3.
9 Gowing (1964: 106).
10 Ismay to Anderson, 4 September 1941, CAB 126/330, NA.
11 Clark (1965: 300–1).
12 Anderson to Hankey, 12 August 1941, CAB 126/330, NA.
13 Reader (1975: 173–4, 292).
14 *Dictionary of National Biography*, entry for Anderson by G. C. Peden.
15 Anderson to Hankey, 6 August and 12 August 1941, CAB 126/330, NA.
16 Anderson to Moore-Brabazon, 23 October 1941, CAB 126/330, NA.
17 Birkenhead (1961: 256).
18 Fort (2004: 233–4). Lindemann's chauffeur was George Topp.
19 I thank Peter Sarnak of the Institute of Advanced Study, Princeton, for giving me the benefit of his expert opinion on Lindemann's contribution to the theory of prime numbers. Lindemann's letter to the editor of *Nature* completed on 13 September 1941 was published on 11 October 1941 (Vol. 148, p. 436).
20 A. V. Hill to Dale, 17 September 1941, HTT 58.
21 Minutes of the 12th Meeting of the War Cabinet's Scientific Advisory Committee, 17 September 1941, CAB 90/8, NA.
22 Scientific Advisory Committee's report on MAUD, 24 September 1941, CAB 90/8, NA.
23 Hankey's report also recommended that pilot plants should be built in Britain and Canada.
24 Moore-Brabazon to Hankey, 27 August 1941, CAB 104/227, NA.
25 Hankey to Moore-Brabazon, 27 August 1941, CAB 104/227, NA.
26 WSC quoted, on 2 May 1948, in Colville (1985: 587).
27 FDR to WSC, 11 October 1941, CAB 126/330, NA; PREM 3/139/8A, NA.

18 奥利芬特奔走美国 1941.8—1942.1

1 Cockcroft to his wife, 18 February 1941, CKFTFAMILY.

2 Cockburn and Ellyard (1981: 29).
3 Cockburn, S., and Ellyard, S. (1981: 74).
4 Oliphant (1982: 17).
5 Oliphant to Appleton, 27 October 1941, CHAD I 19/3.
6 Oliphant to G. P. Thomson, 9 August 1941, AB 15/6077, NA.
7 Oliphant (1982: 17).
8 Rhodes (1986: 372-8).
9 Monk (2012: 296).
10 Bernstein (1976: 205).
11 Villa (1977: 478).
12 FDR to WSC, 11 October 1941, PREM 3/139/8A/574, NA.
13 Weart and Szilárd (eds) (1978: 146).
14 Gowing (1964: 109).
15 Oliphant to Cockcroft, 3 November 1941, AB 1/157, NA.
16 Oliphant to Appleton, 27 October 1941, CHAD I 19/3.
17 Oliphant to Chadwick, 27 October 1941, CHAD I 19/3.
18 Minutes of a meeting relating to Tube Alloys, 16 October 1941, CAB 126/46, NA.
19 Oliphant to Chadwick, 27 October 1941, CHAD I 19/3.
20 Chadwick to Oliphant, 10 November 1941, CHAD I 19/3.
21 Oliphant to Cockcroft, 3 November 1941, AB 1/157, NA. The American scientists were Harold Urey and George Pegram.
22 Oliphant to Chadwick, 12 November 1941, CHAD I 19/3. Some of the early briefing papers that Akers commissioned are in AB 1/256, NA.
23 Oliphant to Chadwick, 14 January 1942, CHAD I 19/3.
24 Cockburn and Ellyard (1981: 90–1, 163).

19　丘吉尔与罗斯福谈论原子弹　1941.11—1942.7

1 Eden (1965: 491).
2 WSC to Roosevelt, December 1941, PREM 3/139/8A, NA.
3 'Tube Alloys', report by Norman Brook, 27 November 1941, PREM 3/139/8A, NA.
4 Gilbert (2005: 242-4).
5 Roberts (1991: 280).
6 Jenkins (2001: 672).
7 WSC to Lord Privy Seal, 3 January 1942, CAB 120/29, NA.
8 Gilbert (2005: 249).
9 See the essays on WSC and Roosevelt in Berlin (1980). Also Hastings

(2009: 224).
10 Moran (1966: 420); Hastings (2009: 224).
11 WSC to Mr Curtin, 13 January 1942, CAB 120/29, NA.
12 He refers to 'the stir' in his note to Attlee, 11 January 1942, CAB 120/29, NA.
13 Martin to WSC, 9 January 1942, PREM 3/139/8A, f. 568, NA.
14 Norman Brook to John Martin, 10 December 1941, CAB 126/330, NA.
15 War Cabinet, 17 January 1942, CAB 65/25/8, NA.
16 Wheeler-Bennett (1958: 535). Churchill actually used the phrase 'walking out' rather than 'courting'.
17 Roosevelt to Bush, 11 March 1942, AEC 32.
18 Hankey, 'Bacteriological Weapons', 6 December 1941, PREM 3/65. Bernstein (1987: 47–8).
19 Hastings (2009: 236).
20 Churchill (1951: 81).
21 Jenkins (2001: 682–3).
22 Harvie-Watt (1980: 63).
23 Hankey to Halifax, 1 May 1941, Halifax papers CAC, ref. A4.410.4.5; Roskill to Rowe, 12 July 1968, C11, ROWE.
24 Reynolds (2004: 334).
25 Churchill (1951: 341).
26 FDR to Bush, 11 July 1942, FDRLIB, Bush file.
27 Reynolds (2004: 334).
28 Welles (1950: 215).
29 Churchill (1951: 343).
30 Hastings (2009: 297).
31 Alanbrooke (2002: 269).
32 Notes by Hankey, 29 June 1942, HNKY 13/1.
33 Anderson to WSC, 30 July 1942, PREM 3/139/8A, NA. Churchill wrote on the document 'As proposed' on 31 July.

20 埃克斯试图合并 1942.1—1943.1

1 Akers to Perrin, 21 December 1942, CHAD I 28/2.
2 Gowing (1964: 108–10).
3 BMFRS, Akers, November 1955, pp. 1–4.
4 Gowing (1964: 131).
5 Gowing (1964: 128, 141).
6 Brown (1997: 205–8).

7 Interview by GF of Harold Agnew and Al Wattenburg, 30 November 1992.
8 Gowing (1964: 139).
9 For Akers's view on the threat of the German project: memo to Anderson from his assistant, 11 June 1942, CAB 126/166, NA.
10 Gowing (1964: 144–5, 437–8).
11 Gowing (1964: 145).
12 Akers to Perrin, 21 December 1942, CHAD I 28/2.
13 Sachs (ed.) (1984: 43–53); Rhodes (1986: 433–42); interview by GF of Harold Agnew and Al Wattenburg, 30 November 1992.
14 Atomic Heritage Foundation website is very useful: http://www.atomicheritage.org/index.php?option=com_content&task=view&id=295.
15 Lanouette (1992: 237–8).
16 Bird and Sherwin (2005: 185–6).
17 Groves (1962: 125–6).
18 Akers to Halban, 1 January 1943, CHAD I 28/2.
19 Conant to Bush, 'Some thoughts concerning the correspondence . . .', 25 March 1943, FDRLIB.
20 Gowing (1964: 176).
21 Hewlett and Anderson (1962: 270).
22 Peierls (1985: 174).
23 Minutes of 13th Technical Committee of Tube Alloys, 22 January 1943, CAB 126/46, NA.
24 Gowing (1964: 217).
25 Chadwick to Fowler, 3 December 1942, CHAD IV 1/9; Peierls to Chadwick, 22 September 1942, CHAD I 19/6; Clark (1961: 184).
26 Letter to *The Times* from A. V. Hill, 1 July 1942 (p. 5).
27 Major General E. N. C. Clarke to Hill, 5 October 1942, AVHL I 2/2.
28 Kirby and Rosenhead (2011: 11–15).
29 Joubert to A. V. Hill, 4 March 1942, AVHL I 2/2.
30 'Combined Operations and a Great General Staff', undated, probably 1942, AVHL I 2/1.
31 E. J. S. Clarke to G. P. Thomson, 4 June 1958, GPT G58/3.
32 Akers to Groves, 31 December 1942, CHAD I 28/2; obituary of Akers, *Chemistry and Industry*, 20 November 1954, p. 1449.
33 Conant to Mackenzie, 2 January 1943, PREM 3/139/8A, NA.
34 Conant memo, dated 7 January 1943 by Akers, PREM 3/139/8A, f. 460–1, NA; Gowing (1964: 155–7).
35 Anderson to WSC, 23 July 1942, PREM 3/139/8A, NA.
36 Bernstein (1976: 211).

37 See, for example, Peierls to Akers, 1 May 1943, in Lee (ed.) (2007: 791–4).

21 布什瞄准美国的垄断 1942.10—1943.7

1 Bush (1972: 280–1).
2 Hershberg (1993: 180).
3 Bernstein (1976: 211).
4 Cockcroft to his mother, 11 July 1943, CKFTFAMILY.
5 Zachary (1992: 24); Zachary (1999: 61–4, 90–5).
6 Ratcliff (1942: 28, 40).
7 Bush (1972: 280).
8 Entry for Stimson, *American National Biography*, Oxford University Press (1989); Bernstein (1976: 210–11); Hewlett and Anderson (1962: 265–6).
9 Bernstein (1976: 210).
10 Hewlett and Anderson (1962: 267).
11 http://www.atomicheritage.org/index.php/atomic-history-main-menu-38/the-manhattan-project-begins-81942-121942-main-menu-209/fdr-gives-final-approval-mainmenu-212.html.
12 WSC to Hopkins, 1 April 1943, PREM 3/139/8A/523, NA.
13 Bernstein (1976: 213).
14 Conant to Bush, 'Some thoughts concerning the correspondence . . .', 25 March 1943, FDRLIB.
15 Sherwood (2008: 159).
16 Bush, V., Memorandum of conference with Mr Harry Hopkins and Lord Cherwell at the White House, May 25, 1943. FDRLIB 'Atomic Bomb file'.
17 Bernstein (1976: 214–15).
18 Hewlett and Anderson (1962: 274).
19 Hewlett and Anderson (1962: 275) give an account of the meeting based on contemporary sources. Bush's recollections, written some twenty-six years later, are in Bush (1972: 282). See also Gowing (1964: 168n).
20 STIMSON, Notes of Overseas Trip, 1943, entries for 17 July 1943, Brief Report of Certain Features of My Overseas Trip, 4 August 1943.
21 This account of the meeting is taken from Hewlett and Anderson (1962: 275–7) and references therein, and from Bush (1972: 282–5).

22 丘吉尔与罗斯福的核交易 1943.1—1943.9

1 Soames (2011: 275–6).
2 'Note on Tube Alloys' by Lindemann, undated, probably January or February 1943, PREM 3/139/8A, f. 494, NA.
3 See, for example, WSC to Hopkins, 1 April 1943, PREM 3/139/8A, NA.
4 'Tube Alloys', Lindemann to WSC, 7 April 1943, PREM 3/139/8A, ff. 511–15, NA.
5 WSC to Anderson, 15 April 1943, PREM 3/139/8A, ff. 502–3, NA.
6 Gowing (1964: 163).
7 Anderson to WSC, 26 July 1943, PREM 3/139/8A, ff. 422–4, NA.
8 FDR to WSC, 26 July 1943, PREM 3/139/8A, f. 421, NA.
9 Lindemann to WSC, 28 July 1943, PREM 3/139/8A, ff. 419–20, NA.
10 Churchill to Tizard, 30 July 1943, CHAR 20/94A, f. 63.
11 Gowing (1964: 170).
12 Oppenheimer (1964b).
13 Akers to Perrin, 19 August 1943, AB 1/376, NA.
14 Pawle (1963: 243); CHBIO, Vol. 7, p. 461.
15 Report on meeting by Cadogan, 29 August 1942, and note from Brown to Lawford, 27 October 1942, FO 1093/247; Reynolds (2004: 327).
16 Meacham (2003: 225–8); Gilbert (2005: 278–9).
17 CHBIO, Vol. 7, p. 471.
18 CHBIO, Vol. 7, p. 470.
19 Ward (ed.) (1995: 230–1).
20 Meacham (2003: 237).
21 CHBIO, Vol. 7, p. 476.
22 Reynolds (2004: 156, 380).
23 Cantelon, Hewlett and Williams (eds) (1984: 31–3).
24 Hinsley, Thomas, Ransom and Knight (1981: 128).
25 WSC to Lindemann, 27 May 1944, PREM 3/139/11A, ff. 761–2, NA.
26 'Negotiations with the Americans after the signing of the Quebec Agreement' by Wallace Akers, 13 September 1943, AB 1/129, NA, p. 1.
27 CHBIO, Vol. 7, p. 482.
28 WSC to Smuts, 5 September 1943, CHAR 20/117.

29 See the documents in MART 2 and 5, especially the report 'Mr Churchill at Harvard' by Barbara Williams.
30 Text of WSC's Harvard speech: http://www.winstonchurchill.org/learn/speeches/speeches-of-winston-churchill/118-the-price-of-greatness.
31 Lindemann to WSC, 19 October 1943, PREM 3/139/8A, f. 312, NA.

23 玻尔发起政治行动 1943.9—1944.5

1 Interview with Joanna Batterham (née Chadwick) about Bohr's visits to Los Alamos, 9 November 2012.
2 Gowing (1964: 245–8).
3 Pais (1991: 487–8).
4 Perrin to Gorrell Barnes, 26 October 1943, CAB 126/39, NA.
5 Brown (1997: 251).
6 Anderson to Llewellin, undated memo, probably October 1943, CAB 126/39, NA.
7 French and Kennedy (eds) (1985: 183–4, 230, 244).
8 Robert Oppenheimer, quoted in 'The Philosophy of Niels Bohr' by Aage Peterson, *Bulletin of the Atomic Scientists*, September 1963, pp. 8–14, see p. 9; French and Kennedy (eds) (1985: 182).
9 Peierls (1985: 180); Aaserud (2005: 13–15); Jones, R. V., 'Meetings in Wartime and After', in French and Kennedy (eds) (1985: 278–87); Aage Bohr's journal 'Bohr's activities October 1943 to April 1945', NBA.
10 Bohr (1964: 197); testimony of Sir Charles Darwin's wife, G41, GPT.
11 *New York Times*, 9 October 1943, p. 3.
12 Akers to Munro, 31 August 1943, AB 1/376, NA.
13 Akers to Perrin, 31 August 1943, AB 1/376, NA.
14 Anderson to WSC, 15 October 1943, PREM 3/139/8A, ff. 313–15, NA.
15 'Tube Alloys Project – negotiations with the Americans after the Quebec Agreement', 24 September 1943, AB 1/129, NA; Oliphant to Chadwick, 21 November 1943, CHAD IV 3/7; Tube Alloys collaboration report, 9 October 1943, PREM 3/139/8A, , ff. 316–21, NA.
16 Chadwick's note on his meeting with Groves, 11 February 1944, CHAD IV 3/2.
17 Monk (2012: 395, 397n); Powers (1993: 244, 536, note 11).
18 Chadwick, J., 'Comments on Mrs Gowing's 2nd Volume', CHAD IV 14/11, p. 3; Oliphant to Chadwick, 21 November 1943, CHAD IV 3/7.
19 Anderson to WSC, 21 March 1944, PREM 3/139/2, NA.
20 Anderson to Lewellin, undated but probably October 1943, CAB

126/39, NA; Journal 6.02 of Bohr's activities, October 1943 to April 1945, NBA.
21 Untitled Anderson memo, 25 November 1943, CAB 126/39, NA.
22 Szasz (1984: 75); Powers (1993: 240–1).
23 Bohr (1964: 199).
24 Hughes (2002: 65).
25 Chadwick's notes from meeting with Groves, 11 February 1944, CHAD IV 3/2.
26 Gowing (1964: 249).
27 Aydelotte to Hanson, 20 December 1943; Aydelotte to Bohr, 22 December 1943: Niels Bohr papers in DO Members' Box 12a-36-47, IAS.
28 Akers to Perrin, 27 January 1944, CAB 126/332, NA.
29 Powers (1993: 246–8).
30 Pais (1991: 462).
31 Szasz (1992: 32–34); Peierls (1985: 187–203).
32 Brown (2012: 45).
33 Szasz (1992: 19).
34 Oppenheimer (1964b).
35 Teller (1962: 211).
36 Szasz (1992: 148–9); note from Manhattan authorities to General Gee, 6 August 1946, FRISCH A58A.
37 Oppenheimer (1964b).
38 Akers to Perrin, 27 January 1944, CAB 126/332, NA.
39 Powers (1993: 257).
40 Bohr's journal after he left Denmark in 1943, 6.02, pp. 3–5, NBI.
41 Aaserud (2005: 20).
42 Anderson to WSC, 21 March 1944, PREM 3/139/2, NA. This reference and all others relating to the preparations for the WSC–Bohr meeting are in Aaserud (2005: 20–3).
43 Anderson to WSC, 27 April 1944, PREM 3/139/2, NA.
44 Kapitza to Bohr, 28 October 1943, CAB 126/39, NA. Even on that date, Kaptiza believed Bohr was still in Sweden: see 'Correspondence between Kapitza and B.', 2 May 1945, CAB 126/39.
45 Bohr (1964: 205).
46 Wheeler-Bennett (1962: 297).
47 Jones (1998: 476).
48 Dale to WSC, 11 May 1944, CAB 126/39, NA.
49 Comment on Gorrell Barnes to Anderson, 19 May 1944, CAB 126/39, NA.

50 Sir Henry Dale to Lindemann, 11 May 1944, CAB 127/201, NA.
51 Aaserud (2005: 25).

24 斗牛犬遭遇丹麦伟人 1944.4—1944.9

1 HNSRD.
2 Brendon (1984: 187).
3 Hastings (2009: 477).
4 Jenkins (2001: 732–3).
5 Dilks (ed.) (2010: 621).
6 WSC to Eden, 21 October 1942, PREM 4/100/7, ff. 265–6, NA.
7 Hastings (2009: 431–4).
8 Reynolds (2004: 380–2).
9 Moran (1966: 145–54).
10 Hastings (2009: 484–5).
11 Reynolds (2004: 417).
12 This account of the Bohr–Churchill meeting is based on 'The interview with the Prime Minister' in Aage Bohr's journal 'Bohr's activities October 1943 to April 1945', NBA; Jones (1998: 475–7), Jones, R. V., 'Meetings in Wartime and After', in French and Kennedy (eds) (1985: 278–87); Aaserud (2005: 23–7); Gowing (1964: 355).
13 Bohr (1964: 204).
14 Lindemann to WSC, 24 May 1944, PREM 3/139/11A, f. 764, NA; the text of the letter from Bohr to WSC is in Aaserud (2005: 96–8).
15 WSC to Lindemann, 20 September 1944, PREM 3/139,8A, ff.298–9, NA.
16 WSC to Lindemann, 27 May 1944, PREM 3/139/11A/761, NA. The word [later] in the quote replaces the original 'after', which appears to be a typographical error.
17 WSC to Ismay, 19 April 1945, PREM 3/139/11A, f. 817.
18 See, for example, Anderson to WSC, 25 May 1944, PREM 3/139/11A, NA.
19 CHBIO, Vol. 7, pp. 793–4.
20 CHBIO, Vol. 7, p. 808.
21 WSC to Anderson, 6 October 1943 CHAR 20/94B.
22 See the V1 and V2 timeline at http://www.flyingbombsandrockets.com/Timeline.html and Overy (2006: 293–5).
23 Leasor (ed.) (1959: 69).
24 Fort (2004: 294–5); BMFRS of Lindemann, November 1958,

pp. 63–4.
25 Colonel J. D. Wyatt to Colonel Macrae, 30 May 1961, and A. L Bonsey to *The Times*, 24 April 1961, MCRA 2/21.
26 Lindemann to WSC, 25 February 1944, PREM 3/65, NA; Bernstein (1987: 46–7).
27 WSC to Ismay, 6 July 1944, PREM 3/89, NA.
28 Bernstein (1987: 46–7).
29 Cited in 'Potentialities of Weapons of Bacteriological Warfare during the Next Ten Years', 6 November 1945, DEFE 2/1252, NA.
30 Anderson to WSC, 1 June 1944, PREM 3/139/2, NA. Bernstein (1976: 223–4).
31 WSC to Anderson, 13 April 1944 and Anderson to WSC, 14 April 1944, PREM 3/139/2, NA; Gowing (1964: 298–301, 444–5).
32 Moran (1966: 179).
33 Lindemann to WSC, 25 July 1944, PREM 3/139/11A, ff. 744–5, NA.
34 Lindemann to WSC, 12 September 1944, PREM 3/139/8A, f. 309, NA.
35 Aide-mémoire signed by Roosevelt and WSC, 18 September 1944, PREM 3/139/8A, f. 310, NA.
36 WSC to Lindemann, 20 September 1944, PREM 3/139/8A, ff. 298–9, NA.
37 Lindemann's 'Notes on Conversation between President, Admiral Leahy, Bush and self', 22 September 1944, RVJO B.396.
38 Lindemann to WSC, 23 September 1944, CAB 126/39, NA.
39 Lindemann to WSC, 17 November 1944, PREM 3/139/11A, f. 836, NA; Lindemann to Oppenheimer, 21 October 1944, OPPY, Box 26, Folder 6.

25 查德威克目击首次核爆 1944.2—1945.7

1 Gowing (1974a: 47).
2 Szasz (1984: 39–40); Brown (1997: 260–1).
3 Brown (1997: 254–7).
4 Brown (1997: 268).
5 Tube Alloys salaries, AB 1/267, NA.
6 Webster to Appleton, 24 February 1944, CHAD IV 3/7.
7 Chadwick to Akers, 24 June 1944, AB 1/615, NA.
8 A pithy overview of the technical challenges of the project is given in Hughes (2002: 68–83). See also Kevles (1995: 327–34).
9 Peierls (1985: 199–201).

10 Gowing (1964: 262).
11 Note from Manhattan authorities to General Gee, 6 August 1946, FRISCH A58A.
12 This account of the British mission draws on the interviews with Rudolf Peierls and several others in the late 1980s, available at LOSALAMOS. See also documents in FRISCH A60–62; Szasz (1992: 32–46).
13 MI5 security report on Peierls, 24 January 1951, KV 2/1661, NA; Peierls (1985: 197, 205).
14 Peierls to Tom Sharpe, 3 September 1993, PEIERLS D.58.
15 Szasz (1992: 27).
16 Clark (1992: 157).
17 Groves (1962: 166).
18 Some of Bohr's technical work is available from LOSALAMOS, attached to the letter from Bohr to Oppenheimer, 19 June 1944; on Oppenheimer's view of Bohr: Thorpe (2006: 257). Quote is from the *New York Herald Tribune*, 19 November 1962.
19 Jones (1998: 477).
20 Oppenheimer (1964b).
21 Brown (2012: 45–6, 295 n9).
22 Rotblat gives the date of the dinner at the Chadwicks as March 1944: Rotblat (1985: 19).
23 Brown (2012: 54–5).
24 A few months later, the Chadwicks moved to Q Street – interview with Chadwick's daughters, 9 November 2012.
25 Chadwick to Appleton, 21 March 1945, AB 1/615, NA; Szasz (1992: 62).
26 Szasz (1992: 22, 25); Peierls (1985: 200–1).
27 Churchill to Anderson, 28 January 1945, CAB 126/30, NA.
28 Oliphant to Akers, 21 January 1945, CAB 126/30, NA.
29 Oliphant to Akers, 8 February 1945, CAB 126/59, NA.
30 Gowing (1964: 330); Oliphant to Akers, 21 January 1945, CAB 126/30, NA.
31 Chadwick to Anderson, and 'Future TA Policy and Programme', 23 March 1945, CAB 126/59, NA.
32 Chadwick to Akers, 31 May 1945, CHAD IV 11/1.
33 Oliphant to Hill, 25 June 1945, AVHL I 3/67.
34 Birkenhead (1961: 295).
35 Peierls to Kitty Oppenheimer, 18 January 1972: Lee (ed.) (2009: 741).
36 'People's Faces Show of Death News', *Washington Post*, 13 April

1945, p. 1.
37 Szasz (1992: 29).
38 Copy of message from Robert Patterson, dated 4 May 1945, in FRISCH A59.
39 Bernstein (1975: 38); http://www.dannen.com/decision/franck.html.
40 Stimson diary, 14 May 1945, STIMSON.
41 Bernstein (1975: 36-7).
42 Kevles (1995: 336).
43 'Memorandum by Sir Henry Dale', 20 June 1963, CKFT 25/25.
44 This account draws from: Szasz (1984: 79-114); Lamont (1965: 203-56); Monk (2012: 437-9); the Trinity Test, http://www.cddc.vt.edu/host/atomic/trinity/projtrinity.html; Chadwick, J. 'The Atomic Bomb', *Liverpool Daily Post*, 4 March 1946 (CHAD IV 9/3); Peierls (1985: 200-2).
45 See the account by Frisch, reproduced in Gowing (1964: 441-2).
46 Lamont (1965: 238).
47 Groves's memorandum for Stimson, 18 July 1945, reproduced in Feis (1960: 165-71), see p. 166. Chadwick donation to the Natural History Museum: CHAD I 24/2.
48 Hughes (2002: 97); McMahon (2003: 6).
49 Hastings (2007: 489); Schwartz (ed.) (1998: 562).

26 丘吉尔同意投放原子弹 1945.7.1—1945.8.5

1 Moran (1966: 280).
2 Gowing (1964: 362-75). For one of Anderson's briefings, see 'Notes on TA for "TERMINAL"', 29 June 1945, PREM 3/139/8A, NA.
3 Bohr journal 6.02, activities from October 1943 to April 1945, p. 19, NBA.
4 Truman (1955: 415).
5 Ferrell (1998: 3-4, 151). See also Truman to his daughter, 3 March 1948: Truman (ed.) (1981: 106-7).
6 Truman (1955: 10-11).
7 Smith (1946: 286).
8 McCullough (1992: 64-5).
9 Franklin (2008: 52-3).
10 Gromyko (1989: 99-100).
11 Jenkins (2001: 783-5).
12 Haslam (2011: 50-2).
13 Moran (1966: 347).

14 Harris (1984: 241–3).
15 Churchill College Archives Guide 'Cosmos Out of Chaos' (2009: 32–3).
16 Churchill to Truman, 12 May 1945, CHAR 20/218, f. 109. H. G. Wells coined the phrase in his 1904 novel *The Food of the Gods*, in Book III, near the beginning of Chapter Four: http://ebooks.adelaide.edu.au/w/wells/hg/food/chapter11.html.
17 See the papers in CAB 120/691, NA, in the period May to June 1945.
18 WSC to Sir Orme Sargent, 10 June 1945, CAB 123/147, NA. Of the scientists scheduled to travel to Moscow, there was certainly a case for preventing the eminent crystallographer J. D. Bernal from making the trip, as he was a follower of Stalin and therefore a security risk (e-mail from Andrew Brown, 13 December 2012).
19 WSC to Commons, 14 June 1945, HNSRD.
20 See CAB 123/147, NA, and the Prime Minister's papers PREM 3/139/7, NA. Woolton to Blackett, 18 June 1945, CAB 123/147, NA. Hill (1962: 301–2). See also BLACKETT G.91.
21 Jenkins (2001: 792).
22 McCullough (1992: 415).
23 CHBIO, Vol. 8, p. 61.
24 Hastings (2007: 506–7).
25 Gilbert (2005: 356–7).
26 The message is decoded somewhat differently, but with the same essential meaning, in Feis (1960: 164). I am using the phrase quoted in Harvey Bundy's 'Remembered Words', *Atlantic*, March 1957, Vol. 199, No. 3, pp. 56–7, see p. 57, and am assuming that this is the message that Stimson showed Churchill on the next day. Churchill recalled that the message was 'Babies satisfactorily born' (CHBIO, Vol. 8, p. 62), but it is unlikely that the plural was used.
27 Bernstein (1975: 41).
28 For a rare mention of Tube Alloys to Attlee by WSC, see CHBIO, Vol. 7, p. 482; Harris (1995: 277–8).
29 McCullough (1992: 416–20).
30 Truman (1955: 343).
31 Rhodes James (1986: 307–8). For Truman's reaction: McCullough (1992: 423).
32 On Stalin's fondness for Chopin: FRUS, Conference of Berlin (Potsdam) 1945, p. 1530.

33 This purpose emerges from Stalin's encrypted correspondence with the Soviet embassy in Tokyo: Haslam (2011: 60).
34 STIMSON: diary entry for 19 July 1945.
35 STIMSON: diary entry for 22 July 1945.
36 This quote is from Stimson's assistant Harvey Bundy, who accompanied Stimson to the meeting: 'Remembered Words', *Atlantic*, March 1957, Vol. 199, No. 3, pp. 56–7, see p. 57.
37 'Vision of the Future Through the Eyes of Science', *News of the World*, 31 October 1937.
38 Moran (1966: 280); WSC to Lindemann, 27 May 1944, PREM 3/139/11A, ff. 761–2, NA.
39 Wells, H. G., 'Churchill Must Go', *Tribune*, 15 December 1944; WSC's bouquet reached Wells on 10 May 1945: Toye (2008: 151).
40 Alanbrooke (2002: 709).
41 Truman (1955: 416). In his account, written years after the incident, he writes that Stalin showed no special interest: 'All he said was that he was glad to hear it and hoped we would "make good use of it against the Japanese".' This is contradicted by the first-hand account of Stalin's reaction given by Pavlov, written soon after the event – this is the account used in the text.
42 Pavlova V. N., 'Avtobiograficheskie zametki', *V. N. Pavlova – Perevodchika I. V. Stalina' Novaya i Noveishaya Istoriya*, No. 4, July–August 2000, p. 110.
43 Haslam (2011: 62); Holloway (1994: 117); Feis (1966: 101–2).
44 Churchill (1954: 579–80); Truman (1955: 416); Gellately (2013: 162–5).
45 Goodman (2007: 82–3); Kojevnikov (2004: 136–8).
46 Haslam (2011: 62).
47 Chikov, V. (1997). Dos'e KGB no. 13676, Nelegaly, Vol. 1, Operatsiya 'Enormous', Moscow, pp. 17–19.
48 Haslam (2001: 17).
49 Kojevnikov (2004: 140).
50 Lota (2010: 656–66), see especially p. 658.
51 Stalin made this remark on 27 July 1945: FRUS, Conference of Berlin (Potsdam) 1945, p. 1531.
52 Zhukov (1971: 674–5).
53 Haslam (2011: 61).
54 Gromyko (1989: 109).
55 CHBIO, Vol. 8, pp. 106–7.
56 Churchill's colleague William Mabane described him as 'bewildered,

hurt and rather stunned': entry in Harold Nicolson's diary, 14 August 1945, NIC. Randolph Churchill's quoted words are in Harold Nicolson's diary, 5 September 1945, NIC.
57 Chiang Kai-shek, the President of China, also signed the declaration, in absentia. http://pwencycl.kgbudge.com/P/o/Potsdam_Declaration.htm. FRUS, Conference of Berlin (Potsdam) 1945, pp. 1474–6.
58 Truman (1955: 421).
59 WSC gave his agreement on 1 July 1945: documents in CAB 126/46, NA; Lindemann to WSC, 28 January 1953; 'Events leading up to the use of the atomic bomb, 1945', PREM 11/565, NA.
60 CHBIO, Vol. 8, pp. 111–12.
61 Colville (1985: 577).
62 Lindemann to WSC, 26 July 1945, PREM 3/139/9, f. 640, NA.
63 Draft of WSC announcement on the Bomb, 29 July 1945, PREM 3/139/9, NA. The text of the final speech was published in, for example, the *Manchester Guardian*, 7 August 1945, p. 5.

27　核异端分子布莱克特　1945.8—1949.1

1 Blackett (1948: 127).
2 BBC's 9 p.m. bulletin on 6 August 1945: http://www.bbc.co.uk/radio4/history/august1945.shtml (3:03 into sequence).
3 E-mail from Blackett's daughter Giovanna, 5 December 2011.
4 Blackett returned to Manchester in the summer of 1945: Nye (2004: 85).
5 Chadwick, J., 'Comments on Mrs Gowing's 2nd Volume', CHAD IV 14/11, p. 3.
6 Orwell, G., 'London Letter', autumn 1945, in Orwell and Angus (eds) (1970: 452).
7 Diary entry by Harold Nicolson, 7 August 1945, NIC.
8 Shaw, G. B., 'The Atom Bomb', *Sunday Express*, 12 August 1945. It was reprinted in, for example, the *Washington Post*, 19 August 1945. On 21 August, *The Times* in London published a letter from Shaw on the subject.
9 Report on the press conference, 12 August 1945, CHAD IV 3/13.
10 Smyth (1976: 199).
11 Reprinted in 'Statements Relating to the Atomic Bomb', *Reviews of Modern Physics*, Vol. 17, No. 4, October 1945, pp. 472–90.
12 Gowing (1974a: 58–9).
13 Chadwick, J., 'Comments on Mrs Gowing's 2nd Volume', CHAD IV

14/11, p. 3.
14 Attlee 'The Atomic Bomb', 28 August 1945, CAB 130/3 (in the GEN 75/1 papers), NA.
15 Attlee to Truman, 25 September 1945, reprinted in Gowing (1974a: 78–81).
16 Blackett to Polanyi, 3 November 1941, BLACKETT, J65.
17 Oliphant to Chadwick, 1 October 1945, CHAD I 25/1.
18 Speech to Parliament by Captain Blackburn, 30 October 1945, HNSRD; 'Man-to-Man Talks on the Atomic Bomb', *Manchester Guardian*, 31 October 1945, p. 6.
19 Rickett to Anderson, 29 October 1945, CAB 126/304, NA.
20 Briefing for Chancellor of the Exchequer, 25 October 1945, CAB 126/304, NA.
21 'All Topics Open for Discussion', *Manchester Guardian*, 1 November 1945, p. 5.
22 See Attlee's comments on Blackett, 'Atomic energy: an immediate policy for Great Britain', 6 November 1945, PREM 8/115, NA.
23 Gowing (1974a: 87–92).
24 Orwell, G., 'You and the Atomic Bomb', *Tribune*, 19 October 1945: http://tmh.floonet.net/articles/abombs.html.
25 Blackett's notes for his reply to Oliphant's letter of 22 January 1946, BLACKETT D.192.
26 WSC to Commons, 7 November 1945, HNSRD.
27 Minutes of the GEN 163 Committee on 8 January 1947, CAB 130/16, NA.
28 Cathcart (1994: 88).
29 Interview with Sir Maurice Wilkes, 24 March 2009.
30 Chadwick, J., 'Comments on Mrs Gowing's 2nd Volume, CHAD IV 14/11, p. 11.
31 'Atomic Science', *Manchester Guardian*, 18 May 1946, p. 6.
32 McMahon (2003: 21–8).
33 Interview with R. Gordon Erneson, 21 June 1989, Truman Library, http://www.trumanlibrary.org/oralhist/arneson.htm; Hennessy (1996: 101).
34 Stimson to Maitland-Wilson, 3 July 1945, PREM 3/139/9, f. 660, NA.
35 Hennessy (1996: 102).
36 Szasz (1992: 48–9).
37 Gowing (1974a: 114).
38 Gowing (1974a: 90).

39 Blackett (1946).
40 Blackett to Peierls, 22 October 1946, PEIERLS C.22.
41 Quoted in Peierls to Oppenheimer, 26 August 1946, reproduced in Lee (2009: 65–6).
42 Barnes to Attlee, 14 November 1946, PREM 8/684, NA.
43 See, for example, Mott to Blackett, 11 November 1946, BLACKETT D.175.
44 Gowing (1974a: 115); interview with Sir Maurice Wilkes, 24 March 2009.
45 Hennessy (1993: 267–9).
46 Blackett (1948: Chapter X).
47 Blackett to Tizard, 16 September 1948, BLACKETT H.37.
48 Exchange between George Jeger and the Minister of Defence, 12 May 1948, HNSRD; Cathcart (1994: 88–9); Gowing (1974a: 212–13).
49 Gowing (1974a: 241–72).
50 'Moscow Hotly Protests Treaty', *Los Angeles Times*, 1 April 1949, p. 1.
51 Information about 'Consequences' in BLACKETT A.10a.
52 Kirby and Rosenhead (2011: 4, 24).
53 Orwell to Celia Kirwan, list compiled c. April 1949, FO 1110/189, NA.
54 Peierls to Blackett, 15 November 1948, PEIERLS C.23.
55 Thomson, G. P. to Blackett, 16 October 1948, BLACKETT H.37; Thomson, G. P., 'Russia and the Bomb', *Spectator*, 22 October 1948, p. 532.
56 Rabi, I. I., 'Playing Down the Bomb', *Atlantic Monthly*, April 1949, pp. 21–4.
57 There appears to have been only one brief exchange of correspondence between Lindemann and Blackett: about uncontroversial funding matters, in May 1946, BLACKETT D.197.
58 Interview with Peierls, 12 August 1969, pp. 99–100 of transcript.
59 BMFRS on Blackett, November 1974, pp. 35–6.
60 Lindemann to WSC, 13 March 1949, LIND E13/1.

28 冷战头子丘吉尔 1945.8—1949.8

1 Laurence and Peters (eds) (1996: 188).
2 CHBIO, Vol. 8, pp. 119, 125.
3 Moran (1966: 316).
4 Moran (1966: 328).
5 Moran (1966: 289).
6 WSC to Commons, 21 August 1945, HNSRD.

7 Desmond Morton to Sir David Petrie, 20 March 1941, and Petrie to Morton, 22 March, KV 2/3217 1941, NA.
8 WSC to Anderson, 23 August 1945, CHUR 2/3.
9 Anderson to WSC, 31 August 1945, CHUR 2/3.
10 WSC to Anderson, 7 September 1945, CHUR 2/3.
11 Morris to WSC, 23 March 1946 – WSC crossed out Blackett's nomination, CHUR 2/302.
12 Gowing (1974a: 32).
13 Attlee to WSC, September 1945 (undated), CHUR 2/3.
14 WSC'S Fulton speech, 5 March 1946: http://www.churchill-society-london.org.uk/Fulton.html; Reynolds (2004: 41–6); Jenkins (2001: 811–13).
15 Gilbert (2005: 373).
16 McCullough (1992: 486–90); Harris (1995: 298).
17 Interview with Stalin in *Pravda*, 14 March 1946: translation in CHBIO, Vol. 8, p. 211.
18 'Most important speech' – quoted in Reynolds (2004: 42).
19 WSC speech at University of Zurich, 19 September 1946, http://www.churchill-society-london.org.uk/astonish.html; 'An Ill-timed Speech?', 20 September 1946, *Manchester Guardian*, p. 5.
20 WSC to Attlee, 10 October 1946, CHUR 2/4.
21 Moran (1966: 315).
22 Blackburn (1959: 104–5).
23 The lunch took place on 30 July 1946. CHBIO, Vol. 8, p. 249.
24 CHBIO, Vol. 8, pp. 253–4.
25 Smith (ed.) (1998b: 531–2). Wells's note is undated, but was probably written *c*. May 1946.
26 Conversation took place on 8 August 1946: Moran (1966: 315).
27 Pickersgill and Forster (eds) (1970: 112–13).
28 WSC speech in Parliament, 23 January 1948, HNSRD.
29 WSC to Eden, 12 September 1948, CHUR 2/68A.
30 CHBIO, Vol. 8, p. 315.
31 Jenkins (2001: 808).
32 Churchill (1948): 'Theme of the Volume', printed at the beginning.
33 Churchill (1948: 301–2).
34 Reynolds (2004: 481–2).
35 Reynolds (2004: 136–44).
36 Coward to WSC, 9 December 1948, CHBIO, Vol. 8, pp. 449–50.
37 Reynolds (2004: 97–8).

38 Clementine Churchill to WSC, 5 March 1949, CHUR 1/46. See CHBIO, Vol. 8, pp. 461–2.
39 Lindemann to WSC, 13 March 1949, CHUR 2/81A. See Lindemann's letters to *The Times*, 30 November and 9 December 1949.
40 'Churchill Arrives Beaming', 24 March 1949, *New York Times*, p. 1.
41 'Churchill Hailed by Capital Crowd', 25 March 1949, *New York Times*, p. 1.
42 WSC to Truman, 29 June 1949, CHUR 2/158.
43 Truman to WSC, 2 July 1949, CHUR 2/158, f. 22.
44 WSC to Lindemann, 20 September 1949, LIND J84/7, and the reply on 1 October, J84/8.
45 The text is in CHUR 4/390B, ff. 212–16.
46 Lindemann speech in House of Lords, 5 July 1951, HNSRD.

29 派尔斯与"世纪间谍" 1950.2—1950.3

1 Genia Peierls to Klaus Fuchs, 4 February 1950, KV 2/1661, NA; for the 'spy of the century' quote, see Gannon (2002: chapter 13).
2 *New York Times*, 31 January and 1 February 1950, both p. 1; 'Work to Begin on Hydrogen Bomb', *Manchester Guardian*, 1 February 1950, p. 7.
3 Extract from the *Daily Worker*, 2 February 1950, KV 2/1661, NA, PF.109567.
4 Moss (1987: 184).
5 'Note' of J. H. Marriott, 6 February 1950, KV 2/1661, NA.
6 KV 2/1661, NA, extract PF.109.567; Peierls (1985: 223); Moss (1987: 184–7); Peierls interview, 13 August 1969, AIP, p. 153 of transcript. Peierls expressed his initial view that Fuchs 'could not possibly be guilty' to the security forces: see 'Note' of J. H. Marriott, 6 February 1950, KV 2/1661, NA.
7 Communications with Gaby Gross (née Peierls), 20 October 2011 and 23 January 2013.
8 E-mail from Gaby Gross (née Peierls), 24 January 2013.
9 Phone tap on the Peierlses, KV 2/1661, NA, report dated 6 December 1950.
10 Phone tap on the home of Herbert Skinner, 3 February 1950, KV 2/1661, NA.
11 KV 2/1661, NA, extract PF.109.567, report 6 December 1950; Metropolitan Police report, 6 February 1950.
12 Moss (1987: 239–48), see p. 244.

13 This account largely follows the account of the conversation given by Peierls in his letter to Commander Burt, written on 5 February 1950, and J. H. Marriott's report on the conversation, 6 February 1950, KV 2/1661. See also the letter Genia Peierls wrote to Fuchs on 4 February 1950 (PEIERLS, D.52) and Moss (1987: 186–90).
14 Peierls to Commander Burt, 5 February 1950, KV 2/1661, NA.
15 Genia Peierls to Fuchs, undated but clearly written on 4 February 1950, D.52 PEIERLS. Lee (ed.) (2009: 209–11).
16 Fuchs to Genia Peierls, 6 February 1950, PEIERLS D.52. Lee (ed.) (2009: 212–13).
17 See, for example, *Daily Mirror*, *New York Times* and *Washington Post*, 4 February 1950.
18 'Wartime Atom Chief Tells Congress . . .', *Washington Post*, 5 February 1950, p. M1.
19 Quoted in Moss (1987: 210).
20 'The Lesson of the Fuchs Case', *c.* March 1950, reproduced in Lee (2009: 219–25), see p. 222.
21 'Atomic Scientists' Association', report by A. K. Longair, 23 September 1947, KV 2/1658, NA.
22 'Atomic Energy Train Exhibition', *Nature*, 13 September 1947, p. 358; see also *Nature*, 15 November 1947, pp. 668–9. Brown (2012: 88–90).
23 MI5 report by Capt. A. C. M. Bennett, 18 March 1948, KV 2/1658.
24 Interview with Peierls, 12 August 1969, AIP, see p. 103 of transcript.
25 E-mail from Dyson, 28 October 2011.
26 Peierls to Bethe, 15 February 1950, PEIERLS C.17.
27 Peierls to Bohr, 14 February 1950, NBA, supplementary Peierls archive.
28 Peierls to Derek Curtis-Bennett, 28 February 1950, KV 2/1661, NA.
29 Note by J. C. Robertson, 6 March 1950, PF. 62251, Vol. 9, KV 2/1661, NA.
30 Szasz (1992: 84); Moss (1987: 194–203).
31 'Mr Churchill Assails Foreign Policy', *Manchester Guardian*, 15 February 1950; 'First Major Statement on Foreign Policy', *Daily Telegraph*, 15 February 1950. CHSPCH, Vol. 8, pp. 7936–44.

30 丘吉尔软化其原子弹言论 1950.2—1951 年春

1 'Mr Churchill Assails Foreign Policy', *Manchester Guardian*, 15 February 1950.

2 CHSPCH, Vol. 8, p. 7943-4.
3 Handwritten note by Attlee, 3 March 1950, PREM 8/1279, NA.
4 Attlee to Commons, 6 March 1950, HNSRD; 'Swift Plunge into Controversy', *Manchester Guardian*, 7 March 1950, p. 7.
5 Jenkins (2001: 836-7).
6 McMahon (2003: 50); Jenkins (2001: 833).
7 WSC to Attlee, 4 August 1950, CHUR 2/28.
8 WSC to Eden, 12 December 1951, PREM 11/1682, NA; Maddock (2010: 60).
9 Lindemann to WSC, 2 October 1950, CHUR 2/36; Lindemann to WSC, 23 July and 1 August 1950, CHUR 2/28.
10 Arrangements for WSC's visit to Copenhagen and its press coverage: CHUR 2/276 and CHUR 2/278.
11 Bohr's presence was pointed out in WSC's notes for the trip: CHUR 2/276. Bohr's Open Letter: Aaserüd (2005: 173-85).
12 WSC (1951) Københavns Universitets Promotionfest, Bianco Lunos Bogtrykkeri, p. 14.
13 WSC (1951) Københavns Universitets Promotionfest, Bianco Lunos Bogtrykkeri, p. 21.
14 'Mr Churchill Calls for a United Europe', *Birmingham Post*, 12 October 1950, p. 1.
15 Report in *Vendsyssel Tidende*, a north Jutland newspaper, 30 November 1950, p. 1.
16 McCullough (1992: 820-2).
17 Commons session on 14 December 1950: HNSRD.
18 WSC to Lindemann, 3 December 1953, EG 1/36, NA.
19 Parliamentary exchanges on 14 December 1950 and 30 January 1951, HNSRD.
20 Lindemann to WSC, 6 December 1950, CHUR 2/28, ff. 118-19.
21 Blackburn (1959: 96).
22 Attlee to WSC, 3 December 1950, PREM 8/1559, NA.
23 See Roger Makins's account of the meeting, 31 January 1951, and WSC's subsequent letter to Attlee, 12 February 1951, PREM 8/1559, NA.
24 Confidential Foreign Office note, 'Atomic Energy', 28 December 1950, PREM 8/1559, NA.
25 See correspondence in CHUR 2/28: WSC to Truman, 10 and 12 February 1951; Truman to WSC, 16 February 1951, delivered to WSC on 26 February via the US Embassy; Truman to WSC, 24 March

1951.
26 Murrow, E. R. 'Churchill: The Hinge of Fate', *Atlantic Monthly*, Vol. 187, pp. 70–3, see p. 71.
27 Reynolds (2004: 334).
28 Churchill (1951: 341–2). Further evidence of the implausibility of WSC's claim: Gowing (1964: 162–3).
29 Churchill (1951: 723).
30 Lindemann to WSC, 1 August 1950, CHUR 2/28.
31 Peierls (1985: 283).
32 Top Secret document 'Professor Peierls', 15 January 1951, KV 2/1661, NA.

31 彭尼造出英国原子弹 1945.8—1951.10

1 Howard (1974).
2 Hennessy (1989: 713); see correspondence in PREM 11/292, NA.
3 BMFRS of Penney, Vol. 39, February 1994, p. 288.
4 Boyle (1955: 261).
5 Penney, Samuels D. E. J. and Scorgie G. C. (1970) 'The Nuclear Explosive Yields at Hiroshima and Nagasaki', *Transactions of the Royal Society of London*, A266, pp. 357–424, see p. 419.
6 Cathcart (1994: 29–30, 82).
7 Telephone conversation with Tam Dalyell, 9 January 2005.
8 Cathcart (1994: 39–40).
9 Hennessy (1989: 712–13).
10 Goodman (2007:13).
11 Gowing (1974a: 224).
12 'Strategy' memorandum by Tizard, 4 November 1949, DEFE 9/34, p. 2, NA.
13 'Strategy' memorandum by Tizard, 4 November 1949, DEFE 9/34, NA.
14 CHSPCH, Vol. 8, p. 7943; WSC 'Press Notice', February 1951, CHUR 2/28, ff. 91–3.
15 Cathcart (1994: 129).
16 Quoted in Hennessy (2007: 59).
17 Lindemann to WSC, 17 June 1951, CHUR 2/113A.
18 Speech by Lindemann in the House of Lords, 5 July 1951, HNSRD.
19 'Development of Atomic Energy in Great Britain', *Nature*, 14 July 1951, p. 61.
20 The Bomb should be ready to test between 'July and October 1952'

Portal told Sir William Elliot, 10 August 1950, AB 16/1132, NA.
21 'Note on Dr Penney', unsigned, 25 May 1951, AB 16/942, NA.
22 Cathcart (1994: 164).
23 Minutes of Chiefs of Staff Committee, 17 September 1951, DEFE 32/2, NA.
24 'Pledge to Cut Spending, End Nationalisation', *Daily Telegraph*, 29 September 1951.
25 WSC speech on 23 October 1951: CHSPCH, Vol. 8, pp. 8281–6.
26 Item 6 in 'Some Reflections on the Present Situation', undated but probably January 1951, DEFE 9/34, NA (Sir Frederick Brundrett's supportive response is dated 9 January 1951). Gowing (1974a: 229–30) refers to this passage but dates it 1949.
27 Gowing (1974a: 230).
28 The plans for the first British Bomb are in ES 1/11, NA; see also Cathcart (1994: 202–35).
29 Minutes of Chiefs of Staff Committee, 24 October 1951, DEFE 32/2, NA; Cathcart (1994: 150).
30 Cathcart (1994: 148).
31 Gowing (1974a: 405).
32 Lindemann speech to the House of Lords, 5 July 1951, HNSRD.

32　英国第一位拥核首相丘吉尔　1951.10—1952.12

1 FRUS, 1952-4, Vol. 5, p. 1721.
2 WSC's speech to Commons, 6 November 1951, HNSRD.
3 Colville (1985: 604).
4 Colville (1985: 658).
5 Colville (1985: 595); Shuckburgh (1986: 160–1).
6 Wheeler-Bennett (1969: 119).
7 Fort (2004: 318).
8 Taylor, A. J. P., 'Lindemann and Tizard: More by Luck than Judgment?', *Observer*, 9 April 1961, p. 21.
9 Birkenhead (1961: 277–9, 302–5).
10 Birkenhead (1961: 310).
11 Lindemann to WSC, 13 November 1951, PREM 11/292, NA.
12 WSC to Lindemann, 15 November 1951, PREM 11/292, NA. The only precedent for the views expressed here by WSC is in the note he drafted for the press in the previous February, CHUR 2/28, untitled, but beginning 'There seems to be some misunderstanding . . .'.

13 Moran (1966: 352).
14 WSC to Sir Edward Bridges, 8 December 1951, PREM 11/297, NA. WSC uses the word 'millions' rather than the correct 'million'.
15 'Atomic Energy Expenditure' briefing for the Prime Minister, 12 December 1951, PREM 11/297, NA.
16 WSC endorses the policy on the minute Lindemann to WSC, 14 November 1951, PREM 11/292, NA.
17 Hennessy (2000: 180–3, 188).
18 Coote (1971: 102–10).
19 Moran (1966: 349).
20 CAB 21/3058, NA; CHBIO, Vol. 8, p. 674.
21 'Subjects for discussion at Washington', November 1951, CAB 21/3058, NA.
22 *New York Times*, 14 December 1951, article by James Reston, p. 8. Young (1996: 72).
23 McCullough (1992: 874); Larres (2002: 168); Young (1996: 72–82).
24 Young (1996: 75); CHBIO, Vol 8, p. 675.
25 McCullough (1992: 874–5).
26 Young (1996: 80).
27 See WSC–McMahon correspondence in November 1948, CHUR 2/69B; and their correspondence in April 1949, CHUR 2/84B.
28 Moran (1966: 359).
29 British record of the WSC–Truman meeting, 18 January 1952, CAB 21/3058, NA.
30 Brandon (1988: 94).
31 Colville (1985: 604); Birkenhead (1961: 279); Moran (1966: 382).
32 WSC to the Commons, 23 October 1952, HNSRD.
33 Gowing (1974b: 37, 56).
34 'Soviet atomic capabilities: appreciation for SACEUR', 14 November 1952, DEFE 21/62, NA.
35 Colville (1985: 596).
36 Hennessy (2006: 174–5).
37 Moran (1966: 400).
38 Birkenhead (1961: 310); Lindemann to WSC, 26 September 1952, LIND J122/99–100.
39 Colville (1985: 614).
40 Lindemann's atomic energy papers for WSC: LIND J122/4–16 (see also PREM 11/561, NA).
41 Arnold (2001: 37–8).

42 Confidential Annex to D.(52) 12th Meeting, 12 December 1952, CAB 131/12, NA.
43 Lindemann to WSC, 'Atomic Energy – Future UK Programme', LIND J122/4–6.
44 The estimate is from the Ridley Committee: see the text of Hinton's talk on 30 October 1953 in AB 19/85, NA.
45 Quote is from Cockcroft's draft memoir, CKFT 25/6 p. 41.

33　辛顿领导核电项目　1953

1 Sir Christopher Hinton's unpublished memoir, p. 61, HINTON.
2 Hennessy (2006: 329) Gowing (1974b: 20) and BMFRS of Hinton, December 1990, p. 226.
3 Lindemann to WSC, 17 September 1952, PREM 11/292, NA. Gowing (1974b: 12).
4 Gowing (1974b: 191).
5 Wells (1914: 51).
6 BMFRS of Hinton, Vol. 36, December 1990, p. 220.
7 Gowing (1974b: 22–3).
8 Gowing (1974b: 20–1).
9 Sir Christopher Hinton's unpublished memoir, p. 61, HINTON.
10 Hinton, C., 'Atomic Energy in Industry' conference, New York, 30 October 1953, text in AB 19/85, NA.
11 Hinton BIOFRS, December 1990, p. 227.
12 'Talks on Exchange of Atom Data End', *New York Times*, 17 October 1953.
13 The text of Hinton's talk on 30 October 1953: *Bulletin of the Atomic Scientists*, December 1953, pp. 366–8, 390. Conference proceedings, 'Atomic Energy in Industry', National Industrial Conference Board (1954), section 2.
14 Zachary (1999: 361–3).
15 Bird and Sherwin (2005: 472–5).
16 *Time*, 21 September 1953. Hinton's clip of the article 'The Atom', pp. 13–15: AB 19/85, NA.
17 Larres (2002: 192, 199–205).
18 Hinton to Plowden, 22 December 1953, PLDN 5 1/2.

34 核传教士丘吉尔 1953.3—1954.2

1. Moran (1953: 403).
2. Larres (2002: 182–4).
3. Quoted in Larres (2002: 189).
4. Larres (2002: 195–6).
5. Boyle (ed.) (1990: 31–52).
6. Eden wrote Eisenhower's 'tiresome' comment in his diary on 4 March 1953: Avon papers, AP 20/1/29, BHM. Larres (2002: 182–3).
7. Larres (2002: 199).
8. Larres (2002: 222–32).
9. WSC to Commons, 11 May 1953, HNSRD.
10. CHBIO, Vol. 8, pp. 846–7. Jenkins (2001: 860–1).
11. Telephone conversation with Lady Williams of Elvel (née Jane Portal), 2 February 2012.
12. Moran (1966: 415).
13. Moran (1966: 427, 437).
14. Moran (1966: 448, 451, 457). Colville (1985: 633) apparently misremembers the anecdote about WSC's amazement at reading news of the Soviet H-bomb in August 1953 and that this anecdote refers to WSC's reaction to Sterling Cole's speech in February 1954.
15. Butler (1971: 174).
16. Lovell, R., letter to the *British Medical Journal*, 10 June 1995, p. 310.
17. Birkenhead (1961: 311–16).
18. Birkenhead (1961: 332).
19. Allén, S. (2005) 'If You Have No Misgivings: Churchill's Nobel Prize in Literature', *European Review*, Vol. 13, No. 4, pp. 591–5.
20. Reynolds (2004: 439); Jenkins (2001: 864).
21. WSC to Commons, 3 November 1953, HNSRD.
22. Lindemann to WSC, 12 November 1953, LIND J138/66.
23. Larres (2002: 308–9).
24. Young (1996: 224–5); Larres (2002: 310).
25. British record of the Bermuda conference, 4 December 1953, FO 371/125138, NA. See also FRUS 1952–4, Vol. 5, p. 1761.
26. Notes on meeting between Lindemann and Strauss, 4 December 1953, EG 1/36, NA.
27. FRUS 1952–4, Vol. 5, pp. 1767–9.
28. Macmillan (1971: 324).
29. FRUS 1952–4, Vol. 5, 'Western European Security', p. 1739; Montague Browne (1995: 156–7).

30 CLVL 1/8, 'The Bermuda Conference', 7 and 8 December 1953.
31 FRUS 1952-4, Vol. 5, p. 1768; CLVL 1/8, 6 December 1953.
32 Eisenhower speech to UN, 8 December 1953: http://greatspeeches.wordpress.com/2008/10/02/dwight-d-eisenhower-atoms-for-peace-8-december-1953/.
33 CHBIO, Vol. 8, pp. 940-1.
34 Wheeler-Bennett (ed.) (1969: 121-2).
35 Hennessy, P. (2001) 'Churchill and the Premiership', *Transactions of the Royal Historical Society*, Vol. 11, pp. 295-306, see pp. 305-6. Interview with Lady Williams, 19 October 2010.
36 WSC to Eisenhower, 9 March 1954, quoted in Boyle (ed.) (1990: 124).
37 Butler (1971: 173).

35 考克饶夫成为首相心腹 1954.3—1954.12

1 Cockcroft to his mother, 17 December 1954, CKFTFAMILY.
2 Interview with Maurice Wilkes, 24 March 2009.
3 Chadwick to Appleton, 2 June 1945, CHAD IV 2/1.
4 Cockcroft lecture on 'Nuclear Physics since Rutherford', CKFT 4/21.
5 Cockcroft lecture to McMaster University, 15 May 1947, CKFT 25/24, p. 2.
6 Cockcroft talk to Manchester Grammar School, 15 July 1952, CKFT 4/19, p. 2.
7 Cockcroft talk, 'The influence of Lord Rutherford on the modern world', text of BBC broadcast, 12 December 1950, p. 5. Cockcroft lecture to McMaster University, 15 May 1947, CKFT 25/24, p. 2.
8 Personal conversation with George Steiner, 24 May 2011.
9 Personal conversations with Chris Cockcroft 8-10 May 2009, 9 March 2012; 'Thoughts on our father' by Cockcroft's children, undated, passed to GF 8 March 2012.
10 Hartcup and Allibone (1984: 191).
11 Cockcroft, J. D. (1959) 'The scientist and the public', *Harlequin* magazine, Christmas edition, pp. 25-6.
12 Letter from Cockcroft to his brother Eric, 26 August 1945, CKFT-FAMILY. Chadwick strongly disagrees with this, believing ICI's record in the project to be 'admirable': Chadwick to Akers, 31 May 1945, CHAD IV 11/1.
13 Cockcroft to his mother, 16 June and 6 December 1940, 12 March 1941, CKFTFAMILY; Hartcup and Allibone (1984: 166).

14 Cockcroft, draft memoir, CKFT 25/6, p. 32.
15 *Toronto Star*, 15 March 1946, in Cockcroft's scrapbook, CKFTFAMILY.
16 Note of meeting on 12 March 1954, CAB 130/101, NA.
17 The 'hybrid' weapon was 'boosted' with lithium deuteride, of which about three hundred pounds was needed for each bomb.
18 Annex 1 to Defence Policy Committee, 'Russian capacity to produce and deliver thermo-nuclear weapons', CAB 134/808, NA.
19 Hermann et al. (1987: 107, 215–6, 431–8, 476, 486–7, 495, 498, 524).
20 Cockcroft, J. D., 'Nuclear physics since Rutherford', 6 November 1954, CKFT 4/21, pp. 7–9. Monk (2012: 537–47).
21 Chadwick to Bohr, 3 October 1952, NBI. The quotation is Chadwick's statement of Lindemann's view.
22 Cockcroft to his mother, 3 September 1954, CKFTFAMILY.
23 Cockcroft to his mother, 17 December 1954, CKFTFAMILY.
24 Jenkins (2001: 890).
25 Moran (1966: 508).
26 'Ismay Pledges Political Reign on Atom War', *Washington Post*, 16 December 1954, p. 2; 'NATO Has Cast the Die for an Atomic Defense', *New York Times*, 19 December 1954, p. E5.
27 WSC to Eisenhower, 12 January 1955, Boyle (ed.) (1990: 184–6).
28 Cockcroft to his mother, 1 January 1955, CKFTFAMILY. See also 'Churchill Goes to Atom Works', *Daily Mail*, 31 December 1954, p. 1.
29 Hartcup and Allibone (1984: 196).
30 'Churchill Goes to Atom Works', *Daily Mail*, 31 December 1954, p. 1.

36　丘吉尔的核绝唱　1954.4—1955.4

1 *Daily Telegraph*, 3 March 1955.
2 Jenkins (2001: 875–6); Shuckburgh (1986: 158).
3 Lindemann to WSC, 13 April 1954, PREM 11/785, NA.
4 'Return to Sanity in Warfare?', *Manchester Guardian*, 14 May 1954, p. 9.
5 Lanouette (1992: 317).
6 Lindemann to WSC, 20 May 1954, LIND J146/47.
7 FRUS 1952–4, Vol. 6, Memorandum of meeting between WSC and Eisenhower, 25 June 1954, pp. 1085–6. Larres (2002: 338–40).
8 Colville (1985: 653); Moran (1966: 573).
9 Hennessy (2006: 346–53).
10 Catterall (ed.) (2003: 326–8); CHBIO, Vol. 8, pp. 1020–1.
11 Catterall (ed.) (2003: 342).
12 Eisenhower to WSC, 22 July 1954, and the subsequent correspond-

ence in Boyle (ed.) (1990: 162–8).
13 Larres (2002: 363).
14 Haslam (2011: 149–50).
15 Larres (2002: 218).
16 Moran (1966: 628).
17 Hennessy (2010: 163–5).
18 WSC comment, 12 December 1954, on briefing by Brook, 10 December 1954, DEFE 13/45, NA.
19 Butler (1971: 176).
20 Addison (1992: 420).
21 WSC to Commons, 23 February 1955, HNSRD.
22 Goodwin, P. C. (2005) 'Low Conspiracy? Government Interference in the BBC', *Westminster Papers in Communication and Culture*, Vol. 2 (1), pp. 96–118. See pp. 101–4.
23 Moran (1966: 633).
24 Diary entry for Clementine Churchill, 1 March 1955, CSCT 4/4.
25 This account of his speech is taken mainly from Moran (1966: 635–7) and from the reports published on 2 March 1955 in the *Manchester Guardian*, *The Times*, the *Los Angeles Times* and the *New York Times*, which published the speech in full.
26 WSC to Shaw, 18 August 1946, CHBIO, Vol. 8, p. 254.
27 Wheeler-Bennett (1969: 119–20); Colville (1985: 596).

37 丘吉尔的核科学家 1954—

1 Bohr (1961: 1115).
2 Moss (1987: 227–31).
3 Russell to Einstein, 11 February 1955: http://www.spokesmanbooks.com/Spokesman/PDF/85russein.pdf; Clark (1975: 540–1).
4 Oppenheimer (1964a).
5 BMFRS of Oliphant (2001); *Biographical Memoirs of the Australian Academy of Science*, Vol. 14, No. 3, 2003, http://www.science.org.au/fellows/memoirs/oliphant.html.
6 Quoted in Cockburn and Ellyard (1981: 134).
7 See 'Patrick Blackett' by Michael Howard, in Baylis and Garnett (eds) (1991: 153–63).
8 BMFRS of Blackett, November 1975, pp. 74–6.
9 Edgerton (2006: 216–20).
10 Hill to Blackett, AVHL II 4/10.
11 'The Hydrogen Bomb', Third Programme talk, 14 March 1950, GPT

F169/13, see p. 3. For Churchill's version of the analogy, 4 April 1926: CHAR 1/188, f. 25.
12 Brown (1997: 340–53), see pp. 347 and 349.
13 Skemp (1978: 492n).
14 BMFRS of Gowing (2012), pp. 76–8.
15 Chadwick, J., 'Comments on Mrs Gowing's 2nd Volume', CHAD IV 14/11, p. 12.
16 Oppenheimer lecture 'Niels Bohr and His Times', OPPY B247 F3, p. 11.
17 Frisch to Genia Peierls, 30 April 1978, FRISCH F94/9.
18 Peierls (1985: 204–5).
19 Moss (1987: 230).
20 Lee (ed.) (2009: 756–7).
21 Groves (1962: 407–8).
22 Chadwick to A. C. Todd, 31 January 1951, CHAD IV 13/1.
23 Chadwick to Conant, undated, CHAD IV 13/1.
24 Howard (1974).
25 BMFRS of Hinton, December 1990, p. 226.
26 Priestley, J. B., 'Britain and Nuclear Bombs', *New Statesman*, 2 November 1957, pp. 554–6; Clark (1975: 557).
27 Cathcart (1994: 276).
28 Arnold (2012).
29 *Pugwash Newsletter*, Vol. 44, No. 2, October 2007 – this edition gives the full list of participants from 1957–2007 on pp. 39–155.
30 Rowe, A. P., review of *Science and Government* by C. P. Snow, marked 'Published by Time and Tide', ROWE.
31 Clark (1965: 416).

38 丘吉尔和林德曼教授 1955.4.6—

1 Lees-Milne (1994: 54).
2 Lindemann to WSC, 1 March 1955, LIND J146/18, 21, 24.
3 Moran (1966: 699).
4 The figure concerns his books and articles, not the speeches. 'Datelines', *Finest Hour*, number 129, Winter 2005–6, p. 9.
5 WSC to his wife, 30 January 1956, reproduced in Soames (ed.) (1998: 603).
6 Montague Browne (1995: 217, 230).
7 Montague Browne (1995: 220, 284).
8 Payn and Morley (1982: 323).
9 Montague Browne (1995: 220–1).

10 Montague Browne (1995: 222).
11 Birkenhead (1961: 329).
12 Fort (2004: 334–5).
13 Lindemann, letter to *The Times*, 21 May 1957.
14 Birkenhead (1961: 333–5).
15 Moran (1966: 729). See also WSC to Alan Lennox-Boyd, 3 July 1957, CHUR 2/214.
16 Birkenhead (1961: 335); Harrod (1959: 276).
17 Moran (1966: 703).
18 Oppenheimer (1964b).
19 Lees-Milne (1994: 54). The script for *Dr Strangelove*: http://www.visual-memory.co.uk/amk/doc/0055.html.
20 Lees-Milne (1994: 54).
21 WSC to Clemmie, *c.*11 October 1957, Soames (ed.) (1998: 621).
22 Plowden to WSC, 29 July 1957, CHUR 2/531.
23 Montague Browne (1995: 310).
24 Walsh (1998: 170–5).
25 Quoted in Cockcroft's review of Birkenhead (1961), *Sunday Times*, 5 November 1961.
26 Cockcroft, 'The Foundation of Churchill College', CKFT 12/78, p. 2.
27 CHSPCH, Vol. 8, pp. 8704–6. WSC visited the Churchill College site on 17 October 1959.
28 Correspondence and press coverage of the debate is in RVJO B.382 and AVHL I 2/5.
29 Snow (1962: 35–6).
30 Gilbert (2005: 446).
31 Sir Burke Trend to Montague Browne, 22 July 1963, CHUR 2/506.
32 Montague Browne to W. J. McIndoe, 8 August 1963, CHUR 2/506.
33 W. J. McTudor to Montague Browne, 20 September 1963, and Sir Burke Trend to Montague Browne, 22 July 1963, CHUR 2/506.
34 Montague Browne to W. J. McIndoe, 21 September 1963, CHUR 2/506.
35 Montague Browne to W. J. McIndoe, 21 September 1963, CHUR 2/506.
36 Montague Browne (1995: 326); Jenkins (2001: 911–12).
37 Coote, C. R. (1965) Obituary supplement in the *Daily Telegraph*, pp. ii–xv, see p. xi.
38 Muller (ed.) (2009: 259–66).
39 WSC to H. G. Wells, 9 October 1906, WELLS c.238.2.

致谢

1. WSC speaking at Grosvenor House, London, on receiving the *Sunday Times* Book Prize for the first two volumes of his memoir of the Second World War, CHUR 5/28A, f. 7.

新知文库

01 《证据：历史上最具争议的法医学案例》[美]科林·埃文斯 著　毕小青 译
02 《香料传奇：一部由诱惑衍生的历史》[澳]杰克·特纳 著　周子平 译
03 《查理曼大帝的桌布：一部开胃的宴会史》[英]尼科拉·弗莱彻 著　李响 译
04 《改变西方世界的26个字母》[英]约翰·曼 著　江正文 译
05 《破解古埃及：一场激烈的智力竞争》[英]莱斯利·罗伊·亚京斯 著　黄中宪 译
06 《狗智慧：它们在想什么》[加]斯坦利·科伦 著　江天帆、马云霏 译
07 《狗故事：人类历史上狗的爪印》[加]斯坦利·科伦 著　江天帆 译
08 《血液的故事》[美]比尔·海斯 著　郎可华 译　张铁梅 校
09 《君主制的历史》[美]布伦达·拉尔夫·刘易斯 著　荣予、方力维 译
10 《人类基因的历史地图》[美]史蒂夫·奥尔森 著　霍达文 译
11 《隐疾：名人与人格障碍》[德]博尔温·班德洛 著　麦湛雄 译
12 《逼近的瘟疫》[美]劳里·加勒特 著　杨岐鸣、杨宁 译
13 《颜色的故事》[英]维多利亚·芬利 著　姚芸竹 译
14 《我不是杀人犯》[法]弗雷德里克·肖索依 著　孟晖 译
15 《说谎：揭穿商业、政治与婚姻中的骗局》[美]保罗·埃克曼 著　邓伯宸 译　徐国强 校
16 《蛛丝马迹：犯罪现场专家讲述的故事》[美]康妮·弗莱彻 著　毕小青 译
17 《战争的果实：军事冲突如何加速科技创新》[美]迈克尔·怀特 著　卢欣渝 译
18 《最早发现北美洲的中国移民》[加]保罗·夏亚松 著　暴永宁 译
19 《私密的神话：梦之解析》[英]安东尼·史蒂文斯 著　薛绚 译
20 《生物武器：从国家赞助的研制计划到当代生物恐怖活动》[美]珍妮·吉耶曼 著　周子平译
21 《疯狂实验史》[瑞士]雷托·U. 施奈德 著　许阳 译
22 《智商测试：一段闪光的历史，一个失色的点子》[美]斯蒂芬·默多克 著　卢欣渝 译
23 《第三帝国的艺术博物馆：希特勒与"林茨特别任务"》[德]哈恩斯 – 克里斯蒂安·罗尔 著　孙书柱、刘英兰 译
24 《茶：嗜好、开拓与帝国》[英]罗伊·莫克塞姆 著　毕小青 译
25 《路西法效应：好人是如何变成恶魔的》[美]菲利普·津巴多 著　孙佩妏、陈雅馨 译
26 《阿司匹林传奇》[英]迪尔米德·杰弗里斯 著　暴永宁、王惠 译

27	《美味欺诈:食品造假与打假的历史》[英]比·威尔逊 著　周继岚 译
28	《英国人的言行潜规则》[英]凯特·福克斯 著　姚芸竹 译
29	《战争的文化》[以]马丁·范克勒韦尔德 著　李阳 译
30	《大背叛:科学中的欺诈》[美]霍勒斯·弗里兰·贾德森 著　张铁梅、徐国强 译
31	《多重宇宙:一个世界太少了?》[德]托比阿斯·胡阿特、马克斯·劳讷 著　车云 译
32	《现代医学的偶然发现》[美]默顿·迈耶斯 著　周子平 译
33	《咖啡机中的间谍:个人隐私的终结》[英]吉隆·奥哈拉、奈杰尔·沙德博尔特 著　毕小青 译
34	《洞穴奇案》[美]彼得·萨伯 著　陈福勇、张世泰 译
35	《权力的餐桌:从古希腊宴会到爱丽舍宫》[法]让-马克·阿尔贝 著　刘可有、刘惠杰 译
36	《致命元素:毒药的历史》[英]约翰·埃姆斯利 著　毕小青 译
37	《神祇、陵墓与学者:考古学传奇》[德]C.W.策拉姆 著　张芸、孟薇 译
38	《谋杀手段:用刑侦科学破解致命罪案》[德]马克·贝内克 著　李响 译
39	《为什么不杀光?种族大屠杀的反思》[美]丹尼尔·希罗、克拉克·麦考利 著　薛绚 译
40	《伊索尔德的魔汤:春药的文化史》[德]克劳迪娅·米勒-埃贝林、克里斯蒂安·拉奇 著　王泰智、沈惠珠 译
41	《错引耶稣:〈圣经〉传抄、更改的内幕》[美]巴特·埃尔曼 著　黄恩邻 译
42	《百变小红帽:一则童话中的性、道德及演变》[美]凯瑟琳·奥兰丝汀 著　杨淑智 译
43	《穆斯林发现欧洲:天下大国的视野转换》[英]伯纳德·刘易斯 著　李中文 译
44	《烟火撩人:香烟的历史》[法]迪迪埃·努里松 著　陈睿、李欣 译
45	《菜单中的秘密:爱丽舍宫的飨宴》[日]西川惠 著　尤可欣 译
46	《气候创造历史》[瑞士]许靖华 著　甘锡安 译
47	《特权:哈佛与统治阶层的教育》[美]罗斯·格雷戈里·多塞特 著　珍栎 译
48	《死亡晚餐派对:真实医学探案故事集》[美]乔纳森·埃德罗 著　江孟蓉 译
49	《重返人类演化现场》[美]奇普·沃尔特 著　蔡承志 译
50	《破窗效应:失序世界的关键影响力》[美]乔治·凯林、凯瑟琳·科尔斯 著　陈智文 译
51	《违童之愿:冷战时期美国儿童医学实验秘史》[美]艾伦·M.霍恩布鲁姆、朱迪斯·L.纽曼、格雷戈里·J.多贝尔 著　丁立松 译
52	《活着有多久:关于死亡的科学和哲学》[加]理查德·贝利沃、丹尼斯·金格拉斯 著　白紫阳 译
53	《疯狂实验史Ⅱ》[瑞士]雷托·U.施奈德 著　郭鑫、姚敏多 译

54	《猿形毕露：从猩猩看人类的权力、暴力、爱与性》[美] 弗朗斯·德瓦尔 著　陈信宏 译
55	《正常的另一面：美貌、信任与养育的生物学》[美] 乔丹·斯莫勒 著　郑嬿 译
56	《奇妙的尘埃》[美] 汉娜·霍姆斯 著　陈芝仪 译
57	《卡路里与束身衣：跨越两千年的节食史》[英] 路易丝·福克斯克罗夫特 著　王以勤 译
58	《哈希的故事：世界上最具暴利的毒品业内幕》[英] 温斯利·克拉克森 著　珍栎 译
59	《黑色盛宴：嗜血动物的奇异生活》[美] 比尔·舒特 著　帕特里曼·J.温 绘图　赵越 译
60	《城市的故事》[美] 约翰·里德 著　郝笑丛 译
61	《树荫的温柔：亘古人类激情之源》[法] 阿兰·科尔班 著　苜蓿 译
62	《水果猎人：关于自然、冒险、商业与痴迷的故事》[加] 亚当·李斯·格尔纳 著　于是 译
63	《囚徒、情人与间谍：古今隐形墨水的故事》[美] 克里斯蒂·马克拉奇斯 著　张哲、师小涵 译
64	《欧洲王室另类史》[美] 迈克尔·法夸尔 著　康怡 译
65	《致命药瘾：让人沉迷的食品和药物》[美] 辛西娅·库恩等 著　林慧珍、关莹 译
66	《拉丁文帝国》[法] 弗朗索瓦·瓦克 著　陈绮文 译
67	《欲望之石：权力、谎言与爱情交织的钻石梦》[美] 汤姆·佐尔纳 著　麦慧芬 译
68	《女人的起源》[英] 伊莲·摩根 著　刘筠 译
69	《蒙娜丽莎传奇：新发现破解终极谜团》[美] 让-皮埃尔·伊斯鲍茨、克里斯托弗·希斯·布朗 著　陈薇薇 译
70	《无人读过的书：哥白尼〈天体运行论〉追寻记》[美] 欧文·金格里奇 著　王今、徐国强 译
71	《人类时代：被我们改变的世界》[美] 黛安娜·阿克曼 著　伍秋玉、澄影、王丹 译
72	《大气：万物的起源》[英] 加布里埃尔·沃克 著　蔡承志 译
73	《碳时代：文明与毁灭》[美] 埃里克·罗斯顿 著　吴妍仪 译
74	《一念之差：关于风险的故事与数字》[英] 迈克尔·布拉斯兰德、戴维·施皮格哈尔特 著　威治 译
75	《脂肪：文化与物质性》[美] 克里斯托弗·E.福思、艾莉森·利奇 编著　李黎、丁立松 译
76	《笑的科学：解开笑与幽默感背后的大脑谜团》[美] 斯科特·威姆斯 著　刘书维 译
77	《黑丝路：从里海到伦敦的石油溯源之旅》[英] 詹姆斯·马里奥特、米卡·米尼奥-帕卢埃洛 著　黄煜文 译
78	《通向世界尽头：跨西伯利亚大铁路的故事》[英] 克里斯蒂安·沃尔玛 著　李阳 译
79	《生命的关键决定：从医生做主到患者赋权》[美] 彼得·于贝尔 著　张琼懿 译
80	《艺术侦探：找寻失踪艺术瑰宝的故事》[英] 菲利普·莫尔德 著　李欣 译

81 《共病时代：动物疾病与人类健康的惊人联系》[美]芭芭拉·纳特森-霍洛威茨、凯瑟琳·鲍尔斯 著　陈筱婉 译
82 《巴黎浪漫吗？——关于法国人的传闻与真相》[英]皮乌·玛丽·伊特韦尔 著　李阳 译
83 《时尚与恋物主义：紧身褡、束腰术及其他体形塑造法》[美]戴维·孔兹 著　珍栎 译
84 《上穹碧落：热气球的故事》[英]理查德·霍姆斯 著　暴永宁 译
85 《贵族：历史与传承》[法]埃里克·芒雄-里高 著　彭禄娴 译
86 《纸影寻踪：旷世发明的传奇之旅》[英]亚历山大·门罗 著　史先涛 译
87 《吃的大冒险：烹饪猎人笔记》[美]罗布·沃乐什 著　薛绚 译
88 《南极洲：一片神秘的大陆》[英]加布里埃尔·沃克 著　蒋功艳、岳玉庆 译
89 《民间传说与日本人的心灵》[日]河合隼雄 著　范作申 译
90 《象牙维京人：刘易斯棋中的北欧历史与神话》[美]南希·玛丽·布朗 著　赵越 译
91 《食物的心机：过敏的历史》[英]马修·史密斯 著　伊玉岩 译
92 《当世界又老又穷：全球老龄化大冲击》[美]泰德·菲什曼 著　黄煜文 译
93 《神话与日本人的心灵》[日]河合隼雄 著　王华 译
94 《度量世界：探索绝对度量衡体系的历史》[美]罗伯特·P.克里斯 著　卢欣渝 译
95 《绿色宝藏：英国皇家植物园史话》[英]凯茜·威利斯、卡罗琳·弗里 著　珍栎 译
96 《牛顿与伪币制造者：科学巨匠鲜为人知的侦探生涯》[美]托马斯·利文森 著　周子平 译
97 《音乐如何可能？》[法]弗朗西斯·沃尔夫 著　白紫阳 译
98 《改变世界的七种花》[英]詹妮弗·波特 著　赵丽洁、刘佳 译
99 《伦敦的崛起：五个人重塑一座城》[英]利奥·霍利斯 著　宋美莹 译
100 《来自中国的礼物：大熊猫与人类相遇的一百年》[英]亨利·尼科尔斯 著　黄建强 译
101 《筷子：饮食与文化》[美]王晴佳 著　汪精玲 译
102 《天生恶魔？：纽伦堡审判与罗夏墨迹测验》[美]乔尔·迪姆斯代尔 著　史先涛 译
103 《告别伊甸园：多偶制怎样改变了我们的生活》[美]戴维·巴拉什 著　吴宝沛 译
104 《第一口：饮食习惯的真相》[英]比·威尔逊 著　唐海娇 译
105 《蜂房：蜜蜂与人类的故事》[英]比·威尔逊 著　暴永宁 译
106 《过敏大流行：微生物的消失与免疫系统的永恒之战》[美]莫伊塞斯·贝拉斯克斯-曼诺夫 著　李黎、丁立松 译
107 《饭局的起源：我们为什么喜欢分享食物》[英]马丁·琼斯 著　陈雪香 译　方辉 审校
108 《金钱的智慧》[法]帕斯卡尔·布吕克内 著　张叶　陈雪乔 译　张新木 校
109 《杀人执照：情报机构的暗杀行动》[德]埃格蒙特·科赫 著　张芸、孔令逊 译

110	《圣安布罗焦的修女们：一个真实的故事》[德] 胡贝特·沃尔夫 著　徐逸群 译
111	《细菌》[德] 汉诺·夏里修斯 里夏德·弗里贝 著　许嫚红 译
112	《千丝万缕：头发的隐秘生活》[英] 爱玛·塔罗 著　郑嬿 译
113	《香水史诗》[法] 伊丽莎白·德·费多 著　彭禄娴 译
114	《微生物改变命运：人类超级有机体的健康革命》[美] 罗德尼·迪塔特 著　李秦川 译
115	《离开荒野：狗猫牛马的驯养史》[美] 加文·艾林格 著　赵越 译
116	《不生不熟：发酵食物的文明史》[法] 玛丽-克莱尔·弗雷德里克 著　冷碧莹 译
117	《好奇年代：英国科学浪漫史》[英] 理查德·霍姆斯 著　暴永宁 译
118	《极度深寒：地球最冷地域的极限冒险》[英] 雷纳夫·法恩斯 著　蒋功艳、岳玉庆 译
119	《时尚的精髓：法国路易十四时代的优雅品位及奢侈生活》[美] 琼·德让 著　杨冀 译
120	《地狱与良伴：西班牙内战及其造就的世界》[美] 理查德·罗兹 著　李阳 译
121	《骗局：历史上的骗子、赝品和诡计》[美] 迈克尔·法夸尔 著　康怡 译
122	《丛林：澳大利亚内陆文明之旅》[澳] 唐·沃森 著　李景艳 译
123	《书的大历史：六千年的演化与变迁》[英] 基思·休斯敦 著　伊玉岩、邵慧敏 译
124	《战疫：传染病能否根除？》[美] 南希·丽思·斯特潘 著　郭骏、赵谊 译
125	《伦敦的石头：十二座建筑塑名城》[英] 利奥·霍利斯 著　罗隽、何晓昕、鲍捷 译
126	《自愈之路：开创癌症免疫疗法的科学家们》[美] 尼尔·卡纳万 著　贾颋 译
127	《智能简史》[韩] 李大烈 著　张之昊 译
128	《家的起源：西方居所五百年》[英] 朱迪丝·弗兰德斯 著　珍栎 译
129	《深解地球》[英] 马丁·拉德威克 著　史先涛 译
130	《丘吉尔的原子弹：一部科学、战争与政治的秘史》[英] 格雷厄姆·法米罗 著　刘晓 译